KB120892

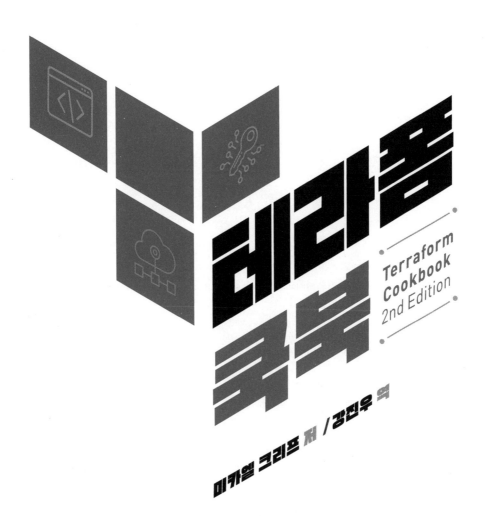

테라폼 쿡북

Terraform
Cookbook
2nd Edition

미카엘 크리프 저 / 강진우 역

YoungJin.com Y.
영진닷컴

테라폼 쿡북

ISBN : 978-89-314-7587-6

독자님의 의견을 받습니다.

이 책을 구입한 독자님은 영진닷컴의 가장 중요한 비평가이자 조언가입니다. 저희 책의 장점과 문제점이 무엇인지, 어떤 책이 출판되기를 바라는지, 책을 더욱 알차게 꾸밀 수 있는 아이디어가 있으면 팩스나 이메일, 또는 우편으로 연락주시기 바랍니다. 의견을 주실 때에는 책 제목 및 독자님의 성함과 연락처(전화번호나 이메일)를 꼭 남겨 주시기 바랍니다. 독자님의 의견에 대해 바로 답변을 드리고, 또 독자님의 의견을 다음 책에 충분히 반영하도록 늘 노력하겠습니다.

이메일 : support@youngjin.com
주　소 : (우)08507 서울특별시 금천구 가산디지털1로 128 STX-V타워 4층 401호 (주)영진닷컴 기획1팀
등　록 : 2007. 4. 27. 제16-4189호

파본이나 잘못된 도서는 구입하신 곳에서 교환해 드립니다.

STAFF
저자 미카엘 크리프 | **역자** 강진우 | **총괄** 김태경 | **기획** 김용기 | **디자인·편집** 유채민
영업 박준용, 임용수, 김도현, 이윤철 | **마케팅** 이승희, 김근주, 조민영, 김민지, 김진희, 이현아
제작 황장협 | **인쇄** 예림인쇄

추천사

미카엘과 처음으로 테라폼을 구상했던 때가 2013년이었는데, 테라폼 쿡북의 두 번째 판이 출간되기 10년도 전의 일이었다. 그 당시에는 클라우드 환경의 복잡도가 증가하면서, 이를 관리하기 위한 근본적으로 다른 접근 방식이 필요하다고 느꼈고, 그 과정에서 코드형 인프라가 중요한 역할을 하게 될 것이라고 생각했다. 그후로 테라폼은 수천개의 통합과 수만개의 모듈, 수십만 명의 사용자, 그리고 10억 이상의 다운로드를 가진 대규모 생태계로 성장했다.

테라폼을 처음 만들 때, 우리는 워크플로우에 초점을 맞추면서 테라폼이 어떻게 사용되었으면 하는지에 대해 고민했다. 그리고 이런 워크플로우는 퍼블릭 클라우드든, 사설 클라우드든, 네트워크 장치든 SaaS 서비스든 일관되고 단순해야 했다. 최신 클라우드 환경의 복잡성을 고려할 때, 테라폼을 사용하게 될 사용자들에게 테라폼 사용에 대한 확신을 제공하고 문제가 발생했을 때 놀라지 않도록 해야 했다. 또한 테라폼과의 통합이 거의 무한하게 이루어 질거라고 생각했기 때문에 테라폼을 확장할 수 있는 플러그인을 쉽게 만드는 것이 중요했다.

오늘날의 테라폼은 이 모든 목표를 달성하고 있다. 테라폼을 작성하는 방법에는 HCL (해시코프 구성 언어, Hashicorp Configuration Language), JSON (JavaScript Object Notation), 또는 테라폼 CDK를 사용한 타입스크립트나 파이썬 같은 프로그래밍 언어까지 다양한 방법이 있다. 또한 테라폼은 프로바이더를 통해서 쉽게 확장할 수 있으며, 이를 바탕으로 하드웨어, 클라우드 서비스, SaaS 등 수천 개의 통합이 가능하다. 그리고 인프라의 변경 사항을 미리 볼 수 있는 기능은 인프라를 운영하는 사람에게 어떤 변화가 일어나는지 확인할 수 있게 해준다. 이런 장점들 덕분에 수천 개의 조직이 운영 환경을 관리하기 위해 테라폼을 사용하고 있다.

미카엘 크리프(Mikael Krief)가 테라폼 쿡북의 첫 번째 판을 집필해서 새로운 사용자들을 위한 실질적인 가이드를 만들었을 때, 정말 기뻤다. 이 책을 통해 사람들이 테라폼에 대해 배우고 실제로 적용할 수 있을만한 많은 상황들에 대해서 배울 수 있었기 때문이다. 그리고 이번 두 번째 판에서는 미카엘이 최근 몇 년 동안 빠르게 발전해온 테라폼의 개선사항들을 다루고 있다. 또한 대규모 인프라를 어떻게 관리해야 할지 커뮤니티에서 논의하고 발전해 온 많은 모범 사례들을 책을 통해서 설명하고 있다.

이 책은 테라폼을 다운로드 하고 설정하는 방법과 같이 테라폼을 시작하려는 사람들에게 도움이 되는 매우 친절한 내용으로 시작한다. 그 다음으로 테라폼 코드를 작성하고 테라폼의 주요 기능을 사용하는 기본적인 방법에 대해서 다룬다. 책에서는 테라폼이 사용되는 실제 사용 사례를 기반으로 설명하며, 이를 통해 독자들이 테라폼의 기본부터 실질적인 사용까지 이해할 수 있도록 도와준다.

테라폼 혹은 코드형 인프라의 세계에 이제 막 발을 내딛은 새로운 사용자들에게 이 책은 빠르게 시작할 수 있는 좋은 가이드가 될 것이다. 또한 몇년 동안 테라폼을 사용하지 않은 사용자들에게는 테라폼에 어떤 기능과 패턴들이 이 새롭게 추가되었는지 살펴볼 수 있는 새로운 시각을 제공해 줄 것이다.

무엇보다, 이 책을 즐길 수 있길 바란다.

아먼 대거(Armon Dadgar)
해시코프의 CTO이며 **공동 창업자**.

역자의 말

이 책을 번역하면서 과거 테라폼을 처음 배우던 시절이 생각났습니다. 당시 저는 AWS 클라우드 환경에도 익숙하지 않았기 때문에, 테라폼이라는 새로운 도구를 배우는 것이 쉽지 않았습니다. 특히 테라폼의 기본 개념과 원리, 즉 상태 파일 관리, 변수 선언, 리소스 변경 등을 이해하는 데 많은 어려움을 겪었습니다. 처음에는 테라폼 코드를 거꾸로 읽어가며 시행착오를 겪으면서 하나씩 배워나가는 과정이었습니다.

이런 경험들이 이번 번역 작업 중에 떠올랐습니다. 이 책에서는 테라폼을 처음 접하는 이들이 반드시 알아야 할 기본 개념과 원리들이 매우 잘 설명되어 있었기 때문입니다. 상태 관리, 모듈화, 데이터 소스 활용 등 테라폼의 다양한 기능들이 깊이 있게 다뤄져 있어, 초보자뿐만 아니라 경험있는 사용자들도 이 책을 통해 테라폼을 보다 효과적으로 활용할 수 있을 것 같습니다.

특히 이 책의 가장 큰 장점은 테라폼 그 자체에 집중하고 있다는 점입니다. 대부분의 테라폼 관련 자료들이 AWS, GCP, 애저 등 특정 클라우드 서비스에 초점을 맞추는 반면, 이 책은 테라폼의 핵심 개념과 기능을 깊이 있게 다루고 있습니다. 이를 통해 독자들은 테라폼의 다양한 기능을 충분히 경험하고 활용할 수 있을 것입니다.

이 책을 통해 테라폼을 처음 접하는 분들은 기본기를 탄탄히 다질 수 있을 것이며, 이미 테라폼을 사용하고 있는 분들도 보다 효율적이고 재미있게 테라폼을 활용할 수 있는 방법을 배울 수 있을 것입니다. 번역 과정에서 제가 겪었던 어려움과 성장을 고스란히 담아낼 수 있었던 만큼, 이 책이 많은 분들에게 큰 도움이 되기를 바랍니다. 테라폼을 처음 배울 때의 제 경험처럼, 이 책이 독지 여러분께도 유익한 길잡이가 되었으면 합니다.

마지막으로, 부끄러운 실력으로 첫 번째 번역서를 낼 수 있도록 도와주신 김용기 편집자님과 번역에 집중할 수 있도록 배려해 주고 응원해준 나의 아내 김아름, 그리고 사랑하는 나의 아이들 준후와 지안이에게 감사의 말을 전합니다.

2024년 6월
강진우 드림

서문

IaC로 더 잘 알려진 코드형 인프라는 데브옵스 문화의 한 축을 담당하고 있다. 코드형 인프라는 만들고자 하는 아키텍처를 코드로 작성하는 것을 의미한다. 코드형 인프라에는 다른 장점들이 많지만 특히 인프라 구성을 위한 수작업 자체를 줄이고 수작업으로 인해 발생할 수 있는 에러를 줄일 수 있는 인프라 배포를 자동화를 가능하게 한다. 또한 모듈화 및 확장 가능한 코드를 통해 인프라를 표준화할 수도 있다.

데브옵스 도구들 중에는 코드형 인프라를 가능하게 하는 많은 도구들이 있다. 해시코프에서 만든 테라폼은 그 중 하나이며, 오픈소스이면서 다양한 플랫폼을 지원하는 장점 덕분에 많이 대중화된 도구이다. 또한 테라폼은 다음과 같은 장점들을 가지고 있다.

- 인프라에 반영될 변경 사항들을 미리 볼 수 있다.
- 의존성 관리를 고려해서 작업을 병렬로 진행할 수 있다.
- 다양한 프로바이더를 제공한다.

이 책에서는 먼저 테라폼의 설치, 테라폼 구성을 작성하는 방법, 그리고 CLI를 사용해서 테라폼 워크플로우를 수행하는 방법과 테라폼 모듈을 사용하는 방법에 대해서 다룬다.

테라폼 구성을 작성하는 방법과 테라폼 CLI에 대해 이해하고 난 후에는 세 가지 주요 클라우드 프로바이더인 애저, AWS, 그리고 GCP에서 인프라를 구축하기 위해 테라폼을 사용하는 실질적인 방법에 대해서 다룬다. 또한 쿠버네티스에서 테라폼을 사용하는 방법에 대해서도 다룬다.

마지막으로 테라폼 테스트, CI/CD 파이프라인과 테라폼의 통합, 그리고 팀과 회사를 위한 테라폼의 협업 플랫폼인 테라폼 클라우드 사용 등 테라폼의 고급 사용법에 대해 살펴보면서 책을 마무리한다.

이 책에서는 예제를 통해 테라폼 구성을 작성하고 CLI를 사용하는 모범 사례들에 대해서 배운다. 또한 테라폼과 다른 도구 (테라그런트, 키친-테라폼, tfsec, 그리고 애저 파이프라인 등)를 통합하는 예제들도 살펴본다.

이 책에서 배울 대부분의 테라폼 구성은 애저 프로바이더를 기반으로 한다. 하지만 다른 테라폼 프로바이더에도 예제를 통해 배운 것들을 활용할 수 있다.

이번 두 번째 판에서는 장들이 모두 재구성되었고 50개가 넘는 새로운 예제와 두 개의 새로운 장이 추가되었다. 하나는 테라폼을 AWS와 GCP에서 사용하는 것에 대해 배우는 장이고, 다른 하나는 테라폼과 쿠버네티스에 대해 배우는 장이다.

무엇보다 이 책을 쓰면서, 수년간 고객 및 기업과 함께 일하면서 겪은 실제적이고 실용적인 테라폼 사용 경험에 대해 공유하고 싶었다.

이 책의 예상 독자

이 책은 워크플로우와 코드형 인프라에 대한 기술 역량을 향상시키고 싶은 개발자, 운영자 그리고 데브옵스 엔지니어를 위한 책이다. 이 책을 최대한 활용하려면 마이크로소프트 애저, 젠킨스, 쉘 스크립팅 그리고 데브옵스 문화에 대한 경험이 필요하다.

이 책에서 다루는 내용

1장 테라폼 환경 구성하기에서는 테라폼을 수동으로 설치하는 방법, 스크립트를 사용하는 방법, 도커 컨테이너를 사용하는 방법 등 테라폼을 설치하는 다양한 방법에 대해서 자세히 살펴본다. 또한 테라폼 마이그레이션 과정에 대해서도 자세히 살펴본다.

2장 테라폼 구성 작성하기에서는 프로바이더, 변수, 출력, 내장 함수, 조건문, YAML 파일 조작, 그리고 사전 및 사후 조건을 추가하는 등 테라폼 구성을 작성하는 방법에 대해서 살펴본다.

3장 테라폼으로 인프라 확장하기에서는 반복문, 맵, 콜렉션을 사용해서 테라폼 구성을 동적으로 작성하는 방법에 대해서 살펴본다.

4장 외부 데이터를 활용해서 테라폼 사용하기에서는 테라폼에서 외부 데이터 및 로컬 파일을 사용하는 방법과 로컬 프로그램과 스크립트를 실행하는 방법에 대해서 살펴본다.

5장 테라폼 상태 관리하기에서는 테라폼 상태 관리에 대해 설명하고, 테라폼 상태를 읽고, 옮기고 삭제하고 리소스를 가져오는 작업에 대해서 살펴본다.

6장 기본적인 테라폼 워크플로우 적용하기에서는 테라폼 CLI를 사용해서 테라폼 구성의 유효성을 검사하는 방법, 출력을 사용하는 방법, 테라폼으로 프로비저닝한 리소스를 삭제하는 방법, 워크스페이스를 사용하는 방법, 의존성 그래프를 생성하는 방법과 테라폼 실행 과정을 디버깅하는 방법에 대해서 살펴본다.

7장 모듈을 사용해서 테라폼 구성 공유하기에서는 테라폼 모듈을 생성하고 사용하고 공유하는 방법과 모듈을 테스트하는 방법에 대해서 살펴본다.

8장 테라폼으로 애저 인프라 프로비저닝하기에서는 클라우드 프로바이더인 애저에서 테라폼을 사용하는 실제 사례들을 살펴본다. 구체적으로는 애저에 인증하는 방법, 원격 백엔드를 사용하는 방법, ARM 템플릿을 사용하는 방법, 애저 CLI를 실행하는 방법, 그리고 기존 인프라에 대한 테라폼 구성을 생성하는 방법이 포함된다.

9장 테라폼으로 AWS와 GCP 인프라 프로비저닝하기에서는 테라폼을 사용해서 AWS와 GCP를 프로비저닝하는 방법을 살펴본다. 구체적으로는 AWS와 GCP 프로바이더 사용 방법, 인증하는 방법, 그리고 원격 백엔드를 사용하는 방법이 포함된다

10장 도커와 쿠버네티스 배포에 테라폼 사용하기에서는 테라폼을 사용해서 도커 컨테이너를 생성하는 방법, 그리고 쿠버네티스 리소스를 배포하는 방법에 대해서 살펴본다.

11장 테라폼 구성에 대한 테스트 및 컴플라이언스 검사하기에서는 도구들을 사용해서 테라폼 구성을 테스트하는 방법, 특히 tfsec, OPA, terraform-compliance 그리고 Pester를 사용하는 방법에 대해서 살펴본다.

12장 테라폼 심층 분석에서는 테라폼 구성 테스트, 다운타임 없이 배포하기, 테라그런트 사용 방법, 깃-훅을 사용해서 테라폼 구성 확인하기, 그리고 테라폼 CDK를 사용하는 방법 등 테라폼에 대해 더 살펴보는 과정을 다룬다.

13장 CI/CD 파이프라인을 통해 테라폼 실행 자동화하기에서는 테라폼 자동화 모드를 실행하는 방법과 이를 CI/CD 파이프라인에 통합하는 방법에 대해서 살펴본다.

14장 테라폼 클라우드를 사용해서 협업 향상하기 에서는 테라폼 클라우드를 사용해서 테라폼 모듈을 비공개 저장소를 통해 공유하며 팀에서 테라폼을 실행하는 방법과 테라폼 상태를 위한 원격 백엔드로 사용하는 방법, 그리고 테라폼 상태를 이전하고 테라폼을 원격에서 실행하는 방법과 통합 비용 추적 기능을 사용하는 방법에 대해서 살펴본다.

15장 테라폼 에러 트러블슈팅에서는 몇몇 테라폼 에러를 살펴보고 이를 해결하는 방법에 대해서 살펴본다.

그리고 부록 A, B 에서는 테라폼 CLI 치트시트와 테라폼 리소스 목록을 살펴본다.

이 책을 최대한 활용하려면

이 책을 읽고 이해하는데 필요한 소프트웨어/하드웨어 사전 요구 사항은 다음과 같다.

소프트웨어	OS 요구사항
테라폼 CLI, 버전 1.5 이상	없음
테라폼 클라우드	해당 없음 (브라우저만 필요)
애저	브라우저만 필요
파이썬, 버전 3.11 이상	없음
파워쉘 스크립팅	없음
쉘 스크립팅	리눅스 / WSL / 맥OS
고 언어, 버전 1.20 이상	없음
애저 CLI	없음
애저 데브옵스	브라우저만 필요
GitHub	브라우저만 필요
Git	없음
루비, 버전 3.0.0 이상	없음
도커	없음
테라그런트	없음
JQ	없음
Infracost	없음
kubectl / Helm	없음
Node.js	없음

예제 코드 다운받기

이 책에서 다루는 예제 코드는 https://github.com/PacktPublishing/Terraform-Cookbook-Second-Edition에서 확인할 수 있다. 또한 https://github.com/PacktPublishing/에서 다른 책과 영상 자료들을 볼 수 있다.

영진닷컴 자료실(https://youngjin.com/reader/pds/pds.asp (영진닷컴 〉 고객센터 〉 부록CD 다운로드))도 다운로드가 가능하다.

목차

CHAPTER 13
CI/CD 파이프라인을 통해 테라폼 실행 자동화하기

CHAPTER 14
테라폼 클라우드를 사용해서 협업 향상하기

01

테라폼 환경 구성하기

테라폼 구성을 작성하기 전에, 코드형 인프라(Infrastructure as Code) 구성을 작성하기 위한 모범 사례를 이해할 필요가 있다. 그 후에, 로컬 개발 환경을 설치하고 구성할 수 있다. 그리고 이 로컬 개발 환경에서 테라폼 구성을 작성하거나 테라폼으로 인프라에 대한 변경 사항을 적용할 수 있다.

이 장의 예제들을 통해 코드형 인프라 및 테라폼에 대한 모범 사례들을 배운 후, 윈도우에서 테라폼을 수동으로 다운로드하고 설치하는 방법과 윈도우 및 리눅스에서 스크립트를 사용해 테라폼을 설치하는 방법에 대해 배워보자. 또한 도커 컨테이너에서 테라폼을 사용하는 방법과 테라폼 프로바이더를 업그레이드하는 방법에 대해서 배워보자.

이번 장에서는 다음 예제들을 다룬다.

- 테라폼 모범 사례 살펴보기
- 윈도우에서 수동으로 테라폼 다운로드하고 설치하기
- 윈도우에서 Chocolatey[1] 를 사용해서 테라폼 설치하기
- APT 패키지 매니저를 사용해서 리눅스에서 테라폼 설치하기
- 리눅스에서 스크립트를 사용해 테라폼 설치하기
- 도커 컨테이너에서 테라폼 실행하기
- 비주얼 스튜디오 코드 (Visual Studio Code)에서 테라폼 구성 작성하기
- 여러 테라폼 버전 간 전환하기
- 테라폼 프로바이더 업그레이드하기

그럼 시작해 보자!

· · · · ·

1   역주. Chocolatey는 윈도우 운영체제에서 사용하는 패키지 매니저이다.

1.1 기술적 요구사항

이번 장에서는 특정 기술 지식이 필요하진 않다. 주로 리눅스나 윈도우의 터미널 콘솔에서 실행하거나 그래픽 사용자 인터페이스(graphical user interfaces, GUI)를 사용하기 때문이다. 하지만 도커에 대한 지식이 있으면 도커 컨테이너에서 테라폼을 실행하기 예제를 이해하는데 도움이 된다.

마지막으로 테라폼 구성을 작성하기 위한 통합 개발 환경(Integrated Development Environment, IDE)은 https://code.visualstudio.com에서 무료로 제공하는 비주얼 스튜디오 코드(Visual Studio Code)를 사용한다.

이번 장의 소스 코드는 https://github.com/PacktPublishing/Terraform-Cookbook-Second-Edition/tree/main/CHAP01에서 확인할 수 있다.

1.2 테라폼 모범 사례 살펴보기

이 장에서 살펴볼 예제들을 통해 테라폼 설치 방법을 배우기 전에 먼저 테라폼을 사용한 일반적인 코드형 인프라의 모범 사례들에 대해 이해할 필요가 있다.

다음 모범 사례들은 코드형 인프라에 관한 것으로 개발 전반에 대한 모범 사례들이다.

- 모든 테라폼 구성과 소스 코드는 깃허브, 애저 데브옵스, 빗버킷(BitBucket) 등과 같은 버전 관리 시스템을 사용해서 저장한다.
- 코드가 깃(Git)에 있다면 브랜치, 태그, 커밋, 코멘트, 풀 리퀘스트 등 모든 깃의 모범 사례를 적용한다.
- 코드 파일을 여러 개의 컴포넌트로 분리한다. 모놀리식 코드 구조가 크면 유지 관리와 배포가 어려워진다.
- 재사용성을 높이기 위해 공통 코드를 모듈화하고 공유한다. 예를 들어 같은 코드를 반복하지 말고 (반복하지 않기 DRY(Don't Repeat Yourself) 원칙에 따라) 구성 요소간에 동일한 비즈니스 로직을 공유하도록 해야 한다. 테라폼의 모듈 구현에 대해서는 7장 모듈을 통해 테라폼 구성을 공유하기에서 다룬다.
- CI/CD 파이프라인을 사용해서 인프라 변경을 자동화한다. 이에 대해서는 13장 CI/CD 파이프라인을 통해 테라폼 실행 자동화하기에서 자세히 다룬다.

다음은 테라폼과 관련된 모범 사례들이다.

- 테라폼 구성을 동작시키기 위해 필요한 테라폼 버전을 명시적으로 작성하고, 필요한 모든 프로바이더들도 버전과 함께 나열한다.
- 원격 백엔드를 사용해서 테라폼 상태 파일을 공유하고 저장한다. 이에 대해서는 8장 테라폼으로 애저 인프라 프로비저닝하기와 9장 테라폼으로 AWS와 GCP 인프라 프로비저닝하기에서 다룬다.
- 테라폼 구성 파일에 하드 코딩된 값을 사용하지 말고 변수를 사용한다. 이에 대해서는 2장 테라폼 구성 작성하기에서 다룬다.
- 변수의 역할을 알 수 있도록 변수에 설명 속성을 추가한다.
- 다음과 같은 파일명 규칙을 사용해서 테라폼 프로젝트를 구성한다.(main.tf, version.tf, output.tf, variables.tf)
- 코드에 포함되어야 하는 민감한 데이터들은 안전하게 보관한다. 이에 대해서는 2장 테라폼 구성 작성하기에서 다룬다.
- 프로바이더의 인증을 위한 자격 증명을 보호한다. 애저 인증 자격 증명을 보호하는 방법에 대해서는 8장 테라폼으로 애저 인프라 프로비저닝하기에서 다룬다.
- 모든 테라폼 객체에 (리소스, 변수, 출력 등) 명명 규칙을 사용한다. 예를 들면 '리소스 이름에서 단어 구분은 언더바를 사용한다.'와 같은 규칙을 사용할 수 있다.
- 들여쓰기를 잘 사용해서 테라폼 코드를 읽기 쉽게 만든다.
- CLI 명령과 린터(Linter)를 사용해서 코드 구문을 검증한다.
- 테라폼 프로바이더의 모든 수정 사항과 새로운 기능을 사용할 수 있도록 최신 상태를 유지한다.
- 정적 코드 분석 및 통합 테스트를 통해 테라폼 코드를 테스트 한다. 이에 대해서는 11장 테라폼 구성에 대한 테스트 및 컴플라이언스 검사하기에서 다룬다.
- 구성에 대한 테라폼 워크플로우를 실행할 때 항상 dry run 명령을 사용해서 적용될 변경 사항들을 미리 확인한다.

지금까지 코드형 인프라와 테라폼의 모범 사례들에 대해서 살펴봤다. 물론 위에 언급되지 않은 다른 모범 사례들도 있다. 이 책의 나머지 장들과 예제들을 통해 다른 모범 사례들도 모두 살펴볼 것이다.

테라폼의 모범 사례들에 대해 더 배우고 싶다면, 아래 문서들을 읽어보길 추천한다.

- 해시코프에서 권장하는 테라폼 모범 사례: https://www.terraform.io/clouddocs/recommended-practices
- 구글 클라우드의 테라폼 모범 사례: https://cloud.google.com/docs/terraform/best-practices-for-terraform
- 테라폼 모범 사례 웹사이트: https://www.terraform-best-practices.com/
- 브레인보드(Brainboard)에서 권장하는 테라폼 모범 사례: https://www.terraform-best-practices.com/

이제 테라폼을 설치해 보자.

1.3 윈도우에서 수동으로 테라폼 다운로드하고 설치하기

이번 예제에서는 윈도우에서 테라폼을 다운로드하고 설치하는 방법을 배운다.

1.3.1 준비 사항

이번 예제를 진행하려면 윈도우를 사용해야 한다.

1.3.2 작동 방법

다음 단계들을 수행한다.

1 윈도우 파일 탐색기를 실행한다. 위치를 선택하고 Terraform이라는 폴더를 만든다. 여기에 테라폼 바이너리를 저장할 것이다. (예. C:\Terraform)

2 웹 브라우저를 실행하고 https://developer.hashicorp.com/terraform/downloads로 이동한다.

3 Windows 탭을 클릭하고 Amd64 링크를 클릭한 후, 윈도우 64비트 운영체제용 테라폼 ZIP 패키지를 다운로드한다.

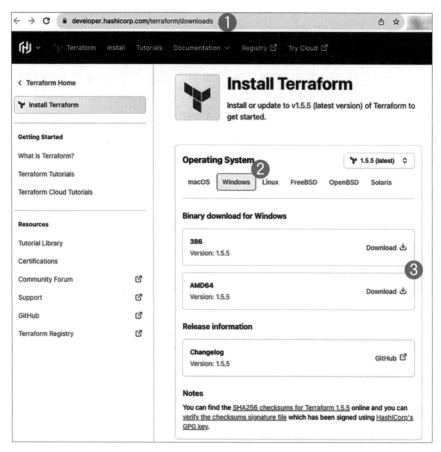

그림 1.1 윈도우용 테라폼 바이너리 다운로드

4 첫 단계에서 생성한 Terraform 폴더에 다운로드받은 ZIP 파일의 압축을 푼다.

그림 1.2 윈도우용 테라폼 바이너리 복사하기

마지막으로 테라폼 바이너리 폴더의 경로를 Path 환경 변수에 추가해 준다.

이를 위해 다음 단계를 수행한다.

1 파일 탐색기의 내 컴퓨터 메뉴에서 마우스 오른쪽 버튼을 클릭하고 속성을 선택한다.

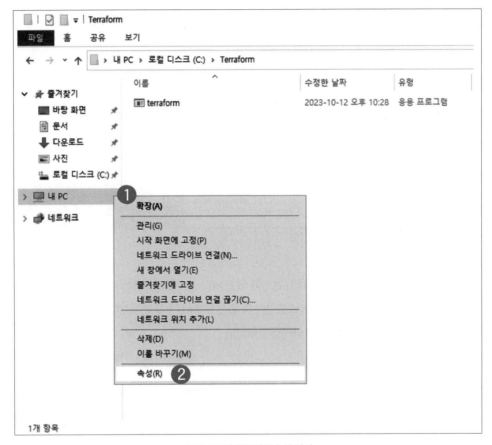

그림 1.3 내 컴퓨터의 속성 열기

2 고급 시스템 설정 링크를 클릭하면 새로운 창이 열린다. 새로 열린 창에서 고급 탭을 클릭 한 후 환경 변수 버튼을 클릭한다.

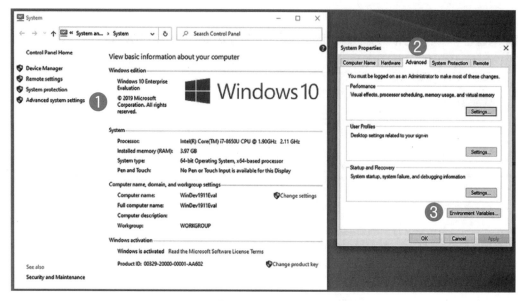

그림 1.4 환경 변수 옵션 열기

3 환경 변수들이 보이는 창이 열리면 사용자 변수에 있는 Path 변수를 선택해도 되지만, 시스템을 사용하는 모든 사용자들에게 적용하기 위해 시스템 변수에 있는 Path 변수를 선택한다. 그리고 편집 버튼을 클릭 후 열린 새로운 창에서 새로 만들기 버튼을 클릭한다.

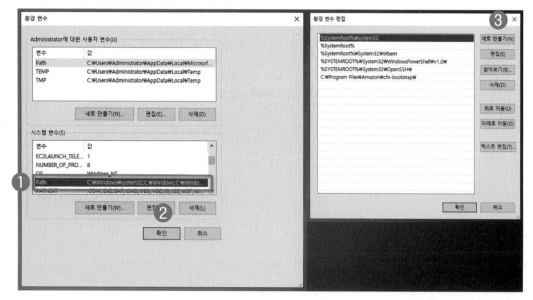

그림 1.5 Path 환경 변수 선택하기

4 Path 변수에 추가되어 있는 폴더 리스트의 마지막에 우리가 생성한 C:\Terraform 폴더를 추가한다.

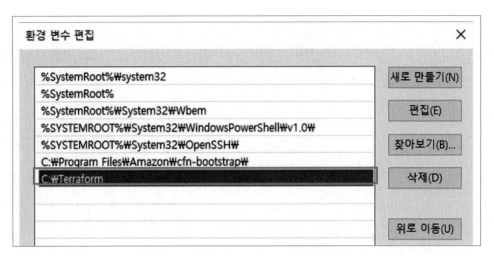

그림 1.6 Path 환경 변수에 테라폼 CLI 경로 추가하기

마지막으로 열려 있는 모든 창에서 확인 버튼을 클릭해서 변경 사항들을 적용한다.

1.3.3 작동 원리

테라폼을 다운로드받고 설치하는 방법은 간단하며, Path 환경 변수에 테라폼 바이너리의 경로를 추가하면 어느 터미널에서나 테라폼 바이너리를 실행할 수 있다.

모든 과정을 완료한 후 터미널을 열거나 파워쉘을 열어 다음 명령을 실행하면 테라폼이 정상적으로 동작하는지 확인할 수 있다.

```
terraform --help
```

다음 그림 1.7은 terraform --help 명령의 결과 화면이다.

```
→ terraform --help
Usage: terraform [global options] <subcommand> [args]

The available commands for execution are listed below.
The primary workflow commands are given first, followed by
less common or more advanced commands.

Main commands:
  init          Prepare your working directory for other commands
  validate      Check whether the configuration is valid
  plan          Show changes required by the current configuration
  apply         Create or update infrastructure
  destroy       Destroy previously-created infrastructure

All other commands:
  console       Try Terraform expressions at an interactive command prompt
  fmt           Reformat your configuration in the standard style
  force-unlock  Release a stuck lock on the current workspace
  get           Install or upgrade remote Terraform modules
  graph         Generate a Graphviz graph of the steps in an operation
  import        Associate existing infrastructure with a Terraform resource
  login         Obtain and save credentials for a remote host
  logout        Remove locally-stored credentials for a remote host
  output        Show output values from your root module
  providers     Show the providers required for this configuration
  refresh       Update the state to match remote systems
  show          Show the current state or a saved plan
  state         Advanced state management
  taint         Mark a resource instance as not fully functional
  test          Experimental support for module integration testing
  untaint       Remove the 'tainted' state from a resource instance
  version       Show the current Terraform version
  workspace     Workspace management

Global options (use these before the subcommand, if any):
  -chdir=DIR    Switch to a different working directory before executing the
                given subcommand.
  -help         Show this help output, or the help for a specified subcommand.
  -version      An alias for the "version" subcommand.
```

그림 1.7 terraform—help 명령의 결과 화면

그림 1.7을 통해 테라폼이 정상적으로 설치되었고, 터미널의 어느 위치에서나 테라폼 바이너리
를 실행할 수 있다는 것을 알 수 있다.

1.4 윈도우에서 Chocolatey를 사용해 테라폼 설치하기

이번 예제에서는 윈도우에서 Chocolatey 소프트웨어 패키지 매니저를 사용해 테라폼을 설치하는 방법에 대해서 배운다.

1.4.1 준비 사항

이번 예제를 진행하려면 윈도우를 사용해야 하고 윈도우의 소프트웨어 패키지 매니저인 Chocolatey가 설치되어 있어야 한다.

Chocolatey가 설치되어 있지 않다면 다음과 같이 설치할 수 있다.

1 스크린샷과 같이 관리자 모드로 파워쉘 터미널을 연다.

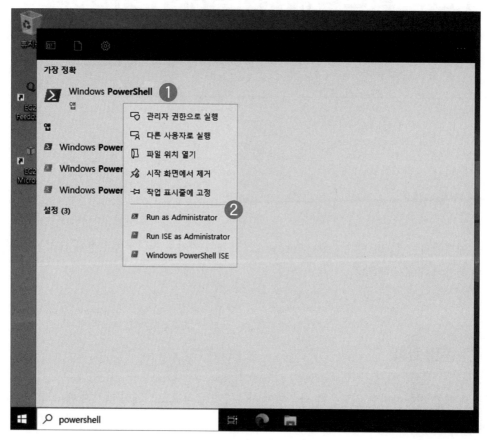

그림 1.8 관리자 모드로 파워쉘 실행하기

2 그리고 터미널에서 다음 스크립트를 실행한다.

```
Set-ExecutionPolicy Bypass -Scope Process -Force; [System.Net.ServicePointMa
nager]::SecurityProtocol = [System.Net.ServicePointManager]::SecurityProtocol
-bor 3072; iex ((New-Object System.Net.WebClient).DownloadString('https://cho
colatey.org/install.ps1'))
```

 Chocolatey의 설치 문서는 https://chocolatey.org/install에서 확인할 수 있다

1.4.2 작동 방법

다음 단계들을 수행한다.

1 관리자 모드로 파워쉘 터미널을 연다.

2 다음 명령을 실행한다.

```
choco install -y terraform
```

다음 스크린샷은 위 명령의 실행 결과를 보여준다.

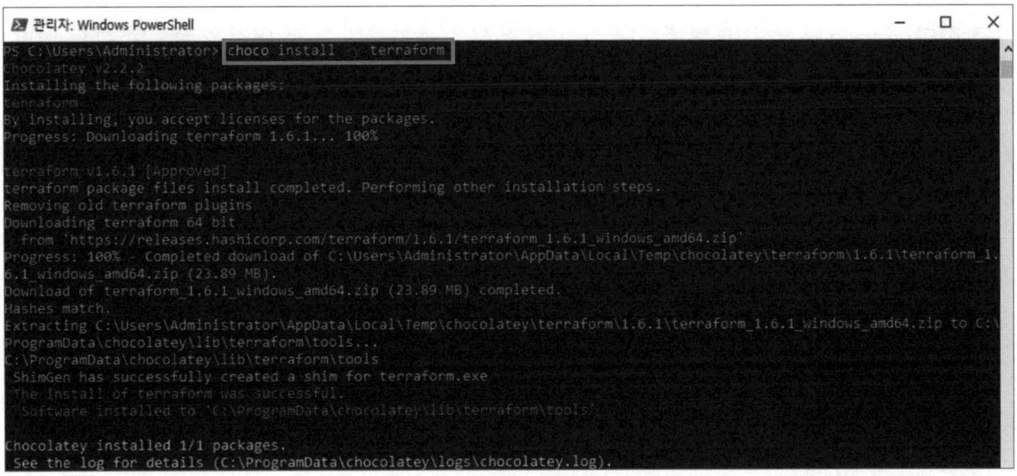

그림 1.9 Chocolatey로 테라폼 설치하기

-y 옵션을 사용하면 사용자 상호 작용 없이 자동으로 라이선스 계약에 동의할 수 있다.

1.4.3 작동 원리

Chocolatey가 테라폼 패키지를 설치할 때 실제로는 패키지 소스 코드에 있는 https://
github.com/jamestoyer/chocolatey-packages/tree/master/terraform 스크립트를
실행한다.

그 후 https://github.com/jamestoyer/chocolatey-packages/blob/master/terraform/tools/chocolateyInstall.ps1 스크립트를 실행해서 테라폼 ZIP 파일을 Chocolatey 패키지의 바이너리 폴더에 다운로드한다. Chocolatey 패키지의 바이너리 폴더는 PATH 환경 변수에 이미 추가되어 있기 때문에 이전 예제에서 봤던 것처럼 PATH 환경 변수 수정 작업을 하지 않아도 된다.

1.4.4 더 살펴볼 것들

테라폼을 업그레이드할 때는 choco upgrade -y terraform 명령을 실행해서 업그레이드 할 수 있다. 기본적으로 choco install 명령은 설치하려고 하는 패키지의 최신 버전을 설치하도록 동작한다. choco install 명령에 --version 옵션을 추가하면 특정 버전을 설치할 수도 있다. 이번 예제에서라면 다음과 같은 명령을 사용할 수 있다.

```
choco install -y terraform --version "1.2.5"
```

앞 명령을 실행하면 설치하려고 하는 테라폼 버전을 1.2.5로 명시했기 때문에 최신 버전이 아닌 1.2.5 버전이 설치된다.

1.4.5 참고 항목

Chocolatey에서 제공하는 모든 명령에 대해 알고 싶다면 다음 문서를 읽어보기 바란다.

https://chocolatey.org/docs/commands-reference#commands

1.5 APT 패키지 매니저를 사용하여 리눅스에 테라폼 설치하기

이번 예제에서는 일반적으로 널리 사용되는 패키지 매니저인 APT를 사용해서 리눅스에 테라폼을 설치하는 과정에 대해서 배워볼 것이다.

이번 예제에서는 우분투나 데비안에서 테라폼을 설치하는 방법을 살펴보자. 다른 리눅스 배포판에 테라폼을 설치하는 방법은 https://www.hashicorp.com/official-packaging-guide에서 확인할 수 있다.

1.5.1 준비 사항

이번 예제에서는 리눅스 워크스테이션과 터미널이 필요하다.

1.5.2 작동 방법

패키지 매니저를 사용해 리눅스에 테라폼을 설치하려면 터미널에서 다음 스크립트를 실행한다.

```
sudo apt update && sudo apt install gpg
wget -O- https://apt.releases.hashicorp.com/gpg | gpg --dearmor | \
sudo tee /usr/share/keyrings/hashicorp-archive-keyring.gpg

gpg --no-default-keyring \
--keyring /usr/share/keyrings/hashicorp-archive-keyring.gpg \
--fingerprint

echo "deb [signed-by=/usr/share/keyrings/hashicorp-archive-keyring.gpg] \
https://apt.releases.hashicorp.com $(lsb_release -cs) main" | \
sudo tee /etc/apt/sources.list.d/hashicorp.list

sudo apt update
sudo apt-get install terraform
```

스크립트의 소스 코드는 이 책의 깃허브 저장소에서도 확인할 수 있다. : https://github.com/PacktPub
lishing/Terraform-Cookbook-Second-Edition/blob/main/CHAP01/install_terraform_package.sh.

1.5.3 작동 원리

스크립트에서 첫번째 명령은 패키지 목록을 업데이트하고 gpg 도구를 설치한다. 그리고 GPG
키를 다운로드한 후 지문 키를 확인한다.

그 다음 해시코프 저장소를 등록하고 해당 저장소에서 제공하는 패키지 목록을 업데이트한다.

마지막으로 테라폼 패키지를 다운로드 받아서 설치한다.

1.5.4 참고 항목

- 테라폼의 공식 패키징 가이드는 https://www.hashicorp.com/official-packaging-guide를 참고한다.

- 패키지 매니저를 사용한 테라폼 설치 학습 문서는 https://learn.hashicorp.com/tutorials/terraform/install-cli를 참고한다.

1.6 리눅스에서 스크립트를 사용해 테라폼 설치하기

이번 예제에서는 리눅스에서 스크립트를 사용해 테라폼을 설치하는 방법에 대해서 배워보자.

1.6.1 준비 사항

이번 예제를 완료하기 위해서는 unzip 유틸리티가 미리 설치되어 있는 리눅스가 필요하다. jq 유틸리티도 미리 설치되어 있어야 하는데 다음 명령을 사용해서 jq 유틸리티를 설치할 수 있다.

```
sudo apt update && sudo apt install jq unzip
```

> jq는 JSON 문서에 쿼리를 수행할 때 사용하는 도구이며, 관련 문서는 https://stedolan.github.io/jq/ manual/에서 확인할 수 있다.

1.6.2 작동 방법

다음 단계들을 수행한다.

1 터미널을 열어서 다음 스크립트를 실행한다.

```
TERRAFORM_VERSION="1.3.2"
RES=$(curl -sS https://api.releases.hashicorp.com/v1/releasesterraform/${TERRA
FORM_VERSION})
BINARY_URL=$(echo $RES | jq -r '.builds[] | select (.os == "linux" and .arch ==
"amd64") | .url')
wget $BINARY_URL
sudo unzip -o terraform_${TERRAFORM_VERSION}_linux_amd64.zip -d/usr/local/bin
```

 스크립트의 소스 코드는 이 책의 깃허브 저장소에서도 확인할 수 있다. https://github.com/Packt Publishing/Terraform-Cookbook-Second-Edition/blob/main/CHAP01/install_terraform_linux.sh

2 스크립트 실행 후, 다음 명령을 실행해서 테라폼이 정상적으로 설치되었는지 확인한다.

```
terraform --help
```

앞 명령을 실행하면 테라폼 CLI에서 사용 가능한 명령들을 볼 수 있다.

1.6.3 작동 원리

스크립트의 첫 번째 줄에서는 TERRAFORM_VERSION이라는 변수에 설치하고자 하는 테라폼의 버전을 설정한다. 이 변수는, 테라폼 버전을 반복해서 스크립트 내에 기입하지 않도록 스크립트의 최상단에 한 번만 정의된다.

이번 예제에서는 테라폼 1.3.2 버전을 사용했지만 자유롭게 변경할 수 있다. 하지만 변경하기 전에 https://
github.com/hashicorp/terraform/blob/main/CHANGELOG.md에서 확인할 수 있는 모든 변경 사항들
을 읽은 후에 변경하기를 권고한다.

스크립트의 두 번째 줄에서는 지정된 테라폼 버전에 대한 해시코프 릴리즈 API의 내용을 가져
온다.(릴리즈 API에 대한 자세한 사항은 https://www.hashicorp.com/blog/announcing-the-
hashicorp-releases-api에서 확인할 수 있다.) 그런 다음 jq를 사용하여 해시코프 릴리즈 API
의 응답으로 받은 JSON 배열을 필터링하고 64비트 리눅스에 해당하는 바이너리 다운로드용
URL을 반환한다.

마지막으로 wget을 사용해서 패키지를 다운로드 받고 PATH 환경 변수에 기본으로 포함되어
있는 /usr/local/bin 폴더에 압축을 해제한다.

이제 다음 명령을 실행하면 설치한 테라폼 버전이 스크립트 내에 설정된 버전과 같은지 확인
할 수 있다.

```
terraform --version
```

앞 코드는 다음 그림과 같이 현재 설치되어 있는 테라폼의 버전을 보여준다.

그림 1.10 테라폼 버전 명령

그림 1.10과 같이 테라폼이 정상적으로 설치되어 동작 가능한 상태인 것을 확인할 수 있다.

1.6.4 더 살펴볼 것들

이번 테라폼 설치 스크립트에서는 설치할 테라폼 버전을 지정했다.

어떤 버전이 최신 버전인지 모르는 상황에서 최신 버전의 테라폼을 설치하고 싶다면, RES 변수에서 호출하는 API의 주소를 https://api.releases.hashicorp.com/v1/releases/terraform/latest로 변경해서 동적으로 확인할 수 있다. 이 API는 테라폼의 최신 버전에 대한 정보를 알려준다.

이번 예제에서 사용한 스크립트는 기본적인 다운로드 과정만 진행했지만, 패키지의 무결성까지 확인할 수 있는 스크립트를 만들어 사용할 수도 있다. 이 스크립트는 https://github.com/PacktPublishing/Terraform-Cookbook-Second-Edition/blob/main/CHAP01/install_terraform_linux_v2.sh에서 확인할 수 있으며 패키지 확인에 대한 더 자세한 내용은 https://learn.hashicorp.com/tutorials/terraform/verify-archive?in=terraform/cli 에 있는 문서를 통해 확인할 수 있다.

이번 예제에서 우리는 리눅스에서 스크립트를 사용해 테라폼을 설치하는 과정에 대해서 배웠다. 다음 예제에서는 도커 컨테이너에서 테라폼을 실행하는 방법에 대해서 배울 것이다.

1.6.5 참고 항목

다운로드한 패키지에 대해서 확인하는 방법은 https://www.hashicorp.com/security.html을 참고한다.

1.7 도커 컨테이너에서 테라폼 실행하기

앞선 예제들에서는 수동 또는 스크립트를 통해 윈도우 및 리눅스에서 테라폼을 설치하는 방법에 대해 배웠다.

이번 예제에서는 도커 컨테이너에서 테라폼을 실행하는 방법에 대해서 배워보자. 도커 컨테이너를 사용하면 다음과 같은 장점을 누릴 수 있다.

- 테라폼을 로컬에 설치할 필요가 없다.
- 로컬 운영체제와 독립적인 테라폼 실행 환경을 만들 수 있다.
- 서로 다른 테라폼 버전을 가지고 테라폼 구성 파일을 테스트할 수 있다.

그럼 시작해 보자.

1.7.1 준비 사항

이번 예제를 진행하려면 도커와 도커 커맨드, 도커 파일 작성 방법을 알아야 한다. 도커 파일의 기본 형식은 https://docs.docker.com/get-started/overview 문서를 통해 확인할 수 있다.

이번 예제에서는 윈도우용 도커 데스크탑을 사용해 도커를 설치했다.

다른 운영체제를 위한 도커 설치 가이드는 https://docs.docker.com/get-docker/에서 확인할 수 있다.

이번 예제에서 사용할 테라폼 구성은 https://github.com/PacktPublishing/Terraform-Cookbook-Second-Edition/blob/main/CHAP01/terraform-docker/main.tf에서 확인할 수 있다. 다만 아직은 이 테라폼 구성에 대한 자세한 설명은 하지 않는다. 이 테라폼 구성을 도커 컨테이너에서 실행해 보자.

또한 이번 예제를 진행하는 과정에서 init, plan, apply라는 테라폼 명령을 사용하게 될텐데, 일단 여기에 대해서도 자세한 설명은 하지 않는다.

1.7.2 작동 방법

다음 단계들을 수행한다.

1 테라폼 구성이 있는 최상단 폴더에서 다음과 같은 도커 파일을 만든다.

```
FROM golang:latest
ENV TERRAFORM_VERSION=1.2.5
RUN apt-get update && apt-get install unzip \
    && curl -Os https://releases.hashicorp.com/terraform/${TERRAFORM_
VERSION}/terraform_${TERRAFORM_VERSION}_linux_amd64.zip \
    && curl -Os https://releases.hashicorp.com/terraform/${TERRAFORM_
VERSION}/terraform_${TERRAFORM_VERSION}_SHA256SUMS \
    && curl https://keybase.io/hashicorp/pgp_keys.asc ¦ gpg --import \
    && curl -Os https://releases.hashicorp.com/terraform/${TERRAFORM_
VERSION}/terraform_${TERRAFORM_VERSION}_SHA256SUMS.sig \
    && gpg --verify terraform_${TERRAFORM_VERSION}_SHA256SUMS.sig
terraform_${TERRAFORM_VERSION}_SHA256SUMS \
    && shasum -a 256 -c terraform_${TERRAFORM_VERSION}_SHA256SUMS 2>&1 ¦ grep
"${TERRAFORM_VERSION}_linux_amd64.zip: \sOK" \
    && unzip -o terraform_${TERRAFORM_VERSION}_linux_amd64.zip -d /usr/bin
RUN mkdir /tfcode
COPY . /tfcode
WORKDIR /tfcode
```

이 스크립트는 리눅스에서 스크립트를 사용해 테라폼 설치하기 예제에서 배웠던 스크립트와 같다. 혹은 APT 패키지 매니저를 사용해서 리눅스에 테라폼 설치하기 예제에서 배운 패키지 매니저를 사용해서 테라폼을 설치할 수도 있다.

소스 코드는 https://github.com/PacktPublishing/Terraform-Cookbook-Second-Edition/blob/main/CHAP01/terraform-docker/Dockerfile에서도 확인할 수 있다.

2 다음으로 docker build 명령을 실행해서 새로운 도커 이미지를 만들어 준다.

```
docker build -t terraform-code:v1.0
```

3 그리고 다음 명령을 실행해서 생성된 이미지 기반으로 새로운 컨테이너를 만든다.

```
docker run -it -d --name tfapp terraform-code:v1.0 /bin/bash
```

4 이제 생성된 컨테이너를 통해 다음 명령들을 실행해 보자.

```
docker exec tfapp terraform init
docker exec tfapp terraform plan
```

다음 그림 1.11은 앞 명령어들을 실행한 결과 중 일부 화면이다.(terraform plan에 대한 결과 화면)

```
mkrief@LP-FYLZ2X2 MINGW64 /c/Program Files/Docker Toolbox
$ docker exec tfapp terraform plan
Refreshing Terraform state in-memory prior to plan...
The refreshed state will be used to calculate this plan, but will not be
persisted to local or remote state storage.
------------------------------------------------------------------------

An execution plan has been generated and is shown below.
Resource actions are indicated with the following symbols:
  + create

Terraform will perform the following actions:

  # random_string.random will be created
  + resource "random_string" "random" {
      + id          = (known after apply)
      + length      = 16
      + lower       = true
      + min_lower   = 0
      + min_numeric = 0
      + min_special = 0
      + min_upper   = 0
      + number      = true
      + result      = (known after apply)
      + special     = true
      + upper       = true
    }

Plan: 1 to add, 0 to change, 0 to destroy.
```

그림 1.11 도커 컨테이너에서 테라폼 실행

terraform plan 명령이 실행되어 변경사항들을 미리 볼 수 있다는 것을 알 수 있다.

1.7.3 작동 원리

첫 번째 단계에서는 도커 이미지를 생성하기 위한 도커 파일을 작성한다. 세부적인 내용은 다음과 같다.

1. Golang 베이스 이미지를 사용한다.
2. TERRAFORM_VERSION 변수의 값을 설치하고자 하는 테라폼 버전으로 설정한다.

3 리눅스에서 스크립트를 사용해 테라폼 설치하기 예제에서 사용했던 스크립트를 그대로 가져와서 테라폼을 설치한다.

4 도커 이미지에 새로운 폴더를 만들고 로컬 파일로 있던 테라폼 구성 파일을 이미지 내에 새롭게 만든 폴더로 복사한다.

5 도커 이미지의 워크스페이스를 새로운 폴더로 지정한다.

그러고 나서 두 번째, 세 번째 단계에서는 terraform-code라는 도커 이미지를 v1.0이라는 태그와 함께 만든다. 이 태그는 테라폼 구성에 대한 버전 관리를 하기 위해 사용된다. 다음으로 이 이미지를 기반으로 tfapp 이라는 컨테이너를 생성하고 Bash 쉘을 실행 시킨다.

마지막 네 번째 단계에서는 tfapp 컨테이너의 지정된 워크 스페이스에서 테라폼 명령을 실행한다.

1.7.4 더 살펴볼 것들

이번 예제에서는 테라폼 바이너리를 포함한 도커 이미지를 작성하고 만들어 사용하는 방법에 대해서 배웠다. 유사한 방식으로 테라폼 구성을 개발하기 위해 사용되는 테라그런트(Terragrunt)와 같은 도구를 포함한 도커 이미지도 만들 수 있다.

테라폼만 사용하길 원한다면 해시코프에서 제공하는 공식 이미지를 사용할 수도 있다. 이 이미지는 공개되어 있으며 도커 허브에서 사용할 수 있다. 도커 허브 주소는 https://hub.docker.com/r/hashicorp/terraform/이다. 다른 도구들이 더 필요하다면 이 공식 이미지를 도커 파일의 베이스 이미지로 사용할 수 있다.

1.7.5 참고 항목

- 도커 명령에 대한 전체 문서는 https://docs.docker.com/engine/reference/run/을 참고한다.

- 도커에 대한 소개와 학습은 『러닝 데브옵스(2판)』(https://www.packtpub.com/product/learning-devops-second-edition/9781801818964) 책을 참고한다.

1.8 여러 테라폼 버전간 전환하기

이전 예제들에서는 특정 테라폼 버전을 수동 혹은 스크립트를 이용해서 설치하는 방법에 대해서 배웠다.

하지만 동일한 워크스테이션에 서로 다른 테라폼 버전이 필요한 경우가 있다.

- 여러 테라폼 구성 프로젝트에서 작업을 해야 할 때, 각 프로젝트 별로 서로 다른 테라폼 버전이 필요한 경우
- 새로운 테라폼 버전을 테스트 해야 할 경우

앞서 설명한 모든 설치 방법은 한 번에 하나의 테라폼 버전만 사용할 수 있다. 이 문제를 해결하기 위해서 다음과 같은 방법들이 있다.

- 테라폼 바이너리 별로 버전을 포함하도록 이름을 변경한다. 예를 들어 테라폼 버전 1.0.5를 설치한다고 가정하면 윈도우에서 수동으로 테라폼을 다운로드 받고 설치하기 예제에서 살펴봤던 방법으로 다운로드하고 설치한 후, 바이너리 이름을 terraform.exe에서 terraform1.0.5.exe로 바꿔준다. 그리고 명령을 실행할 때는 terraform1.0.5.exe 〈명령〉과 같은 형태로 실행한다.
- 두 번째 방법은 도커 컨테이너에서 테라폼을 실행하기 예제에서 배웠던 것처럼 도커 컨테이너에서 테라폼을 실행하는 것이다.
- 세 번째 방법은 이번 예제에서 다룰 tfenv라는 도구를 사용하는 것이다.

tfenv는 테라폼 버전 매니저처럼 동작하는 오픈소스 프로젝트이다. tfenv를 통해서 동일한 워크스테이션에 여러 버전의 테라폼을 설치하고 사용할 수 있다.

이번 예제에서 배울 내용은 다음과 같다.

- tfenv 설치하기
- tfenv를 통해 여러 테라폼 버전을 다운로드하기
- 다운로드한 여러 테라폼 버전 중 하나를 사용하도록 환경을 구성하기

이번 예제를 통해 하나의 워크스테이션에서 서로 다른 버전의 테라폼을 사용하는 방법을 배워보자.

그럼 시작해 보자!

1.8.1 준비 사항

https://github.com/tfutils/tfenv에 있는 문서에도 명시되어 있듯이, tfenv는 맥OS, 리눅스, WSL을 사용하는 윈도우에서 사용 가능하다. 이번 예제에서는 리눅스에서 tfenv를 사용한다.

이번 예제를 진행하려면 깃(Git)이 설치된 리눅스가 필요하다.

1.8.2 작동 방법

tfenv를 설치하기 위해 리눅스 터미널에서 다음 단계들을 수행한다.

1 다음 명령을 실행한다.

```
git clone --depth=1 https://github.com/tfutils/tfenv.git ~/.tfenv
```

다음 그림 1.12는 git clone 실행에 대한 결과이다.

```
→ git clone --depth=1 https://github.com/tfutils/tfenv.git ~/.tfenv
Cloning into '/home/mikael/.tfenv'...
remote: Enumerating objects: 47, done.
remote: Counting objects: 100% (47/47), done.
remote: Compressing objects: 100% (43/43), done.
remote: Total 47 (delta 15), reused 11 (delta 1), pack-reused 0
Unpacking objects: 100% (47/47), 42.25 KiB | 3.02 MiB/s, done.
```

그림 1.12 git clone을 통해 tfenv 설치하기

2 그후 다음 명령을 실행한다.

```
echo 'export PATH="$HOME/.tfenv/bin:$PATH"' >> ~/.bashrc
```

여기까지 진행하면 tfenv 설치가 완료되고 워크스테이션 내의 모든 폴더에서 실행 가능하게 된다.

> .bashrc 파일에 추가된 PATH 환경 변수 업데이트는 새로운 터미널을 열어야 반영된다. 만약 바로 반영하고 싶다면 다음 명령을 실행한다.

```
source ~/.bashrc
```

3 정상적으로 설치가 되었는지 확인하려면 다음 명령을 실행한다.

```
tfenv --help
```

그림 1.13은 tfenv --help 명령의 실행 결과를 보여준다.

```
→ tfenv --help
Usage: tfenv <command> [<options>]

Commands:
   install       Install a specific version of Terraform
   use           Switch a version to use
   uninstall     Uninstall a specific version of Terraform
   list          List all installed versions
   list-remote   List all installable versions
   version-name  Print current version
   init          Update environment to use tfenv correctly.
   pin           Write the current active version to ./.terraform-version
```

그림 1.13 tfenv help 명령

이 명령은 tfenv의 사용 가능한 명령들을 보여준다.

tfenv 설치까지 완료되었다면, 두 번째 단계로 tfenv install 〈버전〉 명령을 사용해서 여러 테라폼 버전을 설치해 보자. 예를 들어 테라폼 버전 1.1.9를 설치하려면 다음 명령을 실행한다.

```
tfenv install 1.1.9
```

그림 1.14는 tfenv install 명령의 실행 결과를 보여준다.

그림 1.14 tfenv install을 사용해 특정 테라폼 버전 설치하기

이번 예제를 진행하기 위해 또 다른 버전인 1.2.5 버전의 테라폼을 설치해 보자. tfenv install 1.2.5 명령을 실행한다.

설치된 버전을 확인하려면 다음 명령을 실행한다.

```
tfenv list
```

다음 그림은 tfenv list 명령의 결과이다.

그림 1.15 tfenv list로 설치되어 있는 테라폼 버전 확인하기

1.2.5와 1.1.9 두 개의 버전이 설치되어 있는 것을 볼 수 있다.

이제 마지막으로 tfenv 명령을 사용해서 설치된 테라폼 버전 중 하나를 선택해서 사용하는 방법을 살펴보자.

이를 위해서 두 가지를 고려해 볼 수 있는데, 동일 워크스테이션에서 사용하는 모든 테라폼 구성 파일에 대해 하나의 테라폼 버전을 사용하게 구성하거나, 테라폼 구성 각각에 대해 서로 다른 테라폼 버전을 사용하도록 구성할 수 있다.

먼저, 모든 테라폼 구성에 대해서 하나의 테라폼 버전을 사용하려면, 다음 명령을 실행한다.

```
tfenv use 1.2.5
```

다음 그림은 tfenv use 명령의 실행 결과이다.

그림 1.16 tfenv use로 테라폼 버전 선택하기

테라폼 구성 파일 별로 특정 테라폼 버전을 사용하도록 구성하려면 다음 단계를 수행한다.

1 테라폼 구성의 최상단 폴더에서 .terraform-version이라는 새로운 파일을 생성한다.

2 이 파일에 테라폼 구성에서 사용할 테라폼 버전을 기입한다. 예를 들면 1.1.9라고 기입한다.

3 테라폼 구성의 최상단 폴더에서 다음 명령을 실행하면 어떤 테라폼 버전을 필요로 하는지 알 수 있다.

```
terraform version
```

그림 1.17 .terraform-version 파일로 테라폼 버전 명시하기

terraform version 명령의 출력 결과에서 볼 수 있듯이 이 폴더 내에 있는 테라폼 구성은 1.1.9 버전을 사용한다는 것을 알 수 있다. 이 프로젝트에서 사용하는 버전이 1.1.9라고 해도 다른 프로젝트에서는 여전히 1.2.5 버전을 사용할 수 있다.

1.8.3 작동 원리

첫 번째 단계에서는 깃허브 저장소를 통해 tfenv를 설치한다. 먼저 git clone 명령을 통해 로컬에 있는 .tfenv 폴더로 소스 코드를 가져온 후, export 명령을 사용해서 tfenv 바이너리를 설치한 .tfenv 폴더를 PATH 환경 변수로 추가한다. (또한 PATH 환경 변수 추가 작업을 .bashrc 파일에도 해주어서 모든 터미널 세션에서 tfenv 명령을 사용할 수 있게 한다.)

두 번째 단계에서는 tfenv install 명령을 사용해서 서로 다른 두 개의 테라폼 버전을 설치하고 tfenv list 명령을 사용해서 설치된 두 개의 버전을 확인한다.

마지막으로 tfenv use 명령어를 사용하거나 테라폼 구성이 있는 폴더에 .terraform-version 파일을 만들고, 사용하고자 하는 테라폼 버전을 명시한다.

1.8.4 더 살펴볼 것들

사용하고자 하는 테라폼 버전을 지정하기 위해, 예를 들면 CI/CD 파이프라인 과정에서 동적으로 설정할 수 있도록 TFENV_TERRAFORM_VERSION 환경 변수를 사용할 수도 있다.

주의사항

동일한 테라폼 구성에 대해 서로 다른 버전의 테라폼 바이너리를 사용하면 테라폼 상태 파일의 호환성에 영향을 줄 수 있다. 하지만 테라폼 최신 버전(아마도 0.12 혹은 0.13까지도 포함할 수 있겠지만 v1 이후로는 확실하다.)에서는 최신 버전을 사용하여 상태를 수정한 경우 이전 버전의 테라폼을 사용할 수 없도록 하는 안전 매커니즘이 구현되어 있어서 버전간 충돌을 방지할 수 있다. 그래서 큰 걱정은 하지 않아도 된다.

그 외에 유용한 tfenv 명령들을 살펴보자.

tfenv를 사용해 설치 가능한 모든 테라폼 버전을 확인하려면 tfenv list-remote 명령을 사용한다.

다음 그림 1.18은 tfenv list-remote 명령의 결과 화면이다.

```
mikael@vmdev:/mnt/c$ tfenv list-remote
1.3.0-alpha20220706
1.3.0-alpha20220622
1.3.0-alpha20220608
1.2.6
1.2.5
1.2.4
1.2.3
1.2.2
1.2.1
1.2.0
1.2.0-rc2
1.2.0-rc1
1.2.0-beta1
1.2.0-alpha20220413
1.2.0-alpha-20220328
1.1.9
```

그림 1.18 tfenv를 통해 설치 가능한 모든 테라폼 버전 확인하기

설치되어 있는 버전을 삭제 하려면 tfenv uninstall 〈버전〉 명령을 사용한다.

```
→ tfenv uninstall 1.2.5
Uninstall Terraform v1.2.5
Terraform v1.2.5 is successfully uninstalled
```

그림 1.19 tfenv를 통해 테라폼 버전 제거하기

이제 tfenv list 명령을 실행하면 1.1.9 버전만 보이게 된다.

1.8.5 참고항목

- tfenv의 공식 깃허브 저장소 및 tfenv에 대한 공식 문서는 https://github.com/tfutils/ tfenv를 참고한다.

- tfenv를 도커 컨테이너에서 사용하려고 한다면 tfenv가 이미 설치되어 있는 도커 이미지를 사용하면 된다. 도커 이미지는 https://github.com/DockerToolbox/tfenv를 참고한다.

1.9 테라폼 프로바이더 업그레이드하기

테라폼 구성에 사용된 프로바이더의 버전을 최신 상태로 유지하는 것은 테라폼 모범 사례 중 하나이다.

특히 terraform init 명령을 실행할 때 문제가 발생한다면 테라폼 프로바이더 업그레이드를 통해 해결해 볼 수 있다. 이번 예제에서는 테라폼 프로바이더를 업그레이드하는 방법에 대해서 배워보자.

 init 명령은 테라폼 워크플로우 상에서 수행하는 첫 번째 단계이다. init 명령에 대한 더 자세한 설명은 https://developer.hashicorp.com/terraform/cli/commands/init에서 볼 수 있다.

그럼 시작해 보자.

1.9.1 준비 사항

이번 예제를 진행하려면 테라폼이 설치되어 있어야 하며 다음과 같이 간단한 테라폼 구성이 작성된 main.tf 파일이 필요하다.

```
terraform {
  required_version = ">= 1.0.0"
  required_providers {
    azurerm = {
```

```
    source = "hashicorp/azurerm"
    version = ":~> 2.67.0"
  }
 }
}
```

이 구성에서는 azurerm 프로바이더의 2.67.0 버전을 사용하겠다는 것을 명시했다.

1.9.2 작동방법

첫 번째 단계로 main.tf 파일이 있는 폴더에서 다음과 같이 init 명령을 실행한다.

```
terraform init
```

다음 그림 1.20은 init 명령의 실행 결과를 보여준다.

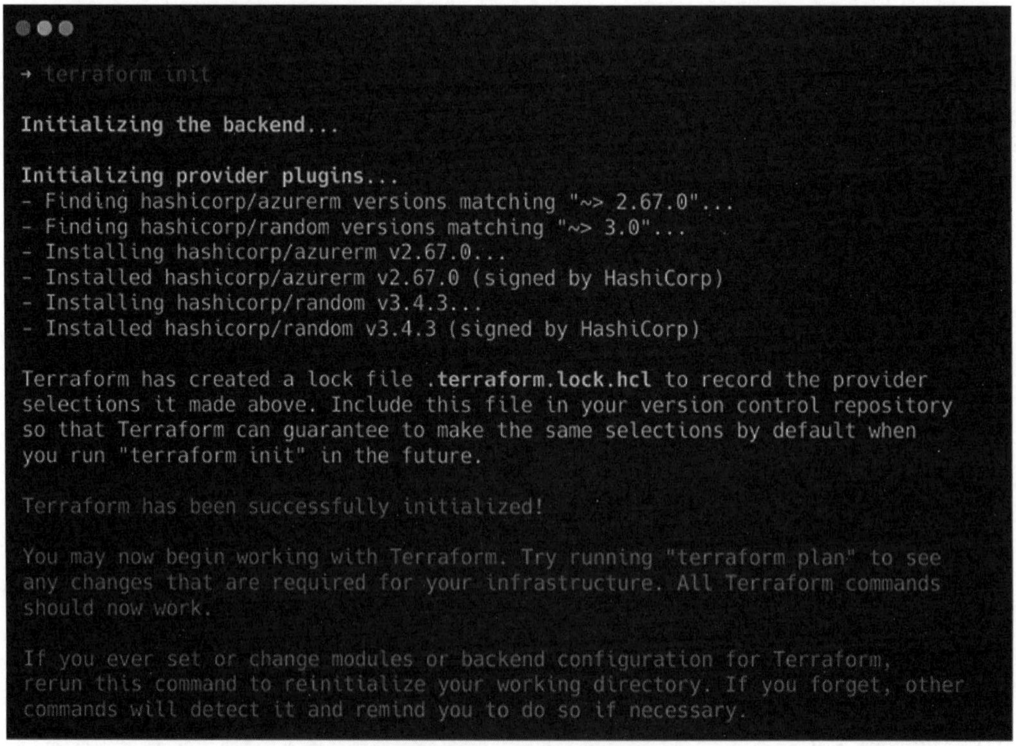

그림 1.20 terraform init 명령 실행 결과

실행이 완료된 후 확인해 보면 테라폼이 .terraform.lock.hcl이라는 이름의 새로운 파일을 생성했다는 것을 볼 수 있다. 이 파일에는 테라폼 프로바이더에 대한 해시 값과 버전이 포함되어 있다.

다음 그림 1.21은 .terraform.lock.hcl 파일 내용 중 일부이다.

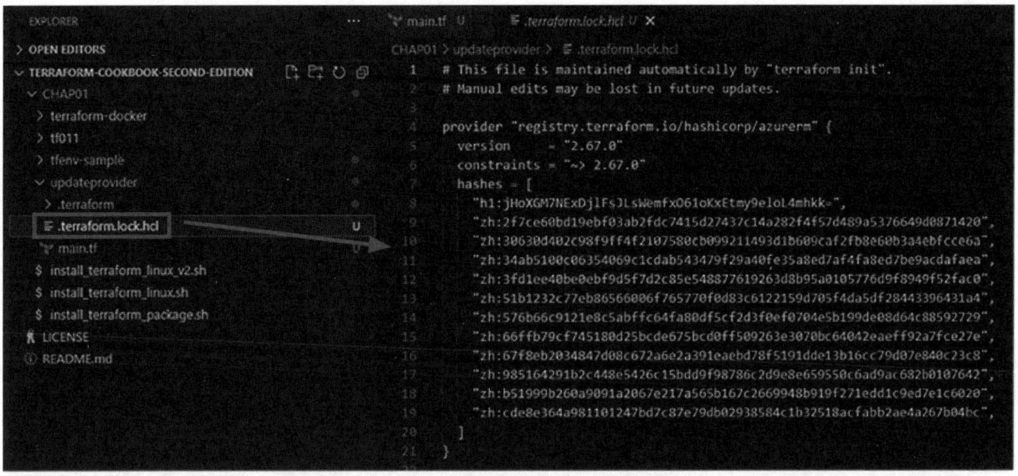

그림 1.21 .terraform.lock.hcl 파일

이 파일은 테라폼 프로바이더의 버전 정보를 포함하고 있다.

또한 terraform init 명령은 .terraform 폴더 내에 프로바이더 바이너리를 다운로드한다.

두 번째 단계로 다음과 같이 프로바이더의 버전을 업그레이드하기 위해 azurerm 프로바이더의 버전을 3.0.0으로 수정한다.

```
terraform {
  required_version = ">= 1.0.0"
  required_providers {
    azurerm = {
      source = "hashicorp/azurerm"
      version = "~> 3.0.0"
    }
  }
}
```

그리고 terraform init 명령을 재실행하면 다음과 같은 에러 메세지를 볼 수 있다.

그림 1.22 terraform init 명령에서 에러가 발생한 화면

마지막으로 이 오류를 수정하고 테라폼 구성이 제대로 동작하게 하려면 다음과 같이 terraform init 명령을 실행한다.

```
terraform init -upgrade
```

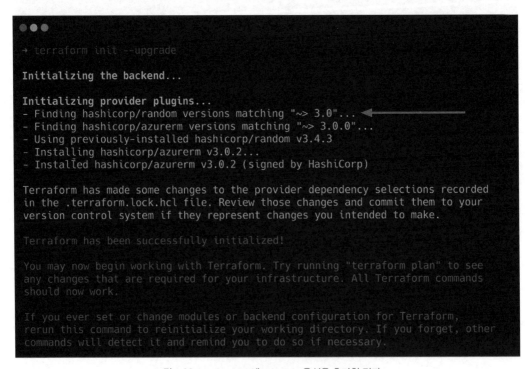

그림 1.23 terraform init에 upgrade 옵션을 추가한 결과

테라폼 프로바이더가 최신 버전으로 업데이트된 것을 볼 수 있다.

동일한 프로바이더 버전을 사용해서 동일한 구성을 일관되게 적용할 수 있도록 VCS(깃과 같은)에 잠금 파일을 유지 관리하고, 중간자 공격(Man in the Middle, MITM)을 방어할 수 있도록 테라폼 작업용 컴퓨터와 해시코프 배포 채널 사이에 추가 보안 레이어를 구성하는 것이 좋다.

하지만 terraform init 명령은 실행 중인 플랫폼(예, 윈도우 운영체제 전용)에 대한 해시만 저장한다는 것을 유의해야 한다. 만약 다른 플랫폼에서 테라폼 구성을 사용 하려면 terraform providers lock 명령을 사용해야 하는데, 이에 대해서는 6장 기본 테라폼 워크플로우 적용하기에 있는 윈도우와 리눅스에 대한 호환성을 갖춘 테라폼 잠금 파일 생성하기 예제에서 자세히 다룬다.

1.9.3 작동 원리

첫 번째 단계에서는 terraform init 명령을 실행한다. 이 명령은 다음 과정을 진행한다.

- 명시된 azererm 프로바이더의 버전을 다운로드한다.
- .terraform.lock.hcl 파일을 생성하고 프로바이더의 버전과 해시에 대한 정보를 저장한다.

그리고 두 번째 단계에서는 azurerm 프로바이더의 버전을 3.0.0으로 업그레이드하고, init 명령을 재실행해서 새 버전 해시 값을 .terraform.lock.hcl에 씌여진 값과 비교한다.

하지만 버전 해시가 다르기 때문에 terraform init 명령은 버전 비호환성 에러 메시지를 보여주고 업그레이드하는 방법을 표시해 준다. (그림 1.24 참고)

마지막으로 에러를 수정하기 위해 terraform init -upgrade 명령을 실행한다. 이 명령을 통해 .terraform.lock.hcl에 씌여진 기존 버전의 해시 값이 새로운 버전의 해시 값으로 변경된다.

1.9.4 더 살펴볼 것들

이번 예제의 핵심은 .terraform.lock.hcl 파일이다. 이 파일은 의존성 파일이라고도 불리는데 프로바이더 버전에 대한 모든 정보를 포함하고 있기 때문이다. 이 파일을 통해 같은 테라폼 구성을 적용하는 모든 워크스테이션 혹은 CI/CD 파이프라인에서 동일한 프로바이더 버전을 사용할 수 있다.

프로바이더를 업그레이드할 때 중요한 고려 사항이 있는데, 프로바이더를 업그레이드하기 전에 새 버전에서 더 이상 지원하지 않는 테라폼 리소스들이 있다면 수정해야 한다는 것이다.

다음 그림은 random 프로바이더를 사용할 때 발생할 수 있는 미지원 테라폼 리소스에 대한 예제이다.

```
→ terraform validate

  Warning: Attribute Deprecated

    with random_string.password,
    on main.tf line 20, in resource "random_string" "password":
    20:    number  = false

  **NOTE**: This is deprecated, use `numeric` instead.

Success! The configuration is valid, but there were some validation warnings as shown above.
```

그림 1.24 미지원 테라폼 리소스가 있을 때의 에러 화면

위에 언급되어 있는 미지원 테라폼 리소스를 수정하면 이후에는 테라폼 구성을 실행할 때 에러가 발생하지 않는다.

1.9.5 참고 항목

• 테라폼 의존성 파일에 대한 전체 문서는 https://developer.hashicorp.com/terraform/language/files/dependency-lock을 참고한다.

• 테라폼 프로바이더 업그레이드에 대한 공식 문서는 https://developer.hashicorp.com/terraform/tutorials/configuration-language/provider-versioning을 참고한다.

02

테라폼 구성 작성하기

테라폼 구성을 작성하기 시작하면 테라폼에서 제공하는 언어가 매우 풍부하고 많은 조작이 가능하다는 것을 금방 알게 된다.

이번 장의 예제들을 통해 테라폼 언어를 효과적으로 사용해서 실제 비즈니스 시나리오에 적용하는 방법에 대해 배워보자. 그리고 테라폼 프로바이더들의 버전을 지정하고, 별칭을 추가해서 동일한 프로바이더의 여러 인스턴스들을 만드는 방법에 대해서도 배워보자. 또한 변수와 출력을 사용해서 좀 더 동적인 코드를 만드는 방법과 내장 함수 및 조건문의 사용에 대해서도 배워보자.

마지막으로 리소스간 의존성을 추가하고, 사전 및 사후 조건으로 사용자 정의 검사를 추가해서 프로비저닝된 인프라의 유효성에 대해 확인하는 방법도 배워보자.

> 이 책에 있는 모든 코드 예제들은 설명을 위해서만 사용된다. 코드 예제들은 클라우드 인프라 리소스를 프로비저닝하기 때문에 경우에 따라 비용이 발생할 수도 있다. 이런 리소스들은 꼭 직접 삭제하거나 테라폼의 destroy 명령으로 삭제하는 것이 좋다. 테라폼의 destroy 명령으로 인프라 리소스를 삭제하는 것은 6장 기본적인 테라폼 워크플로우 적용하기에서 배운다.
>
> 또한 이 장의 깃허브 저장소에 있는 많은 코드에서 고유한 리소스를 만들기 위해 랜덤(random) 리소스를 사용하는 것을 볼 수 있다.

이번 장에서는 다음 예제들을 다룬다.

- 사용할 테라폼과 프로바이더 버전 구성하기
- 프로바이더에 별칭을 추가해서 동일한 프로바이더의 여러 인스턴스 만들기
- 변수 조작하기
- 민감 변수를 안전하게 유지하기
- 사용자 정의 함수에서 로컬 변수 사용하기
- 출력을 사용해서 프로비저닝된 데이터 노출하기

- 테라폼의 내장 함수 호출하기

- 테라폼 구성에 YAML 파일 사용하기

- 조건문 작성하기

- 테라폼으로 패스워드 생성하기

- 테라폼 리소스간 의존성 관리하기

- 사용자 지정 사전 및 사후 조건 추가하기

- 인프라의 유효성 검사하기

그럼 시작해 보자!

2.1 기술적 요구사항

이번 장을 진행하려면 테라폼 바이너리가 설치된 컴퓨터가 필요하다. 이번 장의 소스 코드는 https://github.com/PacktPublishing/Terraform-Cookbook-Second-Edition/tree/main/CHAP02에서 확인 할 수 있다.

2.2 사용할 테라폼과 프로바이더 버전 구성하기

terraform init 명령의 기본 동작은 로컬 워크스테이션에 설치된 테라폼 바이너리(명령줄 인터페이스라고 불리는(Command-Line Interface, CLI))를 실행하는 것이다. 또한 이 명령은 테라폼 구성에서 사용하는 프로바이더의 가장 최신 버전을 다운로드한다.

1장 테라폼 환경 구성하기의 테라폼 프로바이더 업그레이드하기 예제에서 배웠던 것처럼, 이 명령은 테라폼 의존성 파일인 .terraform.lock.hcl 파일을 생성한다.

하지만 호환성 문제로 인해 예상치 못한 상황이 발생하지 않도록 테라폼 구성에서 사용할 테라폼 바이너리 버전을 지정하는 것이 좋다.

다음은 호환성 문제가 발생할 수 있는 몇 가지 문제 상황이다.

- 테라폼 버전 0.12에 도입된 언어 구문을 사용한 테라폼 구성은 해당 버전 혹은 그보다 상위 버전에서 실행해야 한다.
- count와 for_each같은 새로운 기능을 사용하는 테라폼 구성은 테라폼 버전 0.13 혹은 그보다 상위 버전에서 실행해야 한다.

> HCL 문법에 대한 자세한 내용은 https://developer.hashicorp.com/terraform/language/syntax/configuration 문서를 참고한다.

프로바이더에서도 호환성 문제가 발생하지 않도록 사용할 프로바이더의 버전을 지정하는 것이 좋다.

이번 예제에서는 사용할 테라폼 버전과 프로바이더 버전을 지정하는 방법에 대해서 배워보자.

2.2.1 준비 사항

이번 예제를 진행하려면 다음 코드가 포함된 기본 테라폼 구성을 작성한다.

```
variable "resource_group_name" {
  default = "rg_test"
}
resource "azurerm_resource_group" "rg" {
  name     = var.resource_group_name
  location = "westeurope"
}
resource "azurerm_public_ip" "pip" {
  name                         = "bookip"
  location                     = "westeurope"
  resource_group_name          = azurerm_resource_group.rg.name
  public_ip_address_allocation = "Dynamic"
  domain_name_label            = "bookdevops"
}
```

이 테라폼 구성에 대한 소스 코드는 https://github.com/PacktPublishing/Terraform-Cookbook-Second-Edition/blob/main/CHAP02/version/specific-version.tf에서 확인할 수 있다.

이 예제 테라폼 구성은 애저 리소스 그룹과 공인 IP를 생성한다.

> 테라폼 azurerm 프로바이더에 대한 자세한 정보는 https://registry.terraform.io/providers/hashicorp/azurerm/latest를 참고한다.

이 테라폼 구성은 테라폼 0.12 이후 HCL 2.0 언어에 적용된 새로운 보간 구문[2]을 포함하고 있다.

......

2 역주. 보간 구문이란 문자열을 표현할 때 식처럼 표현식을 삽입할 수 있는 구문을 의미한다. console.log("Hello, {name}"); 과 같은 표현을 보간 구문이라고 한다.

HCL 개선에 대한 자세한 정보는 https://www.slideshare.net/mitchp/terraform-012-deep-dive-hcl-20-for-infrastructure-as-code-remote-plan-apply-125837028을 참고한다.

terraform plan 명령을 입력하면 다음과 같은 에러 메시지를 볼 수 있다.

```
mikael@vmdev:/mnt/c/Terraform-Cookbook-Second-Edition/CHAP02/version$ terraform plan
Error: Missing required argument

  on specifie-version.tf line 23, in resource "azurerm_public_ip" "pip":
  23: resource "azurerm_public_ip" "pip" {

The argument "allocation_method" is required, but no definition was found.

Error: Unsupported argument

  on specifie-version.tf line 27, in resource "azurerm_public_ip" "pip":
  27:    public_ip_address_allocation = "Dynamic"

An argument named "public_ip_address_allocation" is not expected here.
```

그림 2.1 terraform plan 실행 시 발생한 에러 화면

이 에러 메세지는 현재 이 테라폼 구성이 최신 버전의 프로바이더와 호환되지 않는다는 의미이다. (여기서는 버전 2.56)

이 테라폼 구성이 정상적으로 동작하려면 다음과 같은 사항을 고려해서 수정해야 한다.

• 테라폼 버전 0.13(혹은 그 상위 버전)에서만 실행되어야 한다.

• azurerm 프로바이더의 큰 변화가 있어도 테라폼 구성이 실행되어야 한다.

테라폼 0.13에서 제공하는 새로운 기능과 변경 로그는 https://github.com/hashicorp/terraform/blob/main/CHANGELOG.md을 참고하고, 업그레이드 가이드는 https://developer.hashicorp.com/terraform/language/v1.1.x/upgrade-guides/0-13을 참고한다.

이번 예제의 소스 코드는 https://github.com/PacktPublishing/Terraform-Cookbook-Second-Edition/tree/main/CHAP02/version에서 확인할 수 있다.

2.2.2 작동방법

먼저, 로컬 워크스테이션에 설치 되어야 할 테라폼 버전을 명시한다.

1 테라폼 구성에 다음과 같은 코드를 추가한다.

```
terraform {
  required_version = ">= 0.13,<=1"
}
```

2 사용할 프로바이더의 소스와 버전을 명시한다. terrarform 블록 내에 required_provider라는 블록을 추가한다.

```
terraform {
  ...
  required_providers {
    azurerm = {
      version = "2.10.0"
    }
  }
}
```

2.2.3 작동원리

terraform init 명령을 실행하면 테라폼은 테라폼 구성을 실행하는 테라폼의 버전이 teffaform 블록 내에 있는 required_version에 해당하는 버전인지 확인한다.

버전이 0.13보다 상위 버전이거나 같은 버전이라면 에러가 발생하지 않지만, 그렇지 않다면 다음과 같은 에러가 발생한다.

```
mikael@vmdev:.../version$ terraform init

Error:   Unsupported Terraform Core version

This configuration does not support Terraform version 0.12.0. To proceed,
either choose another supported Terraform version or update the root module's
version constraint. Version constraints are normally set for good reason, so
updating the constraint may lead to other errors or unexpected behavior.
```

그림 2.2 테라폼 버전 비호환성 에러 화면

또한, terraform init 명령을 실행할 때 프로바이더 버전이 명시되어 있지 않다면, 테라폼은
프로바이더의 최신 버전을 다운로드한다. 만약 명시되어 있다면 테라폼은 다음 두 개의 그림처
럼 명시된 버전을 다운로드한다.

그림 2.3은 required_version을 통해 버전을 명시하지 않았을 때 최신 버전의 프로바이더를
다운로드하는 것을 보여준다. (글을 쓸 당시 azurerm 프로바이더의 최신 버전은 3.17.0 이었다.)

```
mikael@vmdev:/mnt/c/Terraform-Cookbook-Second-Edition/CHAP02/version$ terraform init

Initializing the backend...

Initializing provider plugins...
- Finding latest version of hashicorp/azurerm...
- Installing hashicorp/azurerm v3.17.0...
- Installed hashicorp/azurerm v3.17.0 (signed by HashiCorp)

Terraform has created a lock file .terraform.lock.hcl to record the provider
selections it made above. Include this file in your version control repository
so that Terraform can guarantee to make the same selections by default when
you run "terraform init" in the future.

Terraform has been successfully initialized!
```

그림 2.3 테라폼이 프로바이더의 최신 버전을 다운로드한 화면

그림 2.3에서 볼 수 있는 것처럼 다운로드된 azurerm 프로바이더의 버전은 3.17.0이다.

그림 2.4는 테라폼이 required_version으로 지정된 azurerm 프로바이더의 2.10.0 버전을
다운로드하는 것을 보여준다.

CHAPER 02 테라폼 구성 작성하기 67

```
mikael@vmdev:.../version$ terraform init

Initializing the backend...

Initializing provider plugins...
- Finding hashicorp/azurerm versions matching "2.10.0"...
- Installing hashicorp/azurerm v2.10.0...
- Installed hashicorp/azurerm v2.10.0 (signed by HashiCorp)

Terraform has created a lock file .terraform.lock.hcl to record the provider
selections it made above. Include this file in your version control repository
so that Terraform can guarantee to make the same selections by default when
you run "terraform init" in the future.

Terraform has been successfully initialized!

You may now begin working with Terraform. Try running "terraform plan" to see
any changes that are required for your infrastructure. All Terraform commands
should now work.

If you ever set or change modules or backend configuration for Terraform,
rerun this command to reinitialize your working directory. If you forget, other
commands will detect it and remind you to do so if necessary.
```

그림 2.4 테라폼이 특정 프로바이더 버전을 다운로드한 화면

그림 2.4에서 볼 수 있는 것처럼 다운로드된 azurerm 프로바이더의 버전은 2.10.0 이다.

required_version 블록과 프로바이더 버전에 대한 자세한 내용은 https://developer.hashicorp.com/
terraform/language/settings#specifying–required–provider–versions를 참고한다.

required_version 블록 안에는 테라폼 0.13 버전부터 도입된 source 속성을 추가할 수 있다. source 속
성에 대한 자세한 내용은 https://developer.hashicorp.com/terraform/language/v1.1.x/upgrade–
guides/0–13#explicit–provider–source–locations를 참고한다.

2.2.4 더 살펴볼 것들

이번 예제에서는 azurerm 프로바이더를 다운로드하는 몇 가지 방법에 대해서 배웠다. 우리가 이번 예제에서 사용한 방법은 모든 프로바이더에 적용할 수 있다.

또한 사용할 테라폼 바이너리 버전에 대한 정보가 테라폼 상태 파일에 지정되어 있다는 것도 중요하다. 이를 통해 더 낮은 버전의 테라폼 바이너리로 테라폼 구성이 실행되지 않도록 할 수 있고, 테라폼 상태 파일의 형식이 적합한 버전의 테라폼 바이너리를 따르도록 보장한다.

다음 예제에서는 프로바이더에 별칭을 추가해서 동일한 프로바이더의 여러 인스턴스를 사용하는 방법에 대해서 배워보자.

2.2.5 참고 항목

- 테라폼 블록 속성에 대한 자세한 정보는 https://developer.hashicorp.com/terraform/language/settings를 참고한다.
- 프로바이더의 속성에 대한 자세한 정보는 https://developer.hashicorp.com/terraform/language/providers/configuration을 참고한다.
- 테라폼 바이너리의 버저닝에 대해서는 https://developer.hashicorp.com/terraform/plugin/best-practices/versioning을 참고한다.

2.3 프로바이더에 별칭을 추가해서 동일한 프로바이더의 여러 인스턴스 만들기

테라폼 구성을 작성할 때, 일부 프로바이더는 URL, 인증 토큰, 사용자 이름, 패스워드와 같은 리소스 접근을 위한 속성들을 가지고 있다.

만약 하나의 테라폼 구성에서 같은 프로바이더의 여러 다른 구성을 사용하고 싶다면, 예를 들어 같은 구성에서 여러 애저(Azure) 구독에 리소스를 프로비저닝할 때, 프로바이더에 별칭을 추가해서 사용할 수 있다.

그럼 시작해 보자.

2.3.1 준비 사항

먼저, 애저 리소스를 생성하기 위해 다음 테라폼 코드를 사용한다.

```
provider "azurerm" {
  subscription_id = "xxxx-xxx-xxx-xxxxxx"
  features {}
}
resource "azurerm_resource_group" "rg" {
  name = "rg-sub1"
  location = "westeurope"
}
resource "azurerm_resource_group" "rg2" {
  name = "rg-sub2"
```

```
    location = "westeurope"
  }
```

이 테라폼 구성은 프로바이더에 설정된 구독 ID에 두 개의 애저 리소스 그룹을 만든다.(혹은 애저 계정의 기본 구독에 만든다.)

만약 다른 구독 ID에 동일한 형태의 애저 리소스 그룹을 만들고 싶다면 별칭을 사용해서 만들어 볼 수 있다.

이번 예제에서는 프로바이더에 별칭 추가해서 하나의 테라폼 구성으로 서로 다른 두 개의 구독 ID에 각각 애저 리소스 그룹을 만들어 보자.

이번 예제를 진행하려면 애져 계정을 가지고 있어야 한다. 애저 계정은 https://azure.microsoft.com/en-us/free/에서 무료로 만들 수 있다.

또한 프로바이더는 azurerm 프로바이더를 사용한다.

애저 계정의 활성화된 구독(구독 ID)은 https://portal.azure.com/#view/Microsoft_Azure_Billing/SubscriptionsBlade에서 확인할 수 있다.

이번 예제의 소스 코드는 https://github.com/PacktPublishing/Terraform-Cookbook-Second-Edition/tree/main/CHAP02/alias에서 확인할 수 있다.

2.3.2 작동 방법

다음 단계를 수행한다.

1 main.tf 에서 프로바이더 섹션을 다음과 같이 수정한다.

```
provider "azurerm" {
  subscription_id = "xxxx-xxx-xxxxx-xxxxxx"
  alias = "sub1"
  features {}
}

provider "azurerm" {
```

```
    subscription_id = "yyyy-yyyyy-yyyy-yyyyy"
    alias = "sub2"
    features {}
}
```

2 그 후 두 개의 azurerm_resource_group 리소스를 다음과 같이 수정한다.

```
resource "azurerm_resource_group" "example1" {
  provider = azurerm.sub1
  name = "rg-sub1"
  location = "westeurope"
}

resource "azurerm_resource_group" "example2" {
  provider = azurerm.sub2
  name = "rg-sub2"
  location = "westeurope"
}
```

3 마지막으로 terraform init, plan, apply 워크플로우를 실행시켜 변경 사항을 적용한다.

2.3.3 작동 원리

첫 번째 단계에서는 프로바이더(azurerm) 블록을 복사한 후 각각의 프로바이더에 식별할 수 있는 이름과 함께 alias 속성을 추가한다. 첫 번째 프로바이더는 sub1, 두 번째 프로바이더는 sub2이다.

그 후 각각의 리소스가 생성되어야 하는 구독 정보를 subscription_id 속성에 추가한다.

두 번째 단계에서는 각각의 azurerm_resource_group 리소스에 provider 속성을 추가한 후 프로바이더의 alias 속성에 설정된 이름으로 설정한다.

각각의 azurerm_resource_group 리소스는 프로바이더의 alias 속성을 사용해 프로비저닝 되어야 하는 구독 ID를 식별한다.

마지막으로 terraform init, plan 그리고 apply 명령을 실행한다. terraform apply 명령의 결과는 다음 그림 2.5와 같다.

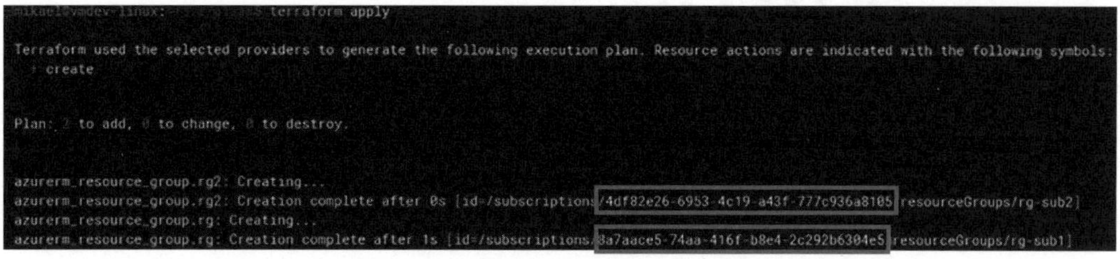

그림 2.5 terraform apply 명령의 실행 결과 화면

두 개의 구독에 각각 애저 리소스 그룹이 생성된 것을 볼 수 있다.

2.3.4 참고항목

- 프로바이더의 alias에 대해서는 https://developer.hashicorp.com/terraform/language/providers/configuration#alias-multiple-provider-configurations을 참고한다.

- 프로바이더의 별칭을 사용하는 좋은 문서로 https://build5nines.com/terraform-deploy-to-multiple-azure-subscriptions-in-single-project/를 읽어보길 추천한다.

2.4 변수 조작하기

테라폼 구성을 작성할 때, 모든 속성값을 하드 코딩한다면 재사용할 때 문제가 생길 수 있다.

이번 예제에서는 테라폼 구성을 만들 때 변수를 사용해 테라폼 구성을 동적으로 만드는 방법에 대해서 배워보자.

2.4.1 준비 사항

다음과 같은 테라폼 구성을 포함한 main.tf 파일에서부터 시작해 보자.

```
resource "azurerm_resource_group" "rg" {
  name = "My-RG"
  location = "West Europe"
}
```

보이는 것처럼 name과 location 속성의 값이 코드 상에 정적으로 작성되어 있다.

name과 location 속성의 값을 변수로 사용해 동적으로 만드는 방법을 살펴보자.

이번 예제의 소스 코드는 https://github.com/PacktPublishing/Terraform-Cookbook-Second-Edition/tree/main/CHAP02/variables에서 볼 수 있다.

2.4.2 작동 방법

다음 단계를 수행한다.

1 main.tf 에 다음과 같은 변수 선언을 추가한다.

```
variable "resource_group_name" {
  description ="The name of the resource group"
}
variable "location" {
  description ="The name of the Azure region"
  default ="westeurope"
}
```

2 그리고 앞에서 살펴봤던 테라폼 구성을 새로운 변수들과 함께 다음과 같이 수정한다.

```
resource "azurerm_resource_group" "rg" {
  name     = var.resource_group_name
  location = var.location
}
```

3 마지막으로 main.tf 와 같은 폴더 내에 다음과 같은 내용을 가진 terraform.tfvars라는 이름의 새로운 파일을 만든다.

```
resource_group_name = "My-RG"
location            = "westeurope"
```

2.4.3 작동 원리

첫 번째 단계에서는 다음과 같은 요소로 구성된 두 개의 변수 선언문을 작성한다.

- **변수 이름**: 이름은 테라폼 구성 내에서 고유해야 하고, 코드의 모든 기여자가 이해할 수 있을 정도로 명시적이어야 한다.
- **변수가 나타내는 값에 대한 설명**: 설명을 기입하는 것은 선택 사항이지만, CLI에서 표시할 수 있고 테라폼 구성을 설명하는 문서(이 문서는 자동으로 생성하게 할 수도 있다.)에 통합될 수 있기 때문에 사용하기를 권장한다.
- **기본값**: 기본값도 선택 사항이다. 기본값을 설정하지 않으면 필수로 값을 입력해야 한다.

그리고 두 번째 단계에서는 두 개의 변수를 사용하도록 테라폼 구성을 수정했다. var.〈변수 이름〉 문법을 사용한다.

마지막으로 세 번째 단계에서는 테라폼에서 기본적으로 사용되는 terraform.tfvars라는 파일을 만들어서 변수들의 값을 설정한다.

테라폼 구성의 실행 결과는 다음 그림과 같다.

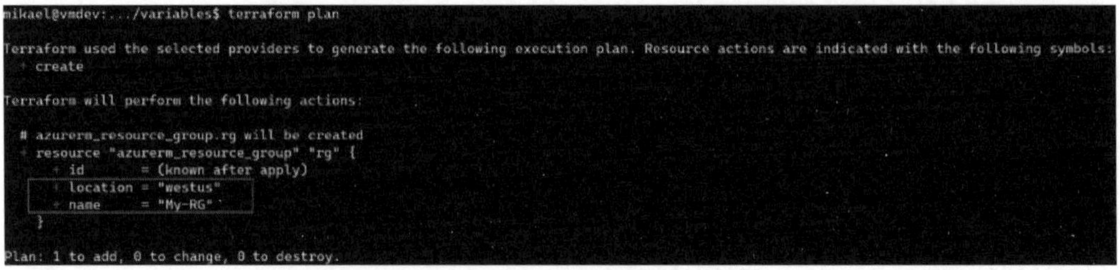

그림 2.6 terraform.tfvars 파일을 사용한 화면

2.4.4 더 살펴볼 것들

변수에 기본값이 설정되어 있기 때문에 terraform.tfvars 파일에 변숫값을 설정하지 않아도 테라폼 구성은 동작한다.

terraform.tfvars 파일 외에도 다음과 같이 terraform plan과 terraform apply 명령에 -var 옵션을 사용하면 변수에 값을 지정할 수 있다.

```
terraform plan -var "location=westus"
```

앞 명령을 실행하면 location 변수의 값이 코드 상에 설정된 westeurope이 아닌 westus로 설정된다.

또한 테라폼 0.13 버전부터는 변수에 대한 사용자 정의 유효성 검사 규칙을 생성할 수 있어서, terraform plan 명령의 실행 과정에 변숫값을 검증할 수 있다.

이번 예제에서 검증 과정을 추가한다면, 다음과 같이 validation 블록에 유효성 검사 규칙을 추가해서 location 변수에 대한 유효성 검사를 할 수 있다.

```
variable "location" {
  description = "The name of the Azure location"
  default     = "westeurope"
  validation {
    condition = contains(["westeurope","westus"], var.location)
    error_message = "The location must be westeurope or westus."
  }
}
```

앞의 코드에서는 유효성 검사 규칙을 사용해서 location 변수의 값이 westeurope인지 혹은 westus인지를 확인한다.

만약 location 변수에 francecentrale 같이 유효하지 않은 값을 설정하면 유효성 검사 규칙에 의해 다음 그림 2.7과 같은 메세지와 에러가 출력된다.

```
mikael@vmdev:.../variables$ terraform plan

Error: Invalid value for variable

  on main.tf line 18:
  18: variable "location" {

    var.location is "francecentrale"

The location must be westeurope or westus.

This was checked by the validation rule at main.tf:21,3-13.
```

그림 2.7 변수 검증하기

변수에 대한 사용자 정의 유효성 규칙에 대해서는 https://developer.hashicorp.com/
terraform/language/values/variables#custom-validation-rules를 참고한다.

마지막으로 변수에 값을 설정하는 또 다른 방법이 있는데, TF_VAR_〈변수 이름〉이라는 환경
변수를 설정하는 것이다. 이번 예제에서라면 TF_VAR_LOCATION이라는 환경 변수를 만들어
환경 변수의 값을 westus로 설정한 다음 기존 방식 그대로 terraform plan 명령을 실행할 수
있다.

테라폼에서는 변숫값을 필요한 순간에 직접 입력 할 수 있기 때문에 -var 옵션 혹은 TF_VAR_〈변수 이름〉
환경 변수를 사용해도 변숫값을 테라폼 구성 내에 하드코딩하지 않도록 주의 해야 한다. 또한 -var 옵션 혹
은 환경 변수를 사용 할 때 terraform plan의 결과를 주의 깊게 리뷰하지 않을 경우 처음 설정한 다른 값으로
코드가 실행되는 결과를 초래할 수 있으니 조심해야 한다.

2.4.5 참고 항목

이번 예제에서는 변수의 기본적인 사용 방법에 대해 배웠다. 다음 예제에서는 민감 변수를 보호
하는 방법에 대해서 배워보고, 변수의 고급 사용법에 대해서는 3장 테라폼으로 인프라 확장하
기 장에 있는 여러 환경에서 인프라를 프로비저닝하기 예제에서 배워보자.

테라폼 변수에 대한 더 많은 정보는 https://developer.hashicorp.com/terraform/lang
uage/values/variables를 참고한다.

2.5 민감 변수 안전하게 유지하기

이번 장에 있는 변수 조작하기 예제를 통해 변수를 사용해서 테라폼 구성을 좀 더 동적으로 만드는 방법에 대해서 배웠다. 기본적으로 테라폼 구성에 사용된 모든 변숫값은 테라폼 상태 파일에 평문으로 저장되고, 콘솔 상의 출력 결과에도 평문으로 표시된다.

이번 예제에서는 콘솔 상의 출력 결과에 변숫값을 평문으로 표시하지 않도록 해서 테라폼 변수 정보를 외부로부터 안전하게 보호하는 방법에 대해서 배워보자.

2.5.1 준비 사항

이번 예제를 진행하기 위해, https://github.com/PacktPublishing/Terraform-Cookbook-Second-Edition/tree/main/CHAP02/sample-app에서 제공되는 테라폼 구성을 사용해서 사용자 지정 설정기반으로 애저 웹앱을 프로비저닝한다.

그리고 키-값(Key-Value) 기반의 애플리케이션 설정을 통해서 애플리케이션 API 키를 민감 변수로 추가한다.

이번 예제에 대한 소스 코드는 https://github.com/PacktPublishing/Terraform-Cookbook-Second-Edition/tree/main/CHAP02/sample-app에서 볼 수 있다.

2.5.2 작동방법

다음 단계를 수행한다.

1 main.tf 파일에서 azurerm_linux_web_app 리소스에 대해 app_settings라는 속성을 추가하고 api_key 변수로 값을 설정한다.

```
resource "azurerm_linux_web_app" "app" {
  name                = "${var.app_name}-${var.environment}-${random_string.
random.result}"
  location            = azurerm_resource_group.rg-app.location
  resource_group_name = azurerm_resource_group.rg-app.name
  service_plan_id     = azurerm_service_plan.plan-app.id
  site_config {}
  app_settings = {
    API_KEY = var.api_key
  }
}
```

2 variable.tf 파일에서 api_key 변수를 정의한다.

```
variable "api_key" {
  description = "Custom application api key"
  sensitive = true
}
```

3 terraform.tfvars 파일에는 다음과 같이 값을 설정한다. (소스 코드 참고)

```
api_key = "xxxxxxxxxxxxxxxxx"
```

4 마지막으로 terraform plan 명령을 실행한다. 다음 그림은 실행 결과 중 일부이다.

```
# azurerm_linux_web_app.app will be created
+ resource "azurerm_linux_web_app" "app" {
    + app_settings                    = {
        + "API_KEY" = (sensitive)
    }
    + client_affinity_enabled         = false
    + client_certificate_enabled      = false
```

그림 2.8 테라폼이 민감 변숫값을 출력하지 않은 모습

5 api_key 속성값(terraform plan 출력 중 대문자로 표시됨) 이 콘솔 상의 출력 결과에 표시되지 않은 것을 볼 수 있다.

2.5.3 작동 원리

api_key 변수에 sensitive라는 플래그를 추가하여 변수의 값이 콘솔 출력 화면에 표시 되지 않도록 보호한다. 이 플래그를 활성화하면 terraform plan 명령과 apply 명령을 실행할 때 콘솔 출력 화면에 변수의 값을 평문으로 보이지 않게 한다.

2.5.4 더 살펴볼 것들

sensitive 플래그는 콘솔 출력 창에 변수의 값을 보이지 않게 해주지만 테라폼 상태 파일에는 여전히 평문으로 저장된다는 걸 명심해야 한다.

그래서 테라폼 구성이 깃과 같은 소스 코드 버전 관리 시스템에 저장되어 있으면 변수의 기본값 혹은 tfvars 파일에 저장된 값도 소스 코드에서 평문으로 읽을 수 있다.

소스 코드 버전 관리 시스템에서 변수의 값을 보호하고 싶다면 TF_VAR_〈변수 이름〉과 같은 형태의 테라폼 환경 변수를 사용해서 변수의 값을 설정할 수 있다. 이 방법은 이전 예제인 변수 조작하기 예제에서 다뤘었다.

이번 예제를 환경 변수를 사용하는 걸로 적용해 본다면, terraform plan 명령을 실행하기 전에 TF_VAR_api_key = "xxxxx" 환경 변수를 설정해 볼 수 있다.

변수를 위와 같은 방법들로 민감 변수로 만들어서 사용하는 것은 CI/CD 파이프라인에서 테라폼을 실행하는 경우에 효과적이다. 권한이 없는 사용자는 변숫값을 읽을 수 없기 때문이다.

애저 키 볼트(Azure Key Vault) 혹은 해시코프 볼트(Vault)와 같은 외부 시크릿 관리 솔루션을 사용해서 민감 정보를 저장하고 테라폼 프로바이더가 외부 시크릿 관리 솔루션으로부터 민감 정보를 가져오도록 구성하는 것도 좋은 모범 사례 중 하나이다.

2.5.5 참고 항목

- 민감 변수에 대한 문서는 https://developer.hashicorp.com/terraform/language/values/variables#suppressing-values-in-cli-output을 참고한다.
- 민감 변수에 대한 더 자세한 사항은 https://developer.hashicorp.com/terraform/tutorials/configuration-language/sensitive-variables을 참고한다.

2.6 사용자 정의 함수에서 로컬 변수 사용하기

이번 장의 변수 조작하기 예제에서 변수를 사용해 테라폼 구성을 동적으로 만드는 방법에 대해서 배웠다. 하지만 변수들을 조합해서 사용해야 한다면 이런 방식이 조금 불편하게 느껴질 수도 있다.

이번에는 로컬 변수를 구현하고 이를 사용자 정의 함수를 통해 사용하는 방법에 대해서 배워보자.

2.6.1 준비 사항

다음과 같은 테라폼 구성을 사용해서 이번 예제를 시작해보자.

```
variable "application_name" {
  description = "The name of application"
}
variable "environment_name" {
  description = "The name of environment"
}
variable "country_code" {
  description = "The country code (FR-US-...)"
}
```

```
resource "azurerm_resource_group" "rg" {
  name = "XXXX" # 사용할 변수 이름
  location = "West Europe"
}
resource "azurerm_public_ip" "pip" {
  name = "XXXX" # 사용할 변수 이름
  location = "West Europe"
  resource_group_name = azurerm_resource_group.rg.name
  allocation_method = "Dynamic"
  domain_name_label = "mydomain"
}
```

이번 예제의 목표는 애저 리소스의 이름을 일관되게 만들어 주는 것이다. 일관된 이름을 위해 다음과 같은 명명 규칙을 사용한다.

```
CodeAzureResource - Name Application - Environment name - Country Code
```

이번 예제의 소스 코드는 https://github.com/PacktPublishing/Terraform-Cookbook-Second-Edition/tree/main/CHAP02/localvariables에서 확인할 수 있다.

2.6.2 작동 방법

다음 단계를 수행한다.

1 테라폼 구성을 포함하고 있는 main.tf 파일에 resource_name이라는 로컬 변수를 위한 코드를 다음과 같이 추가한다.

```
locals {
  resource_name = "${var.application_name}-${var.environment_name}-${var.
country_code}"
}
```

2 그리고 다음 코드와 같이 resource_name 로컬 변수를 리소스에서 사용한다.

```
resource "azurerm_resource_group" "rg" {
  name = "RG-${local.resource_name}"
  location = "westeurope"
}
resource "azurerm_public_ip" "pip" {
  name = "IP-${local.resource_name}"
  location = "westeurope"
  resource_group_name = azurerm_resource_group.rg.name
  allocation_method = "Dynamic"
  domain_name_label = "mydomain"
}
```

2.6.3 작동 원리

첫 번째 단계에서는 테라폼 구성 내에 resource_name이라는 로컬 변수를 만든다. 이를 통해 여러 테라폼 변수의 조합을 만들어 낼 수 있다.(이번 장에 있는 출력을 사용해서 프로비저닝된 데이터 노출하기 예제에서 결과를 확인할 수 있다.)

그리고 두 번째 단계에서는 local.〈로컬 변수 이름〉의 형태를 통해서 로컬 변수를 사용한다. 또한 name 속성에는 변수와 정적 텍스트를 연결해서 사용한다. 이 때 사용한 문법은 "${}" 문법이다.

다음 그림 2.9는 테라폼 구성을 실행한 결과이다.

```
# azurerm_resource_group.rg will be created
+ resource "azurerm_resource_group" "rg" {
    + id       = (known after apply)
    + location = "westeurope"
    + name     = "RG-myappdemo-dev-fr"
  }

Plan: 2 to add, 0 to change, 0 to destroy.
```

그림 2.9 로컬 변수 사용하기

그림 2.9에서 볼 수 있듯이, terraform plan 명령의 실행 결과로 리소스 그룹의 name 속성이 로컬 변수를 사용해 조합한 값으로 표시되는 것을 볼 수 있다.

2.6.4 더 살펴볼 것들

로컬 변수와 테라폼 변수의 차이점은 로컬 변수는 테라폼 변수 파일(tfvars), 환경 변수 또는 CLI를 실행할 때 -var 옵션을 통해 재정의를 할 수 없다는 것이다.

2.6.5 참고 항목

- local 블록에 대한 자세한 정보는 https://developer.hashicorp.com/terraform/language/values/locals를 참고한다.
- 테라폼 로컬 변수에 대한 학습은 https://developer.hashicorp.com/terraform/tutorials/configuration-language/locals를 참고한다.

2.7 출력을 사용해서 프로비저닝된 데이터 노출하기

테라폼과 같은 코드형 인프라 도구를 사용할 때, 코드 실행 후 프로비저닝된 리소스로부터 생성된 출력값을 사용해야 하는 경우가 있다.

이런 출력값들의 용도 중 하나는 다른 테라폼 구성이나 외부 프로그램에서 필요로 하는 경우를 생각해 볼 수 있다. 또한 테라폼 구성의 실행이 CI/CD 파이프라인에 통합되는 경우에도 출력값들을 사용하게 되는 경우가 있다.

예를 들면, 테라폼으로 애저 앱 서비스 인스턴스를 생성하고 애플리케이션을 배포하는 CI/CD 파이프라인에서 이런 출력값들을 사용할 수 있다. 이 경우에는 애저 앱 서비스 인스턴스의 이름을 테라폼 구성의 출력으로 표시해 볼 수 있다. 또한 이런 출력 값들은 모듈간 정보를 전달할 때 유용하게 사용되는데, 여기에 대해서는 5장, 테라폼 상태 관리하기에서 자세히 살펴보자.

이번 예제에서는 테라폼을 통해 프로비저닝된 애저 웹 앱의 이름을 출력에 포함시키는 방법에 대해서 배워보자.

2.7.1 준비 사항

이번 예제를 진행하기 위해 기존 main.tf 파일에 몇 가지 테라폼 구성을 추가하자.

다음 코드는 애저 앱 서비스를 프로비저닝하는 기존 코드 중 일부이다.

```
...
resource "azurerm_linux_web_app" "app" {
  name                = "${var.app_name}-${var.environment}"
  location            = azurerm_resource_group.rg-app.location
  resource_group_name = azurerm_resource_group.rg-app.name
  service_plan_id     = azurerm_service_plan.plan-app.id
  site_config {}
}
...
```

이번 예제의 소스 코드는 https://github.com/PacktPublishing/Terraform-Cookbook-Second-Edition/tree/main/CHAP02/sample-app에서 볼 수 있다.

2.7.2 작동 방법

출력값을 얻기 위해 main.tf 파일에 다음 코드를 추가한다.

```
output "webapp_name" {
  description = "Name of the webapp"
  value = azurerm_linux_web_app.app.name
}
```

2.7.3 작동 원리

이번 예제에서 사용한 테라폼의 output 블록은 webapp_name이라는 이름과 azurerm_linux_web_app.app.name이라는 값으로 정의되었다. 이 값들은 테라폼을 통해 프로비저닝되는 애저 앱 서비스 인스턴스의 이름을 나타낸다. 더불어 출력이 반환하는 값에 대한 설명으로 description 속성을 추가할 수 있다. description 속성은 자동 생성되는 문서에 유용하게 사용된다.

그리고 동일한 테라폼 구성 안에 한 개 이상의 출력을 정의할 수도 있다.

출력은 테라폼 상태 파일에 저장되고 terraform apply 명령을 실행하고 나면 다음 그림 2.10 처럼 출력값을 볼 수 있다.

```
mikael@vmdev:.../sample-app$ terraform apply
azurerm_resource_group.rg-app: Refreshing state... [id=/subscriptions/                      /resourceGroups/RG-App-demo-DEV1]

Apply complete! Resources: 0 added, 0 changed, 0 destroyed.

Outputs:

webapp_hostname = "myapp-demo-dev1.azurewebsites.net"
webapp_name = "MyApp-demo-DEV1"
```

그림 2.10 테라폼 출력값 화면

그림 2.10에서는 명령의 실행 결과로 두 개의 출력값을 볼 수 있다.

2.7.4 더 살펴볼 것들

출력값을 검색해서 사용하는 방법에는 두 가지가 있다.

- 6장, 기본적인 테라폼 워크플로우 적용하기에 있는 **출력을 JSON으로 내보내기** 예제에서 다룰 terraform output 명령을 사용한다.
- 5장, 테라폼 상태 관리하기에 있는 **다른 테라폼 상태에 있는 리소스 사용하기** 예제에서 설명할 terraform_remote_state 데이터 소스를 사용한다.

또 다른 고려 사항으로 콘솔 출력에서 값이 평문으로 표시되지 않도록 민감한 값으로 출력하는 것을 고려해 볼 수 있다. 콘솔 출력에서 값을 민감한 값으로 출력하게 하려면 sensitive = true 속성을 출력에 추가하면 된다. 다음 코드는 애저 앱 서비스 패스워드 출력을 민감한 값으로 출력하는 예제이다.

```
output "webapp_password" {
  description = "credential of the webapp"
  value = azurerm_linux_web_app.app.site_credential
  sensitive = true
}
```

다음 그림 2.11은 테라폼 구성의 실행 결과로 민감한 값이 포함되었을 때의 화면이다.

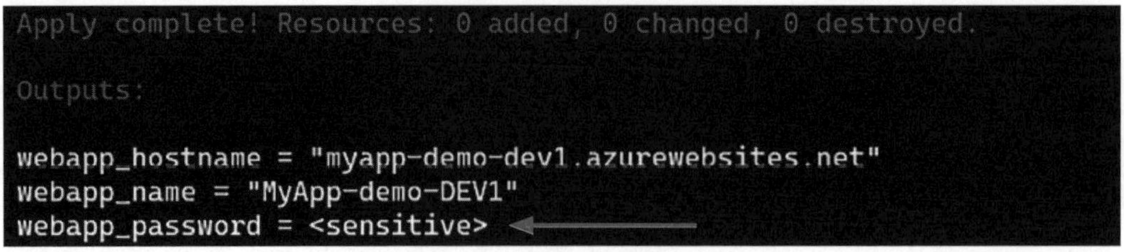

```
Apply complete! Resources: 0 added, 0 changed, 0 destroyed.

Outputs:

webapp_hostname = "myapp-demo-dev1.azurewebsites.net"
webapp_name = "MyApp-demo-DEV1"
webapp_password = <sensitive>   ◄───────────
```

그림 2.11 민감한 값 출력 화면

webapp_password 출력이 콘솔 상에서는 표시되지 않는 것을 볼 수 있다.

하지만 여전히 테라폼 상태 파일에는 출력값이 평문으로 저장된다는 것을 유의해야 한다.

2.7.5 참고 항목

- 테라폼 출력에 대한 문서는 https://developer.hashicorp.com/terraform/language/ values/outputs를 참고한다.

2.8 테라폼 내장 함수 호출하기

테라폼으로 인프라를 프로비저닝하거나 리소스를 다룰 때 테라폼 구성에 있는 요소들을 변환하거나 조합하는 등의 작업을 해야 할 경우가 있다. 이를 위해 테라폼에는 몇몇 내장 함수들이 존재한다.

이번 예제에서는 변환 작업을 위해 테라폼 내장 함수를 사용하는 방법에 대해서 배워보자.

2.8.1 준비 사항

이번 예제를 진행하기 위해 애저에서 리소스 그룹을 프로비저닝하기 위해 사용되는 테라폼 구성을 처음부터 다시 만들어 보자. 이 리소스 그룹의 이름은 다음과 같은 명명 규칙에 의해 만들어 진다.

```
RG-<APP NAME>-<ENVIRONMENT>
```

이번 예제에서는 변환 함수를 사용해서 프로비저닝되는 리소스 그룹의 이름을 대문자로만 구성되게 만들어 보자.

이번 예제의 소스 코드는 https://github.com/PacktPublishing/Terraform-Cookbook-Second-Edition/tree/main/CHAP02/fct에서 볼 수 있다.

2.8.2 작동 방법

다음 단계를 수행한다.

1 새로운 폴더를 만든 후 main.tf 파일을 생성한다.

2 main.tf 파일에 다음과 같은 코드를 작성한다.

```
variable "app_name" {
  description = "Name of application"
}
variable "environement" {
  description = "Environement Name"
}
```

3 마지막으로 main.tf 파일에 다음과 같은 테라폼 구성을 작성한다.

```
resource "azurerm_resource_group" "rg-app" {
  name = upper(format("RG-%s-%s",var.app-name,var.environement))
  location = "westeurope"
}
```

2.8.3 작동 원리

세 번째 단계에서는 문자열 포맷을 지정하는 format 함수를 사용해서 리소스의 이름을 만든다. 이 함수에서는 애플리케이션 이름과 환경 이름 순서대로 %s 지시자를 사용해 만든다.

또한 내부의 모든 내용을 대문자로 표시하기 위해 upper 함수로 format 함수를 감싸준다.

테라폼 명령의 실행 결과는 다음 그림과 같다.

```
PS                                    \CHAP02\fct> terraform plan
Refreshing Terraform state in-memory prior to plan...
The refreshed state will be used to calculate this plan, but will not be
persisted to local or remote state storage.


-----------------------------------------------------------------------


An execution plan has been generated and is shown below.
Resource actions are indicated with the following symbols:
  + create

Terraform will perform the following actions:

  # azurerm_resource_group.rg-app will be created
  + resource "azurerm_resource_group" "rg-app" {
      + id       = (known after apply)
      + location = "westeurope"
      + name     = "RG-MYAPP-DEV"
      + tags     = (known after apply)
    }

Plan: 1 to add, 0 to change, 0 to destroy.
```

그림 2.12 문자열을 대문자로 바꿔주는 테라폼 내장 함수

이런 내장 함수들 덕분에 테라폼 구성에 사용되는 속성들을 제어할 수 있다. 또한 이 기능을 사용하면 테라폼 구성을 사용하는 사용자에게 제약을 가하지 않고도 자동으로 변환을 적용할 수 있다.

2.8.4 참고항목

테라폼에는 많은 내장 함수가 있다. 내장 함수에 대한 전체 목록은 https://developer. hashicorp.com/terraform/language/functions에서 볼 수 있다.(모든 내장 함수를 보려면 좌측 메뉴를 살펴보자.)

- format 함수에 대한 자세한 설명은 https://developer.hashicorp.com/terraform/ language/functions/format을 참고하자.
- upper 함수에 대한 자세한 설명은 https://developer.hashicorp.com/terraform/language/ functions/upper를 참고하자.

2.9 테라폼 구성에서 YAML 파일 사용하기

이전 예제에서는 변수를 사용해서 테라폼 구성을 동적으로 만드는 방법에 대해서 배웠다.

실제로 테라폼 구성을 작성하다 보면, JSON 혹은 YAML 파일 같은 외부 소스를 사용해야 할 경우가 있다. 이런 파일들은 외부 팀에 의해 수동으로 제공 받거나 외부 시스템에 의해 자동으로 생성되며, 이런 파일의 내용들을 테라폼 변수로 다시 작성할 수는 없다.

위와 같은 문제를 해결하기 위해 이번 예제를 통해 테라폼 구성 안에서 YAML 파일을 사용하는 방법에 대해서 배워보자.

그럼, 시작해 보자.

2.9.1 준비 사항

이번 예제를 진행하기 위해서는 다음과 같은 내용의 network.yaml 파일을 생성한다.

```
vnet: "myvnet"
address_space: "10.0.0.0/16"
subnets:
- name: subnet1
  iprange: "10.0.1.0/24"
- name: subnet2
  iprange: "10.0.2.0/24"
```

이 파일은 가상 네트워크와 서브넷 설정 정보가 포함된 애저 네트워크에 대한 내용으로 구성되어 있다. 이 파일을 테라폼 구성과 동일한 폴더 안에 위치 시킨다.

이번 예제에서는 테라폼 구성에서 애저 가상 네트워크를 프로비저닝하기 위해 이 YAML 파일을 사용한다.

이번 예제의 소스 코드는 https://github.com/PacktPublishing/Terraform-Cookbook-Second-Edition/tree/main/CHAP02/yaml에서 확인할 수 있다.

2.9.2 작동방법

다음 단계를 수행한다.

1 먼저 main.tf에서 yamldecode 라는 내장 함수를 호출하는, network 라는 이름의 로컬 변수를 만들어 준다.

```
locals {
  network = yamldecode(file("network.yaml"))
}
```

2 테라폼 리소스 내부에서 local.network 변수와 YAML 파일에 정의된 local.network 변수의 속성들을 호출한다.

```
resource "azurerm_virtual_network" "vnet" {
  name                = local.network.vnet
  location            = azurerm_resource_group.rg.location
  resource_group_name = azurerm_resource_group.rg.name
  address_space       = [local.network.address_space]
  dynamic "subnet" {
    for_each = local.network.subnets
    content {
      name           = subnet.value.name
      address_prefix = subnet.value.iprange
    }
  }
}
```

3 마지막으로 init, plan, apply 명령순으로 테라폼 워크플로우를 실행한다. 다음 그림은 plan의 결과를 보여준다.

```
# azurerm_virtual_network.vnet will be created
+ resource "azurerm_virtual_network" "vnet" {
    + address_space        = [
        + "10.0.0.0/16",
      ]
    + dns_servers          = (known after apply)
    + guid                 = (known after apply)
    + id                   = (known after apply)
    + location             = "westeurope"
    + name                 = "myvnet"
    + resource_group_name  = "rgyamldemo"
    + subnet               = [
        + {
            + address_prefix = "10.0.1.0/24"
            + id             = (known after apply)
            + name           = "subnet1"
            + security_group = ""
          },
        + {
            + address_prefix = "10.0.2.0/24"
            + id             = (known after apply)
            + name           = "subnet2"
            + security_group = ""
          },
      ]
}
```

그림 2.13 YAML 파일을 사용한 테라폼 구성

4 테라폼 구성이 YAML 파일에 구성된 정보를 사용해서 인프라를 프로비저닝한 것을 확인할 수 있다.

2.9.3 작동 원리

첫 번째 단계에서는 yamldecode라는 테라폼 내장 함수를 사용해서 network.yaml 파일에 있는 파라미터들을 가져온다. 이 함수는 YAML 파일의 내용을 테라폼의 키-값 형태의 변수로 변환한다.

그리고 이렇게 변환된 값들을 로컬 변수인 network에 저장한다.

두 번째 단계에서는 local.network를 사용해서 이 로컬 변수를 호출하고 모든 하위 키를 YAML 구성에 정의된 표기법으로 접근한다.

이게 이번 예제에서 다루고 있는 테라폼 구성의 전부이다. 마지막으로 terraform init, plan 그리고 apply 명령을 실행한다.

plan을 실행하면 테라폼이 구성이 YAML 파일에 구성된 정보를 바탕으로 만들어졌음을 알 수 있다.

2.9.4 더 살펴볼 것들

이번 예제에서 YAML 파일을 디코딩하는 방법을 살펴 봤지만, 테라폼 내장 함수인 yamlencode 함수를 사용하면 테라폼에서 YAML 파일로 인코딩도 할 수 있다. (https://developer.hashicorp.com/terraform/language/functions/yamlencode)

이번에는 YAML 파일을 디코딩하는 예제를 배웠지만, 테라폼 내장 함수인 jsondecode와 jsonencode 함수를 사용하면 같은 방식으로 JSON 파일도 사용할 수 있다.

하지만 terraform validate 명령을 사용해서 테라폼 변수에 대한 유효성 검사를 하려면 테라폼 변수를 사용하는 것이 좋다. 실제로 테라폼의 유효성 검사에는 YAML 파일에 대한 검사가 구현되지 않았기 때문에 형식이 잘못되거나 일부 정보가 누락되었을 경우 오류가 발생할 수 있다.

2.9.5 참고 항목

- 내장 함수인 yamldecode 함수에 대한 문서는 https://developer.hashicorp.com/terraform/language/functions/yamldecode를 참고한다.
- 내장 함수인 jsonencode 함수에 대한 문서는 https://developer.hashicorp.com/terraform/language/functions/jsonencode를 참고한다.
- 내장 함수인 jsondecode 함수에 대한 문서는 https://developer.hashicorp.com/terraform/language/functions/jsondecode를 참고한다.

2.10 조건문 작성하기

테라폼 구성을 작성하다 보면 다양한 조건을 사용해서 리소스를 동적으로 만들어야 하는 경우가 생긴다. 이번 예제에서는 조건문을 작성하는 방법에 대해서 배워보자.

2.10.1 준비 사항

이번 예제에서는 앞의 예제에서 사용했던 테라폼 구성을 사용한다. 소스 코드는 https://github.com/PacktPublishing/Terraform-Cookbook-Second-Edition/tree/main/CHAP02/fct에서 확인할 수 있다.

이번 예제는 리소스 그룹의 이름에 조건문을 추가한다. 이 때 사용하는 조건은 다음과 같다.

만약 환경 이름이 Production과 같다면 리소스 그룹의 이름을 RG-〈앱 이름〉으로 설정하고, 아니라면 리소스 그룹의 이름을 RG-〈앱 이름〉-〈환경 이름〉으로 설정한다.

2.10.2 작동 방법

main.tf 파일에서 다음과 같이 리소스 그룹에 대한 코드를 수정한다.

```
resource "azurerm_resource_group" "rg-app" {
  name = var.environment == "Production" ? upper(format("RG-%s",var.appname))
```

```
 : upper(format("RG-%s-%s",var.app-name,var.environment))
   location = "westeurope"
}
```

2.10.3 작동 원리

다음과 같은 문법의 조건문을 추가한다.

```
condition ? true assert : false assert
```

만약 environment 변수의 값이 Production 이라면 테라폼 명령의 실행 결과는 다음 그림과
같을 것이다.

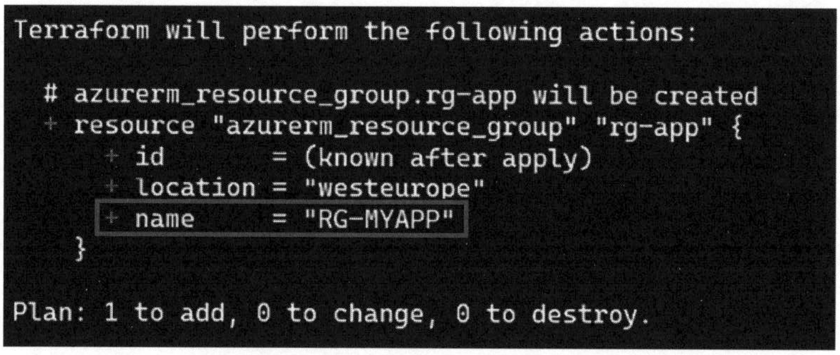

그림 2.14 조건문의 첫 번째 경우에 해당했을 때

만약 environment 변수가 Production이 아니라 Dev라면 다음 그림과 같을 것이다.

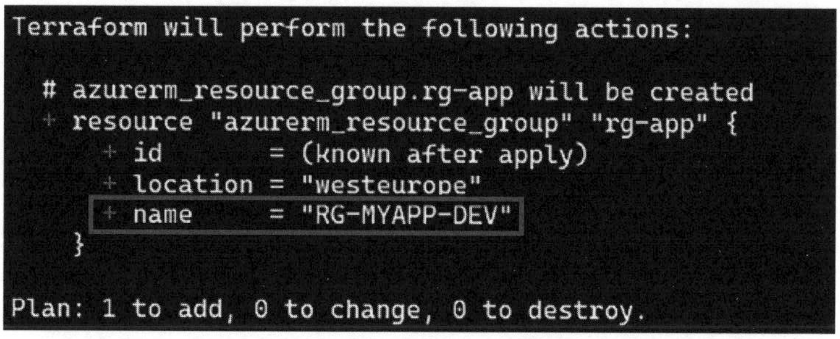

그림 2.15 조건문의 두 번째 경우에 해당했을 때

2.10.4 더 살펴볼 것들

조건문의 일반적인 사용 사례 중 하나는 기능 플래그 패턴을 구현하는 것이다.

기능 플래그를 사용해서 리소스의 프로비저닝 여부를 동적으로 결정할 수 있다. 다음과 같은 코드 패턴이 기능 플래그 패턴을 보여준다.

```
resource "azurerm_application_insights" "appinsight-app" {
  count = var.use_appinsight == true ? 1 : 0
  ....
}
```

이 코드에서는 use_appinsight 변수가 true라면 count 속성이 1이 되어 애저 애플리케이션 인사이트 리소스가 프로비저닝 된다. 반대로 use_appinsight 변수가 false라면 count 속성은 0이 되어 애플리케이션 인사이트 리소스가 프로비저닝되지 않는다.

2.10.5 참고 항목

테라폼에서 조건문 표현식에 대해서는 https://developer.hashicorp.com/terraform/language/expressions/conditionals를 참고한다.

2.11 테라폼으로 패스워드 생성하기

테라폼으로 인프라를 프로비저닝하다 보면 계정 인증 정보, 가상 머신과 데이터베이스에 대한 접속 정보 등과 같이 속성 중에 패스워드를 필요로 하는 경우가 있다.

테라폼 프로바이더 중 하나인 random 프로바이더를 사용하면, 테라폼 구성 내에 패스워드를 평문으로 작성하지 않아도 되고, 보안을 강화할 수 있다. 또한 random 프로바이더를 사용하면 패스워드와 같은 임의의 문자열을 생성할 수도 있다.

이번 예제에서는 테라폼으로 패스워드를 생성하고 리소스에 할당하는 방법에 대해서 배워보자.

2.11.1 준비 사항

이번 예제에서는 애저에서 가상 머신을 프로비저닝하고 테라폼을 사용해서 관리자 패스워드를 동적으로 생성한다.

이를 위해 애저에서 가상 머신을 프로비저닝하는 테라폼 구성을 사용한다.

이번 예제의 소스 코드는 https://github.com/PacktPublishing/Terraform-Cookbook-Second-Edition/tree/main/CHAP02/password에서 확인할 수 있다.

2.11.2 작동 방법

다음 단계를 수행한다.

1 가상 머신의 프로비저닝을 위한 테라폼 구성에 다음 코드를 추가한다.

```
resource "random_password" "password" {
  length           = 16
  special          = true
  override_special = "_%@"
}
```

2 그리고 리소스 코드 내에서 password 속성을 다음과 같이 수정한다.

```
resource "azurerm_linux_virtual_machine" "myterraformvm" {
  name = "myVM"
  location = "westeurope"
  resource_group_name = azurerm_resource_group.myterraformgroup.name
  computer_name = "vmdemo"
  admin_username = "uservm"
  admin_password = random_password.password.result

  ....
}
```

2.11.3 작동 원리

첫 번째 단계에서는 설정된 속성에 따라 문자열을 생성할 수 있도록 random 프로바이더를 통해 random_password 리소스를 추가한다. 이 값은 테라폼 CLI에서 민감한 것으로 취급되어 사용자에게 표시되지 않는다.

그 후 두 번째 단계에서는 random_password 리소스의 결과(result 속성을 통해)를 가상 머신의 password 속성에 사용한다.

terraform plan 명령의 결과는 다음 그림과 같다.

```
# random_password.password will be created
+ resource "random_password" "password" {
    + bcrypt_hash       = (sensitive value)
    + id                = (known after apply)
    + length            = 16
    + lower             = true
    + min_lower         = 0
    + min_numeric       = 0
    + min_special       = 0
    + min_upper         = 0
    + number            = true
    + numeric           = true
    + override_special  = "_%@"
    + result            = (sensitive value)
    + special           = true
    + upper             = true
}
```

그림 2.16 테라폼으로 패스워드 생성하기

그림 2.16에 보이는 것처럼 결과는 민감한 값으로 취급된다.

속성이 민감하다는 것은 terraform plan, apply 명령을 실행했을 때 콘솔 출력 화면에 보이지 않는다는 것을 의미한다. 테라폼 상태 파일에는 여전히 평문으로 저장된다.

2.11.4 참고 항목

- random 프로바이더에 대한 추가 정보는 https://registry.terraform.io/providers/hashicorp/random/latest를 참고한다.

- 테라폼 상태 파일의 민감한 데이터에 대한 문서는 https://developer.hashicorp.com/terraform/language/state/sensitive-data를 참고한다.

2.12 테라폼 리소스간 의존성 관리하기

테라폼의 주요 기능 중 하나는 리소스간 의존성을 고려하면서 작업을 자동으로 병렬화해서 진행하는 것이다.

이번 예제에서는 리소스간 의존성을 생성하는 방법에 대해서 배워보자. 암시적 의존성과 명시적 의존성 모두를 사용해 보자.

그럼, 시작해 보자.

2.12.1 준비 사항

이번 예제를 진행하기 위해 다음과 같은 테라폼 구성을 사용해 애저 리소스 그룹을 프로비저닝하고 그 안에 애저 가상 네트워크를 프로비저닝해 보자.

다음은 기본 구성 코드이다.

```
resource "azurerm_resource_group" "rg" {
  name     = "rgdep"
  location = "westeurope"
}

resource "azurerm_virtual_network" "vnet" {
  name               = "vnet"
  location           = "westeurope"
```

```
  resource_group_name = "rgdep"
  address_space        = ["10.0.0.0/16"]
}
```

앞 테라폼 구성의 문제점은 리소스 그룹과 가상 네트워크 사이에 의존성이 존재하지 않는다는 것이다. 테라폼은 의존성 그래프에 따라 작업을 실행하기 때문에, 실행 중에 리소스 그룹보다 가상 네트워크가 먼저 생성될 수 있다. 하지만 우리가 의도하는 것은 리소스 그룹 생성 이후에 가상 네트워크가 생성되는 것이기 때문에 이렇게 동작하게 두면 안 된다.

이번 예제의 목표는 애저 가상 네트워크와 리소스 그룹간에 의존성을 만드는 방법을 배우는 것이다.

의존성에 대한 개념은 https://developer.hashicorp.com/terraform/language/resources/behavior#resource-dependencies에서 볼 수 있다.

이번 예제의 소스 코드는 https://github.com/PacktPublishing/Terraform-Cookbook-Second-Edition/tree/main/CHAP02/dep에서 볼 수 있다.

2.12.2 작동 방법

다음 단계를 수행한다.

1 암시적 의존성을 만들기 위해서는 azurerm_virtual_network 리소스를 다음과 같이 수정한다.

```
resource "azurerm_virtual_network" "vnet" {
  name                 = "vnet"
  location             = "westeurope"
  resource_group_name = azurerm_resource_group.rg.name
  address_space        = ["10.0.0.0/16"]
}
```

2 명시적 의존성을 만들기 위해서는 azurerm_virtual_network 리소스를 다음과 같이 수정한다.

```
resource "azurerm_virtual_network" "vnet" {
  name                = "vnet"
  location            = "westeurope"
  resource_group_name = "rgdep"
  address_space       = ["10.0.0.0/16"]

  depends_on = [azurerm_resource_group.rg]
}
```

2.12.3 작동 원리

첫 번째 구성에서는 resource_group_name = azurerm_resource_group.rg.name 속성을 사용해서 암시적 의존성을 만든다. 프로비저닝된 리소스 그룹의 이름을 확인하고 그 값을 가상 네트워크의 resource_group_name 속성의 값으로 넘겨주어야 하기 때문에 리소스 그룹의 생성이 완료될 때까지 기다리게 된다.

두 번째 구성에서는 이 리소스보다 먼저 만들어야 하는 리소스 목록을 depends_on 속성을 사용해서 명시적 의존성을 만든다. 여기서는 애저 가상 네트워크를 만들기 전에 리소스 그룹을 먼저 만들어야 한다고 설정했다.

마지막으로 terraform apply 명령을 실행하면 다음과 같이 의존성이 만들어진 것을 확인할수 있다.

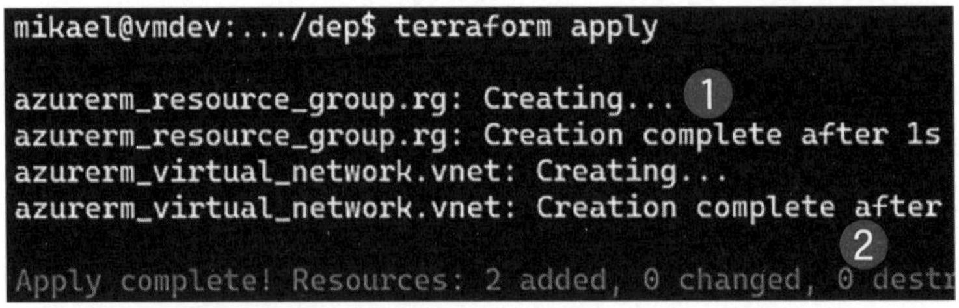

그림 2.17 테라폼의 암시적 의존성과 명시적 의존성이 생성된 결과

그림 2.17을 보면 리소스의 생성 순서를 확인할 수 있다. 애저 리소스 그룹 ❶이 가상 네트워크 ❷보다 먼저 생성된다.

그리고 terraform destroy를 실행하면 가상 네트워크가 리소스 그룹보다 먼저 삭제된다.

2.12.4 더 살펴볼 것들

암시적 의존성을 사용할지 명시적 의존성을 사용할지 선택할 수 있다면, 암시적 의존성을 선택하는 것이 좋다. 이에 대한 상세한 설명은 https://developer.hashicorp.com/terraform/language/meta-arguments/depends_on#processing-and-planning-consequences에서 확인할 수 있다.

terraform graph 명령을 사용하면 테라폼 리소스간 의존성을 확인할 수 있다. 이에 대해서는 6장 기본적인 테라폼 워크플로우 적용하기에 있는 의존성 그래프 생성하기 예제에서 배운다.

2.12.5 참고 항목

- 의존성에 대한 예제 코드는 https://developer.hashicorp.com/terraform/tutorials/configuration-language/dependencies를 참고한다.

- depends_on 속성에 대해서는 https://developer.hashicorp.com/terraform/language/meta-arguments/depends_on을 참고한다.

2.13 사용자 지정 사전 및 사후 조건 추가하기

이전 예제인 변수 조작하기에서 변수를 정의할 때 조건문을 통해 유효성 검사를 추가하는 방법에 대해서 배웠다.

테라폼 1.2 혹은 그 이후 버전에서는 사전 조건과 사후 조건을 사용하여 리소스, 모듈, 데이터 소스에 대해 사용자 정의 유효성 검사를 추가할 수 있다.

이런 사용자 정의 유효성 검사를 통해 terraform plan 실행 중에 사용자 정의 규칙을 설정할 수 있다. 사전 조건은 plan 작업 전에 유효성 검사를 진행하고 사후 조건은 plan 작업 후에 유효성 검사를 진행한다.

그럼, 시작해 보자.

2.13.1 준비 사항

이번 예제를 진행하기 위해 다음과 같은 테라폼 구성에서부터 시작해 보자.

```
resource "azurerm_virtual_network" "vnet" {
  name = "vnet"
  location = azurerm_resource_group.rg.location
  resource_group_name = azurerm_resource_group.rg.name
  address_space = [var.address_space]
}
```

앞 테라폼 구성은 애저 가상 네트워크를 생성한다.

가장 먼저 address_space 변수의 값이 IP CIDR /16인지 확인하는 조건문을 추가해 보자.

다음으로 가상 네트워크가 생성되어야 할 리전(위치)이 westeurope인지 확인하는 조건문을 추가해 보자.

이번 예제의 소스 코드는 https://github.com/PacktPublishing/Terraform-Cookbook-Second-Edition/tree/main/CHAP02/prepostcond에서 볼 수 있다.

2.13.2 작동 방법

다음 단계를 수행한다.

1 IP 주소 범위를 확인하기 위해 애저 가상 네트워크 생성 코드를 다음과 같이 수정한다.

```
resource "azurerm_virtual_network" "vnet" {
  .....
  address_space        = [var.address_space]
  lifecycle {
    precondition {
      condition       = cidrnetmask(var.address_space) == "255.255.0.0"
      error_message = "The IP Range must be /16"
    }
  }
}
```

2 가상 네트워크의 생성 리전을 확인하기 위해 애저 가상 네트워크 생성 코드를 다음과 같이 수정한다.

```
resource "azurerm_virtual_network" "vnet" {
  name                = "vnet"
  location            = azurerm_resource_group.rg.location
  resource_group_name = azurerm_resource_group.rg.name
  address_space       = [var.address_space]
  lifecycle {
    precondition {
```

```
      condition       = cidrnetmask(var.address_space) == "255.255.0.0"
      error_message = "The IP Range must be /16"
    }
    postcondition {
      condition       = self.location == "westeurope"
      error_message = "Location must be westeurope"
    }
  }
}
```

3 마지막으로 테라폼 워크플로우를 실행해서 콘솔 출력에 에러가 없는지 확인한다.

2.13.3 작동 원리

첫 번째 단계에서는 terraform plan 실행 직전에 확인되는 사전 조건을 사용자 지정 검사로
추가한다. precondition 블록이 lifecycle 블록 안에 새롭게 추가 되었다. 사전 조건 검사를 더
자세히 살펴보자.

```
precondition {
  condition       = cidrnetmask(var.address_space) == "255.255.0.0"
  error_message = "The IP Range must be /16"
}
```

precondition 블록은 두 개의 속성으로 구성되어 있다.

1 condition은 검사를 위한 코드이다. 여기서는 address_space 변수의 cidrnetmask 값이
255.255.0.0과 같은지 확인한다. 255.255.0.0은 IP 범위 /16을 의미한다.

2 error_message는 검사 결과가 거짓일 때 콘솔 출력에 표시할 에러 메세지이다.

이 사전 조건 검사를 테스트하려면 address_space를 10.0.0.0/24로 설정하면 된다. 이렇게
설정하면 terraform plan 실행 결과가 다음과 같이 출력된다.

```
mikael@vmdev:.../prepostcond$ terraform plan

Error: Resource precondition failed

  on main.tf line 21, in resource "azurerm_virtual_network" "vnet":
  21:        condition = cidrnetmask(var.address_space) == "255.255.0.0"

      var.address_space is "10.0.0.0/24"

The IP Range must be /16
```

그림 2.18 사전 조건 검사 에러 화면

이 에러 메세지가 출력되면 terraform plan 명령은 더 이상 진행되지 않고 종료된다.

두 번째 단계에서는 애저 가상 네트워크가 생성되는 리전(데이터센터의 위치)이 "westeurope"
인지 확인하는 사후 조건을 사용자 지정 검사로 추가한다. lifecycle 블록 안에 있는 post-
condition 블록에 다음과 같은 조건을 추가한다.

```
postcondition {
  condition     = self.location == "westeurope"
  error_message = "Location must be westeurope"
}
```

앞 테라폼 구성에서는 condition 속성에 self 키워드를 사용해서 현재 리소스(이 경우에는 애저
가상 네트워크)를 참조하는 조건을 설정하고 에러 메세지를 설정했다.

> self 키워드는 모든 속성이 결정되는 순간, 즉 terraform plan 명령이 실행된 후인 postcondition에서만 사
> 용 가능하다.

postcondition을 테스트하기 위해 위치를 westus로 설정하면 다음과 같은 terraform plan
결과 화면을 볼 수 있다.

```
mikael@vmdev:.../prepostcond$ terraform plan

 Error: Resource postcondition failed

   on main.tf line 25, in resource "azurerm_virtual_network" "vnet":
   25:        condition = self.location   == "westeurope"

       self.location is "westus"

 Location must be West Europe
```

그림 2.19 사후 조건 검사 에러 화면

그림 2.19와 같은 에러 메세지를 볼 수 있다.

2.13.4 참고 항목

• 사전 및 사후 조건에 대한 문서는 https://developer.hashicorp.com/terraform/
language/meta-arguments/lifecycle#custom-condition-checks를 참고한다.

• 모듈에 대한 사전 및 사후 조건 예제는 https://developer.hashicorp.com/terraform/
tutorials/configuration-language/custom-conditions를 참고한다.

• 사전 및 사후 조건에 대한 블로그 글은 https://spacelift.io/blog/terraform-preconditi
on-postcondition을 참고한다.

• 사전 및 사후 조건에 대한 네드 벨라번스의 영상은 https://www.youtube.com/watch?v=
55ZLu8tSnvk를 참고한다.

2.14 인프라의 유효성 검사하기

이전 예제인 2.13 사용자 지정 사전 및 사후 조건 추가하기에서는 리소스 구성 안에 사전 및 사후 조건을 추가하는 방법에 대해서 배웠다.

테라폼 1.5 이상 버전에서는 프로비저닝된 인프라가 의도한대로 작동하는지 확인할 수 있는 인프라 유효성 검사를 추가할 수 있다.

그럼, 시작해 보자.

2.14.1 준비 사항

이번 예제에서는 테라폼 구성을 사용하여 새로운 애저 앱 서비스 인스턴스를 프로비저닝한 후, 동일한 테라폼 구성 내에서 프로비저닝된 앱 서비스 인스턴스가 실행 중인지 확인하고 HTTP 상태 코드 200을 반환하는지 확인하는 검사를 추가 해보자.

> 이번 예제에서는 애저 앱 서비스에 대한 테라폼 구성을 상세하게 살펴보진 않는다. 앱 서비스 가용성 확인만 진행한다.

이번 예제를 진행하기 위해 https://github.com/PacktPublishing/Terraform-Cookbook-Second-Edition/tree/main/CHAP02/sample-app에서 제공하는 테라폼 구성을 check라는 다른 폴더에 복사한다.

이제 앱 서비스 인스턴스의 가용성을 확인하는 방법을 배워보자. 이번 예제의 소스 코드는 https://github.com/PacktPublishing/Terraform-Cookbook-Second-Edition/ tree/main/CHAP02/check에서 확인할 수 있다.

2.14.2 작동 방법

다음 단계를 수행한다.

1 check 폴더로 복사된 main.tf 파일에 다음과 같은 테라폼 구성을 추가한다.

```
check "response" {
  data "http" "webapp" {
    url = "https://${azurerm_linux_web_app.app.default_hostname}"
    insecure=True
  }

  assert {
    condition = data.http.webapp.status_code == 200
    error_message = "Web app response is ${data.http.webapp.status_code}"
  }
}
```

2 같은 폴더에서 기본 테라폼 워크플로우인 terraform init, plan, apply 명령을 실행한다.

2.14.3 작동 원리

첫 번째 단계에서는 check 블록을 추가한다. check 블록은 다음과 같이 구성되어 있다.

- data 블록은 HTTP 데이터 소스를 사용한다. HTTP 데이터 소스는 주어진 URL 주소로 HTTP GET 요청을 수행한다. URL 속성으로는 웹앱의 기본 호스트명을 사용한다. HTTP 데이터 소스에 대한 상세한 내용은 https://registry.terraform.io/providers/hashicorp/http/latest/docs/data-sources/http를 참고한다.

- assert 블록은 HTTP 데이터 소스의 HTTP GET 요청에 대한 응답코드가 200인지 확인한다. 만약 조건이 거짓이라면 assert 블록에 설정된 error_message를 표시한다.

두 번째 단계에서는 테라폼 워크플로우를 실행시켜 애저 앱 서비스 인스턴스를 만들고 가용성을 확인한다. 다음 그림 2.20은 terraform apply 명령의 결과이다.

```
data.http.webapp: Reading...
data.http.webapp: Still reading... [10s elapsed]
data.http.webapp: Still reading... [20s elapsed]
data.http.webapp: Still reading... [30s elapsed]
data.http.webapp: Still reading... [40s elapsed]
data.http.webapp: Still reading... [50s elapsed]
data.http.webapp: Still reading... [1m0s elapsed]
data.http.webapp: Still reading... [1m10s elapsed]
data.http.webapp: Still reading... [1m20s elapsed]
data.http.webapp: Still reading... [1m30s elapsed]
data.http.webapp: Still reading... [1m40s elapsed]
data.http.webapp: Still reading... [1m50s elapsed]
data.http.webapp: Read complete after 1m55s [id=https://myapp-demo-dev1-91mp.azurewebsites.net]

Apply complete! Resources: 5 added, 0 changed, 0 destroyed.
```

그림 2.20 인프라 유효성 검사가 성공한 화면

2.14.4 더 살펴볼 것들

- 사전 및 사후 조건과는 다르게 check 블록은 확인 결과가 거짓으로 나와도 리소스 프로비저닝을 중단하진 않는다. 대신 다음 그림과 같이 경고 메세지만 표시한다.

그림 2.21 인프라 유효성 검사가 실패 했을 때 경고 화면

- 이번 예제에서는 check 블록에서 사용할 수 있는 여러 방법 중에 HTTP 데이터 소스를 사용해서 검사를 시연했다. 하지만 데이터 소스 사용이 필수는 아니며 인프라 유효성 검사의 요구 사항에 따라 다른 소스를 사용할 수 있다. check 블록에 대한 더 자세한 사항과 예제는 https://developer.hashicorp.com/terraform/tutorials/configuration-language/checks를 참고한다.

2.14.5 참고 사항

check 블록에 대한 문서는 https://developer.hashicorp.com/terraform/language/checks를 참고한다.

03

테라폼으로
인프라 확장하기

이전 장에서는 테라폼의 기본적인 사용법을 통해 인프라를 효율적으로 프로비저닝하는 방법에 대해 배웠다. 코드형 인프라(IaC)의 장점 중 하나는 수동 프로비저닝보다 훨씬 빠르게 대규모의 인프라를 프로비저닝할 수 있다는 점이다.

또한 코드형 인프라를 작성할 때는 개발자들이 오랜 시간에 걸쳐 공식화한 개발 및 클린 코드 원칙들을 적용하는 것도 중요하다.

이런 원칙 중 하나가 중복된 코드를 작성하지 말자는 의미의 반복하지 말자(Don't Repeat Yourself, DRY)이다. DRY 원칙에 대한 자세한 내용은 https://thevaluable.dev/dry-principle-cost-benefit-example/에서 확인할 수 있다.

이번 장에서는 count, 맵, 콜렉션, 배열과 같은 테라폼 언어의 표현식과 dynamic 블록을 사용하는 방법에 대해서 배운다. 이런 표현식들을 사용하면 코드를 중복으로 작성하지 않고도 여러 환경에 인프라를 배포하고 여러 개의 리소스를 프로비저닝하는 테라폼 구성을 만들 수 있다.

이번 장에서는 다음 예제들을 다룬다.

- 여러 환경에서 인프라를 프로비저닝하기
- count 인수를 사용해서 여러 리소스를 프로비저닝하기
- 맵 사용하기
- 객체로 구성된 맵 순환하기
- dynamic 블록을 사용해서 여러 개의 블록 생성하기
- 맵 필터링하기

3.1 기술적 요구사항

이번 장에서는 특별한 기술적 지식이 필요하지 않다. 하지만 이전 장들을 미리 읽어 보는 것을 추천한다.

이번 장의 소스 코드는 https://github.com/PacktPublishing/Terraform-Cookbook-Second-Edition/tree/main/CHAP03/에서 확인할 수 있다.

또한 https://bit.ly/2R5GSBN에 가면 코드가 실제로 작동하는 영상을 볼 수 있다.

3.2 여러 환경에서 인프라를 프로비저닝하기

애플리케이션을 여러 환경(개발, QA, 운영)에 배포하는 것과 마찬가지로, 인프라 역시 애플리케이션을 지원하기 위해 각각의 환경별로 프로비저닝해야 한다.

그럼 각각의 환경에 인프라를 프로비저닝할 수 있도록, 유지보수가 가능하고 확장 가능한 테라폼 구성을 어떻게 작성할 수 있을까

이번 예제에서는 애저 인프라를 여러 환경에 배포할 수 있는 두 가지 테라폼 구성을 살펴보자.

3.2.1 준비 사항

이번 예제를 진행하려면 2장 테라폼 구성 작성하기의 변수 조작하기 예제에서 다뤘던 변수의 개념을 이해하고 있어야 한다.

먼저 애저 앱 서비스를 단일 환경에 배포하는 테라폼 구성을 만들어 보자. 테라폼 구성은 다음과 같은 파일들로 구성된다.

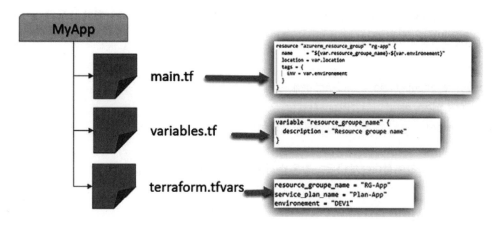

그림 3.1 테라폼 구성의 구조

앞의 다이어그램을 통해 다음과 같은 것을 알 수 있다.

- main.tf 파일은 프로비저닝되어야 할 리소스들의 구성을 담고 있다.
- variables.tf 파일은 변수 선언을 담고 있다.
- terraform.tfvars 파일은 변수의 값을 담고 있다.

그림 3.1 테라폼 구성의 소스 코드는 https://github.com/PacktPublishing/Terraform-Cookbook-Second-Edition/tree/main/CHAP03/myApp/simple-env에서 확인할 수 있다.

이번 예제에서 중요한 것은 구성의 내용이 아니라 테라폼 구성을 이루는 폴더의 구조와 실행할 테라폼 명령이다.

3.2.2 작동방법

먼저 다음 단계를 수행해서 첫 번째 계층 구조를 만들어 보자.

1 빈 폴더에 환경별로 폴더를 만든다. dev, test, production 이렇게 총 세 개의 폴더를 만든다.

2 기본 테라폼 구성을 각 폴더에 동일하게 복사한다.

3 그리고 각 폴더에 있는 terraform.tfvars 파일의 값을 각 환경에 맞는 값으로 수정한다. 다음은 dev 폴더에 있는 terraform.tfvars의 예제이다.

```
resource_group_name = "RG-Appdemo"
service_plan_name   = "Plan-App"
environment         = "DEV" #배포할 환경 이름
```

4 마지막으로 각각의 폴더에서 다음과 같은 순서로 명령을 수행해서 프로비저닝한다.

```
terraform init
terraform plan -out="out.tfplan"
terraform apply out.tfplan
```

지금까지 첫 번째 계층 구조를 만들어 보았다. 이제 다음 단계를 수행해서 두 번째 계층 구조를 만들어 보자.

1 terraform.tfvars 파일을 각각 dev.tfvars, prod.tfvars, test.tfvars 로 이름을 바꿔서 복사한다.

2 dev.tfvars, prod.tfvars, test.tfvars 파일의 내용을 각 환경에 맞게 수정한다.

3 다음은 dev.tfvars 파일의 내용이다.

```
resource_group_name = "RG-App"
service_plan_name   = "Plan-App"
environment         = "DEV1"
custom_app_settings = {
  APP = "1"
}
```

4 환경에 맞는 인프라를 프로비저닝하기 위해 -var-file 옵션을 사용해서 terraform plan과 apply 명령을 실행한다. 다음은 개발 환경을 프로비저닝하기 위해 사용하는 명령 예제이다.

```
terraform plan -var-file=dev.tfvars
```

3.2.3 작동 원리

첫 번째 계층 구조에서는 동일한 테라폼 구성을 각각의 환경에 맞게 폴더를 생성해 복사한 후 각 폴더에 있는 terraform.tfvars의 내용을 수정한다.

이렇게 하면 다음과 같은 폴더 구조를 가지게 된다.

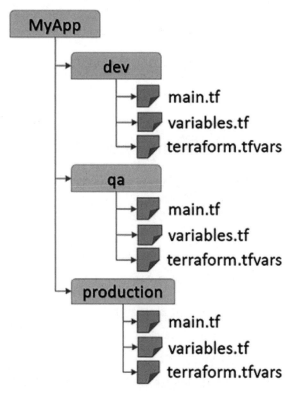

그림 3.2 환경별 폴더를 만드는 구조

그리고 테라폼 워크플로우를 실행한다. 이 구조는 환경별로 인프라의 리소스가 동일하지 않고 조금씩 다를 때 유용하다. 각 환경별로 테라폼 구성이 존재하면 다른 환경에 영향을 주지 않고 환경별로 리소스를 쉽게 추가 하거나 제거할 수 있기 때문이다.

하지만 이 구조는 중복 코드를 발생시키기 때문에, 여러 번 유지 관리해야 한다.(모든 환경에 대한 인프라를 수정하고 테라폼 구성을 변경하는 등)

두 번째 계층 구조에서는 모든 환경의 기반이 되는 테라폼 구성을 유지하고, 환경별로 이름을 따서 명명된 테라폼 변수 파일(예. 개발 환경은 dev.tfvars, 테스트는 test.tfvars 등)을 가진다. 이렇게 하면 다음 그림 3.3과 같은 폴더 구조를 가지게 된다.

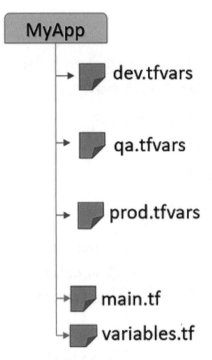

그림 3.3 환경별 서로 다른 변수를 가지게 하는 구조

이 구조를 사용하면 terraform plan과 apply 명령을 실행할 때 −var−file 옵션을 추가해야 한다. 이 구조는 환경별로 인프라가 동일할 때 유용하다.

이 구조의 장점은 테라폼 코드의 공통 부분이 하나만 있고(main.tf와 variables.tf 파일) 환경별로 채워야 할 테라폼 변수 파일이 각각 따로 존재 하기 때문에 코드를 변경하거나 새로운 환경이 발생할 경우 몇 가지 작업만 하면 된다는 점이다. 하지만 main.tf 파일에 적용된 변경 사항이 모든 환경에 적용되기 때문에 더 많은 테스트와 검증이 필요하다.

이번 예제에서 설명한 것처럼 tfvars 파일을 바탕으로 환경을 간단히 나누게 되면 테라폼 상태 파일이 동일하기 때문에 각 환경별로 프로비저닝된 인프라에 영향을 미칠 수 있다.

그래서 두 번째 계층 구조와 같은 폴더 구조에서는 terraform init 명령 시에 −backend−config=⟨env⟩−backend.tfvars와 같은 형태로 환경별 백엔드를 나누는 설정을 함께 사용해야 한다. 자세한 사항은 https://developer.hashicorp.com/terraform/cli/commands/init#backend−initialization을 참고한다.

3.2.4 참고 항목

- 테라폼 구성을 위한 폴더 구조에 대해서는 7장, 모듈을 사용해서 테라폼 구성 공유하기에서 이번 예제에서 다루지 않은 다른 방법을 다룬다.

- terraform plan과 apply 명령 실행 시에 사용하는 -var-file 옵션에 대해서는 https://developer.hashicorp.com/terraform/cli/commands/plan을 참고한다.

- 테라폼 구성과 관련된 모범 사례들은 https://www.terraform-best-practices.com/code-structure를 참고한다.

- 운영 환경을 위한 테라폼 구성 폴더 구조에 대해서는 https://www.hashicorp.com/blog/structuring-hashicorp-terraform-configuration-for-production을 참고한다.

count 인수를 사용해서 여러 리소스를 프로비저닝하기

실무에서 실제로 사용할 만한 시나리오 중에는 소위 말하는 수평 확장, 즉 개별 리소스(컴퓨팅 인스턴스와 같은)와 애플리케이션의 부하를 줄여주는 N개의 동일한 리소스를 프로비저닝해야 할 경우가 있다.

이번 예제에서 다룰 내용은 다음과 같다.

- 중복 코드를 사용하지 않고 동일한 리소스를 여러 개 프로비저닝하는 테라폼 구성 작성하기
- 프로비저닝할 동일한 리소스의 수를 빠르게 증가 시키거나 감소시키기

테라폼을 통해서 어떻게 코드 중복 없이, 동일한 리소스를 여러 개 빠르게 프로비저닝할 수 있는지 배워보자.

3.3.1 준비 사항

이번 예제를 진행하기 위해, 하나의 애저 앱 서비스를 프로비저닝하는 테라폼 구성을 사용한다. 다음 코드는 main.tf 파일의 일부이다.

```
resource "azurerm_linux_web_app" "app" {
  name                = "${var.app_name}-${var.environment}"
  location            = azurerm_resource_group.rg-app.location
```

```
  resource_group_name = azurerm_resource_group.rg-app.name
  app_service_plan_id = azurerm_app_service_plan.plan-app.id
}
```

이번 예제의 목적은 테라폼 구성을 수정해서 동일한 N개의 애저 앱 서비스를 프로비저닝하는 것이다. 프로비저닝되는 애저 앱 서비스의 이름은 1부터 시작하는 증분 인덱스 번호를 사용하게 된다.

이번 예제의 코드는 https://github.com/PacktPublishing/Terraform-Cookbook-Second-Edition/tree/main/CHAP03/count에서 확인할 수 있다.

3.3.2 작동 방법

다음 단계를 수행한다.

1 variables.tf 파일에 다음과 같은 변수 정의 코드를 추가한다.

```
variable "webapp_count" {
  type        = number
  description = "Number of web App to create"
}
```

2 terraform.tfvars 파일에 앞 변수의 값을 다음과 같이 설정한다.

```
webapp_count = 2
```

3 main.tf 파일에서 azurerm_linux_web_app 코드 부분을 다음과 같이 수정한다.

```
resource "azurerm_linux_web_app" "app" {
  count                = var.webapp_count
  name                 = "${var.app_name}-${var.environment}-${random_string.
random.result}-${count.index + 1}"
  location             = azurerm_resource_group.rg.location
  resource_group_name  = azurerm_resource_group.rg.name
```

```
    service_plan_id       = azurerm_service_plan.plan.id
...
}
```

4 (선택 사항) outputs.tf 파일을 만들어서 다음과 같이 출력값을 추가한다.

```
output "app_service_names" {
  value = azurerm_linux_web_app.app.*.name
}
```

3.3.3 작동 원리

첫 번째 단계에서는, 애저 앱 서비스의 개수를 의미하는 webapp_count라는 변수를 정의한 후, 두 번째 단계에서 terraform.tfvars 파일에 해당 변수의 값을 설정한다.

세 번째 단계에서는, azurerm_linux_web_app 리소스에 count 인수(모든 테라폼 리소스와 data 블록에 사용 가능한)를 추가한 후 값을 webapp_count 변수로 설정한다.

또한 azurerm_linux_web_app 리소스의 name 속성에 count 인수의 현재 인덱스 값을 접미사로 추가한다. count 인덱스는 0부터 시작하기 때문에 count.index + 1로 설정해서 1부터 접미사로 붙을 수 있게 설정한다.

마지막으로 선택 사항이었지만, 네 번째 단계에서는 프로비저닝된 앱 서비스들의 이름을 출력값으로 설정해서 콘솔 출력에 표시되도록 설정한다.

terraform plan 명령을 실행했을 때 webapp_count의 값이 2라면 두 개의 앱 서비스 인스턴스가 프로비저닝된다는 것을 알 수 있다.

다음 스크린샷은 terraform plan 명령 출력 결과의 일부이다. 그림 3.4는 첫 번째로 프로비저닝되는 앱 서비스에 대한 변경 사항 미리보기 화면이다.

```
Terraform will perform the following actions:

  # azurerm_linux_web_app.app[0] will be created
  + resource "azurerm_linux_web_app" "app" {
      + client_affinity_enabled        = false
      + client_certificate_enabled     = false
      + client_certificate_mode        = "Required"
      + kind                           = (known after apply)
      + location                       = "westeurope"
      + name                           = (known after apply)
      + outbound_ip_address_list       = (known after apply)
```

그림 3.4 첫 번째로 프로비저닝되는 앱 서비스에 대한 변경 사항 미리보기

다음 그림 3.5는 두 번째로 프로비저닝되는 앱 서비스에 대한 미리보기 화면이다.

```
  # azurerm_linux_web_app.app[1] will be created
  + resource "azurerm_linux_web_app" "app" {
      + client_affinity_enabled        = false
      + client_certificate_enabled     = false
      + client_certificate_mode        = "Required"
      + kind                           = (known after apply)
      + location                       = "westeurope"
      + name                           = (known after apply)
      + outbound_ip_address_list       = (known after apply)
```

그림 3.5 두 번째로 프로비저닝되는 앱 서비스에 대한 변경 사항 미리보기

그리고 변경 사항들이 적용되면 출력 결과는 다음과 같이 표시된다.

```
Apply complete! Resources: 5 added, 0 changed, 0 destroyed.

Outputs:

app_service_names = [
  "MyApp-DEV1-19j6-1",
  "MyApp-DEV1-19j6-2",
]
```

그림 3.6 count 인자를 사용했을 때의 테라폼 출력 결과

출력 결과에서 볼 수 있듯이, 두 개의 프로비저닝된 앱 서비스들의 이름을 포함한 리스트가 출력되는 것을 볼 수 있다.

3.3.4 더 살펴볼 것들

2장, 테라폼 구성 작성하기의 변수 조작하기 예제에서 살펴 봤던 것처럼 terraform plan과 apply 명령을 실행할 때 -var 옵션을 사용하면 테라폼 구성을 수정하지 않고도 쉽게 프로비저 닝될 리소스의 개수를 늘리거나 줄일 수 있다.

이번 예제에서 plan과 apply 명령을 실행할 때 다음과 같이 실행할 수 있다.

```
terraform plan -var "webapp_count=5" -out out.tfplan
terraform apply out.tfplan
```

하지만 이렇게 하면 코드형 인프라의 가장 큰 장점 중 하나를 놓치게 된다.(모든 것이 코드로 기록 되어 인프라에 대한 변경 사항을 추적할 수 있다는 장점)

또한 webapp_count 변숫값을 줄이면 인덱스에서 마지막으로 생성된 리소스가 제거되며, 인 덱스의 중간에 있는 리소스는 제거할 수 없다는 점을 유의해야 한다.

그래서 count를 사용해서 여러 개의 리소스를 만들 때는 모든 속성을 동일하게 유지하는 것이 가장 좋다.(예. 속성값에 count.index를 기반으로 하는 조건문을 사용하지 않는다.) 속성을 설정하는 문제는 for_each 표현식을 사용해서 해결할 수 있는데, 이에 대해서는 이번 장에 있는 객체로 구성된 맵 순환하기 예제에서 다룬다.

또한 count 인수를 사용하면 2장 테라폼 구성 작성하기의 조건문 작성하기 예제에서 배웠던 것처럼 동적으로 리소스의 프로비저닝 여부도 결정할 수 있다. 이는 다음과 같은 코드를 통해 구현할 수 있다.

```
resource "azurerm_application_insights" "appinsight_app" {
  count = var.use_appinsight == true ? 1 : 0
....
}
```

use_appinsight 값이 참이 되면 count 인수가 1이 되어서 한 개의 애저 애플리케이션 인사이 트 리소스를 프로비저닝하게 된다. 반대로 use_appinsight 값이 거짓이라면 count 인수는 0 이 되고 애저 애플리케이션 인사이트 리소스를 프로비저닝하지 않는다.

따라서 모든 환경 혹은 모든 애플리케이션에 대해, 변숫값에 따라 동적이면서도 조건부로 프로 비저닝할 수 있게 하는 테라폼 구성을 만들 수 있다.

기능 플래그라고도 불리는 이 기술은 개발 세계에서는 많이 사용되는 기술이기 때문에 코드형 인프라에도 적용할 수 있다. 그리고 이를 통해 중복 코드 없이 N개의 동일한 리소스를 프로비저닝할 수 있다.

이번 예제에서 살펴본 것처럼 count 인수를 사용하면 동일한 특성을 가지는 여러 리소스를 빠르게 프로비저닝할 수 있다.

이 장에 있는 객체로 구성된 맵 순환하기 예제에서는 서로 다른 속성을 가진 여러 리소스를 프로비저닝하는 방법에 대해서 배운다.

3.3.5 참고 항목

- count 인수에 대한 더 자세한 설명은 https://developer.hashicorp.com/terraform/language/meta-arguments/count을 참고한다.

3.4 맵 사용하기

지금까지 표준 변수 유형(문자열, 숫자, 불린(Boolean) 등)을 사용하는 예제 코드들을 배웠다. 하지만 테라폼 언어는 리스트, 집합, 맵, 튜플 그리고 더 복잡한 객체 변수까지 더 많은 유형의 변수들을 제공한다.

이런 유형의 변수들 중에는 키-값 모음으로 표현되는 맵이 있으며, 동적이고 확장 가능한 테라폼 구성을 작성하기 위해 많이 사용된다.

맵은 다음과 같은 용도로 사용될 수 있다.

- 테라폼 리소스에 있는 블록의 모든 속성을 단일 변수에 설정한다.
- 테라폼 구성에 사용될 키-값 모음을 설정한다.
- 동일한 리소스의 여러 인스턴스에 대한 데이터 선언 후 for_each를 통해 반복한다.

이번 예제에서는 맵 변수를 사용하는 간단하고 실용적인 사례를 살펴본다. 이번 예제에서 맵의 역할은 애저 리소스의 모든 태그를 동적으로 정의하는 것이지만 테라폼의 다른 프로바이더들에도 적용할 수 있다.

3.4.1 준비 사항

이번 예제는 애저 리소스 그룹과 앱 서비스를 프로비저닝하는 테라폼 구성에서부터 시작해보자.

이번 예제의 소스 코드는 https://github.com/PacktPublishing/Terraform-Cookbook-Second-Edition/tree/main/CHAP03/map에서 확인할 수 있다.

이번 예제에서는 맵의 사용 방법에 대한 다음 두 가지 방법을 살펴본다.

- 리소스 그룹의 태그 구현
- 앱 서비스의 속성 설정

3.4.2 작동 원리

다음 단계를 수행한다.

1 variables.tf 파일에 다음과 같은 변수 정의 코드를 추가한다.

```
variable "tags" {
  type        = map(string)
  description = "Tags"
  default     = {}
}

variable "app_settings" {
  type        = map(string)
  description = "App settings of the web app"
  default     = {}
}
```

2 terraform.tfvars 파일에 다음과 같은 코드를 추가한다.

```
tags = {
  ENV          = "DEV1"
  CODE_PROJECT = "DEMO"
}


app_settings = {
  KEY1 = "VAL1"
}
```

3 마지막으로 다음과 같이 main.tf 파일을 수정한다.

```
resource "azurerm_resource_group" "rg-app" {
  name     = "${var.resource_group_name}-${var.environment}-${random_string.
random.result}"
  location = var.location
  tags = var.tags
}


resource "azurerm_linux_web_app" "app" {
  name                = "${var.app_name}-${var.environment}-${random_string.
random.result}"
  location            = azurerm_resource_group.rg-app.location
  resource_group_name = azurerm_resource_group.rg-app.name
  service_plan_id     = azurerm_service_plan.plan-app.id

  site_config {}

  app_settings = var.app_settings
}
```

3.4.3 작동 원리

첫 번째 단계에서는 맵 형식의 변수 두 개를 선언한다. 이 변수는 키와 문자열 형태의 값으로 구성된다. 또한 맵 형식의 변수는 값을 생략할 수도 있고 선택적으로 설정할 수 있기 때문에 기본값의 경우 비어있는 맵인 {}를 할당한다.

그리고 두 번째 단계에서는 리소스를 위한 tags와 앱 서비스를 위한 app_settings에 값을 설정한다.

마지막으로 세 번째 단계에서는 테라폼 구성 내에서 이 변수들을 사용해서 리소스 그룹과 앱 서비스를 프로비저닝한다.

다음 그림 3.7은 terraform plan 명령의 결과 화면 중 일부이다.

```
Terraform will perform the following actions:

  # azurerm_linux_web_app.app will be created
  + resource "azurerm_linux_web_app" "app" {
      + app_settings                        = {
          + "KEY1" = "VAL1"
        }
      + client_affinity_enabled    = false
      + client_certificate_enabled = false

  # azurerm_resource_group.rg-app will be created
  + resource "azurerm_resource_group" "rg-app" {
      + id       = (known after apply)
      + location = "westeurope"
      + name     = "RG-App-DEV1"
      + tags     = {
          + "CODE_PROJECT" = "DEMO"
          + "ENV"          = "DEV1"
        }
    }
}
```

그림 3.7 테라폼에서 키-값 맵 사용

그림 3.7에서 azurerm_linux_web_app의 app_settings와 azurerm_resource_group의 tags 속성값이 맵 변수의 값들로 채워진 것을 볼 수 있다.

3.4.4 더 살펴볼 것들

더 나아가 테라폼의 내장 함수인 merge 함수를 사용하면 두 개의 맵을 병합하는 것도 가능하다.
다음 단계는 merge 함수를 사용해서 앱 서비스의 설정을 병합하는 방법을 보여준다.

1 variables.tf 파일에 사용자 정의 설정을 포함할 custom_app_settings 변수를 만든다.

```
variable "custom_app_settings" {
  description = "Custom app settings"
  type        = map(string)
  default     = {}
}
```

2 terraform.tfvars 파일에 다음과 같이 변숫값을 설정한다.

```
custom_app_settings = {
  APP = "1"
}
```

3 main.tf 파일에 다음과 같이 default_app_settings라는 로컬 변수를 정의한다.

```
locals {
  default_app_settings = {
    "DEFAULT_KEY1" = "DEFAULT_VAL1"
  }
}
```

4 마지막으로 main.tf 파일에서 있는 azurerm_linux_web_app 리소스의 app_settings 속성에 merge
함수를 사용해서 default_app_settings 변수와 custom_app_settings 변수를 병합한 값을 설정한다.

```
resource "azurerm_windows_web_app" "app" {
  name                = "${var.app_name}-${var.environment}"
  location            = azurerm_resource_group.rg-app.location
  resource_group_name = azurerm_resource_group.rg-app.name
  service_plan_id     = azurerm_service_plan.plan-app.id
```

```
  site_config {}

  app_settings = merge(local.default_app_settings, var.custom_app_settings)
}
```

앞의 코드에서는 애저 앱 서비스를 위한 default_app_settings 변수를 정의하고 사용자가 필요할 때 마다 임의의 설정 값을 추가할 수 있도록 custom_app_settings라는 변수를 정의한다.

이번 예제에서 맵의 사용 방법에 대해서 배웠다. 하지만 다른 유형의 더 복잡한 데이터 구조를 사용하려면 객체 변수를 사용해야 한다. 이에 대한 설명은 https://developer.hashicorp.com/terraform/language/expressions/type-constraints#complex-types을 참고한다.

다음 예제에서는 맵을 구성하는 키-값 객체를 순환하는 방법에 대해서 배워보자.

3.4.5 참고항목

- merge 함수에 대한 문서는 https://developer.hashicorp.com/terraform/language/functions/merge를 참고한다.

3.5 객체로 구성된 맵 순환하기

이전 예제에서는 동일한 리소스를 N개 프로비저닝할 수 있는 count 인수와 맵 변수 타입에 대해서 배웠다. 이번 예제에서는 테라폼 0.12부터 포함된 순환 기능을 사용하여 유형은 같지만 실제 속성은 서로 다른 N개의 리소스를 프로비저닝하는 방법에 대해서 배워보자.

3.5.1 준비 사항

먼저 단일 애저 앱 서비스를 프로비저닝하는 테라폼 구성에서부터 시작해 보자.

테라폼 구성은 다음과 같다.

```
resource "azurerm_app_service" "app" {
  name                = "${var.app_name}-${var.environement}"
  location            = azurerm_resource_group.rg-app.location
  resource_group_name = azurerm_resource_group.rg-app.name
  app_service_plan_id = azurerm_app_service_plan.plan-app.id
}
```

이번 예제의 소스 코드는 https://github.com/PacktPublishing/Terraform-Cookbook-Second-Edition/tree/main/CHAP03/list_map에서 확인할 수 있다.

3.5.2 작동 방법

다음 단계를 수행한다.

1 variables.tf 파일에 다음과 같은 코드를 추가한다.

```
variable "web_apps" {
  description = "List of web App to create"
  type = map(object({
    name              = string
    location          = optional(string, "westeurope")
    serverdatabase_name = string
  }))
}
```

2 terraform.tfvars 파일에 다음과 같은 코드를 추가한다.

```
web_apps = {
  webapp1 = {
    "name"              = "webappdemobook1"
    "location"          = "westeurope"
    "serverdatabase_name" = "server1"
  },
  webapp2 = {
    "name"              = "webapptestbook2"
    "serverdatabase_name" = "server2"
  }
}
```

3 main.tf 파일에 앱 서비스에 대한 코드를 다음과 같이 수정한다.

```
resource "azurerm_linux_web_app" "app" {
  for_each            = var.web_apps
  name                = each.value["name"]
  location            = lookup(each.value, "location", "westeurope")
  resource_group_name = azurerm_resource_group.rg-app.name
  service_plan_id     = azurerm_service_plan.plan-app.id
```

```
  connection_string {
    name  = "DataBase"
    type  = "SQLServer"
    value = "Server=${each.value["serverdatabase_name"]};Integrated
Security=SSPI"
  }
}
```

4 outputs.tf 파일에 다음과 같은 코드를 추가한다.

```
output "app_service_names" {
  value = [for app in azurerm_linux_web_app.app : app.name]
}
```

3.5.3 작동 원리

첫 번째 단계에서는, 새로운 객체 맵 변수를 선언하고 다음과 같은 속성을 포함하도록 정의한다.

- 문자열 타입의 name 속성
- 문자열 타입의 location 속성, location 속성은 선택 사항이며 기본값은 westeurope으로 설정된다.
- 문자열 타입의 serverdatabase_name 속성

두 번째 단계에서는, 객체 맵으로 구성된 이 변수의 값들을 각 앱 서비스의 속성에 맞게 설정한다. 이 변수는 각각 두 개의 앱 서비스에 대한 애플리케이션의 이름, 프로비저닝될 앱 서비스의 리전 위치 및 데이터베이스 서버의 이름을 리스트 형태로 설정한다.

세 번째 단계에서는, azurerm_linux_web_app 리소스에 for_each 표현식을 사용해 맵의 값을 순환한다.

그 후 azurerm_linux_web_app 리소스의 각 속성에 대해 each.value["〈속성 이름〉"] 표현식을 사용하거나 테라폼의 내장 함수인 lookup 함수를 사용해 값을 설정한다. lookup 함수는 다음과 같은 인자를 받아서 동작한다.

- for_each 표현식의 현재 객체 값을 each.value라는 표현으로 가져온다.
- 현재 객체 값 중 특정 키의 값을 가져온다. 이번 예제에서는 location이라는 키의 값을 가져온다.

lookup 함수의 세 번째 인자는 필수는 아니다. 세 번째 인자는 객체가 가지고 있는 키의 이름이 존재하지 않을 때 사용된다. 만약 location이라는 속성이 없다면 세 번째 인자로 설정된 값이 기본으로 설정되고, 이 예제에서는 westeurope이 된다.

마지막으로 네 번째 단계에서는 for 표현식을 사용해서 프로비저닝된 리소스 목록을 순환해서 이름을 출력하도록 만들었다.

다음 그림은 출력 결과이다.

```
Apply complete! Resources: 4 added, 0 changed, 0 destroyed.

Outputs:

app_service_names = [
  "webappdemobook1",
  "webapptestbook2",
]
```

그림 3.8 for 표현식을 사용한 테라폼 출력

그림 3.8을 통해 두 개의 프로비저닝된 앱 서비스 인스턴스의 이름을 볼 수 있다.

3.5.4 더 살펴볼 것들

이번 예제에서는 맵 순환을 통해 리소스를 프로비저닝하는 방법에 대해서 배웠다.

for 표현식과 for_each 인수는 테라폼 구성을 작용할 때 유용하기 때문에 잘 살펴볼 필요가 있다. lookup 함수와 element 함수도 유용하게 사용된다. 하지만 가능하다면 맵, 리스트, 집합의 각 요소에 접근할 때는 기본 구문(var_name[42] , var_map["key"와 같은)을 사용하는 것이 좋다.

이번 예제에서는 애저 앱 서비스와 같은 간단한 리소스를 통해 살펴 봤지만, 이번에 살펴본 방법은 가상 머신과 같은 더 많은 속성이 있는 리소스에도 적용할 수 있다.

3.5.5 참고 항목

- for와 for_each를 사용한 순환문은 https://developer.hashicorp.com/terraform/language/meta-arguments/for_each를 참고한다. 또한 이런 순환문에 대한 문서는 https://www.hashicorp.com/blog/hashicorp-terraform-0-12-preview-for-and-for-each을 참고한다.

- count와 for_each 인수의 차이점에 대한 설명은 https://developer.hashicorp.com/terraform/language/meta-arguments/count#when-to-use-for_each-instead-of-count를 참고한다.

- lookup 함수에 대한 문서는 https://developer.hashicorp.com/terraform/language/functions/lookup를 참고한다.

3.6 dynamic 블록을 사용해서 여러 개의 블록 생성하기

테라폼 리소스는 다음과 같은 요소들로 정의된다.

- name = value 형태의 속성 정의. 이에 대해서는 이미 이 책에서 여러 번 다루었다.
- azurerm_linux_web_app 리소스 내부에 site_config 블록과 같이 여러 개의 속성을 묶은 블록 형태의 속성 정의

테라폼 리소스에 따라 동일한 리소스에 블록이 한 번만 정의되는 경우가 있고, 여러 번 정의되는 경우가 있다. azurerm_network_security_group 리소스에 정의되는 security_rule 블록이 여러 번 정의되는 블록 중 하나이다.(예제는 https://registry.terraform.io/providers/hashicorp/azurerm/latest/docs/resources/network_security_group를 참고한다.)

테라폼의 주요 특징 중 하나인 dynamic 블록은 리소스 내부에 정의되는 블록들을 반복하는 데 사용된다.

이번 예제에서는 dynamic 블록을 사용해서 azurerm_network_security_group 리소스에 여러 개의 security_rule 블록을 정의해보자.

3.6.1 준비 사항

이번 예제를 진행하기 위해 다른 테라폼 구성은 필요하지 않다. 이번 예제에서는 애저 네트워크 보안 그룹을 만드는 테라폼 구성을 사용한다.

이번 예제의 소스 코드는 https://github.com/PacktPublishing/Terraform-Cookbook-Second-Edition/tree/main/CHAP03/dynamics에서 확인할 수 있다.

3.6.2 작동 방법

다음 단계를 수행한다.

1 variables.tf 파일에 다음과 같은 코드를 추가한다.

```
variable "nsg_rules" {
  description = "List of NSG rules"
  type = list(object({
    name                       = string
    priority                   = number
    direction                  = string
    access                     = string
    protocol                   = string
    source_port_range          = string
    destination_port_range     = string
    source_address_prefix      = string
    destination_address_prefix = string
  }))
}
```

2 terraform.tfvars 파일에 다음과 같은 코드를 추가한다.

```
nsg_rules = [
  {
    name                       = "rule1"
    priority                   = 100
```

```
      direction              = "Inbound"
      access                 = "Allow"
      protocol               = "Tcp"
      source_port_range      = "*"
      destination_port_range = "80"
      source_address_prefix  = "*"
      destination_address_prefix = "*"
    },
    {
      name                   = "rule"
      priority               = 110
      direction              = "Inbound"
      access                 = "Allow"
      protocol               = "Tcp"
      source_port_range      = "*"
      destination_port_range = "22"
      source_address_prefix  = "*"
      destination_address_prefix = "*"
    }
  ]
```

3 main.tf 파일에 다음과 같은 네트워크 보안 그룹 코드를 추가한다.

```
resource "azurerm_network_security_group" "example" {
  name                 = "acceptanceTestSecurityGroup1"
  location             = azurerm_resource_group.rg.location
  resource_group_name  = azurerm_resource_group.rg.name

  dynamic "security_rule" {
    for_each = var.nsg_rules
    content {
      name                   = security_rule.value["name"]
      priority               = security_rule.value["priority"]
      direction              = security_rule.value["direction"]
      access                 = security_rule.value["access"]
      protocol               = security_rule.value["protocol"]
      source_port_range      = security_rule.value["source_port_range"]
      destination_port_range = security_rule.value["destination_port_
```

```
range"]
    source_address_prefix       = security_rule.value["source_address_
prefix"]
    destination_address_prefix  = security_rule.value["destination_address_
prefix"]
    }
  }
}
```

3.6.3 작동 원리

첫 번째 단계에서는 네트워크 보안 규칙을 리스트로 가지고 있는 맵 형식의 nsg_rules 변수를 정의한다.

그리고 두 번째 단계에서는 규칙 목록과 각각의 속성을 nsg_rules 변수에 리스트 형태로 설정한다.

마지막 세 번째 단계에서는 azurerm_network_security_group 리소스에 dynamic 지시자를 사용해서 N개의 security_rule 블록을 생성한다.

dynamic 테라폼 블록에서는 이전 예제인 객체로 구성된 맵 순환하기 예제에서 사용했던 for_each 순환문을 사용해서 nsg_rules 변수를 순환한다. nsg_rules에 리스트 형태로 설정되어 있는 맵의 각 속성값은 순환하면서 블록의 각 속성값에 매핑된다.

다음 그림 3.9는 terraform plan 명령의 결과를 보여준다.

```
+ security_rule          = [
    + {
        + access                                                   = "Allow"
        + description                                              = ""
        + destination_address_prefix                               = "*"
        + destination_address_prefixes                             = []
        + destination_application_security_group_ids               = []
        + destination_port_range                                   = "22"
        + destination_port_ranges                                  = []
        + direction                                                = "Inbound"
        + name                                                     = "rule"
        + priority                                                 = 110
        + protocol                                                 = "Tcp"
        + source_address_prefix                                    = "*"
        + source_address_prefixes                                  = []
        + source_application_security_group_ids                    = []
        + source_port_range                                        = "*"
        + source_port_ranges                                       = []
    },
    + {
        + access                                                   = "Allow"
        + description                                              = ""
        + destination_address_prefix                               = "*"
        + destination_address_prefixes                             = []
        + destination_application_security_group_ids               = []
        + destination_port_range                                   = "80"
        + destination_port_ranges                                  = []
        + direction                                                = "Inbound"
        + name                                                     = "rule1"
        + priority                                                 = 100
        + protocol                                                 = "Tcp"
        + source_address_prefix                                    = "*"
        + source_address_prefixes                                  = []
        + source_application_security_group_ids                    = []
        + source_port_range                                        = "*"
        + source_port_ranges                                       = []
    },
]
```

그림 3.9 테라폼의 dynamic 블록 사용 예제

앞의 출력과 같은 보안 규칙 리스트를 볼 수 있다.

3.6.4 더 살펴볼 것들

블록의 존재 여부를 조건부로 만들기 위해 다음 코드와 같이 dynamic 블록에 조건을 사용할 수도 있다.

```
resource "azurerm_linux_virtual_machine" "virtual_machine" {
...
  dynamic "boot_diagnostics" {
    for_each = local.use_boot_diagnostics == true ? [1] : []
    content {
      storage_account_uri = "https://storageboot.blob.core.windows.net/"
    }
  }
}
```

이 예제에서는, dynamic 블록의 for_each 표현식에 있는 use_boot_diagnostics의 값이 참 일 때 요소가 하나 있는 리스트를 반환한다. 만약 use_boot_diagnostics가 거짓이라면 비어있는 리스트가 반환되고 따라서 azurerm_linux_virtual_machine 리소스의 boot_diagnostics 블록이 만들어지지 않는다.

3.6.5 참고 항목

• dynamic 블록에 대한 문서는 https://developer.hashicorp.com/terraform/language/expressions/dynamic-blocks를 참고한다.

• dynamic 블록에 대한 다른 예제는 https://github.com/hashicorp/terraform-guides/tree/master/infrastructure-as-code/terraform-0.12-examples/advanced-dynamic-blocks를 참고한다.

3.7 맵 필터링 하기

이전 예제들에서는 for와 for_each 표현식을 사용해 맵을 순환하는 다양한 사례에 대해 배웠다.

대부분 맵으로 정의된 리스트 값을 바탕으로 리소스를 만들지만 간혹 리스트의 값 중 필터링을 통해 일부 요소만 적용해야 하는 경우도 있다.

이번 예제에서는 맵을 필터링해서 리소스를 프로비저닝하는 방법에 대해서 배워보자.

그럼 시작해 보자.

3.7.1 준비 사항

이번 예제를 진행하려면 객체로 구성된 맵 순환하기 예제에서 다뤘던 for_each 표현식을 통해서 순환하는 방법에 대해서 알아야 한다.

이번 예제는 다음과 같은 객체 리스트에서 시작한다. 이 객체 리스트는 앱 서비스 생성을 위해 필요한 리소스의 일부 속성이 포함되어 있다.

```
web_apps = [
  webapp1 = {
    "name" = "webapptestbook1"
    "os"   = "Linux"
  },
```

```
  webapp2 = {
    "name" = "webapptestbook2"
    "os"   = "Linux"
  },
  webapp3 = {
    "name" = "webapptestbook3"
    "os"   = "Windows"
  }
]
```

이 리스트는 두 개의 리눅스 앱 서비스와 한 개의 윈도우 앱 서비스에 대한 속성으로 구성되어
있다.

이번 예제의 목표는 앞의 리스트에서 리눅스인지 윈도우인지 여부를 필터링한 후 각각에 맞는
앱 서비스를 생성하는 것이다.

3.7.2 작동 방법

리스트를 필터링하기 위해서는 다음 단계를 수행한다.

1 main.tf 파일에 다음과 같은 로컬 변수를 추가한다.

```
locals {
  linux_web_app   = toset([for each in var.web_apps : each.name if each.os ==
"Linux"])
  windows_web_app = toset([for each in var.web_apps : each.name if each.os ==
"Windows"])
}
```

2 리눅스 앱 서비스를 생성하는 azurerm_linux_web_app 리소스를 추가한다.

```
resource "azurerm_linux_web_app" "app" {
  for_each = local.linux_web_app

  name                = each.value
  location            = "westeurope"
  resource_group_name = azurerm_resource_group.rg-app.name
  service_plan_id     = azurerm_service_plan.linux-plan-app.id

  site_config {}
}
```

3 윈도우 앱 서비스를 생성하는 azurerm_windows_web_app 리소스를 추가한다.

```
resource "azurerm_windows_web_app" "app" {
  for_each = local.windows_web_app

  name                = each.value
  location            = "westeurope"
  resource_group_name = azurerm_resource_group.rg-app.name
  service_plan_id     = azurerm_service_plan.windows-plan-app.id

  site_config {}
}
```

4 마지막으로 terraform init, plan, apply 명령을 실행해서 세 개의 앱 서비스를 프로비저닝한다.

3.7.3 작동 원리

첫 번째 단계에서는, 두 개의 로컬 변수를 만든다. linux_web_app은 리스트로부터 리눅스 앱 서비스 집합을 포함하고, windows_web_app은 리스트로부터 윈도우 앱 서비스 집합을 포함하도록 정의한다.

필터링은 다음 코드와 같이 로컬 변수에 설정된다.

```
linux_web_app   = toset([for each in var.web_apps : each.name if
each.os == "Linux"])
```

먼저 web_apps 객체를 순환하면서 os라는 키의 값이 리눅스인 객체들을 필터링한 후 리스트를 만들어 linux_web_app에 할당한다. 그래서 linux_web_app의 결과 집합에는 webapptestbook1과 webapptestbook2가 포함된다.

같은 방법으로 os라는 키의 값이 윈도우인 객체들을 필터링해서 windows_web_app에 할당한다. 그래서 webapptestbook3가 포함된다.

두 번째와 세 번째 단계에서는 로컬 변수를 사용해서 각각의 조합을 for_each를 사용해 순환한다.

각 웹 앱의 이름은 집합의 현재 요소가 가지고 있는 값을 표현하는 each.value 표현식을 사용해서 설정된다.

3.7.4 더 살펴볼 것들

apply 명령으로 변경 사항을 적용하기 전에 로컬 변수인 linux_web_app과 windows_web_app의 값을 미리 보려면 terraform console 명령을 실행하면 된다.

다음 스크린샷은 로컬 변수의 값을 보여주는 화면이다.

```
mikael@vmdev-linux:~/.../filter_array$ terraform console
> local.linux_web_app
toset([
  "webapptestbook1",
  "webapptestbook2",
])
> local.windows_web_app
toset([
  "webapptestbook3",
])
```

그림 3.10 terraform console 명령을 사용해 로컬 변숫값을 미리 보기

linux_web_app과 windows_web_app 값의 내용을 볼 수 있다.

3.7.5 참고 항목

- toset 함수에 대한 문서는 https://developer.hashicorp.com/terraform/language/functions/toset을 참고한다.
- 리스트를 정렬하고 그룹화하는 방법에 대해서는 https://developer.hashicorp.com/terraform/language/expressions/for#filtering-elements를 참고한다.

NOTE

04

외부 데이터를 활용해서 테라폼 사용하기

테라폼 구성을 작성하다 보면, 테라폼으로 프로비저닝하지 않은 인프라나 이미 존재하는 리소스에 대한 정보를 필요로 하는 경우가 있다. 또한 로컬 파일을 조작 하거나 로컬 시스템에 설치된 프로그램을 실행하여 로컬 시스템과 상호 작용해야 하는 경우도 있다.

이번 장에서는 데이터 소스를 사용해 외부 시스템으로부터 데이터를 검색하는 방법과 외부 리소스에 쿼리 하는 방법에 대해 배운다. 또한 로컬 파일을 조작 하거나 로컬 파일을 실행 하는 등 로컬 작업에 테라폼을 사용하는 방법에 대해서도 배운다. 마지막으로 테라폼 쉘 프로바이더를 사용해서 쉘 스크립트를 실행하는 방법에 대해서도 배운다.

예전에는 리소스와 데이터 소스만 사용해서 전체 인프라를 구축하려는 시도들이 있었다.(전적으로 테라폼으로 관리할 수 있도록) 하지만 이런 식의 접근 방법은 일반적으로 좋은 방법은 아니다.

이런 식의 접근 방법은 서로 다른 앱이 있다고 가정했을 때, 서로간에 API를 통해서 통신하는 것이 아닌 서로의 데이터베이스에 직접 액세스해서 통신하는 것과 비슷하기 때문이다. 일반적으로, 테라폼 출력은 API로, 테라폼 상태는 내부 데이터베이스로 생각할 수 있다.

또한 각 리소스에 대한 최소한의 읽기 권한이 있어야 서로의 테라폼 상태에 접근해서 사용할 수 있다. 데이터베이스 패스워드와 같은 일부 속성들은 생성 시에만 제공되고 상태에만 저장되기 때문에 전용 데이터 소스를 통해서는 접근할 수 없을 수도 있다.

그리고 마지막으로 출력과는 다르게 데이터 소스는 프로바이더의 업그레이드 결과로 인해 변경 사항이 발생하기 쉽다.

따라서 데이터 소스를 사용한다면 주의해서 사용할 필요가 있다.

이번 장에서는 다음과 같은 예제들을 다룬다.

- 데이터 소스를 활용해 외부 데이터 획득하기
- 테라폼으로 외부 데이터 쿼리하기
- 테라폼으로 로컬 파일 조작하기

- 테라폼으로 로컬 프로그램 실행하기

- 테라폼 쉘 프로바이더를 사용해서 쉘 스크립트 실행하기

그럼, 시작해 보자.

4.1 기술적 요구사항

이번 장에서는 테라폼 바이너리가 설치되어 있는 컴퓨터가 필요하다. 또한 파워쉘 혹은 쉘을 사용한 스크립팅에 대한 기본적인 지식이 있어야 한다.

이번 장의 소스 코드는 https://github.com/PacktPublishing/Terraform-Cookbook-Second-Edition/tree/main/CHAP04에서 확인할 수 있다.

4.2 데이터 소스를 활용해 외부 데이터 획득하기

테라폼으로 인프라를 프로비저닝할 때 기존 리소스에 대한 정보를 필요로 하는 경우가 있다. 실제로 특정 인프라에 리소스를 배포할 때 기존 인프라에 리소스를 배포하거나, 이미 프로비저닝되어 있는 다른 리소스와 연결해야 하는 경우가 이에 속한다.

이번 예제에서는 테라폼 구성을 작성할 때 이미 존재하는 기존 리소스에 대한 정보를 가져오는 방법에 대해서 배워보자.

> 데이터 소스는 모든 리소스에 쉽게 접근할 수 있지만, 테라폼 외부에서 관리되는 리소스에 주로 사용해야 한다. 이미 테라폼으로 관리되고 있는 리소스의 경우(직접 관리하든 다른 사람이 관리하든) 출력을 통해 데이터를 노출해야 하며, 이 출력 데이터는 애저 데이터 소스가 아닌 terraform_remote_state 데이터 소스를 사용해서 접근해야 한다.

4.2.1 준비 사항

이번 예제에서는 애저 앱 서비스를 프로비저닝하는 테라폼 구성을 사용한다. 소스 코드는 https://github.com/PacktPublishing/Terraform-Cookbook-Second-Edition/tree/main/CHAP04/data에서 확인할 수 있다.

이 코드는 이미 존재하는 앱 서비스 플랜에 새로운 앱 서비스를 테라폼으로 프로비저닝하려는 코드이기 때문에 아직 완성되지 않은 코드이다. 또한, 이 서비스 플랜은 테라폼 구성을 통해 프로비저닝되는 모든 앱 서비스에 사용할 예정이다.

따라서 이번 예제는 앱 서비스 플랜인 app-service-plan이 rg-service_plan 리소스 그룹에 이미 프로비저닝되어 있다고 가정한다.

4.2.2 작동 방법

다음 단계를 수행한다.

■ 테라폼 구성 파일 내에 다음과 같은 data 블록을 추가한다.

```
data "azurerm_service_plan" "myplan" {
  name                = "app-service-plan"
  resource_group_name = "rg-service_plan"
}
```

블록 안에 앱 서비스를 추가할 앱 서비스 플랜의 이름과 리소스 그룹을 명시해 준다.

② 다음과 같이 앱 서비스 구성을 위한 코드를 추가한다.

```
resource "azurerm_linux_web_app" "app" {
  name                = "${var.app_name}-${var.environment}"
  location            = azurerm_resource_group.rg-app.location
  resource_group_name = azurerm_resource_group.rg-app.name
  service_plan_id     = data.azurerm_service_plan.myplan.id
  site_config {}
}
```

4.2.3 작동 원리

첫 번째 단계에서는 data 블록을 추가해서 이미 존재하는 리소스에 대한 정보를 가져온다. data 블록에는 앱 서비스를 추가하기 위해 이미 생성되어 있는 서비스 플랜의 이름과 리소스 그룹을 명시한다.

두 번째 단계에서는, 첫 번째 단계에 추가된 data 블록을 통해 가져온 서비스 플랜의 ID를 명시한다.

테라폼 구성을 실행하면 다음과 같은 그림을 확인할 수 있다.

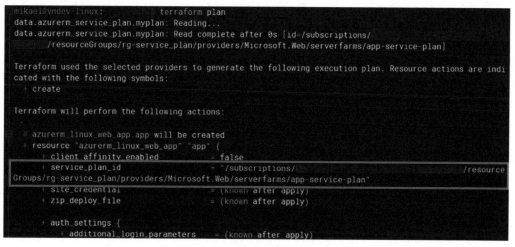

```
mikael@vmdev-linux:         $ terraform plan
data.azurerm_service_plan.myplan: Reading...
data.azurerm_service_plan.myplan: Read complete after 0s [id=/subscriptions/
    /resourceGroups/rg-service_plan/providers/Microsoft.Web/serverfarms/app-service-plan]

Terraform used the selected providers to generate the following execution plan. Resource actions are indi
cated with the following symbols:
  + create

Terraform will perform the following actions:

  # azurerm_linux_web_app.app will be created
  + resource "azurerm_linux_web_app" "app" {
      + client_affinity_enabled       = false
      + service_plan_id               = "/subscriptions/                         /resource
Groups/rg-service_plan/providers/Microsoft.Web/serverfarms/app-service-plan"
      + site_credential              = (known after apply)
      + zip_deploy_file              = (known after apply)

      + auth_settings {
          + additional_login_parameters    = (known after apply)
```

그림 4.1 테라폼 데이터 소스의 정보

그림 4.1에서 볼 수 있는 것처럼, data 블록을 통해 서비스 플랜의 ID를 가져온 것을 확인할 수 있다.

> terraform plan은 실제로 데이터 소스를 검색하고 대부분의 값을 표시해 주지만, terraform apply 와 terraform show 명령을 사용하는 게 더 신뢰할 수 있는 값을 확인할 수 있다.
>
> 주요 차이점은 apply는 데이터를 상태 파일에 저장하고 show는 상태 파일로부터 데이터를 읽어서 표시한 다는 점이다. 보통 상태 파일을 검사할 때는 plan 대신 show를 사용한다.

4.2.4 더 살펴볼 것들

data 블록을 사용할 때 흥미로운 점은 terraform destroy 명령을 실행할 때 data 블록에 명시되어 있는 리소스들은 삭제하지 않는다는 것이다.

또한 data 블록은 필요한 정보를 동적으로 가져오기 때문에 리소스의 ID를 코드에 직접 명시하는 것보다 더 좋은 방법이다. 리소스 ID는 경우에 따라서 변경될 수 있기 때문이다.

마지막으로 data 블록은 terraform plan 명령을 실행할 때도 호출되기 때문에 terraform plan과 terraform apply 명령을 실행하기 전에 외부 리소스가 반드시 존재해야 한다.

만약 지정한 외부 리소스가 존재하지 않는다면 terraform plan 명령 실행 시에 다음과 같은 에러를 만나게 된다.

```
→ terraform plan
data.azurerm_service_plan.myplan: Reading...

Error: Service Plan: (Serverfarm Name "app-service-plan" / Resource Group "rg-service_plan") not found

  with data.azurerm_service_plan.myplan,
  on main.tf line 25, in data "azurerm_service_plan" "myplan":
  25: data "azurerm_service_plan" "myplan" {

Service Plan: (Serverfarm Name "app-service-plan" / Resource Group "rg-service_plan") not found
```

그림 4.2 테라폼 데이터 소스 에러 화면

> 모든 프로바이더가 data 블록을 지원하지 않기 때문에 테라폼 구성에서 어떤 프로바이더를 사용하는지 알아야 한다.

5장, 테라폼 상태 관리하기에 있는 다른 테라폼 상태에 있는 리소스 사용하기 예제에서 다른 테라폼 상태 파일에 있는 리소스 정보를 가져오는 방법에 대해서 배워보자.

4.2.5 참고 항목

• data 블록에 대한 더 자세한 정보는 https://developer.hashicorp.com/terraform/language/data-sources를 참고한다.

4.3 테라폼으로 외부 데이터 쿼리하기

이전 예제에서는 data 블록을 사용해서 외부 데이터를 획득하는 방법에 대해서 배웠다. 하지만 외부 API를 호출하거나 로컬 프로그램의 출력 결과를 사용해야 하는 경우처럼 data 블록을 사용할 수 없는 경우도 있다.

테라폼에는 이런 경우를 위해 외부 프로그램을 호출하고 출력 결과를 테라폼 구성에 사용할 수 있도록 해주는 external이라는 리소스가 존재한다.

> external 프로바이더를 사용하면 명확하지 않은 전제 조건들이 생길 수 있다.(이번 예제의 경우를 예로 든다면 파워쉘을 필요로 한다는 전제 조건이 있다.) 그리고 이런 전제 조건들은 README 파일과 같이 파일을 통하지 않고는 전달하기 어려울 수 있다. 또한 테라폼은 일반적으로 크로스 플랫폼(운영체제/아키텍처)으로 동작하도록 설계 되었지만 특정 플랫폼에서만 동작하도록 제한될 수도 있다.(파워쉘을 실행하야 하는 등) 이런 요구 사항은 CI 및 로컬 환경 모두에 적용된다.

이번 예제에서는 로컬 프로그램을 호출하고 출력 결과를 테라폼 구성에서 사용 하는 방법에 대해서 배워보자.

4.3.1 준비 사항

이번 예제에서는 애저에서 리소스 그룹을 프로비저닝하는 테라폼 구성을 사용한다.

이번 예제를 진행하려면 파워쉘이 설치되어 있어야 한다. 설치 방법에 대한 문서는 다음 링크에서 확인할 수 있다. https://learn.microsoft.com/en-us/powershell/scripting/install/installing-powershell-on-windows?view=powershell-7.4

또한 환경(개발 환경 혹은 운영 환경) 별로 서로 다른 애저 리전에 리소스 그룹이 생성되도록 해보자.

이번 예제의 소스 코드는 https://github.com/PacktPublishing/Terraform-Cookbook-Second-Edition/tree/main/CHAP04/external에서 확인할 수 있다.

4.3.2 작동 방법

다음 단계를 수행한다.

1 main.tf 가 위치해 있는 폴더에 다음 코드와 같은 GetLocation.ps1 파워쉘 스크립트 파일을 생성한다.

```
# 표준입력을 통해 JSON 문서를 읽는다.
$jsonpayload = [Console]::In.ReadLine()

# JSON 문서를 문자열로 변환한다.
$json = ConvertFrom-Json $jsonpayload
$environment = $json.environment

if($environment -eq "Production"){
    $location="westeurope"
}else{
    $location="westus"
}

# 표준 출력에 결과를 표시한다.
Write-Output "{ ""location"" : ""$location""}"
```

2 main.tf 파일에 다음과 같은 external 블록을 추가한다.

```
data "external" "getlocation" {
  program = ["pwsh³", "./GetLocation.ps1"]

  query = {
    environment = var.environment_name
  }
}
```

3 다음과 같이 리소스 그룹의 코드를 수정해서 location 속성을 동적으로 만들어 준다.

```
resource "azurerm_resource_group" "rg" {
  name     = "RG-${local.resource_name}"
  location = data.external.getlocation.result.location
}
```

4 마지막으로 다음 코드를 추가해서 출력값을 만들어 준다.

```
output "locationname" {
  value = data.external.getlocation.result.location
}
```

.....

3 역주. pwsh를 찾을 수 없다는 에러가 발생한다면 chocolatey를 사용해서 powershell-core를 설치한다. choco install
powershell-core 명령으로 설치할 수 있다.

4.3.3 작동 원리

첫 번째 단계에서는 테라폼이 호출할 GetLocation.ps1이라는 파워쉘 스크립트를 작성한다. 이 스크립트는 JSON 형식의 입력 매개변수로 environment라는 값을 받는다. 그리고 입력받은 environment 값으로 조건문을 만들고 조건에 맞는 애저 리전을 출력한다. 이렇게 출력된 리전을 테라폼 구성에서 사용하게 된다.

두 번째 단계에서는 external 블록을 추가한다. external 블록에서는 environment_name 변수의 값을 GetLocation.ps1 스크립트의 매개변수로 주고 호출한다.

세 번째 단계에서는 애저 리소스 그룹의 location 속성을 external 데이터 소스의 출력값으로 설정한다.

다음 그림 4.3은 environment_name 변수의 값을 Dev로 설정했을 때 terraform plan 명령의 실행 결과이다.

```
mikael@vmdev-linux:~/.../external$ terraform plan -var environment_name=Dev
data.external.getlocation: Reading...
data.external.getlocation: Read complete after 1s [id=-]

Terraform used the selected providers to generate the following execution plan. Resource actions are indicated with the following symbols:
  + create

Terraform will perform the following actions:

  # azurerm_resource_group.rg will be created
  + resource "azurerm_resource_group" "rg" {
      + id       = (known after apply)
      + location = "westus"
      + name     = "RG-myappdemo-Dev-fr"
    }

Plan: 1 to add, 0 to change, 0 to destroy.

Changes to Outputs:
  + locationname = "westus"
```

그림 4.3 environment_name 변수의 값을 Dev로 설정했을 때

그림을 통해 리소스 그룹의 리전이 westus로 설정된 것을 볼 수 있다.

다음 그림 4.4는 environment_name 변수의 값을 Production으로 설정했을 때 terraform plan 명령의 실행 결과이다.

```
mikael@vmdev-linux:     external$ terraform plan -var environment_name=Production
data.external.getlocation: Reading...
data.external.getlocation: Read complete after 1s [id=-]

Terraform used the selected providers to generate the following execution plan. Resource actions are indicated with the following symbols:
  + create

Terraform will perform the following actions:

  # azurerm_resource_group.rg will be created
  + resource "azurerm_resource_group" "rg" {
      + id       = (known after apply)
      + location = "westeurope"
      + name     = "RG-myappdemo-Production-fr"
    }

Plan: 1 to add, 0 to change, 0 to destroy.

Changes to Outputs:
  + locationname = "westeurope"
```

그림 4.4 environment_name 변수의 값을 Production으로 설정했을 때

그림을 통해 리소스 그룹의 리전이 westeurope으로 설정된 것을 볼 수 있다.

> **2장 테라폼 구성 작성하기**의 **변수 조작하기** 예제에서 다뤘던 –var 옵션을 terraform plan 명령을 실행할 때
> 사용했다. –var 옵션을 사용하면 명령을 실행하는 순간에 변숫값을 설정할 수 있다.

마지막으로 네 번째 단계에서는, 위치값을 출력값으로 설정한다. 이 값은 테라폼을 실행할 때
표시된다. 또한 이 기능은 테라폼 구성의 다른 위치에서도 활용할 수 있다.

다음 그림 4.5는 terraform apply 명령 실행 후 출력 화면이다.

```
mikael@vmdev-linux:      external$ terraform apply
data.external.getlocation: Reading...
data.external.getlocation: Read complete after 1s [id=-]

Terraform used the selected providers to generate the following execution plan. Resource actions are indicated with the following symbols:
  + create

azurerm_resource_group.rg: Creating...
azurerm_resource_group.rg: Creation complete after 0s [id=/subscriptions/                    /resourceGroups/RG-myappdemo-Production-fr]

Apply complete! Resources: 1 added, 0 changed, 0 destroyed.

Outputs:

locationname = "westeurope"  ←
```

그림 4.5 테라폼의 출력값으로 외부 데이터 설정

그림을 통해 terraform output 명령이 조건에 맞는 리전을 locationname 값으로 표시하는
것을 볼 수 있다.

4.3.4 더 살펴볼 것들

이번 예제에서는 파워쉘 스크립트를 사용했지만 컴퓨터에 설치되어 있는 다른 모든 스크립팅 언어 및 도구에도 같은 방식을 적용할 수 있다.

external 리소스는 프로토콜, 매개변수 형식 및 출력에 대한 세부 정보가 포함되어 있다. 이에 대해서는 https://registry.terraform.io/providers/hashicorp/external/latest/docs/data-sources/external 문서를 꼭 읽어보길 바란다.

테라폼 쉘 프로바이더를 사용해서 로컬 스크립트를 실행하는 또 다른 방법에 대해서는 테라폼 쉘 프로바이더를 사용해서 쉘 스크립트 실행하기 예제에서 다룬다.

또한 TerraCurl 프로바이더를 사용하면 REST API 방식으로 POST, DELETE, GET 요청을 할 수 있으며 테라폼 출력에 데이터를 사용할 수도 있다. 이에 대해서는 https://www.hashicorp.com/blog/writing-terraform-for-unsupported-resources를 참고한다.

4.3.5 참고 항목

- external 리소스를 사용하는 방법에 대해서 좀 더 많은 예제를 보고 싶다면 https://dzone.com/articles/lets-play-with-terraform-external-provider를 참고한다.

4.4 테라폼으로 로컬 파일 조작하기

테라폼은 클라우드 프로바이더를 위한 코드형 인프라 기능 덕분에 대중화되었다. 하지만 테라폼은 로컬 시스템을 조작하기 위한 프로바이더도 가지고 있다.

이번 장에 있는 테라폼으로 외부 데이터 쿼리하기 예제에서는 로컬 스크립트를 실행해서 외부 데이터 소스를 가져오는 방법에 대해서 배웠다.

이번 예제에서는 테라폼으로 로컬 파일을 생성하고 보관하는 또 다른 유형의 로컬 작업에 대해서 배워보자.

4.4.1 준비 사항

이번 예제에서는 테라폼 구성을 처음부터 작성하기 때문에 별도의 베이스 코드가 필요하지는 않다.

이번 예제의 소스 코드는 https://github.com/PacktPublishing/Terraform-Cookbook-Second-Edition/tree/main/CHAP04에서 확인 할 수 있다.

4.4.2 작동 방법

다음 단계를 수행한다.

1 files라는 새 폴더를 만들고 다음과 같은 main.tf 파일을 생성한다.

```
resource "local_file" "myfile" {
  content  = "This is my text"
  filename = "../mytextfile.txt"
}
```

2 터미널을 열어서 files 폴더로 이동한 후 다음과 같이 테라폼 워크플로우를 실행한다.

```
terraform init
terraform plan
terraform apply
```

3 archive라는 새 폴더를 만들고 다음과 같이 main.tf 파일을 생성한다.

```
data "archive_file" "backup" {
  type        = "zip"
  source_file = "../mytextfile.txt"
  output_path = "${path.module}/archives/backup.zip"
}
```

4 터미널을 열어서 archive 폴더로 이동한 후 다음과 같이 테라폼 명령을 실행한다.

```
terraform init
terraform plan
terraform apply
```

4.4.3 작동 원리

첫 번째 단계에서는 local 프로바이더와 local_file 리소스를 사용하는 테라폼 구성을 작성한다. 이 리소스는 mytextfile.txt라는 이름의 파일을 생성하고 파일의 내용을 "This is my text"로 채운다.

그리고 두 번째 단계에서는 테라폼 워크플로우를 실행한다. 테라폼 워크플로우를 실행하게 되면 로컬 디스크에 mytextfile.txt 파일이 생성된다.

다음 그림은 terraform plan의 결과 화면이다.

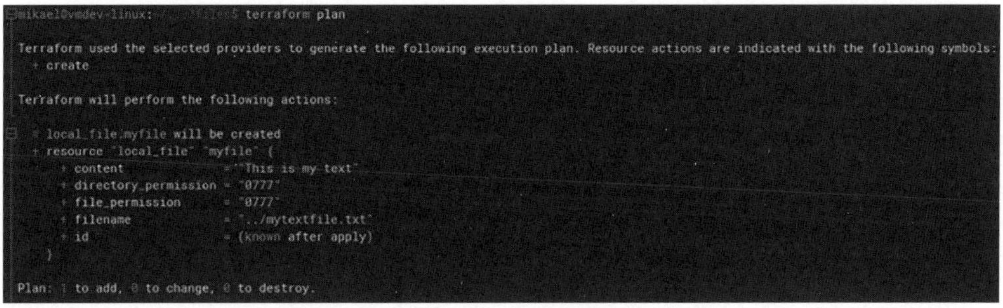

그림 4.6 테라폼 local 프로바이더와 local_file 리소스

terraform apply까지 실행하고 나면 로컬 파일 시스템에 mytextfile.txt 파일이 생성된다.

세 번째 단계에서는 archive 프로바이더와 archive_file 리소스를 사용해서 첫 번째와 두 번째 단계에서 생성한 파일을 ZIP으로 압축하는 테라폼 구성을 작성한다.

terraform apply를 실행하고 나면 backup.zip 파일이 archives 폴더에 생성된다.

4.4.4 더 살펴볼 것들

이번 예제에서 살펴본 archive_file 리소스는 data 블록 타입(데이터 소스를 활용해 외부 데이터 획득하기 예제에서 살펴 봤던)인 것을 볼 수 있다. 그래서 archive_file 리소스가 제대로 동작 하려면 terraform plan을 실행하기 전에 archive_file 리소스가 참고하려는 파일이 존재해야 한다.

이번 예제 같은 경우, mytextfile.txt 파일이 로컬 디스크에 이미 생성되어 있어야 한다.

4.4.5 참고항목

- local_file 리소스에 대한 문서는 https://registry.terraform.io/providers/hashi corp/local/latest/docs/resources/file를 참고한다.

- archive_file 리소스에 대한 문서는 https://registry.terraform.io/providers/hashi corp/archive/latest/docs/data-sources/file를 참고한다.

4.5 테라폼으로 로컬 프로그램 실행하기

앞의 예제에서 살펴봤던 파일 조작하기처럼, 인프라 프로비저닝과는 별개로, 테라폼을 사용하면 로컬 워크스테이션에 설치된 프로그램이나 스크립트를 실행할 수 있다.

이번 예제에서는 테라폼 구성 내에서 로컬 프로그램을 실행하는 방법에 대해서 배워보자.

4.5.1 준비 사항

이번 예제에서는 지난 예제에서 사용했던 로컬 컴퓨터에 파일을 작성하는 테라폼 구성을 완성해 보자. 이번 예제의 목표는 테라폼을 사용해서 작성한 파일의 내용을 읽고 표시하는 파워쉘 명령을 테라폼으로 실행하는 것이다.

> 이번 예제를 진행하기 위한 기술적 요구 사항은 테라폼 구성을 윈도우 운영체제에서 실행해야 한다는 것이다. 물론 리눅스 운영체제 혹은 맥 운영체제에서 동작하도록 수정해도 되고, 다음 예제에서 배울 테라폼 쉘 프로바이더를 사용해도 된다.

이번 예제의 소스 코드는 https://github.com/PacktPublishing/Terraform-Cookbook-Second-Edition/tree/main/CHAP04/files_local_exec에서 확인할 수 있다.

4.5.2 작동방법

다음 단계를 수행한다.

1 files 폴더에 있는 main.tf 파일(이전 예제에서 만들었던)에 다음과 같은 테라폼 구성을 추가한다.

```
resource "null_resource" "readcontentfile" {
  provisioner "local-exec" {
    command = "Get-Content -Path ../mytextfile.txt"
    interpreter = ["pwsh", "-Command"]
  }
}
```

2 다음과 같은 테라폼 워크플로우를 실행한다.

```
terraform init
terraform plan
terraform apply
```

4.5.3 작동원리

이번 예제에서는 null 프로바이더가 제공하는 null_resource 리소스를 사용한다. null_resource 리소스는 리소스를 생성하기 위한 용도는 아니고 로컬 프로그램을 실행하기 위한 용도이다.

null_resource 안에 local-exec 타입의 provisioner 블록을 만든다. 그리고 이 블록 내에 실행해야 할 명령을 설정한다. 이번 예제에서는 파워셸의 Get-Content 명령을 설정한다. 이를 통해 테라폼이 파워셸 인터프리터를 사용해 명령을 실행하도록 만든다.

테라폼 워크플로우를 실행하면 다음과 같은 결과를 얻을 수 있다.

```
Plan: 2 to add, 0 to change, 0 to destroy.

Do you want to perform these actions?
  Terraform will perform the actions described above.
  Only 'yes' will be accepted to approve.

  Enter a value: yes

null_resource.readcontentfile: Creating...
null_resource.readcontentfile: Provisioning with 'local-exec'...
null_resource.readcontentfile (local-exec): Executing: ["PowerShell" "-Command" "Get-Content -Path ../mytextfile.txt"]
local_file.myfile: Creating...
local_file.myfile: Creation complete after 0s [id=2a29c5a983236a8f5c0fde5c48b7d15a5cb7d47b]
null_resource.readcontentfile (local-exec): This is my text
null_resource.readcontentfile: Creation complete after 1s [id=8451305302740975700]

Apply complete! Resources: 2 added, 0 changed, 0 destroyed.
```

그림 4.7 테라폼으로 로컬 애플리케이션 실행하기

그림 4.7처럼 파일 내용인 "This is my text"라는 텍스트가 테라폼 출력으로 표시되는 것을 볼
수 있다.

4.5.4 더 살펴볼 것들

이번 예제에서는 테라폼으로 간단한 형태의 local-exec 명령을 실행하는 방법에 대해서 살펴
봤다. 또한 샘플 테라폼 구성을 사용해서(윈도우 운영체제에서 작동하며, 리눅스 운영체제에 맞게 조
정할 수 있는) 배시, 파워쉘과 같은 여러 개의 명령이 조합되어 있는 스크립트 파일을 실행하는
것도 가능하다. 스크립트 파일을 실행하려면 다음과 같이 테라폼 구성을 작성한다.

```
resource "null_resource" "readcontentfile" {
  provisioner "local-exec" {
    command = "myscript.ps1"
    interpreter = ["pwsh", "-Command"]
  }
}
```

local-exec 프로비저너는 실행되는 명령이 정상적으로 동작할 것으로 기대하고 실행하지만, 예상대로 동
작하지 않을 수도 있다. 로컬 시스템마다(윈도우 운영체제, 맥 운영체제, 리눅스 운영체제 등) 환경이 다르기 때문
이다. 하지만 프로바이더의 크로스 플랫폼 빌드와 테라폼 자체가 윈도우 운영체제, 맥 운영체제, 리눅스 운
영체제에서 동일하게 작동 하도록 구현하고 있기 때문에 완화될 수 있다.

또한, local-exec 프로비저너가 한 번 실행되고 나면 terraform apply 명령을 다시 실행해도 테라폼 상태 파일이 변하지 않는다는 것을 기억해야 한다.

null_resource 안에 trigger 속성을 추가하면 local-exec 명령을 실행할 때마다 테라폼 상태 파일도 수정된다.

다음 예제 코드는 타임스탬프에 기반한 트리거를 사용해서 테라폼을 실행할 때마다 local-exec 프로비저너를 실행한다.

```
resource "null_resource" "readcontentfile" {

  triggers = {
    trigger = timestamp()
  }

  provisioner "local-exec" {
    command = "Get-Content -Path ../mytextfile.txt"

    interpreter = ["pwsh", "-Command"]
  }
}
```

이 예제에서 트리거는 타임스탬프로, 테라폼이 실행될 때마다 다른 값을 갖게 된다.

local-exec을 사용하는 경우에 대해서는 8장 테라폼으로 애저 인프라 프로비저닝하기에 있는 테라폼에서 애저 CLI 명령 실행하기 예제에서 더 살펴보겠다.

4.5.5 참고 항목

• local-exec 프로비저너에 대한 문서는 https://developer.hashicorp.com/terraform/language/resources/provisioners/local-exec를 참고한다.

4.6 테라폼 쉘 프로바이더를 사용해서 쉘 스크립트 실행하기

이전 예제에서는 null_resource 리소스를 사용해서 테라폼을 통해 로컬 프로그램 혹은 명령을 실행하는 방법에 대해서 배웠다. 이 외에도 쉘 스크립트를 실행하기 위한 또 다른 방법이 있는데, 바로 테라폼 쉘 프로바이더를 사용하는 것이다.

이번 예제에서는 간단한 시나리오를 통해 테라폼 쉘 프로바이더를 사용하는 방법에 대해 배워보자.

4.6.1 준비 사항

이번 예제를 쉘 스크립팅에 대한 지식이 필요하다.

앞의 예제와 다르게 이번에는 리눅스와 맥 운영체제에서 실행할 것이다. 윈도우 환경에서도 동작시키려면 WSL[4]을 사용해야 한다. WSL에 대한 문서는 다음 주소를 참고한다. https://learn.microsoft.com/ko-kr/training/modules/wsl-introduction/

이번 예제에서는 서점을 관리하는 API를 호출했다고 가정하고, API 호출 결과를 로컬에 book.json 파일로 저장한다. 그리고 그 파일을 읽고 삭제하는 과정을 진행한다.

이번 예제의 소스 코드는 https://github.com/PacktPublishing/Terraform-Cookbook-Second-Edition/tree/main/CHAP04/shell에서 확인할 수 있다.

. . . . . .

4 WSL은 Windows Subsystem for Linux의 약자로 윈도우 운영체제에서 리눅스 명령을 실행할 수 있게 해주는 윈도우 서브 시스템을 의미한다.

4.6.2 작동방법

다음 단계를 수행한다.

1 다음과 같은 새로운 main.tf 파일을 만든다.

```
terraform {
required_providers {
    shell = {
      source  = "scottwinkler/shell"
      version = "1.7.10"
    }
  }
}

provider "shell" {}
```

2 다음과 같은 shell_script 리소스를 추가한다.

```
resource "shell_script" "sh" {
  lifecycle_commands {
    //I suggest having these command be as separate files if they are non-
trivial
    create = file("${path.module}/scripts/create.sh")
    read   = file("${path.module}/scripts/read.sh")
    delete = file("${path.module}/scripts/delete.sh")
  }

  interpreter       = ["/bin/bash", "-c"]
  working_directory = path.module
  triggers = {
    timestamp = timestamp()
  }
}

output "id" {
  value = shell_script.sh.output["id"]
}
```

3 scripts 라는 새로운 폴더를 만든 후 다음과 같은 create.sh 스크립트를 생성한다.

```
/bin/cat <<END >book.json
  {"id": "1", "title": "Terraform Cookbook", "Author": "MK", "tags":
"terraform-Azure"}
END
cat book.json
```

이 스크립트에 대한 전체 소스 코드는 https://github.com/PacktPublishing/Terra
form-Cookbook-Second-Edition/blob/main/CHAP04/shell/scripts/create.sh를
참고한다.

4 다음과 같은 read.sh 파일을 생성한다.

```
cat book.json
```

이 스크립트에 대한 전체 소스 코드는 https://github.com/PacktPublishing/Terra
form-Cookbook-Second-Edition/blob/main/CHAP04/shell/scripts/read.sh를 참
고한다.

5 다음과 같은 delete.sh 파일을 생성한다.

```
rm -rf book.json
```

이 스크립트에 대한 전체 소스 코드는 https://github.com/PacktPublishing/Terra
form-Cookbook-Second-Edition/blob/main/CHAP04/shell/scripts/delete.sh를
참고한다.

6 마지막으로 terraform init, plan, apply 명령을 실행한다.

4.6.3 작동 원리

첫 번째 단계에서는 source, version 등 프로바이더 구성에 필요한 정보들을 설정해서 쉘 프로바이더를 정의한다.

두 번째 단계에서는 다음과 같은 구성으로 쉘 프로바이더를 사용한다.

- shell_script 리소스는 세 개의 스크립트를 호출한다. 하나는 terraform apply를 실행할 때 호출 되는 create 작업용, 다른 하나는 terraform plan을 실행할 때 호출되는 read 작업용, 나머지 하나는 terraform destroy를 실행할 때 호출되는 delete 작업용이다.
- 인터프리터(여기서는 bash)와 트리거를 설정해서 terraform apply할 때마다 동작하게 한다. (null_resource 와 동일하게 동작하도록)
- book.json 파일의 JSON 컨텐츠 중 ID 속성을 출력한다.

shell_script 리소스에 대한 문서는 https://registry.terraform.io/providers/scottwinkler/shell/latest/docs/resources/shell_script_resource을 참고한다.

그리고 세 번째 단계에서는 서점을 관리하는 API를 호출했다고 가정하고, JSON 컨텐츠가 포함된 book.json 파일을 생성하는 create.sh 스크립트를 작성한다. 이 스크립트는 terraform apply 명령을 실행할 때 호출된다.

네 번째 단계에서는 book.json 파일을 읽는 read.sh 스크립트를 작성한다. 이 스크립트는 terraform plan 명령을 실행할 때 호출된다.

다섯 번째 단계에서는 book.json 파일을 삭제하는 delete.sh 스크립트를 작성한다. 이 스크립트는 terraform destroy 명령을 실행할 때 호출된다.

마지막으로 여섯 번째 단계에서는 테라폼 워크플로우를 실행한다.

다음 그림은 terraform apply 화면이다.

```
mikael@vmdev-linux: /.../shell$ terraform apply

Terraform used the selected providers to generate the following execution plan. Resource actions are indicated with the following symbols:
  + create

Terraform will perform the following actions:

  # shell_script.sh will be created
  + resource "shell_script" "sh" {
      + dirty             = false
      + id                = (known after apply)
      + interpreter       = [
          + "/bin/bash",
          + "-c",
        ]
      + output            = (known after apply)
      + triggers          = (known after apply)
      + working_directory = "."

      + lifecycle_commands {
          + create = <<-EOT
                #!/bin/bash
                echo "creating sample product"

                IN=$(cat)
                echo "stdin: ${IN}" #the old state, not useful for create step since the old state was empty

                /bin/cat <<END >book.json
                  {"id": "1", "title": "Terraform Cookbook", "Author": "MK", "tags": "terraform-Azure"}
                END
                cat book.json
            EOT
          + delete = <<-EOT
                #!/bin/bash
                echo "deleting..."

                IN=$(cat)
                echo "stdin: ${IN}" #the old state

                #business logic
                rm -rf book.json
            EOT
          + read   = <<-EOT
                #!/bin/bash
                echo "reading..."

                IN=$(cat)
                echo "stdin: ${IN}" #the old state

                #business logic
                cat book.json # Last JSON object written to stdout is taken to be state
            EOT
        }
    }

Plan: 1 to add, 0 to change, 0 to destroy.

Changes to Outputs:
  + id = (known after apply)


shell_script.sh: Creating...
shell_script.sh: Creation complete after 0s [id=cemtn5seat6unhb91kj0]

Apply complete! Resources: 1 added, 0 changed, 0 destroyed.

Outputs:

id = "1"
```

그림 4.8 테라폼 쉘 프로바이더의 실행 화면

테라폼 구성 폴더의 상단에 book.json 파일이 생성된 것을 볼 수 있다.

4.6.4 더 살펴볼 것들

이번 예제에서는 create, read, delete 작업과 함께 쉘 프로바이더를 사용했다. 여기에 update 작업도 추가할 수 있다. update 작업은 JSON 파일의 내용이 변경되었을 때 terraform apply 명령을 실행하면 수행된다.

테라폼 쉘 프로바이더는 read 작업만 수행하는 shell_script 데이터 소스도 포함하고 있다. 더 자세한 정보는 https://registry.terraform.io/providers/scottwinkler/shell/latest/docs/data-sources/shell_script를 참고한다.

테라폼 구성을 작성할 때 keepers = timestamp() 구문은 필요하지 않을 것이다. 이를 활용해야 하는 시나리오가 있을 수 있지만, 일반적으로 읽기 용도의 스크립트가 항상 최신화된 데이터를 제공한다면 변화를 감지하고 어떤 부분이 변화되었는지를 보여주기엔 충분하기 때문이다. 변화를 감지하는 기능을 사용하지 않는다면 테라폼을 사용할 필요가 있는지 자체에 의문을 불러 일으킬 수 있다. 이렇게 되면 테라폼은 다른 프로그램을 실행하는 또 다른 프로그램일 뿐이기 때문이다. 하지만 모든 인프라를 하나의 테라폼 구성으로 유지하고, 이를 통해 각각의 요소가 서로 어떻게 결합되는지 확인할 수 있기 때문에, 코드를 수정할지 아니면 하나의 구성으로 유지할지는 선택의 몫이다.

또한 모든 배시/쉘 스크립트의 상단을 쉬뱅 표기법[5]으로 변경하면 더 많은 리눅스 배포판에서 실행할 수 있도록 유연하게 만들 수 있다. 직접 테스트 해보고 싶다면 https://stackoverflow.com/questions/16365130/what-is-the-difference-between-usr-bin-env-bash-and-usr-bin-bash문서를 참고한다.

4.6.5 참고 항목

- 테라폼 쉘 프로바이더에 대한 문서는 https://registry.terraform.io/providers/scottwinkler/shell/latest/docs를 참고한다.

---

5   역주. #! 으로 시작하는 표기법을 쉬뱅 표기법이라고 한다.

CHAPTER

05

테라폼 상태
관리하기

테라폼의 가장 중요한 구성 요소 중 하나는 테라폼 상태 파일이다. 테라폼 상태 파일은 테라폼 워크플로우 중에 적용된 모든 구성이 포함된 파일을 의미한다.

> 테라폼 상태 파일은 반드시 물리적인 파일일 필요는 없으며 블롭 객체 형태로 존재할 수도 있기 때문에 이 장에서는 테라폼 상태 파일을 지칭할 때 테라폼 상태라는 용어를 사용한다.
>
> 테라폼 상태 파일에 대한 문서는 https://developer.hashicorp.com/terraform/language/state를 참고한다.

대부분의 경우에 테라폼 상태를 직접 다룰 필요는 없지만, 리소스 정보를 보거나 삭제하거나 생성되어 있는 리소스를 가져오거나 리소스를 이동 하는 등의 작업을 하기 위해 테라폼 상태를 직접 다뤄야 하는 경우가 생길 수도 있다. 또한 이 파일이 JSON 파일이라는 것을 알면 직접 수정하고 싶어질 수도 있다. 하지만 이렇게 수동으로 조작하는 건 나중에 테라폼을 실행할 수 없게 만드는 오류를 일으킬 수 있기 때문에 좋은 방법이 아니다. 그래서 테라폼 상태를 직접 다뤄야 한다면 테라폼 CLI 혹은 특정 테라폼 블록과 같이 해시코프에서 개발한 도구를 사용하는 것이 좋다.

이번 장에서는 테라폼 CLI를 사용하여 리소스를 나열하고, 삭제하고, 동기화하고, 기존 리소스를 가져오고, 이동하는 등 테라폼 상태를 안전하게 조작하는 방법에 대해서 배운다. 또한 다른 테라폼 상태로부터 리소스의 정보를 가져와서 사용하고 테라폼 moved 블록을 사용해서 테라폼 구성을 리팩터링하는 방법에 대해서도 배운다.

이번 장에서는 다음과 같은 예제들을 다룬다.

- 로컬 테라폼 상태 사용하기
- 테라폼 상태에 있는 리소스 관리하기
- 테라폼 상태 동기화하기
- 기존 리소스 가져오기
- 다른 테라폼 상태에 있는 리소스 사용하기
- 테라폼 구성에 있는 리소스 리팩터링하기

5.1 로컬 테라폼 상태 사용하기

백엔드 설정이 없을 때 테라폼의 기본 동작은 테라폼 상태를 로컬에 저장하고 terraform. tfstate라는 이름으로 파일을 만드는 것이다.

이 파일은 테라폼 구성과 동일한 폴더 내에 저장된다. (이 폴더는 루트 모듈이라고도 불린다.)

테라폼을 시작하거나, 테라폼의 PoC(Proof of Concept) 프로젝트에서 주로 이렇게 테라폼 상태를 로컬로 관리한다.

이번 예제에서는 로컬 테라폼 상태를 구성하는 방법에 대해서 배워보자.

5.1.1 준비 사항

이번 예제를 진행하기 위해 특별히 필요한 사전 작업은 없다. 다음과 같이 테라폼으로 패스워드를 생성하는 테라폼 구성을 사용한다.

```
resource "random_password" "password" {
  length           = 16
  special          = true
  override_special = "_%@"
}
```

이번 예제의 소스 코드는 https://github.com/PacktPublishing/Terraform-Cookbook-Second-Edition/tree/main/CHAP05/localstate에서 확인할 수 있다.

5.1.2 작동 방법

테라폼 상태를 설정하려면 main.tf 파일에 다음과 같은 테라폼 구성을 작성한다.

```
terraform {
  backend "local" {
    path = "../../demo.tfstate"
  }
}
```

테라폼 구성에 대한 소스 코드는 https://github.com/PacktPublishing/Terraform-Cookbook-Second-Edition/blob/main/CHAP05/localstate/main.tf에서 확인할 수 있다.

이제 테라폼 워크플로우(init, plan, apply)를 실행해 보자.

5.1.3 작동 원리

main.tf 파일에 local 타입의 backend 블록을 정의한다. 그리고 path 속성의 값을 상대 경로로 ../../demo.tfstate로 정의한다.

그리고 terraform init, plan, apply 명령을 실행하면 앞에서 지정한 폴더에 demo.tfstate 파일이 생성된 것을 볼 수 있다.

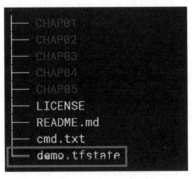

그림 5.1 로컬 테라폼 상태 파일

그림 5.1을 통해 demo.tfstate 파일이 지정한 폴더(../../)에 생성된 것을 볼 수 있다.

5.1.4 더 살펴볼 것들

local 타입의 backend 블록은 상태 파일의 경로를 절대 경로로 설정할 수 없고 상대 경로로만 설정할 수 있다. 또한 상태 파일의 경로로 지정한 폴더에 대해 테라폼 CLI에게 필요한 권한이 있어야 파일을 생성하거나 읽을 수 있다.

만약 테라폼 CLI가 필요한 권한을 가지고 있지 않다면 apply를 실행할 때 다음과 같은 에러가 발생한다.

```
mikael@vmdev-linux:~/.../localstate$ terraform apply

Error: Error acquiring the state lock

Error message: open /../../demo.tfstate: permission denied

Terraform acquires a state lock to protect the state from being written
by multiple users at the same time. Please resolve the issue above and try
again. For most commands, you can disable locking with the "-lock-false"
flag, but this is not recommended.
```

그림 5.2 폴더에 대한 권한이 없을 때 발생하는 에러

그림 5.2와 같이 발생하는 에러를 해결하기 위해서는 대상 폴더에 대한 권한을 확인하고 필요한 권한을 부여해야 한다.

로컬 상태 파일을 다른 테라폼 구성의 원격 데이터로 사용하려면 다음과 같이 테라폼 구성을 작성하면 된다.

```
data "terraform_remote_state" "test" {
  backend = "local"
  config = {
    path = "${path.module}/../../demo.tfstate"
  }
}
```

이 방법에 대해서는 다른 테라폼 상태에 있는 리소스 사용하기 예제에서 더 자세히 살펴보자.

테라폼 상태는 민감한 정보를 포함할 수 있기 때문에 상태 파일을 테라폼 구성과 동일한 폴더에 저장하면 문제가 발생할 수 있다.

테라폼 상태에는 테라폼을 사용해서 프로비저닝한 인프라의 구성(사람이 읽을 수 있고 버전이 관리되는)만 포함되어 있지 않고, 원격 API를 통해 가져온 다른 메타데이터들도 포함되어 있다. 또한 테라폼 상태는 테라폼의 내부 데이터베이스와 같은 역할도 한다. 그리고 VCS 내에 바이너리를 저장하지 않는 것처럼 VCS 내에 테라폼 상태를 저장하는 것도 권장하지 않는다. VCS 내에 테라폼 상태를 저장한다면 원격으로 테라폼 상태에 접근해야 하는 다른 테라폼 구성에서는 접근할 수 없기 때문이기도 하다.

이런 이슈를 해결하기 위해 로컬 백엔드를 사용하지 않고 원격 백엔드를 사용하는 것도 좋은 방법이다. 애저 환경에서 원격 백엔드를 사용하는 방법에 대해서는 8장, 테라폼으로 애저 인프라 프로비저닝하기에서 자세하게 살펴보자. 그리고 로컬 상태 파일을 사용하기 전에 인프라 시스템에 어울리는 원격 백엔드 상태를 사용하자.

5.1.5 참고항목

- 로컬 백엔드에 대한 문서는 https://developer.hashicorp.com/terraform/language/settings/backends/local를 참고한다.

5.2 테라폼 상태에 있는 리소스 관리하기

테라폼을 사용할 때 고려해야 할 중요한 것 중 하나는 테라폼 상태 파일을 수동으로 수정하지 않는 것이다. 테라폼 상태 파일이 JSON 파일이라고 해도, 수동으로 수정하게 되면 파일이 손상되서 리소스 프로비저닝에 사용할 수 없게 될 수도 있다.

또한 테라폼 구성을 사용하는 사용자에게 상태 파일이 포함된 백엔드 파일에 접근할 수 있는 권한이 있는지 확인해야 한다.

테라폼 상태를 표시하거나 업데이트해야 하는 경우가 있을 수 있기 때문에 테라폼은 상태를 안전하게 관리할 수 있는 명령을 제공하고 있다.

이번 예제에서는 테라폼 상태를 관리하기 위한 명령 몇 가지를 자세히 살펴 보면서 테라폼 상태를 관리하는 방법에 대해 배워보자.

그럼, 시작해 보자.

5.2.1 준비 사항

이번 예제를 진행하기 위해 다음과 같은 테라폼 구성을 사용해서 애저에 이미 리소스들을 프로비저닝했다고 가정한다.

```
resource "azurerm_resource_group" "rg-app" {
  name = "${var.resource_group_name}-${var.environment}"
  location = var.location
}

resource "azurerm_service_plan" "plan-app" {
  name = "${var.service_plan_name}-${var.environment}"
  location = azurerm_resource_group.rg-app.location
  resource_group_name = azurerm_resource_group.rg-app.name
  os_type = "Windows"
  sku_name = "S1"
}

resource "azurerm_windows_web_app" "app" {
  name = "${var.app_name}-${var.environment}"
  location = azurerm_resource_group.rg-app.location
  resource_group_name = azurerm_resource_group.rg-app.name
  service_plan_id = azurerm_service_plan.plan-app.id
  site_config {}
}
```

이번 예제에서는 테라폼 상태에 대해 다음 네 가지 작업을 수행한다.

- 테라폼 상태 표시하기
- 테라폼 상태 내에 존재하는 리소스 이름 나열하기
- 테라폼 상태 내에 존재하는 리소스들의 세부 속성 표시하기
- 테라폼 상태 내에 존재하는 리소스 삭제하기

각 작업을 하기 위해 필요한 테라폼 명령과 출력을 확인해보자.

이번 예제의 전체 소스 코드는 https://github.com/PacktPublishing/Terraform-Cookbook-Second-Edition/tree/main/CHAP05/managestate를 참고한다.

 이번 예제에서는 애저 프로바이더를 사용하지만 여기서 살펴보는 모든 명령은 다른 프로바이더들에도 적용할 수 있다. 이 명령들은 특정 프로바이더에 국한되지 않는다.

5.2.2 작동방법

다음 명령들을 실행하기 전에, 먼저 terraform init, plan, apply를 실행해서 리소스를 생성하고 테라폼 구성에 정의되어 있는 리소스들을 모두 최신 상태로 만든다.

테라폼 상태 표시하기

테라폼 상태를 표시하려면 다음 명령을 실행한다.

```
terraform show
```

다음 그림은 위 명령의 실행 결과 중 일부이다.

```
# azurerm_app_service_plan.plan-app:
resource "azurerm_app_service_plan" "plan-app" {
    id                              = "/subscriptions/:
-DEV"
    is_xenon                        = false
    kind                            = "Windows"
    location                        = "westeurope"
    maximum_elastic_worker_count    = 1
    maximum_number_of_workers       = 10
    name                            = "Plan-App-state-DEV"
    per_site_scaling                = false
    reserved                        = false
    resource_group_name             = "RG-App-managestate-DEV"
    tags                            = {
        "CreatedBy" = "NA"
        "ENV"       = "DEV"
    }
    zone_redundant                  = false

    sku {
        capacity = 1
        size     = "S1"
        tier     = "Standard"
    }
}

# azurerm_resource_group.rg-app:
resource "azurerm_resource_group" "rg-app" {
    id       = "/subscriptions/{
    location = "westeurope"
    name     = "RG-App-managestate-DEV"
    tags     = {
        "ENV" = "DEV"
    }
}
```

그림 5.3 terraform show 명령의 실행 결과

show 명령은 각 리소스의 모든 세부 정보를 사람이 읽을 수 있는 형태로 출력한다.

terraform show -json 옵션을 사용하면 출력을 JSON 형태로도 볼 수 있다. JSON 형태로 출력하면 JSON 필터링 도구인 jq를 사용해서 필터링하거나 정보를 가져올 수 있다.

show 명령에 대한 자세한 정보는 https://developer.hashicorp.com/terraform/cli/commands/show에서 확인할 수 있다.

테라폼 상태 내에 존재하는 리소스 이름 나열하기

테라폼 상태 내에 존재하는 리소스들의 이름을 나열하려면 다음 명령을 실행한다.

```
terraform state list
```

다음 스크린샷은 위 명령의 실행 결과 중 일부이다.

```
mikael@vmdev-linux:~/.../managestate$ terraform state list
 azurerm_app_service.app
 azurerm_app_service_plan.plan-app
 azurerm_resource_group.rg-app
```

그림 5.4 terraform state list 명령의 실행 결과

테라폼을 사용해서 프로비저닝하고 상태 파일에 저장된 리소스들의 이름을 볼 수 있다.

예를 들어 terraform state list 〈name〉 명령을 실행하면 지정된 모듈이나 지정된 리스트에 속하는 모든 리소스를 필터링할 수 있다.

쉘 스크립트에서는 다음과 같은 명령을 사용해서 필터링할 수 있다.

```
terraform state list | grep '^azurerm_resource_group'
```

위 명령의 결과에는 azurerm_resource_group의 리소스들만 필터링되어 출력된다.

state list 명령에 대한 더 자세한 설명은 https://developer.hashicorp.com/terraform/cli/commands/state/list를 참고한다.

테라폼 내에 존재하는 리소스들의 세부 속성 표시하기

테라폼 상태 내에 어떤 리소스들이 존재하는지 나열한 후에 특정 리소스에 대한 세부 정보를 필요로 할 때가 있다. 이를 위해서 terraform state show 〈리소스 이름〉 명령을 실행하면 해당 리소스의 세부 정보를 확인할 수 있다. 예를 들면 다음과 같은 명령을 실행할 수 있다.

```
terraform state show azurerm_resource_group.rg-app
```

다음 그림은 위 명령의 실행 결과 중 일부이다.

```
mikael@vmdev-linux:                          $ terraform state show azurerm_resource_group.rg-app
# azurerm_resource_group.rg-app:
resource "azurerm_resource_group" "rg-app" {
    id       = "/subscriptions/                              /resourceGroups/RG-App-managestate-DEV"
    location = "westeurope"
    name     = "RG-App-managestate-DEV"
    tags     = {
        "ENV" = "DEV"
    }
}
```

그림 5.5 terraform state show 명령의 실행 결과

테라폼 상태 내에 존재하는 azurerm_resource_group.rg-app이라는 리소스의 상세한 속성을 볼 수 있다. state show 명령에 대한 더 자세한 정보는 https://developer.hashicorp.com/terraform/cli/commands/state/show를 참고한다.

테라폼 상태 내에 존재하는 리소스 삭제하기

간혹 테라폼 상태에 존재하는 리소스를 삭제해야 하는 경우가 있을 수 있다.

> 이번에 살펴볼 명령은 terraform destroy 명령과는 다르게 애저 상에 존재하는 실제 리소스를 삭제하진 않는다. 그래서 리소스는 삭제되지 않고 그대로 유지된다는 점을 유의해야 한다. 이 명령은 더 이상 테라폼으로 해당 리소스를 관리하지 않겠다는 의미이고 리소스를 삭제한다는 의미는 아니다. 이를 염두에 두고 리소스를 테라폼 상태에서 제거한 후 실제로 삭제하는 작업까지 해야 해당 리소스가 정리된다는 것을 잊지 말자.

테라폼 상태 내에 존재하는 리소스를 삭제 하려면 terraform state rm 〈리소스 이름〉 명령을 실행한다. 예를 들면 다음과 같은 명령을 실행할 수 있다.

```
terraform state rm azurerm_windows_web_app.app
```

다음 그림 5.6은 위 명령의 실행 결과 중 일부이다.

```
→ managestate git:(main) x terraform state rm azurerm_windows_web_app.app
Removed azurerm_windows_web_app.app
Successfully removed 1 resource instance(s).
```

그림 5.6 terraform state rm 명령의 실행 결과

리소스를 테라폼 상태에서 삭제했음을 볼 수 있다.

state rm 명령에 대한 더 자세한 정보는 https://developer.hashicorp.com/terraform/cli/commands/state/rm을 참고한다.

5.2.3 더 살펴볼 것들

최근 테라폼 상태를 조작해야 했던 때가 있었는데, azurerm 프로바이더의 버전을 버전3으로 업데이트했을 때 였다. 업데이트 후 terraform plan 명령을 실행하는 과정 중에 상태 스키마 에러가 발생했다.

해당 에러를 해결하기 위해 terraform state rm 명령으로 에러가 발생한 리소스를 테라폼 상태에서 삭제하고, 새로운 이름으로 해당 리소스를 상태로 가져와야 했다.(이에 대해서는 기존 리소스 가져오기 예제에서 배운다.) 이 시나리오에 대한 더 자세한 설명은 https://registry.terraform.io/providers/hashicorp/azurerm/latest/docs/guides/3.0-upgrade-guide#migrating-to-new--renamed-resources를 참고한다.

이번 예제에서는 테라폼 상태를 조작하는 몇 가지 명령에 대해서 배웠다. 이 외에도 사용할 수 있는 다른 명령들도 많기 때문에 테라폼 상태를 조작하기 위해 사용되는 명령들에 대한 전체 문서는 https://developer.hashicorp.com/terraform/cli/state를 참고한다.

다음 예제에서는 테라폼 상태와 관련된 또 다른 작업, 테라폼 상태를 동기화하는 방법에 대해서 배워보자.

5.2.4 참고항목

• 테라폼 상태 관리에 대한 학습 자료는 https://developer.hashicorp.com/terraform/
tutorials/cli/state-cli를 참고한다.

5.3 테라폼 상태 동기화하기

이전 예제에서는 테라폼 상태에 있는 리소스들을 나열하거나 세부 속성을 보여주고 삭제하는 방법에 대해서 배웠다.

테라폼 상태와 관련해서 앞의 사례들 외에도, 테라폼 구성으로 프로비저닝되어 있는 리소스를 테라폼을 사용하지 않고 수동으로 수정했을 때를 생각해 볼 수 있다. 이 사례에서 발생할 수 있는 문제점은 테라폼 상태 파일이 가지고 있는 리소스의 구성과 실제 프로비저닝된 리소스의 구성이 일치하지 않는다는 것이다.

이번 예제의 목표는 리소스의 변경 사항과 테라폼 상태 파일을 동기화하는 방법, 혹은 테라폼 상태 리프레시를 통해 리소스의 구성을 최신화할 수 있는 방법을 배우는 것이다.

그럼 시작해 보자.

5.3.1 준비 사항

이번 예제를 진행하려면 애저 리소스 그룹과 앱 서비스 플랜, 그리고 리눅스 웹 앱으로 구성된 기본적인 애저 인프라가 프로비저닝되어 있어야 한다.

이번 예제에서 사용할 기본적인 애저 인프라의 테라폼 구성은 https://github.com/Packt Publishing/Terraform-Cookbook-Second-Edition/tree/main/CHAP05/sync에서 확인할 수 있다.

앞의 주소의 테라폼 구성을 바탕으로 인프라를 배포한 후에 애저 포탈을 사용해서 애플리케이션 설정을 직접 변경한다. 애플리케이션 설정 변경을 위해서 애저 포탈에 접속 후 Configuration

메뉴로 이동한 다음, Application settings 탭으로 이동한다. 그 후 New application setting 버튼을 클릭한다.

다음 그림은 애저 앱 서비스에 새로운 설정을 추가하는 과정을 보여준다.

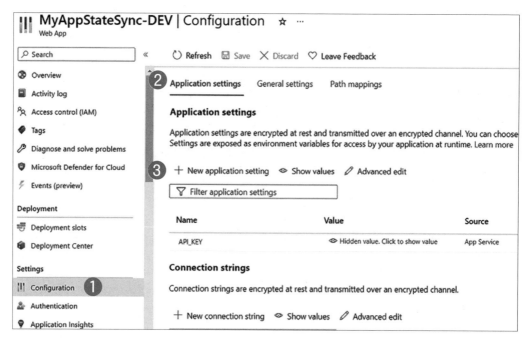

그림 5.7 애저 앱 서비스에 새로운 설정 추가하기

다음 그림 5.8은 앱 서비스에서 설정을 변경한 화면이다.

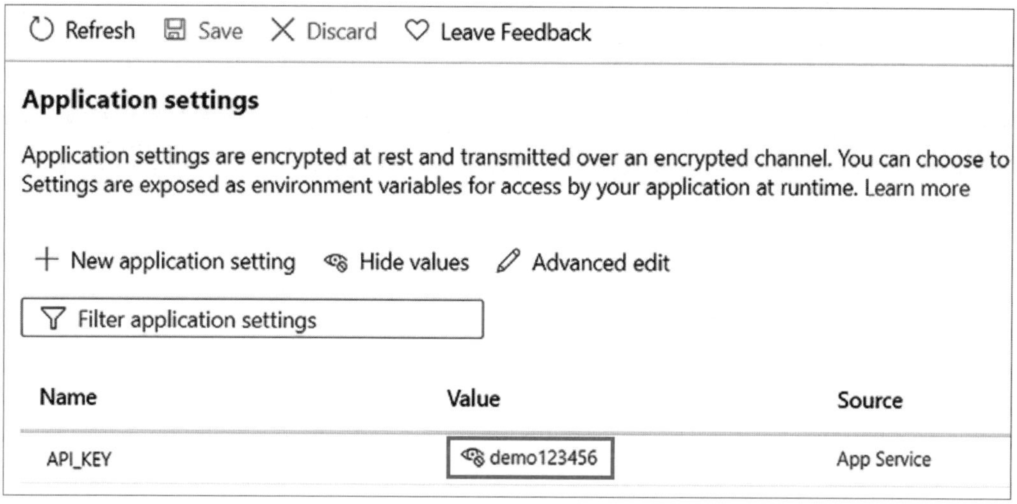

그림 5.8 앱 서비스의 설정 변경 화면

그러고 나서 terraform apply 명령을 실행하면 우리가 변경한 값이 원래 값으로 다시 변경되기 때문에, 테라폼 상태와 실제 인프라간의 변경 사항을 확인한 다음 테라폼 상태를 실제 인프라의 상태와 동일하게 동기화 해보자.

5.3.2 작동 방법

다음 단계를 수행한다.

1 먼저 테라폼 상태와 실제 인프라간의 차이를 확인하기 위해 다음 명령을 실행한다.

```
terraform plan -refresh-only
```

2 그런 다음 이전 단계에서 실행한 plan의 결과에 따라 테라폼 상태를 동기화하기 위해 다음 명령을 실행한다.

```
terraform apply -refresh-only
```

3 마지막으로 수동으로 수정한 값과 동일한 값으로 테라폼 구성을 수정한다.

5.3.3 작동 원리

첫 번째 단계에서는, terraform plan -refresh-only 명령을 실행해서 테라폼 상태와 실제 인프라간의 차이를 확인한다. 다음 그림은 앞 명령의 실행 결과이다.

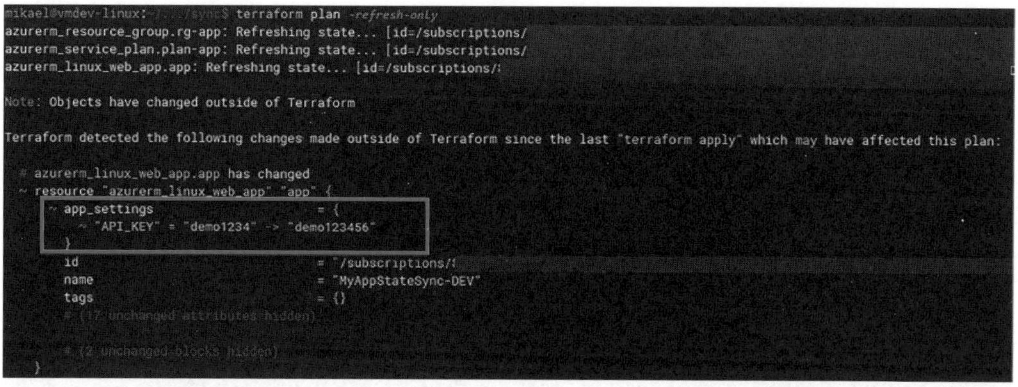

그림 5.9 terraform plan –refresh–only 실행 결과

테라폼 상태에 있는 API_KEY 값은 demo1234인데 실제 인프라의 API_KEY 값은 demo123456라는 것을 감지했다.

두 번째 단계에서는, terraform apply –refresh–only 명령을 사용해 테라폼 상태를 동기화한다. 다음 그림은 이 명령의 실행 결과이다.

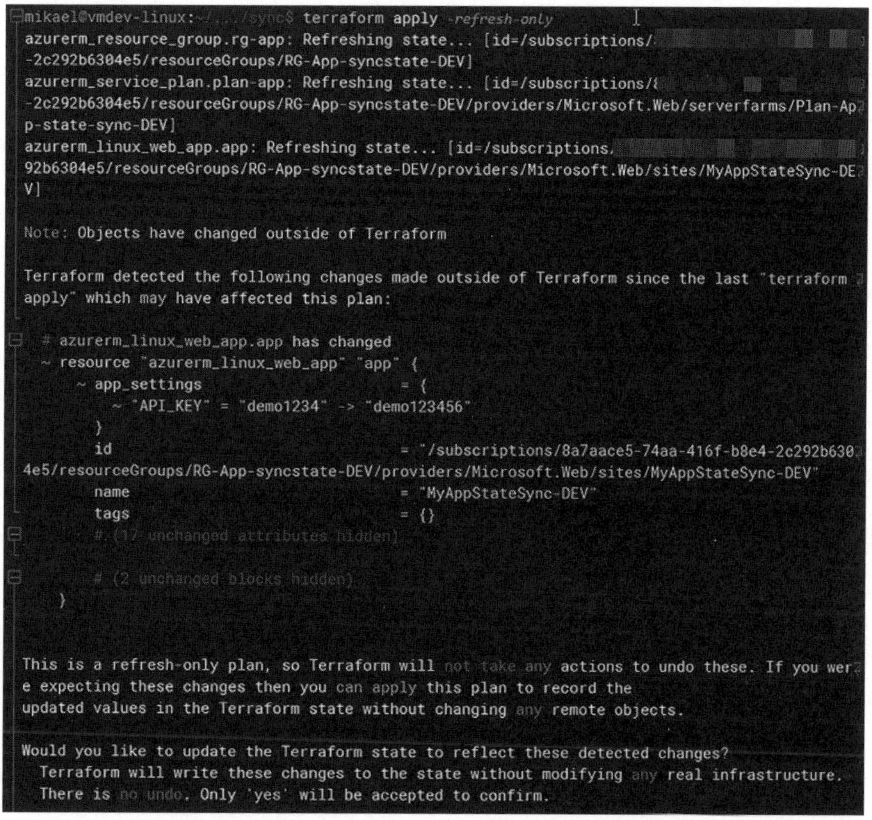

그림 5.10 terraform apply –refresh–only 명령의 실행 결과

이 명령은 테라폼 상태를 실제 인프라의 값으로 동기화하는 명령이기 때문에 변경 사항을 실제 인프라에 적용하지 않는다.

마지막으로 테라폼 구성의 API 세팅을 실제 인프라에 설정된 값과 동일하게 수정한다. 그리고 terraform plan 명령을 실행하면 다음과 같은 출력 결과를 확인할 수 있다.

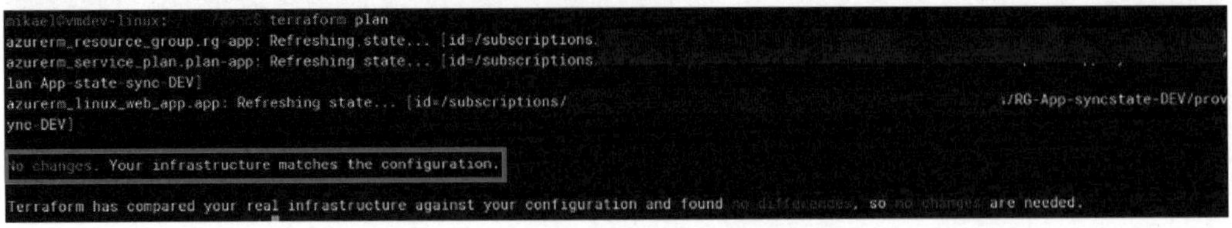

그림 5.11 리프레시 후 변경 사항이 없어진 화면

이제 테라폼 구성, 상태, 그리고 실제 인프라까지 모두 동일한 구성으로 동기화되었다.

5.3.4 더 살펴볼 것들

테라폼 0.15.4 이전에는 terraform refresh 명령을 사용해서 상태를 동기화할 수 있었다. 하지만 이 명령은 더 이상 사용되지 않는다. 해당 명령에 대한 내용은 https://developer. hashicorp.com/terraform/cli/commands/refresh에서 확인할 수 있다.

5.3.5 참고 항목

- refresh-only에 대한 학습 자료는 https://developer.hashicorp.com/terraform/ tutorials/cli/refresh?in=terraform%2Fcli를 참고한다.

- 변경 사항 감지에 대한 학습 자료는 https://developer.hashicorp.com/terraform/ tutorials/state/resource-drift를 참고한다.

- refresh 명령에 대한 문서는 https://developer.hashicorp.com/terraform/cli/ commands/refresh를 참고한다.

5.4 기존 리소스 가져오기

지금까지 테라폼으로 인프라를 생성하는 일반적인 사용 방법에 대해서 살펴봤다. 이를 통해 인프라를 프로비저닝하거나 변경 사항을 적용할 수 있고 작업의 결과가 테라폼 상태에 반영된다.

이전 예제에서는 변경 사항이 있는 인프라에 대해 리프레시 기능을 사용해서 테라폼 상태를 동기화 하는 방법에 대해서 배웠다.

하지만 이미 프로비저닝되어 있는 전체 인프라를 테라폼 상태로 가져와야 할 경우가 생길 수도 있다. 보통은 다음과 같은 경우들을 생각해 볼 수 있다.

- 인프라가 수동으로 (혹은 스크립트로) 프로비저닝되어 있는 상황에서 테라폼을 사용해 관리하고자 하는 경우
- 테라폼 상태가 손상 되었거나 삭제되어 재생성이 필요한 경우

이번 예제에서는 테라폼 CLI를 사용해서 이미 프로비저닝되어 있는 인프라를 테라폼 상태로 가져오는 방법에 대해서 배워보자.

5.4.1 준비 사항

이번 예제를 진행 하려면 기존 테라폼 구성이 필요하다. 이를 위해 애저 리소스 그룹을 프로비 저닝하는 다음과 같은 테라폼 구성을 사용한다.

```
data "azurerm_subscription" "current" {}

resource "azurerm_resource_group" "rg-app" {
  name     = "RG-APP-IMPORT-${substr(data.azurerm_subscription.current.
subscription_id, 0, 5)}"
  location = "westeurope"
}
```

위의 테라폼 구성은 리소스 그룹 이름 끝에 현재 사용하는 구독 ID의 처음 5개 문자를 접미사로 추가 한다. 이렇게 하면 리소스 그룹의 이름을 고유하게 만들 수 있다.

이번 예제의 소스 코드는 https://github.com/PacktPublishing/Terraform-Cook book-Second-Edition/tree/main/CHAP05/import에서 확인할 수 있다.

그리고 애저 포탈에서 RG-APP-IMPORT-〈구독 ID의 처음 5개 문자〉의 형식으로 리소 스 그룹을 수동으로 만든다. 애저 포탈에서 리소스 그룹을 만드는 방법은 https://learn. microsoft.com/en-us/azure/azure-resource-manager/management/manage- resource-groups-portal을 참고한다.

그림 5.12는 애저 포탈에서 수동으로 만든 애저 리소스 그룹 화면이다.

☐ 🔷 **RG-APP-IMPORT -8a7aa**

그림 5.12 애저 리소스 그룹 화면

이제 terraform apply 명령을 실행하면 리소스 그룹을 생성하려고 시도한다. 하지만 이미 동 일한 리소스 그룹이 존재 한다는 에러 메세지를 보여 주면서 생성하지 못하고 실패한다.(이미 애 저 포탈을 통해서 동일한 이름을 가진 리소스 그룹을 만들었기 때문에) 다음 그림은 생성에 실패한 화 면이다.

```
+ import git:(main) ✗ terraform apply
data.azurerm_subscription.current: Reading...
data.azurerm_subscription.current: Read complete after 0s [id=/subscriptions/8a7aac                    ]

Terraform used the selected providers to generate the following execution plan. Resource actions are indicated with the following symbols:
  + create

Terraform will perform the following actions:

  # azurerm_resource_group.rg-app will be created
  + resource "azurerm_resource_group" "rg-app" {
      + id       = (known after apply)
      + location = "westeurope"
      + name     = "RG-APP-IMPORT-8a7aa"
    }

Plan: 1 to add, 0 to change, 0 to destroy.

azurerm_resource_group.rg-app: Creating...

│ Error: A resource with the ID "/subscriptions/8a7aace5                              /resourceGroups/RG-APP-IMPORT-8a7aa" already exists - t
o be managed via Terraform this resource needs to be imported into the State. Please see the resource documentation for "azurerm_resource_g
roup" for more information.
│
│   with azurerm_resource_group.rg-app,
│   on main.tf line 17, in resource "azurerm_resource_group" "rg-app":
│   17: resource "azurerm_resource_group" "rg-app" {
```

그림 5.13 이미 리소스가 존재한다는 테라폼 에러 화면

이제 테라폼 상태에 직접 리소스 가져오기 작업을 사용해야 하는 순간이다.

> 이번 예제에서는 애저에 존재하는 하나의 리소스 그룹을 가져온다. 하지만 각 테라폼 프로바이더는 가져오기 명령에 대해 서로 다른 형식의 ID를 사용하며, 어떤 클라우드 환경을 사용하느냐에 따라 달라진다는 점을 유의해야 한다.

이번 예제의 목표는 리소스 그룹의 구성 정보를 테라폼 상태로 가져오는 것이다.

5.4.2 작동 방법

다음 단계를 수행한다.

1 init 명령을 실행해서 테라폼 워크플로우를 초기화 한다.

```
terraform init
```

2 그리고 다음과 같이 terraform import 명령을 실행한다.

```
terraform import azurerm_resource_group.rg-app "/subscriptions/<yourazure
subscriptionid>/resourceGroups/RG-APP-IMPORT-<구독 ID의 처음 5개 문자>"
```

5.4.3 작동 원리

첫 번째 단계에서는 terraform init 명령을 사용해 테라폼 워크플로우를 초기화한다.

다음으로 두 번째 단계에서는 terraform import 명령을 실행한다. 이 때 테라폼 구성에 정의
되어 있는 리소스의 이름을 첫 번째 매개변수로, 가져와야 할 애저 리소스 그룹의 ID를 두 번째
매개변수로 준다.

다음 스크린샷은 terraform import 명령의 실행 결과 화면이다.

그림 5.14 terraform import 명령의 실행 결과

테라폼 상태로 해당 리소스를 가져온 것을 볼 수 있다.

이제 테라폼 구성과 테라폼 상태, 그리고 애저 상에 존재하는 리소스 그룹간 동기화가 완료되
었다.

5.4.4 더 살펴볼 것들

리소스를 정상적으로 가져왔는지 확인하기 위해 terraform plan 명령을 실행하면 다음 그림
5.15와 같이 변경 사항이 발생하지 않는 상태여야 한다.

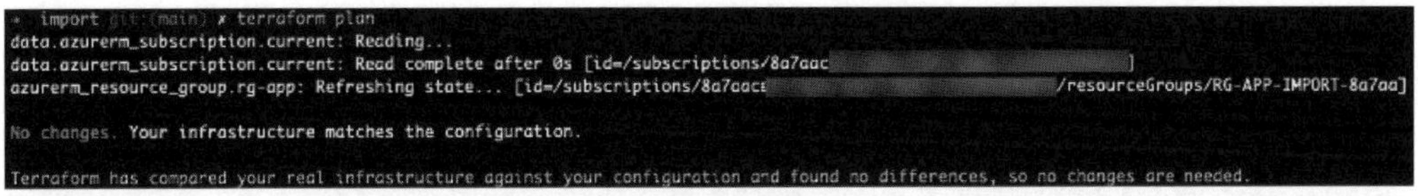

그림 5.15 terraform import 수행 후 terraform plan 실행 했을 때의 화면

위의 terraform plan 명령의 실행 결과를 보면 리소스를 테라폼 상태로 가져왔고 변경 사항도 적용된 것을 알 수 있다.

또한 테라폼 1.5.0 이후부터는 테라폼 구성 내에서 import 블록을 사용해서 리소스를 가져올 수 있다.(자세한 사항은 https://developer.hashicorp.com/terraform/language/import를 참고한다.) 예를 들어 이번 예제에서 사용한 테라폼 구성을 바탕으로 한다면 main.tf 파일에 있는 azurerm_resource_group 리소스 하단에 다음과 같은 코드를 작성한다.

```
import {
  id = "/subscriptions/<구독 ID>/resourcegroups/RG-APP-<구독 ID의 처음 5개 문자>"
  to = azurerm_resource_group.rg-app
}
```

위의 테라폼 구성에서는 다음과 같은 속성들이 정의되어 있다.

- id : 가져오려는 리소스의 ID 속성(여기서는 애저 리소스 그룹의 ID)
- to : 테라폼 리소스의 이름(여기서는 azurerm_resource_group.rg-app)

위 테라폼 구성의 소스 코드는 https://github.com/PacktPublishing/Terraform-Cookbook-Second-Edition/tree/main/CHAP05/import-block에서 확인할 수 있다. 실제 작업을 하려고 하는 구독 ID로 변경해야 한다는 것을 기억하자.

그리고 리소스를 가져오기 위해 terraform init, plan, apply 명령을 실행한다. 다음 그림은 terraform plan 명령의 실행 결과 화면이다.

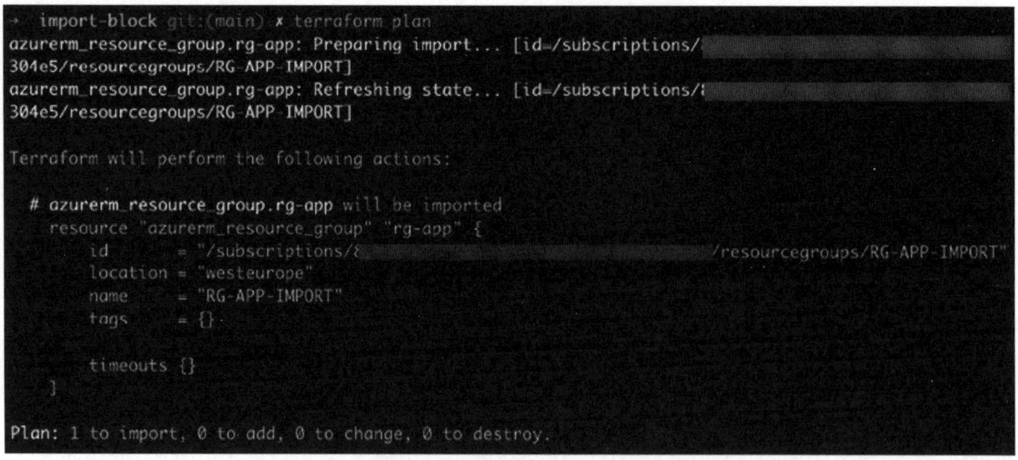

그림 5.16 import 블록을 사용해서 리소스 가져오기

가져오기 작업 한 개가 진행된다는 것을 확인할 수 있다.

terraform apply를 실행하면 가져온 애저 리소스 그룹의 구성이 테라폼 상태에 업데이트된다. 또한 테라폼 구성 내에 import 블록으로 가져오기 기능을 사용하면 가져오려는 리소스에 대한 테라폼 구성을 자동으로 생성할 수 있다.

자동 생성 작업을 살펴보기 위해 리소스에 대한 정의가 없는 main.tf 파일이 있다고 가정해 보자. main.tf 파일은 다음과 같이 프로바이더에 대한 코드만 가지고 있다.

```
terraform {
  required_version = "~> 1.0"
  required_providers {
    azurerm = {
      source  = "hashicorp/azurerm"
      version = "~> 3.20"
    }
  }
}


provider "azurerm" {
  features {}
}
```

그리고 다음과 같이 import 블록만 추가한다.

```
import {
  id = "/subscriptions/<구독 ID>/resourcegroups/RG-APP-IMPORT-<구독 ID의 처음 5개 문
자>"
  to = azurerm_resource_group.rg-app
}
```

테라폼 구성에 대한 소스 코드는 https://github.com/PacktPublishing/Terraform-Cook
book-Second-Edition/tree/main/CHAP05/import-generated에서 확인할 수 있다. 구
독 ID 부분을 테스트 하고자 하는 실제 구독 ID로 변경하는 것을 잊지 말자.

리소스 그룹에 대한 테라폼 구성을 생성하고 테라폼 상태로 가져오려면 --generate-config
-out 옵션을 terraform plan 명령에 추가한다. 가져오기 과정을 완료하기 위해서 다음 명령
들을 실행한다.

1 terraform init을 실행한다.

2 terraform plan —generate-config-out=generated.tf를 실행한다.

3 plan 명령이 실행되면 리소스 그룹의 테라폼 구성이 포함된 generated.tf라는 파일이 만들어 진다. 다
음 스크린샷은 generated.tf 파일의 내용을 보여준다.

그림 5.17 import 블록을 사용해서 생성된 테라폼 구성

4 마지막으로 terraform apply 명령을 실행하면 리소스 그룹의 구성을 테라폼 상태로 가져온다.

> 만약 애저 리소스에 대한 테라폼 구성을 생성해야 하다면, 애저 전용 도구인 aztfexport라는 도구를 사용하
> 는 것도 한 방법이다. aztfexport 도구는 8장 테라폼으로 애저 인프라 프로비저닝하기에 있는 이미 존재하
> 는 애저 인프라에 대한 테라폼 구성 생성하기 예제에서 확인할 수 있다.

5.4.5 참고항목

- import 명령에 대한 문서는 https://developer.hashicorp.com/terraform/cli/commands/import를 참고한다.

- import 블록에 대한 문서는 https://developer.hashicorp.com/terraform/language/import를 참고한다.

5.5 다른 테라폼 상태에 있는 리소스 사용하기

4장 외부 데이터를 활용해서 테라폼 사용하기에 있는 데이터 소스를 활용해 외부 데이터 획득하기 예제에서는 data 블록을 사용해서 이미 존재하는 인프라에 대한 정보를 가져오는 방법에 대해서 배웠다.

이번 예제에서는 다른 테라폼 상태에 있는 리소스의 정보를 가져오는 방법에 대해 배워보자.

5.5.1 준비 사항

이번 예제에서는 이전 예제와 마찬가지로 애저 앱 서비스를 프로비저닝하는 테라폼 구성을 사용한다. 프로비저닝하려고 하는 애저 앱 서비스는 이미 존재하는 앱 서비스 플랜에 프로비저닝되어야 한다.

이번 예제는 이전 예제와는 다르게 별도의 데이터 소스를 사용하지 않는다. 대신 앱 서비스 플랜을 프로비저닝할 때 사용한 테라폼 상태로부터 필요한 정보를 가져온다.

앱 서비스 플랜을 프로비저닝하기 위한 테라폼 구성은 다음과 같다. 또한 테라폼 구성에는 앱 서비스 플랜의 ID를 반환하는 출력값이 있어야 한다. (출력값에 대해서는 2장 테라폼 구성 작성하기에 있는 출력을 사용해서 프로비저닝된 데이터 노출하기 예제를 읽어보자.)

```
terraform {
  …
  backend "azurerm" {
    resource_group_name = "rg_tfstate"
    storage_account_name = "storstate"
    container_name = "tfbackends"
    key = "serviceplan.tfstate"
  }
}
resource "azurerm_service_plan" "plan-app" {
  name = "MyServicePlan"
  location = "westeurope"
  resource_group_name = "myrg"
  …
}

output "service_plan_id" {
  description = "The service plan"
  value = azurerm_service_plan.plan-app.id
}
```

이 테라폼 구성은 원격 백엔드를 사용하고 있기 때문에 다음 스크립트를 사용해서 원격 백엔드 구성을 위한 리소스들을 생성하고 예제가 끝나면 삭제한다.[6] 스크립트는 https://github.com/PacktPublishing/Terraform-Cookbook-Second-Edition/tree/main/CHAP05/remote-backend에서 확인할 수 있다.

또한 원격 백엔드로 애저 스토리지(더 자세한 정보는 8장 테라폼으로 애저 인프라 프로비저닝 하기에 있는 애저 원격 백엔드에 있는 테라폼 상태 파일 보호하기 예제를 참고한다.)를 사용하기 때문에, 앱 서비스 플랜의 테라폼 상태를 로컬 파일이 아닌 애저 스토리지에 저장한다.

이번 예제의 소스 코드는 https://github.com/PacktPublishing/Terraform-Cookbook-Second-Edition/tree/main/CHAP05/remote-state에서 확인할 수 있다.

......

6 역주. setup-backend.sh 파일을 그대로 사용하면 에러가 발생한다. 애저 스토리지 계정도 모든 애저 환경 내에서 유일해야 하기 때문에 storstate로 되어 있는 스토리지 계정 이름을 각자의 환경에 맞는 값으로 변경해야 한다.

5.5.2 작동방법

다음 단계를 수행한다.

1 애저 앱 서비스를 프로비저닝 하는 테라폼 구성에 다음과 같이 terraform_remote_state 블록을 추가한다.

```
data "terraform_remote_state" "service_plan_tfstate" {
  backend = "azurerm"
  config = {
    resource_group_name   = "rg_tfstate"
    storage_account_name  = "storstate"
    container_name        = "tfbackends"
    key                   = "serviceplan.tfstate"
  }
}
```

2 그 후 다음과 같이 앱 서비스 플랜을 위한 테라폼 구성에서 생성한 출력을 사용하도록 추가한다.

```
resource "azurerm_windows_web_app" "app" {
  name                = "${var.app_name}-${var.environment}"
  location            = azurerm_resource_group.rg-app.location
  resource_group_name = azurerm_resource_group.rg-app.name
  service_plan_id     = data.terraform_remote_state.service_plan_tfstate.
outputs.service_plan_id
  site_config {}
}
```

5.5.3 작동 원리

첫 번째 단계에서는 terraform_remote_state 블록을 추가해서 다른 테라폼 상태 파일에 있는 출력을 사용할 수 있도록 구성한다. terraform_remote_state 블록에서는 테라폼 상태 파일이 저장되어 있는 원격 백엔드 정보를 지정한다.(여기에서는 애저 스토리지를 사용했다.)

두 번째 단계에서는 테라폼 상태 파일 안에 출력으로 존재하는 ID 값을 참조하도록 테라폼 구성을 작성한다.

이 테라폼 구성을 실행하면 4장 외부 데이터를 활용해서 테라폼 사용하기에 있는 데이터 소스를 활용해 외부 데이터 획득하기 예제에서와 같은 결과를 볼 수 있다.

5.5.4 더 살펴볼 것들

이번 예제에서 살펴본 방식은 테라폼을 사용해서 복잡한 인프라를 배포 하는 경우, 각각의 테라폼 구성을 분리해서 작성할 때 유용한 방식이다.

테라폼 구성을 분리하는 건 테라폼 구성을 더 잘 제어하고 유지 관리 할 수 있기 때문에 좋은 방법이다. 또한 각 구성 요소를 개별적으로 프로비저닝할 수 있고 다른 인프라에 영향을 주는 것도 최소화할 수 있다.

언제 data 블록을 사용하고 언제 terraform_remote_state 블록을 사용해야 하는지에 대해서는 다음과 같은 기준을 생각해 볼 수 있다.

(애저 관련된) data 소스는 다음과 같은 경우에 사용된다.

- 참조해야 할 외부 리소스가 테라폼으로 프로비저닝되지 않았을 때(수동으로 만들어졌거나 스크립트를 사용해서 만들어졌을 때)
- 리소스에 대한 정보를 제공해 줘야 하는 상대방에게 원격 백엔드에 접근하기 위한 권한이 없을 때

terraform_remote_state 블록은 다음과 같은 경우에 사용된다.

- 참조해야 할 외부 리소스가 테라폼으로 프로비저닝되었을 때
- 리소스에 대한 정보를 제공해 줘야 하는 상대방에게 원격 백엔드에 대한 읽기 권한이 있을 때
- 테라폼 구성에서 필요로 하는 속성들에 대한 출력이 테라폼 상태에 포함되어 있을 때

5.5.5 참고항목

- terraform_remote_state 블록에 대한 문서는 https://developer.hashicorp.com/terraform/language/state/remote-state-data를 참고한다.

5.6 테라폼 구성에 있는 리소스 리팩터링하기

이전 예제에서는 테라폼 CLI를 사용해서 테라폼 상태에 있는 리소스들을 관리하는 방법에 대해서 배웠다.

경우에 따라서 다음과 같이 테라폼 구성을 리팩터링해야 할 경우가 생길 수 있다.

- 리소스의 역할에 더 일관성 있도록 리소스 또는 모듈의 이름을 변경해야 할 경우
- 이미 존재하는 리소스를 N대의 리소스로 수평 확장하기 위해 count 혹은 for_each 반복문을 추가해야 할 경우
- 모듈 내에서 리소스를 이동해야 할 경우

한 가지 알아두어야 할 것은 테라폼 구성이 변경되면 테라폼 상태 역시 변경되어야 한다는 것이다.

이번 예제에서는 다음과 같은 두 가지 방법을 사용하여 이미 존재하는 리소스를 삭제하지 않고 리팩터링하는, 간단하고 기본적인 작업 방법에 대해서 배워볼 것이다.

- 테라폼 CLI 사용하기
- moved 블록 사용하기

그럼 시작해 보자.

5.6.1 준비 사항

이번 예제를 진행하기 위해 다음과 같은 테라폼 구성을 사용해서 두 개의 애저 서브넷(동일한 리소스 그룹 내에)을 프로비저닝한다.(이 테라폼 구성을 '스크립트 1'이라고 부르자.)

```
resource "azurerm_virtual_network" "vnet" {
  name                = "vnet1"
  address_space       = ["10.0.0.0/16"]
  location            = azurerm_resource_group.rg.location
  resource_group_name = azurerm_resource_group.rg.name
}

resource "azurerm_subnet" "snet1" {
  name                 = "subnet1"
  resource_group_name  = azurerm_resource_group.rg.name
  virtual_network_name = azurerm_virtual_network.vnet.name
  address_prefixes     = ["10.0.1.0/24"]
}

resource "azurerm_subnet" "snet2" {
  name                 = "subnet2"
  resource_group_name  = azurerm_resource_group.rg.name
  virtual_network_name = azurerm_virtual_network.vnet.name
  address_prefixes     = ["10.0.2.0/24"]
}
```

terraform init, plan, apply를 실행한다.

프로비저닝 후 azurerm_subnet을 하나만 사용하고 azurerm_subnet 리소스 내부에서 for_each 반복문을 통해 다수의 서브넷을 만드는 테라폼 구성으로 리팩터링해 보자.

azurerm_subnet 리소스에 대한 코드를 다음과 같은 코드로 교체한다.('스크립트 2'라고 부르자.)

```
locals {
  subnet_list = {
    subnet1 = "10.0.1.0/24"
    subnet2 = "10.0.2.0/24"
  }
}

resource "azurerm_subnet" "snetlist" {
  for_each              = local.subnet_list
  name                  = each.key
  resource_group_name   = azurerm_resource_group.rg.name
  virtual_network_name  = azurerm_virtual_network.vnet.name
  address_prefixes      = [each.value]
}
```

그리고 terraform apply를 실행하면 첫 번째 코드에 있던 두 개의 azurerm_subnet 리소스를 삭제하고 두 개의 새로운 azurerm_subnet 리소스를 생성하게 된다.

하지만 리팩터링의 목표는 삭제 후 새로운 리소스를 생성하는 것이 아니고, terraform apply 실행 시에도 변경 사항이 없도록 테라폼 구성과 상태를 수정하는 것이다.

그래서 이번 예제의 목표는 이 구성을 먼저 테라폼 CLI를 사용해서 리팩터링해 보고, 다음으로 moved 블록을 사용해서 리팩터링해 보는 것이다.

이번 예제의 소스 코드는 https://github.com/PacktPublishing/Terraform-Cookbook-Second-Edition/tree/main/CHAP05/refactor에서 확인 할 수 있다.

5.6.2 작동방법

먼저 테라폼 CLI를 사용해서 리팩터링하기 위해 다음 단계를 수행한다.

■ cli 폴더에서 '스크립트 1' 테라폼 구성을 기반으로 terraform init, plan, apply를 실행한다.

■ terraform state mv 명령을 사용해서 테라폼 상태에 있는 각각의 리소스를 옮긴다. 이 때 사용하는 명령은 다음과 같다.

```
terraform state mv 'azurerm_subnet.snet1' 'azurerm_subnet.snetlist["subnet1"]'
terraform state mv 'azurerm_subnet.snet2' 'azurerm_subnet.snetlist["subnet2"]'
```

> 윈도우 운영체제에서는 큰따옴표 앞에 백슬래시를 사용해야 한다. 예를 들면 terraform state mv 'azurerm_subnet.snet1' 'azurerm_subnet.snetlist[\"subnet1\"]'과 같이 입력한다.
>
> 자세한 설명은 https://devcoops.com/terraform-powershell-escape-double-quotes/을 참고한다.

■ 기존 테라폼 구성('스크립트 1')은 삭제하고 리팩터링된 테라폼 구성('스크립트 2')으로 수정한다.

■ 마지막으로 terraform plan 명령을 실행한다.

이번 예제에서 살펴본 테라폼 구성에 대한 소스 코드는 https://github.com/Packt Publishing/Terraform-Cookbook-Second-Edition/tree/main/CHAP05/refactor/cli에서 확인할 수 있다.

이번에는 moved 블록을 사용해서 리팩터링하기 위해 다음 단계를 수행한다.

■ 테라폼 구성에 리팩터링된 구성을 작성한다.('스크립트 2')

■ 그리고 같은 테라폼 구성 안에 다음과 같은 코드를 추가한다.

```
moved {
  from = azurerm_subnet.snet1
  to   = azurerm_subnet.snetlist["subnet1"]
}
```

```
moved {
  from = azurerm_subnet.snet2
  to   = azurerm_subnet.snetlist["subnet2"]
}
```

3 기존 테라폼 구성을 삭제한다. ('스크립트 1')

4 마지막으로 terraform init과 apply 명령을 실행한다.

5 두 번째 단계에서 추가한 moved 블록은 삭제한다.

이번 예제에서 살펴본 테라폼 구성에 대한 소스 코드는 https://github.com/Packt Publishing/Terraform-Cookbook-Second-Edition/tree/main/CHAP05/refactor/ moved에서 확인할 수 있다.

5.6.3 작동 원리

이번 예제의 첫 번째 파트에서는 terraform state mv 명령을 실행해서 테라폼 리소스의 이름을 변경한다. terraform state mv 명령은 이 외에도 리소스 목록이나 모듈에 있는 다른 리소스 내에서 리소스를 이동하는 명령을 실행할 수도 있다.

각각의 azurerm_subnet(snet1과 snet2)에 terraform state mv 명령을 실행해서 azurerm_subnet 리소스 내에 있는 snetlist로 이동 시킨다.

다음 그림 5.18은 위 명령의 실행 결과 화면이다.

```
→ cli git:(main) ✗ terraform state mv 'azurerm_subnet.snet1' 'azurerm_subnet.snetlist["subnet1"]'
Move "azurerm_subnet.snet1" to "azurerm_subnet.snetlist[\"subnet1\"]"
Successfully moved 1 object(s).
→ cli git:(main) ✗ terraform state mv 'azurerm_subnet.snet2' 'azurerm_subnet.snetlist["subnet2"]'
Move "azurerm_subnet.snet2" to "azurerm_subnet.snetlist[\"subnet2\"]"
Successfully moved 1 object(s).
```

그림 5.18 terraform state mv 명령의 실행 결과

리소스 이동 작업이 정상적으로 완료되었다는 것을 볼 수 있다.

리소스 이동 작업이 완료된 후 테라폼 구성을 locals를 사용한 로컬 변수와 count 표현식을 사용하는 새로운 테라폼 구성으로 리팩터링하고, 기존 테라폼 구성을 삭제할 수 있다.

마지막으로 terraform init과 plan을 실행한다. 다음 그림 5.19는 plan 명령의 실행 결과 화면이다.

```
→ cli git:(main) x terraform plan
azurerm_resource_group.rg: Refreshing state... [id=/subscriptions/8              /resourc
eGroups/RG-AppRefactobook]
azurerm_virtual_network.vnet: Refreshing state... [id=/subscriptions/8               /reso
urceGroups/RG-AppRefactobook/providers/Microsoft.Network/virtualNetworks/vnet1]
azurerm_subnet.snetlist["subnet1"]: Refreshing state... [id=/subscriptions/
5/resourceGroups/RG-AppRefactobook/providers/Microsoft.Network/virtualNetworks/vnet1/subnets/subnet1]
azurerm_subnet.snetlist["subnet2"]: Refreshing state... [id=/subscriptions/8
5/resourceGroups/RG-AppRefactobook/providers/Microsoft.Network/virtualNetworks/vnet1/subnets/subnet2]

No changes. Your infrastructure matches the configuration.
```

그림 5.19 move 작업 이후 terraform plan 실행 결과

적용해야 할 변경 사항이 없고 리소스들이 테라폼 상태 내에 정상적으로 이름이 바뀐 채로 존재하는 것을 볼 수 있다.

두 번째 방법은 테라폼 버전 1.1에서 도입된 moved 블록을 사용하는 방법이다.

이 방법을 적용하기 위해 두 개의 moved 블록을 초기 테라폼 구성에 추가한다. 그리고 from 과 to 속성을 각각 채워 넣는다. from은 이동할 테라폼 리소스 이름을, to는 이동 후 가지게 될 테라폼 리소스 이름을 지정한다. 예를 들어 첫 번째 azurerm_subnet의 경우는 이동 후에는 azurerm_subnet.snetlist["subnet1"]이 되어야 하기 때문에 다음과 같은 코드가 된다.

```
moved {
  from = azurerm_subnet.snet1
  to   = azurerm_subnet.snetlist["subnet1"]
}
```

그런 다음 초기 테라폼 구성을 삭제하고 terraform init, plan, apply 명령을 사용해서 테라폼 워크플로우를 실행한다.

다음 그림 5.20은 plan 명령의 실행 결과 화면이다.

그림 5.20 moved 블록을 사용 했을 때의 plan 결과

테라폼이 대상 리소스들을 이동 시키고 리소스의 값을 변경하지 않는다는 것을 볼 수 있다.

move 작업을 완료하려면 terraform apply 명령을 실행한다.

apply 명령 후에 terraform plan을 다시 한번 실행하면 다음 스크린샷과 같이 변경 사항이 없다는 것을 볼 수 있다.

그림 5.21 moved 블록을 사용 했을 때 apply 이후의 plan 결과

리팩터링을 완료하기 위해 2개의 moved 블록까지 삭제한다.

5.6.4 더 살펴볼 것들

이번 예제에서는 테라폼 구성을 리팩터링하는 두 가지 방법에 대해서 배웠다. 첫 번째 방법은 terraform state mv 명령을 사용하는 것이고 두 번째 방법은 테라폼 구성 내에 moved 블록을 사용하는 것이다.

아마도 리팩터링할 때 두 가지 방법 중 어떤 방법을 사용해야 할지 궁금할 텐데, 적절한 방법을 선택할 수 있도록 각각의 방법에 대한 장단점을 살펴보자.

먼저 terraform state mv 명령을 사용할 때는 다음과 같다.

장점

- 이 명령을 사용하면 리소스를 한 상태 파일에서 다른 상태 파일로 옮길 수 있다. 이에 대한 자세한 내용은 https://developer.hashicorp.com/terraform/tutorials/state/state-cli#move-a-resource-to-a-different-state-file를 참고한다.
- 다수의 테라폼 구성을 리팩터링한다면 마이그레이션 스크립트를 작성할 때 활용할 수 있다.

단점

- 이 명령은 사용자의 최종 의사를 묻지 않고 바로 이동 작업을 수행한다.
- CI/CD 파이프라인을 사용한다면 외부 스크립트 내에 이 명령을 추가하고 실행되도록 해야 한다.

다음으로 moved 블록을 사용할 때 다음과 같은 장단점이 있다.

장점

- 테라폼 구성 내에 리팩터링을 위한 코드를 작성할 수 있다.
- 이동 작업이 테라폼 워크플로우 내에서 실행된다. plan, apply 를 할 때 실행되기 때문에 plan의 결과가 원하는 결과가 아닐 경우 이동 작업을 진행하지 않게 할 수 있다.

단점

- 테라폼 워크플로우가 자동화된 파이프라인에서 동작하거나 코드가 Git과 같은 SVC에 저장된다면, 리팩터링을 하기 위해 다음과 같이 여러 번의 커밋과 푸시 작업을 해야 할 수 있다.

1. 테라폼 구성에 moved 블록을 추가한다.

2. 변경된 코드를 커밋하고 푸시한다.

3. 파이프라인이 테라폼 워크플로우를 실행한다.

4. moved 블록을 삭제한다.

5. 리팩터링된 코드를 다시 한 번 커밋하고 푸시한다.

- moved 블록은 테라폼 구성 내에 존재하기 때문에 리소스를 다른 상태 파일로 이동시킬 수 없다.

- moved 블록은 모듈 작성자의 관점으로 봤을 때 모듈에 대한 안전한 마이그레이션 방법을 제공함으로써 마이그레이션 시 발생할 수 있는 일반적인 문제들을 해결한다. 예를 들어 모듈 작성자가 모듈의 구조를 변경하고 싶지만 모듈의 사용자에게 영향을 끼치고 싶지 않을 때를 가정해 보자. moved 블록이 없다면 대부분의 모듈 작성자들은 리팩터링을 하지 않거나, 변경 로그 및 버전 변경을 통해 조심스럽게 리팩터링 코드를 전달해야 한다. 비슷한 맥락에서, 모듈 작성자는 모듈의 특정 버전으로 업그레이드가 진행되었는지 알 수 없기 때문에 삭제에 대한 권장 사항도 다르다. 그래서 일반적으로 moved 블록을 훨씬 오래, 아마도 전체 주요 릴리즈하는 동안에 그대로 두는 경우가 많다.

개인적인 조언을 하자면 완벽한 방법은 존재하지 않기 때문에, 상황과 목적에 맞게 적합한 방법을 선택해야 한다.

마지막으로 이번 예제에서는 테라폼 구성을 리팩터링하는 한 가지 사례에 대해서 배웠다. 다른 사용 사례들에 대해서 알고 싶다면 https://developer.hashicorp.com/terraform/language/modules/develop/refactoring 문서를 읽어보기 바란다.

5.6.5 참고 항목

- terraform state mv 명령에 대한 문서는 https://developer.hashicorp.com/terraform/cli/commands/state/mv를 참고한다.

- 테라폼의 moved 블록에 대한 문서는 https://developer.hashicorp.com/terraform/language/modules/develop/refactoring을 참고한다.

- moved 블록을 사용한 리팩터링 예제는 https://developer.hashicorp.com/terraform/tutorials/configuration-language/move-config를 참고한다.

- moved 블록에 대한 영상 자료는 https://nedinthecloud.com/2021/12/14/using-the-moved-block-in-terraform-1-1/를 참고한다.

CHAPTER

06

기본적인 테라폼
워크플로우 적용하기

테라폼은 프로비저닝하려는 인프라를 기술하는 해시코프 구성 언어(HCL, Hashicorp Configuration Language)로 작성된 테라폼 구성과 테라폼 구성을 분석하고 실행하는 테라폼 CLI, 그리고 테라폼 상태 이렇게 서로 연결된 요소들로 구성된 코드형 인프라(IaC) 도구이다. 이 중에서도 **2장 테라폼 구성 작성하기**와 **3장 테라폼으로 인프라 확장하기**에서는 변수, 반복문, 함수, 그리고 다양한 표현식을 사용해서 테라폼 구성을 작성하는 방법에 대해서 배웠다.

이번 장에서는 기본적인 테라폼 워크플로우를 실행하는 테라폼 CLI 명령과 옵션들에 대해서 중점적으로 배운다. 테라폼 구성을 잘 표현하고 유효성을 검사하는 방법, 리소스를 삭제하는 방법, 사용하는 프로바이더를 나열하는 방법과 워크스페이스를 사용하는 방법에 대해서 설명한다. 그런 다음 테인트 기능에 대해 배우고 의존성 그래프를 생성하는 방법을 배운다. 마지막으로 테라폼 표현식을 분석하고 테라폼 실행 과정을 디버깅하는 방법에 대해서 살펴볼 것이다.

이번 장에서는 다음과 같은 예제들을 다룬다.

- 테라폼 구성을 깔끔하게 유지하기
- 코드 문법 검증하기
- 인프라 리소스 삭제하기
- 테라폼 구성에서 사용하는 프로바이더 나열하기
- 윈도우와 리눅스에 호환성을 갖춘 테라폼 잠금 파일 만들기
- 테라폼 모듈 복사하기
- 여러 환경을 관리하기 위해 워크스페이스 사용하기
- 출력을 JSON으로 내보내기
- 리소스 테인팅하기
- 의존성 그래프 생성하기
- 다른 테라폼 구성 디렉터리 사용하기
- 테라폼 표현식 분석하기
- 테라폼 실행 디버깅하기

6.1 기술적 요구사항

이전 장들과는 달리, 이번 장에서는 테라폼 명령의 실행에 초점을 맞추기 때문에 테라폼 구성 예제들이 핵심적인 요소는 아니다.

 이번 장에서는 애저 클라우드를 관리하는 테라폼 구성 예제들을 제공한다. 이번 장에서 다루는 것들은 다른 테라폼 프로바이더들에도 동일하게 적용할 수 있는 것들이다. 만약 이번 장의 예제들을 실제 인프라에 적용해 보고 싶지만, 아직 애저 계정이 없다면 https://azure.microsoft.com/en-us/free/를 통해서 무료 애저 계정을 만들 수 있다.

또한 테라폼 명령을 실행하기 위해 커맨드라인 터미널(CMD, 파워쉘, 배시 등등)을 사용하며 테라폼 구성이 존재하는 폴더에서 명령을 실행한다. 이는 이번 장에 있는 모든 예제에 동일하게 적용된다.

이번 장의 코드 예제들은 https://github.com/PacktPublishing/Terraform-Cookbook-Second-Edition/tree/main/CHAP06에서 확인할 수 있다.

6.2 테라폼 구성을 깔끔하게 유지하기

코드를 작성할 때는 유지 관리와 개선에 참여할 모든 코드 기여자들을 위해 코드를 깔끔하고 명확하게 읽을 수 있도록 만드는 것이 매우 중요하다.

테라폼을 활용한 IaC도 코드로 만들어지기 때문에 코드를 깔끔하게 유지하는 것이 중요하다.

이번 예제에서는 테라폼 명령을 사용해서 어떻게 코드 형식을 적절하게 유지하는지 살펴보고, 이를 자동화하는 몇 가지 팁도 알아보자.

6.2.1 준비 사항

이번 예제를 진행하기 위해 다음과 같은 테라폼 구성을 포함한 main.tf를 사용한다.

```
variable "rg_name" {
description = "Name of the resource group"
  default      = "RG-DEMO-APP"
}

variable "location" {
  description = "location"
default       = "westeurope"
}

resource "azurerm_resource_group" "rg-app" {
  name        = var.rg_name
  location = var.location
  tags = {
    ENV = var.environment}
}

variable "environment" {default = "DEMO"}
```

그림 6.1 잘못된 형식을 가진 테라폼 구성

그림 6.1에서 볼 수 있듯이 코드의 들여쓰기가 잘 안되어 있기 때문에 읽기 어렵다. 들여쓰기를 더 정돈해서 읽기 쉬운 코드로 개선할 필요가 있다.

6.2.2 작동 방법

코드의 들여쓰기를 정돈하려면 terraform fmt 명령을 테라폼 구성의 최상단 폴더에서 다음과 같이 실행한다.

```
terraform fmt
```

6.2.3 작동 원리

terraform fmt 명령을 사용하면 올바른 들여쓰기로 코드를 쉽게 정돈할 수 있다. 해당 명령을 실행하면 다음 그림 6.2와 같이 수정된 파일의 목록이 표시된다.

```
mikael@vmdev-linux:~/.../fmt$ terraform fmt
main.tf
```

그림 6.2 terraform fmt 명령의 실행 결과

그림 6.2를 보면 terraform fmt 명령이 main.tf 파일을 수정했음을 알 수 있다.

그리고 main.tf 파일을 열어서 읽어보자.

```
variable "rg_name" {
  description = "Name of the resource group"
}

variable "location" {
  description = "location"
  default     = "westeurope"
}

resource "azurerm_resource_group" "rg-app" {
  name     = var.rg_name
  location = var.location
  tags = {
    ENV = "DEMO"
  }
}
```

그림 6.3 형식이 잘 맞춰진 테라폼 구성

이전과 다르게 코드의 들여쓰기가 잘 정돈되어 훨씬 읽기 쉬워졌다는 것을 알 수 있다.

6.2.4 더 살펴볼 것들

이번 예제에서는 terraform fmt 명령을 기본적인 방식으로, 즉 옵션 없이 실행하는 방법을 배웠다.

옵션 없이 실행하면 현재 폴더에 있는 모든 테라폼 파일의 들여쓰기를 확인하고 올바르게 수정된다. 하지만 들여쓰기를 현재 폴더 하위에 있는 모든 폴더에 있을 테라폼 파일들에도 적용해야 할 수도 있다.

이럴 때는 terraform fmt 명령에 –recursive 옵션을 사용한다. 이 명령을 실행하면 다음 그림과 같은 결과를 볼 수 있다.

```
mikael@vmdev-linux:~/.../fmt$ terraform fmt -recursive
main.tf
sub/main.tf
```

그림 6.4 terraform fmt –recursive의 실행 결과

main.tf 파일뿐만 아니라 sub 폴더에 있는 main.tf 파일까지 수정했음을 알 수 있다.

다른 옵션으로는 –check 옵션이 있다. 이 옵션은 들여쓰기가 정돈되어야 할 대상 파일들을 실제 적용까진 하지 않고 목록만 보여줄 필요가 있을 때 사용한다.

마지막으로 terraform fmt 명령을 수동으로 실행하는 것 외에도 깃에 파일을 저장하거나 커밋할 때마다 코드가 항상 올바르게 들여쓰기 되도록 자동화할 수 있다. 테라폼을 지원하는 IDE 중에는 terraform fmt 명령이 통합되어 있는 IDE들이 있다.

- 비주얼 스튜디오 코드에서는 테라폼 확장 기능을 통해 모든 테라폼 파일에 terraform fmt 명령으로 형식을 맞춘 후 저장하도록 할 수 있다. 이에 대해서는 https://marketplace.visualstudio.com/items?itemName=HashiCorp.terraform을 참고한다.
- 인텔리제이 IDEA에서는 Save 작업 플러그인을 통해, 코드가 저장될 때마다 서식을 지정할 수 있으며, 테라폼 플러그인은 IDE 내에 terraform fmt 명령을 실행할 수 있도록 통합되어 있다. 또한 이 테라폼 플러그인을 통해 코드를 커밋할 때마다 terraform fmt 명령을 실행해서 코드를 정돈할 수 있다. 다음 그림을 참고하자.

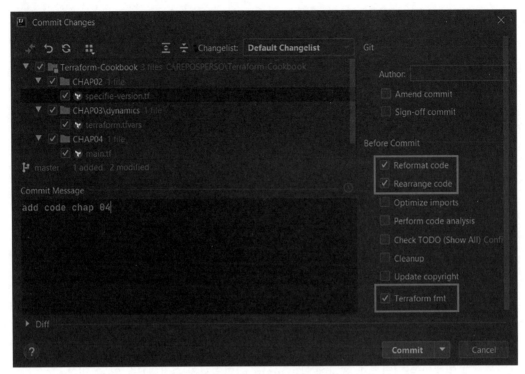

그림 6.5 인텔리제이의 테라폼 플러그인

Save 작업 플러그인에 대한 정보는 https://plugins.jetbrains.com/plugin/7642-save-actions를 참고하고, 테라폼 플러그인에 대해서는 https://plugins.jetbrains.com/plugin/7808-terraform-and-hcl을 참고한다.

또한 깃에서 제공하는 pre-commits 훅을 사용하면 깃 커밋 시 모든 커밋을 실행하기 전에 terraform fmt 명령을 자동으로 실행하게 할 수 있다. 이에 대해서는 https://git-scm.com/book/en/v2/Customizing-Git-Git-Hooks를 참고한다.

pre-commit 훅에 대해서는 12장 테라폼 자세히 살펴보기에 있는 깃의 pre-commit 훅을 사용해서 커밋 전에 구성 확인하기 예제에서 더 배운다.

6.2.5 참고항목

• terraform fmt 명령에 대한 자세한 설명은 https://developer.hashicorp.com/terraform/cli/commands/fmt를 참고한다.

6.3 코드 문법 검증하기

테라폼 구성을 실행하기 전 혹은 깃 저장소에 보관하기 전에 테라폼 구성의 문법을 검증하는 것은 중요하다.

이번 예제에서는 테라폼 명령을 사용해서 테라폼 구성의 문법을 검증하는 방법에 대해서 배워보자.

6.3.1 준비 사항

이번 예제에서는 다음과 같은 테라폼 구성으로 이루어진 main.tf 파일에서 시작해 보자.

```hcl
variable "rg_name" {
  description = "Name of the resource group"
  default     = "RG-DEMO-APP"
  type        = string
}

variable "location" {
  description = "location"
  default     = "westeurope"
  type        = string
}

resource "azurerm_resource_group" "rg-app" {
  name     = var.rg_name
  location = var.location
  tags = {
    ENV = var.environment
  }
}
```

그림 6.6 잘못 작성된 테라폼 구성

위 그림 6.6에서 주목해야 할 점은 environment라는 변수에 대한 정의가 빠져 있다는 것이다. 이번 예제의 소스 코드는 https://github.com/PacktPublishing/Terraform-Cookbook-Second-Edition/tree/main/CHAP06/validate에서 확인할 수 있다.

6.3.2 작동 방법

다음 단계를 수행한다.

1 다음과 같은 명령으로 테라폼 워크플로우를 초기화한다.

```
terraform init
```

2 validate 명령을 실행해서 코드의 문법을 검증한다.

```
terraform validate
```

위 명령을 실행하면 다음 그림과 같은 결과를 볼 수 있다.

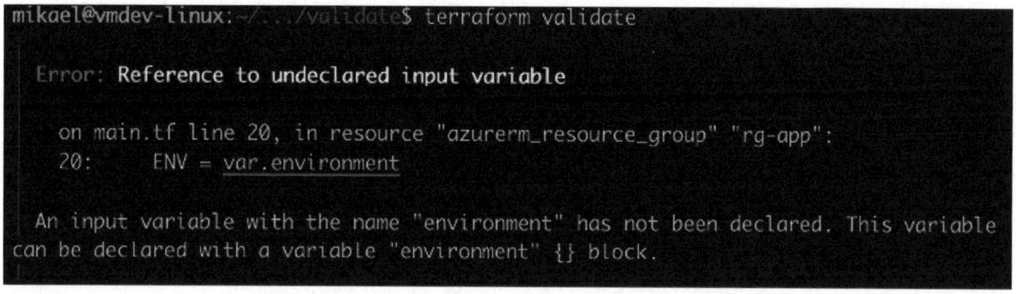

그림 6.7 문법 에러가 있을 때 terraform validate 명령 실행 화면

3 테라폼 구성에 한 개의 문법 에러가 있다는 것을 알 수 있다. 또한 정의되지 않은 environment 변수를
사용하려는 부분에서 에러가 발생한 것임을 알 수 있다. 그래서 에러가 발생한 부분에 대해 코드를 수정
한 후 terraform validate 명령을 다시 실행하면 그림 6.8과 같이 더 이상 오류가 발생하지 않는 것을 볼
수 있다.

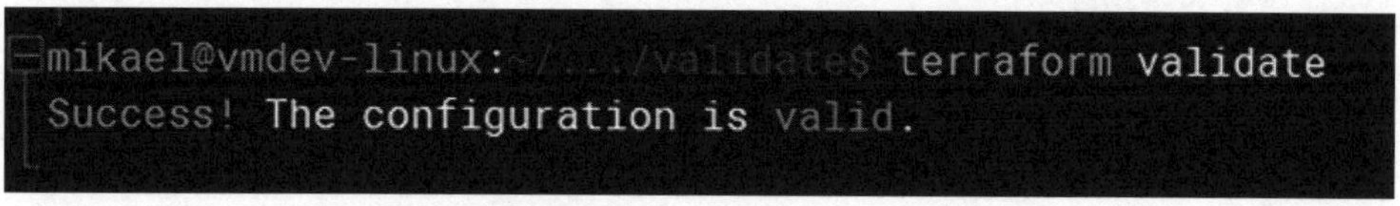

그림 6.8 구문 에러를 해결한 뒤 terraform validate 명령 실행 화면

이제 테라폼 구성의 문법 에러가 모두 해결되어 유효한 상태라는 것을 알 수 있다.

6.3.3 작동 원리

첫 번째 단계에서는, terraform init 명령을 실행해서 테라폼 워크플로우를 초기화한다.

그리고 terraform validate 명령을 실행해서 코드 문법의 유효성을 검증한다. 이 명령은 테라
폼 구성의 문법을 검증하고 에러 목록을 보여준다.

6.3.4 더살펴볼 것들

유효성을 검증하는 terraform validate 명령은 로컬 개발 환경에서도 유용하지만 지속적인 통합(CI) 파이프라인에서도 유용하며, terraform validate 명령이 에러를 반환할 경우 terraform plan 명령을 실행하지 않도록 자동화하는 것에도 유용하게 사용된다.

다음 파워쉘 코드는 terraform validate 명령을 실행한 후 반환 코드를 사용하는 예제이다.

```
terraform validate
$LASTEXITCODE
```

파워쉘 기본 변수인 $LASTEXITCODE는 실행된 프로그램이 에러 없이 종료되면 0을 반환하고 에러가 발생하면서 종료되면 1을 반환한다. 리눅스 쉘에서 사용하는 $? 변수와 유사하게 동작한다.

또한 terraform validate 명령에 -json 옵션을 사용하면 다음 그림 6.9처럼 실행 결과를 JSON 형식으로 출력한다.

```
mikael@vmdev-linux:~/...[validate$ terraform validate -json
{
  "format_version": "1.0",
  "valid": false,
  "error_count": 1,
  "warning_count": 0,
  "diagnostics": [
    {
      "severity": "error",
      "summary": "Reference to undeclared input variable",
      "detail": "An input variable with the name \"environment\" has not been declared.
e \"environment\" {} block.",
      "range": {
        "filename": "main.tf",
        "start": {
          "line": 20,
          "column": 11,
          "byte": 372
        },
        "end": {
          "line": 20,
          "column": 26,
          "byte": 387
```

그림 6.9 terraform validate 결과를 JSON 형식으로 출력

JSON 형식으로 출력된 결과를 jq같은 도구를 사용해서 파싱한 후 워크플로우 상에서 사용할 수 있다.

하지만 terraform validate 명령은 테라폼 구성에 대한 정적 검사만 수행할 수 있다. 그래서 이 명령이 에러없이 실행되었다고 해서 워크플로우가 성공적으로 실행된다는 것을 의미하진 않는다. 워크플로우의 실행은 정적 검사 외에 다른 요소들, terraform apply 실행할 때의 인프라 상태와 같은 것들에도 영향을 받는다. 이런 정적 검사를 통해서 발견하기 어려운 가장 흔한 문제 중 하나가 리소스 이름 충돌이다. 보통 리소스 이름 충돌은 같은 이름의 리소스가 이미 존재하는 경우에 발생하는데, 이런 경우는 terraform apply 명령을 사용해서 실제 리소스 프로비저닝을 하려는 순간에서야 확인이 가능하기 때문이다.

> 만약 테라폼 구성에 backend 블록이 포함된다면 backend 설정에 대한 유효성 검증을 위해 상태 파일에 연결할 필요는 없다. terraform init 명령을 실행할 때 −backend=false 옵션을 추가하면 백엔드 초기화를 건너뛰게 되기 때문에 상태 파일까지 연결하지 않는다.

변수를 포함해서 보다 철저한 유효성 검증를 수행하려면 변숫값을 설정한 상태로(−var 또는 −var-file 옵션을 사용하거나, tfvars 파일을 통해) terraform plan을 실행하면 변수들을 값으로 대체하기 때문에 간접적으로 유효성 검사를 수행할 수 있다.

6.3.5 참고 항목

- terraform validate 명령에 대한 문서는 https://developer.hashicorp.com/terraform/cli/commands/validate를 참고한다.

6.4 인프라 리소스 삭제하기

책에서 여러 번 언급했듯이 코드형 인프라(IaC)를 사용하면 인프라를 신속하게 프로비저닝할 수 있다. 또한 코드형 인프라의 또 다른 장점은 리소스를 빠르게 생성하고 삭제할 수 있다는 점이다.

실제로 여러가지 이유 때문에 인프라를 정리해야 할 수도 있다. 다음은 몇 가지 사례들이다.

- 새로운 사양에 따라 더 나은 인프라를 재구축하기 위해 인프라를 정리한다.
- 필요에 따라 인프라를 만들 수 있기 때문에 특정 필요에 의해 일시적으로 인프라를 생성하고 삭제한다.(새로운 기능을 테스트 하거나 애플리케이션의 새로운 브랜치를 테스트하기 위해) 그리고 이런 인프라는 빠르게 자동으로 구축하고 정리할 수 있어야 한다.
- 사용하지 않는 인프라를 정리하면서 더 이상 비용이 발생하지 않게 한다.

이번 예제에서는 테라폼으로 프로비저닝된 인프라를 삭제하는 방법에 대해서 배워보자.

6.4.1 준비 사항

이번 예제를 진행하기 전에 애저 앱 서비스를 사용하는 애저 인프라를 만들어 보자. 이를 위해 https://github.com/PacktPublishing/Terraform-Cookbook-Second-Edition/tree/main/CHAP06/sampleApp에서 제공하는 테라폼 구성을 사용한다.

인프라를 프로비저닝하기 위해 다음 명령을 사용해서 테라폼 워크플로우를 실행한다.

```
terraform init
terraform plan -out="app.tfplan"
terraform apply "app.tfplan"
```

테라폼 워크플로우를 실행하고 나면 애저 리소스 그룹, 앱 서비스 플랜, 앱 서비스 인스턴스, 그리고 애플리케이션 인사이트, 이렇게 네 개의 리소스가 애저에 생성된다.

이번 예제의 목표는 테라폼 명령을 사용해서 위 인프라를 삭제하는 것이다.

6.4.2 작동 방법

다음 단계를 수행한다.

1 terraform init 명령을 실행해서 테라폼 워크플로우를 초기화한다.

```
terraform init
```

2 리소스를 삭제하기 위해 다음 명령을 실행한다.

```
terraform destroy
```

위 명령을 실행하면 삭제될 모든 리소스를 표시하고 리소스를 삭제할건지 한번 더 확인 요청한다. yes를 입력하면 이후 과정이 진행된다.

6.4.3 작동 원리

첫 번째 단계에서는 terraform init 명령을 실행해서 테라폼 워크플로우를 초기화한다.

두 번째 단계에서는 terraform destroy 명령을 실행해서 프로비저닝된 모든 리소스를 삭제한다. 다음 그림은 이 명령의 결과 화면 중 일부이다.

```
mikael@vmdev-linux:~/.../sampleApp$ terraform destroy
random_string.random: Refreshing state... [id=qkir]
azurerm_resource_group.rg-app: Refreshing state... [id=/subscriptions                        /resourceGroups
azurerm_service_plan.plan-app: Refreshing state... [id=/subscriptions                        /resourceGroups
.Web/serverfarms/Plan-App-DEV1-qkir]
azurerm_application_insights.appinsight-app: Refreshing state... [id=/subscriptions/8a7aace5-           5/
ders/Microsoft.Insights/components/MyApp-DEV1-qkir]
azurerm_linux_web_app.app: Refreshing state... [id=/subscriptions/8a7aace5-                   /resourceGroups/RG-
/sites/MyApp-DEV1-qkir]

Terraform used the selected providers to generate the following execution plan. Resource actions are indicated with the f
    destroy

Destroy complete! Resources: 5 destroyed.  ←
mikael@vmdev-linux:~/.../sampleApp$ []
```

그림 6.10 terraform destroy 명령의 결과 화면

명령이 실행되고 나면 모든 리소스들이 정상적으로 삭제되었음을 보여준다.

6.4.4 더 살펴볼 것들

이번 예제에서는 테라폼 구성으로 프로비저닝된 모든 리소스를 삭제하는 방법에 대해서 배웠다.

terraform destroy 명령은 테라폼 상태에 있는 모든 리소스들을 삭제하기 때문에, 테라폼으로 작업 시 발생할 수 있는 이슈들을 줄이려면 테라폼 구성을 여러 개의 테라폼 상태로 분리하는 것이 중요하다.

만약 테라폼 상태에 있는 리소스 중 특정 리소스 한 개만 삭제하고자 할 때는 terraform destroy 명령에 –target 옵션을 추가한다. 예를 들면 다음과 같이 –target 옵션을 사용할 수 있다.

```
terraform destroy -target azurerm_application_insights. appinsight-app
```

위 코드 내용은 애플리케이션 인사이트만 삭제한다. 더 자세한 내용은 https://developer.hashicorp.com/terraform/cli/commands/plan#resource-targeting을 참고한다.

> target 옵션은 어쩔 수 없을 때만 사용해야 한다는 점을 기억해 두자. 이상적인 경우라면 테라폼 구성은 테라폼 상태와 동기화되어 있을 것이다.(추가 target 옵션 없이 적용된 상태) 하지만 target 옵션을 사용해서 일부 리소스만 apply 혹은 destroy 명령을 할 경우 테라폼 구성과 테라폼 상태가 달라지기 시작하고 다른 테라폼 사용자가 이런 맥락을 놓칠 수 있게 된다. 그보다 더 중요한 이슈는 target 옵션을 한 번 적용한 후에는 추가 변경 사항을 적용할 때 마다 target 옵션이 적용 되어야 하기 때문에 작업이 더 어려워진다.

또한 terraform apply 명령을 실행할 때 -var-file 옵션을 사용해서 특정 변수의 값을 지정했다면 terraform destroy 명령을 실행할 때도 동일한 옵션으로 특정 변수의 값을 지정해 줘야 한다.

대부분의 경우 terraform apply 명령을 실행할 때 적용한 모든 옵션들은 terraform destroy 명령을 실행할 때도 적용해야 한다.

6.4.5 참고 항목

- terraform destroy 명령에 대한 자세한 내용은 https://developer.hashicorp.com/terraform/cli/commands/destroy를 참고한다.
- 리소스 지정에 대한 자세한 내용은 https://developer.hashicorp.com/terraform/cli/state/resource-addressing을 참고한다.

6.5 테라폼 구성에서 사용하는 프로바이더 나열하기

테라폼 구성 내에 여러개의 테라폼 프로바이더를 사용하는 경우, 빈번한 프로바이더의 업그레이드 작업을 위해 프로바이더의 목록을 관리하는 것이 중요하다.

이번 예제에서는 테라폼 구성에서 사용하는 프로바이더를 버전과 함께 나열하는 방법에 대해서 배워보자.

그럼, 시작해 보자.

6.5.1 준비 사항

이번 예제를 진행하기 위해 몇 개의 프로바이더를 포함한 다음과 같은 테라폼 구성을 사용한다.

```
terraform {
  required_version = ">= 1.0"
  required_providers {
    random = {
      source  = "hashicorp/random"
      version = "3.4.3"
    }
    azurerm = {
      source  = "hashicorp/azurerm"
      version = "3.29.1"
    }
```

```
    http = {
      source  = "hashicorp/http"
      version = "3.2.1"
    }
    null = {
      source  = "hashicorp/null"
      version = "3.2.1"

    }
  }
}
```

위 테라폼 구성은 random, azurerm, http, 그리고 null 이렇게 네 개의 프로바이더를 사용한다.

이번 예제의 목표는 사용하는 프로바이더들을 나열하는 것이다.

이번 예제의 소스 코드는 https://github.com/PacktPublishing/Terraform-Cookbook-Second-Edition/tree/main/CHAP06/providers에서 확인할 수 있다.

6.5.2 작동 방법

테라폼 구성의 최상단 폴더에서 다음 명령을 실행한다.

```
terraform providers
```


6.5.3 작동 원리

terraform providers 명령은 테라폼 구성에서 사용하는 모든 프로바이더들의 목록을 나열한다.

이번 예제에서 사용한 샘플 테라폼 구성에서는 다음 그림 6.11과 같은 결과를 볼 수 있다.

그림 6.11 terraform providers 명령의 실행 결과

테라폼 구성에서 사용하는 모든 프로바이더의 정보가 버전과 함께 나열되는 것을 볼 수 있다.

6.5.4 더 살펴볼 것들

이 명령은 흥미롭지만, 현재 테라폼 구성에서 사용 중인 버전만 나열할 수 있다.(terraform init 명령을 통해서 설치된) 그래서 어떤 공급자가 업데이트가 필요한지까지는 이 명령을 통해선 확인 할 수 없다.

만약 어떤 프로바이더의 최신 상태 여부를 확인하고자 한다면 써드파티 도구인 tfvc를 사용할 수 있다. tfvc에 대한 문서는 https://tfverch.github.io/tfvc/v0.7.12/를 참고한다. 리눅스 운영체제라면 다음 스크립트를 사용해서 tfvc를 설치할 수 있다.

```
wget https://github.com/tfverch/tfvc/releases/download/v0.7.12/tfvc_0.7.12_
Linux_x86_64.tar.gz && tar xzvf tfvc_0.7.12_Linux_
x86_64.tar.gz && sudo cp tfvc /usr/local/bin
```

그리고 테라폼 구성의 최상단 폴더에서 다음 명령을 실행한다.

```
tfvc .
```

다음 그림 6.12는 위 명령의 출력 결과이다.

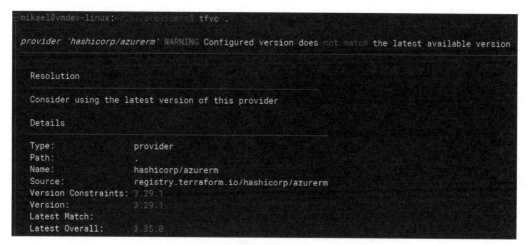

그림 6.12 tfvc 도구를 사용해서 테라폼 프로바이더 나열하기

azurerm 프로바이더가 최신 버전이 아니며 최신 버전은 3.35.0이기 때문에 업데이트가 필요하다는 것을 확인할 수 있다.

또한 VSCode에서는 테라폼 확장기능을 사용해서 프로바이더의 목록을 확인할 수 있다. VSCode는 1장에 있는 VSCode에서 테라폼 구성 작성하기 예제에서 다뤘다. 이에 대해서는 https://github.com/hashicorp/vscode-terraform#terraform-module-and-provider-explorer를 참고한다.

6.5.5 참고항목

- terraform providers 명령에 대한 문서는 https://developer.hashicorp.com/terraform/cli/commands/providers를 참고한다.
- tfvc 도구에 대한 문서는 https://tfverch.github.io/tfvc/v0.7.12/를 참고한다.

6.6 윈도우와 리눅스에 호환성을 갖춘 테라폼 의존성 파일 만들기

1장 테라폼 환경 설정하기에 있는 테라폼 프로바이더 업그레이드하기 예제에서 배웠던 내용을 다시 떠올려 보자. 테라폼 의존성 파일은 테라폼 구성에서 사용하고 있는 테라폼 프로바이더에 대한 정보를 포함하고 있다.

테라폼 의존성 파일이 포함하고 있는 프로바이더 정보에는 이름, 버전 그리고 무결성 검사를 위한 패키지의 해시값들도 포함된다.

여기서 한 가지 알아야 할 중요한 것은 테라폼을 실행하는 운영체제(OS)에 따라 패키지의 해시값이 다르다는 것이다. 테라폼 CLI와 프로바이더는(두 경우 모두 Go 언어로 작성된다.) OS와 아키텍처의 조합에 따라 빌드되기 때문이다. 따라서 개발자가 작업하고 테스트하는 테라폼 구성은 윈도우 혹은 맥에서 작성하지만, 동일한 테라폼 구성을 배포하는 CI 파이프라인은 리눅스에서 실행되는 경우 문제가 발생할 수 있다.

테라폼 명령을 사용해서 다운로드할 테라폼 프로바이더가 서로 다른 OS가 기반이 되기 때문에 .terraform.lock.hcl 파일 안에 같은 프로바이더라 할지라도 서로 다른 해시값을 갖게 되기 때문이다. 또한 깃을 통해 받아온 것과 다른 파일이 생성된다.

이번 예제의 목표는 다양한 OS에서 사용되는 프로바이더의 해시값이 포함된 .terraform.lock.hcl 파일을 생성하는 방법을 배우는 것이다. 또한 사용 중인 프로바이더가 실제로 사용하려는 플랫폼에서 사용 가능한지를 확인하는 것에도 도움이 될 수 있다. 예를 들어 모든 프로바이더가 윈도우 혹은 ARM 아키텍처에서 사용할 수 있는 건 아니기 때문이다.

그럼, 시작해 보자.

6.6.1 준비 사항

이번 예제를 진행하기 위해 다음과 같은 프로바이더 구성을 사용한다.

```
terraform {
  required_version = ">= 1.0"
  required_providers {
    random = {
      source  = "hashicorp/random"
      version = "3.4.3"
    }
  }
}
```

위 테라폼 구성은 random 프로바이더를 사용한다.

이제 윈도우 및 리눅스에 호환성을 갖춘 .terraform.lock.hcl을 만들어 보자.

6.6.2 작동 방법

다음 단계를 수행한다.

1 여러분의 아무 운영체제에서 다음 명령을 실행한다.

```
terraform providers lock -platform=windows_amd64 -platform=linux_amd64
```

2 그리고 기본적인 테라폼 워크플로우를 실행한다.

3 마지막으로 .terraform.lock.hcl 파일을 깃에 올린다.

6.6.3 작동 원리

첫 번째 단계에서는 terraform provider lock 명령을 실행해서 테라폼 구성이 실행될 대상 운영체제를 지정한다. 여기서는 windows_amd64와 linux_amd64로 지정한다.

다음 그림은 이 명령의 실행 결과이다.

```
mikael@vmdev-linux:~/        /lock$ terraform providers lock -platform=windows_amd64 -platform=linux_amd64
- Fetching hashicorp/random 3.4.3 for windows_amd64...
- Obtained hashicorp/random checksums for windows_amd64 (signed by HashiCorp)
- Fetching hashicorp/random 3.4.3 for linux_amd64...
- Obtained hashicorp/random checksums for linux_amd64 (signed by HashiCorp)

Success! Terraform has updated the lock file.

Review the changes in .terraform.lock.hcl and then commit to your
version control system to retain the new checksums.
```

그림 6.13 terraform providers lock 명령 실행 결과

생성된 .terraform.lock.hcl 파일은 지정된 운영체제들의 해시값을 포함한다.

그런 다음 두 번째 단계에서는 윈도우에서 동일한 테라폼 구성을 실행한다. 프로바이더의 동일한 버전을 사용하기 때문에 윈도우, 리눅스 모두에서 동작하게 된다.

마지막으로 이 파일을 깃에 저장해서 테라폼 워크플로우가 CI 파이프라인에서 실행될 수 있도록 한다. 이 파일은 리눅스에서도 실행할 수 있으며, terraform init 명령 실행 중에 변경되지 않는다.

다음 그림은 운영체제 지정 없이 윈도우에서 생성된 후 윈도우 및 리눅스에서 모두 업데이트된 .terraform.lock.hcl 파일의 변경 사항을 보여준다.

```
 1  # This file is maintained automatically by "terraform init".
 2  # Manual edits may be lost in future updates.
 3
 4  provider "registry.terraform.io/hashicorp/random" {
 5    version     = "3.4.3"
 6    constraints = "3.4.3"
 7    hashes = [
 8      "h1:hXUPrH8igYBhatzatkp80RCeeUJGu9lQHDyKemOlsIo=",
 9+     "h1:XZGZf18JjMS06pFa4NErzANI98qi59SEcBsOcS2P2yQ=",
10      "zh:41c53ba47085d8261590990f8633c8906696fa0a3c4b384ff6a7ecbf84339752",
11      "zh:59d98081c4475f2ad77d881c4412c5129c56214892f490adf11c7e7a5a47de9b",
12      "zh:686ad1ee40b812b9e016317e7f34c0d63ef837e084dea4a1f578f64a6314ad53",
13      "zh:78d5eefdd9e494defcb3c68d282b8f96630502cac21d1ea161f53cfe9bb483b3",
14      "zh:84103eae7251384c0d995f5a257c72b0096605048f757b749b7b62107a5dccb3",
15      "zh:8ee974b110adb78c7cd18aae82b2729e5124d8f115d484215fd5199451053de5",
16      "zh:9dd4561e3c847e45de603f17fa0c01ae14cae8c4h7h4e6423c9ef3904b308dda",
17      "zh:bb07bb3c2c0296beba0beec629ebc6474c70732387477a65966483b5efabdbc6",
18      "zh:e891339e96c9e5a888727b45b2e1bb3fcbdfe0fd7c5b4396e4695459b38c8cb1",
19      "zh:ea4739860c24dfeaac6c100b2a2e357106a89d18751f7693f3c31ecf6a996f8d",
20      "zh:f0c76ac303fd0ab59146c39bc121c5d7d86f878e9a69294e29444d4c653786f8",
21      "zh:f143a9a5af42b38fed328a161279906759ff39ac428ebcfe55606e05e1518b93",
22    ]
23  }
24
```

그림 6.14 다른 운영체제에서 업데이트된 의존성 파일

random 프로바이더의 hashes 속성에 한 줄이 추가된 것을 볼 수 있다.

6.6.4 참고항목

- 테라폼 의존성 파일에 대한 문서는 https://developer.hashicorp.com/terraform/ language/files/dependency-lock을 참고한다.

- terraform provider lock 명령에 대한 문서는 https://developer.hashicorp.com/ terraform/cli/commands/providers/lock을 참고한다.

6.7 테라폼 모듈 복사하기

3장 테라폼으로 인프라 확장하기에 있는 여러 환경에서 인프라를 프로비저닝하기 예제에서 테라폼 구성을 만들기 위한 다양한 유형의 폴더 구조에 대해서 배웠다.

이번 예제에서는 공유 폴더를 통해 테라폼 구성을 공유하는 다른 방법을 살펴보고, 테라폼 CLI를 사용해서 현재의 테라폼 구성에서 공유되고 있는 테라폼 구성을 검색하는 방법에 대해서 배워보자.

그럼, 시작해 보자.

6.7.1 준비 사항

이번 예제에서는 애저 리소스 그룹을 프로비저닝하는 샘플 테라폼 구성을 사용한다.

이번 예제의 목표는 이 테라폼 구성을 별도의 중앙 집중식 폴더에 공유하고 해당 폴더 내부에서 init 명령을 통해서 이 테라폼 구성을 사용하는 것이다.

공유 테라폼 구성을 위해 이전 장에서 사용했던 테라폼 구성을 재사용한다. 테라폼 구성은 https://github.com/PacktPublishing/Terraform-Cookbook-Second-Edition/tree/main/CHAP05/import에서 확인할 수 있다.

6.7.2 작동 방법

다음 단계를 수행한다.

1 CHAP06 폴더에 fromsource라는 이름의 하위 폴더를 생성하고 해당 폴더로 이동한 후 다음과 같은 init 명령을 실행한다.

```
terraform init -from-module="../../CHAP05/import"
```

2 init, plan, apply로 구성된 기본 테라폼 워크플로우를 실행한다.

6.7.3 작동 원리

첫 번째 단계에서는 새로운 폴더를 만든 후 terraform init -from-module="../../CHAP 05/import" 명령을 실행한다. 이 명령은 import 폴더에 있는 모든 내용을 새롭게 만든 폴더로 복사한다.

다음 그림은 앞의 명령의 실행 결과이다.

```
mikael@vmdev-linux:~/.../fromsource$ terraform init -from-module="../../CHAP05/import"
Copying configuration from "../../CHAP05/import"...


Initializing the backend...

Initializing provider plugins...
- Finding latest version of hashicorp/azurerm...
- Installing hashicorp/azurerm v3.35.0...
- Installed hashicorp/azurerm v3.35.0 (signed by HashiCorp)
```

그림 6.15 테라폼 구성 공유하기

import 폴더에 있는 내용을 현재의 폴더로 복사해 온 것을 볼 수 있다. 그리고 fromsource 폴더에서 테라폼 워크플로우를 실행한다.

6.7.4 더 살펴볼 것들

이 방법의 장점은 terraform init -from-module 명령 이후 다른 작업들을 할 수 있다는 것이다. 예를 들면 tfvars같은 다른 파일들을 복사해서 사용할 수 있다.

또 다른 고려 사항이자 주의해야 할 점은 대상 폴더가 비어있지 않으면 이 명령을 실행할 수 없다는 것이다. 만약 fromsource 폴더에서 terraform init -from-module 명령을 다시 실행하면 다음과 같은 에러가 발생한다.

그림 6.16 대상 폴더가 비어 있지 않았을 때 에러 메세지

이 에러 메세지는 폴더가 비어 있지 않다는 것을 의미한다.

테라폼 구성을 공유할 수 있는 가장 좋은 방법인 모듈에 대해서는 7장 모듈을 사용해서 테라폼 구성 공유하기에서 살펴본다.

6.7.5 참고 항목

• -from-module 옵션에 대해서는 https://developer.hashicorp.com/terraform/cli/commands/init#copy-a-source-module를 참고한다.

6.8 여러 환경을 관리하기 위해 워크스페이스 사용하기

테라폼에는 워크스페이스라는 개념이 있다. 워크스페이스는 동일한 테라폼 구성을 사용해서 여러 환경을 구축할 수 있게 해주는 개념이다.

워크스페이스를 사용하면 워크스페이스마다 서로 다른 테라폼 상태를 사용하기 때문에 각각의 워크스페이스로부터 독립적으로 구성할 수 있다. 워크스페이스는 인프라를 위한 여러 환경을 만드는 데 사용할 수 있다.

 이번 예제에서는 테라폼 상태의 워크스페이스(테라폼 CLI의 워크스페이스 라고도 불린다.)에 대해서 배운다. HCP에서 사용하는 테라폼 클라우드의 워크스페이스와는 다른 개념이기 때문에 주의해야 한다. 테라폼 클라우드의 워크스페이스는 14장 테라폼 클라우드를 사용해서 협업 향상하기에 있는 테라폼 클라우드의 워크스페이스 사용하기 예제에서 배울 수 있다.

이번 예제에서는 테라폼 CLI를 실행해서 워크스페이스를 사용하는 방법에 대해서 배워보자.

6.8.1 준비 사항

이번 예제의 목표는 각각의 환경별로 애저 리소스 그룹을 만드는 것이다.(개발과 운영 환경)

테라폼 구성과 관련해서 미리 준비할 건 없으며 각 단계에서 확인할 수 있다.

이번 예제의 테라폼 구성은 https://github.com/PacktPublishing/Terraform-Cookbook-Second-Edition/tree/main/CHAP06/workspaces에서 확인할 수 있다.

6.8.2 작동 방법

다음 단계를 수행한다.

1 다음과 같은 테라폼 구성을 가지고 있는 새로운 main.tf 파일을 작성한다.

```
resource "azurerm_resource_group" "rg-app" {
  name     = "RG-APP-${terraform.workspace}"
  location = "westeurope"
}
```

2 터미널을 열고 테라폼 구성이 포함되어 있는 폴더로 이동한 후 다음 명령을 실행한다. 이를 통해 개발 환경의 워크스페이스를 생성한다.

```
terraform init
terraform workspace new dev
```

3 개발 환경을 프로비저닝하기 위해 다음과 같이 테라폼 워크플로우를 실행한다.

```
terraform plan -out="outdev.tfplan"
terraform apply "outdev.tfplan"
```

4 이번엔 운영 환경의 워크스페이스를 생성하기 위해 다음 명령을 실행한다.

```
terraform workspace new prod
```

5 운영 환경을 프로비저닝하기 위해 다음과 같이 테라폼 워크플로우를 실행한다.

```
terraform plan -out="outprod.tfplan"
terraform apply "outprod.tfplan"
```

6.8.3 작동 원리

첫 번째 단계에서 작성한 테라폼 구성에는 애저 리소스 그룹의 이름을 RG-APP이라는 접두사와 terraform.workspace라는 동적으로 값이 바뀌는 변수를 접미사로 설정한다.

두 번째 단계에서는 개발 환경을 의미하는 dev 워크스페이스를 terraform workspace new 명령을 사용해서 만든다. 워크스페이스를 만들고 나면 테라폼 구성이 적용된 워크스페이스가 자동으로 생성된 워크스페이스로 전환된다. 다음은 워크스페이스가 전환된 화면이다.

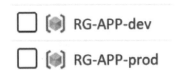

```
mikael@vmdev-linux:~/...workspace$ terraform workspace new dev
Created and switched to workspace "dev"!

You're now on a new, empty workspace. Workspaces isolate their state,
so if you run "terraform plan" Terraform will not see any existing state
for this configuration.
```

그림 6.17 워크스페이스 생성과 전환 화면

세 번째 단계에서는 dev 워크스페이스에서 테라폼 워크플로우를 실행한다.

> terraform plan 명령에 -out 옵션을 추가해서 어떤 변경 사항들이 발생하는지에 대한 결과를 outdev. tfplan 파일에 저장했다는 것을 기억하자. 그리고 변경 사항을 적용할 때도 terraform apply 명령에 해당 파일을 인자로 추가한다.
>
> 이 옵션은 테라폼 자동화 모드에서 중요한데, 테라폼에 의해 적용될 변경 사항이 plan 명령과 apply 명령을 적용하는 사이에 변경되지 않도록 방지할 수 있기 때문이다.

그리고 운영 환경을 의미하는 prod 워크스페이스를 만들기 위해 두 번째와 세 번째 단계를 반복한다. 다만 이 때는 dev가 아닌 prod 라는 워크스페이스를 생성한 후 반복한다.

모든 단계를 실행하고 나면 애저 포탈을 통해서 두 개의 리소스 그룹이 생성된 것을 볼 수 있다. 각 리소스 그룹은 다음 그림과 같이 워크스페이스의 이름을 접미사로 포함한다.

☐ 🔹 RG-APP-dev

☐ 🔹 RG-APP-prod

그림 6.18 애저 포탈에서 확인한 리소스 그룹의 이름

또한 다음 그림 6.19처럼 각각의 워크스페이스 별로 두 개의 테라폼 상태가 자동 생성된 것을 볼 수 있다.

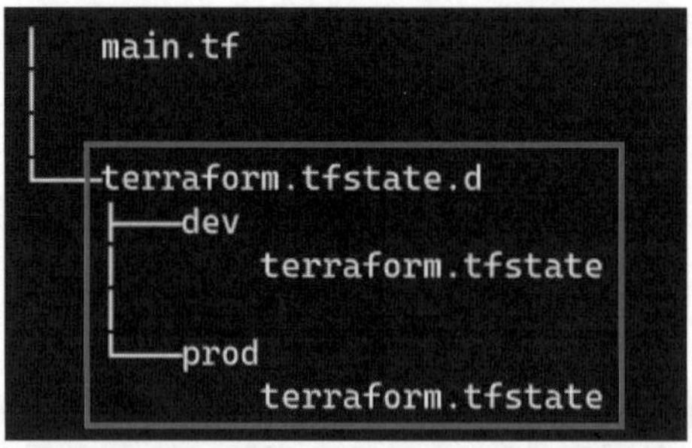

그림 6.19 각 워크스페이스 별로 생성된 테라폼 상태

그림 6.19를 보면 두 개의 terraform.tfstate 파일을 볼 수 있는데, 하나는 dev 폴더에 다른 하나는 prod 폴더에 생성되어 있다.

6.8.4 더 살펴볼 것들

다음 명령을 실행해서 생성되어 있는 워크스페이스의 목록을 확인할 수 있다.

```
terraform workspace list
```

다음 그림은 위 명령의 실행 결과이다.

그림 6.20 테라폼 워크스페이스 목록

모든 테라폼 구성은 default라고 불리는 기본 워크스페이스에서 실행되며, 그림 6.20에서도 확인할 수 있다. 그림 6.20을 보면 default 외에 dev와 prod 워크스페이스를 볼 수 있고 현재 사용 중인 워크스페이스는 prod인 것을 알 수 있다.(이름 앞에 *이 표시된다.)

다른 워크스페이스로 전환하려면 terraform workspace select 명령을 사용한다. 예를 들면 다음과 같다.

```
terraform workspace select dev
```

테라폼 워크스페이스를 사용하기 전에 테라폼 상태 백엔드가 여러 워크스페이스를 지원하는지 확인해야 한다. 이에 대해서는 https://developer.hashicorp.com/terraform/language/state/workspaces#backends-supporting-multiple-workspaces를 참고한다.

마지막으로 terraform workspace delete 명령을 사용하면 워크스페이스를 삭제할 수 있다. 예를 들면 다음과 같다.

```
terraform workspace delete dev
```

워크스페이스를 삭제할 때 워크스페이스에서 프로비저닝한 리소스들은 삭제되지 않는다는 것을 기억하자. 따라서 워크스페이스를 삭제하려면 해당 워크스페이스에서 프로비저닝한 리소스를 terraform destroy 명령을 사용해서 먼저 삭제해야 한다. 그렇지 않으면 해당 워크스페이스의 테라폼 상태가 삭제되기 때문에 더 이상 테라폼으로 리소스를 관리할 수 없게 된다.

그래서 테라폼 상태가 비어있지 않으면 기본적으로는 워크스페이스를 삭제할 수 없다. 하지만 terraform workspace delete 명령을 사용할 때 —force 옵션을 추가하면 워크스페이스를 강제로 삭제할 수 있다. 이에 대해서는 https://developer.hashicorp.com/terraform/cli/commands/workspace/delete를 참고한다.

6.8.5 참고항목

- 워크스페이스에 대한 기본 문서는 https://developer.hashicorp.com/terraform/language/state/workspaces를 참고한다.

- terraform workspace 명령에 대한 문서는 https://developer.hashicorp.com/terraform/cli/commands/workspace를 참고한다.

- 워크스페이스에 대한 이해를 높이려면 https://colinsalmcorner.com/terraform-all-the-things-with-vsts/를 참고한다.

6.9   출력을 JSON으로 내보내기

2장 테라폼 구성 작성하기에 있는 출력을 사용해서 프로비저닝된 데이터 노출하기 예제에서 테라폼 출력을 사용하는 방법에 대해서 배웠다. 출력을 통해 테라폼 구성의 실행 결과를 출력값으로 사용할 수 있다.

실제로 테라폼 구성에서 어떻게 출력을 정의하는지 살펴보았고, 이러한 출력과 그 값들이 terraform apply 명령이 실행 완료될 때 표시된다는 것을 배웠다.

이러한 출력의 장점은 설정된 값들이 테라폼이 아닌 외부 다른 프로그램에서도 참조할 수 있기 때문에 연관된 다른 작업(예: CI/CD 파이프라인)에서 사용할 수 있다는 것이다.

이번 예제에서는 외부 다른 프로그램에서 참조할 수 있도록 출력을 JSON 형식으로 내보내는 방법에 대해서 배워보자.

6.9.1 준비 사항

이번 예제에서는 3장 테라폼으로 인프라 확장하기에서 사용했던 테라폼 구성을 사용한다. 소스 코드는 https://github.com/PacktPublishing/Terraform-Cookbook-Second-Edition/tree/main/CHAP03/list_map에서 확인할 수 있다.

이 코드에 다음과 같이 애저 앱 서비스의 URL을 반환하는 출력을 추가한다.

```
output "app_service_urls" {
  value = {for x in azurerm_linux_web_app.app : x.name => x.default_hostname}
```

```
    }
```

출력값을 탐색하려면 JSON을 다룰 수 있는 도구를 사용해야 한다. 이를 위해 스크립팅 언어에 따라 적절한 프레임워크와 라이브러리를 사용할 수 있지만, 이번 예제에서는 jq를 사용하겠다. jq는 커맨드 라인 환경에서 JSON을 쉽게 조작할 수 있게 해주는 무료 도구이다. jq 설치에 대한 문서는 https://jqlang.github.io/jq/를 참고하면 된다.

이번 예제의 목적은 테라폼 구성을 사용해서 두 개의 애저 앱 서비스를 프로비저닝한 후 스크립트를 사용해서 첫 번째 앱 서비스의 URL에 대한 응답을 확인하는 것이다.

6.9.2 작동 방법

다음 단계를 수행한다.

1 다음 명령 통해 테라폼 워크플로우를 실행한다.

```
terraform init
terraform plan -out="app.tfplan"
terraform apply "app.tfplan"
```

2 terraform output 명령을 실행한다.

```
terraform output
```

3 터미널에서 다음 명령을 실행해서 생성된 앱 서비스의 URL을 추출한다.

```
urlwebapp1=$(terraform output -json | jq -r .app_service_urls.value.
webappdemobook1)
curl -sL "%{http_code}" -I "$urlwebapp1/hostingstart.html"
```

6.9.3 작동 원리

첫 번째 단계에서는 테라폼 워크플로우를 위한 명령을 실행한다. terraform apply를 실행하고 나면 정의한 출력들이 콘솔 상에 표시된다.

그리고 두 번째 단계에서는 다음 그림과 같이 terraform output 명령을 실행해서 테라폼 구성의 출력을 더욱 명확하게 시각화한다.

그림 6.21 terraform output 명령 결과

그림 6.21에서 볼 수 있듯이, terraform output 명령은 테라폼 구성 내에 정의된 두 개의 출력을 표시한다. 그 내용은 다음과 같다.

- **app_service_names**: 앱 서비스의 이름 목록을 반환한다.
- **app_service_urls**: 프로비저닝된 앱 서비스의 URL 목록을 반환한다.

마지막으로 세 번째 단계에서는 webappdemobook1 앱 서비스의 URL을 체크하는 스크립트를 실행한다. 이 스크립트의 첫 번째 줄에서는 terraform output -json 명령을 실행하는데, 이를 통해 출력 결과가 JSON 형식으로 반환되는 것을 다음 그림에서 확인할 수 있다.

```
mikael@vmdev-linux:/    /list_map$ terraform output -json
{
  "app_service_names": {
    "sensitive": false,
    "type": [
      "tuple",
      [
        "string",
        "string"
      ]
    ],
    "value": [
      "webappdemobook1",
      "webapptestbook2"
    ]
  },
  "app_service_urls": {
    "sensitive": false,
    "type": [
      "object",
      {
        "webappdemobook1": "string",
        "webapptestbook2": "string"
      }
    ],
    "value": {
      "webappdemobook1": "webappdemobook1.azurewebsites.net",
      "webapptestbook2": "webapptestbook2.azurewebsites.net"
    }
  }
}
```

그림 6.22 테라폼 출력을 JSON 형식으로 표시

그리고 이 JSON 형식의 결과를 가지고 jq를 사용해서 webappdemobook1 앱 서비스의 URL 을 가져온다. 이 값은 urlwebapp1이라는 변수에 저장된다.

다음으로 urlwebapp1 변수를 curl 명령의 인자로 넘겨서 HTTP 요청을 수행한다.

스크립트의 실행 결과는 다음 그림과 같다.

```
mikael@vmdev-linux:/    map$ urlwebapp1=$(terraform output -json | jq -r .app_service_urls.value.webappdemobook1)
mikael@vmdev-linux:/    map$ curl -s {http_code}' -I "$urlwebapp1/hostingstart.html"
HTTP/1.1 200 OK
Content-Length: 3269
Content-Type: text/html
Date: Thu, 15 Dec 2022 21:53:11 GMT
Server: Apache
Accept-Ranges: bytes
ETag: "cc5-5efe4cade4b07"
Last-Modified: Thu, 15 Dec 2022 21:46:58 GMT
Vary: Accept-Encoding
```

그림 6.23 테라폼 출력 결과를 curl 명령의 인자로 사용

HTTP 응답 코드가 200으로 정상적인 요청이 이루어진 것을 볼 수 있다.

6.9.4 더 살펴볼 것들

이번 예제에서는 테라폼 구성의 모든 출력을 어떻게 가져오는지에 대해서 배웠다. 또한 terraform output 〈이름〉을 실행하면 모든 출력이 아닌 특정 출력만 가져올 수 있다.

다음 명령을 실행하면 app_service_urls 값만 JSON 형식으로 표시할 수 있다.

```
terraform output -json app_service_urls
```

다음 그림은 위 명령의 실행 결과이다.

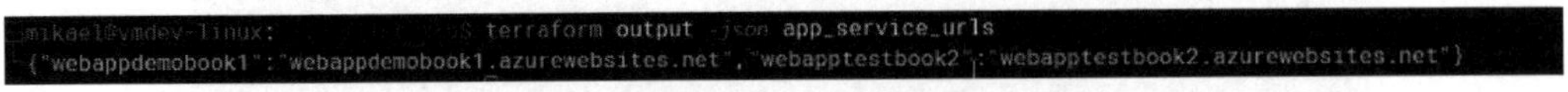

그림 6.24 terraform output 명령으로 특정 출력값만 표시하기

그리고 다음 명령으로 URL을 가져올 수 있다.

```
urlwebapp1=$(terraform output -json app_service_urls | jq -r
.webappdemobook1) &&
curl -sL -I "$urlwebapp1/hostingstart.html"
```

이 스크립트에서 사용된 terraform output −json app_service_urls | jq −r .webapp demobook1이 앞선 스크립트에서 사용한 $(terraform output −json | jq −r .app_service_ urls.value.webappdemobook1보다 더 단순한 것을 볼 수 있다.

6.9.5 참고 항목

- terraform ourput 명령에 대한 문서는 https://developer.hashicorp.com/terraform/ cli/commands/output을 참고한다.

- jq에 대한 문서는 https://jqlang.github.io/jq/를 참고한다.

6.10 리소스 테인팅하기

이번 장의 인프라 리소스 삭제하기 예제에서 테라폼으로 프로비저닝한 리소스를 삭제하는 방법에 대해서 배웠다.

그러나 간혹 특정 리소스를 재생성하기 위해 지우자마자 바로 다시 만들어야 하는 경우도 생길 수 있다. 예를 들면 해당 리소스를 수동으로 수정한 경우가 이런 경우에 해당될 수 있다.

리소스를 삭제하고 다시 만들기 위해서는 terraform destroy –target 〈리소스〉 명령을 실행한 다음 apply 명령을 실행하면 된다. 하지만 문제는 destroy와 apply 명령 사이에 테라폼 구성에 의도하지 않은 변경 사항이 적용될 수 있다는 것이다.

그래서 이번 예제에서는 테라폼의 테인팅 개념을 사용해서 이 작업을 수행하는 방법에 대해 배워볼 것이다.

6.10.1 준비 사항

이번 예제를 진행하려면 리소스 그룹, 앱 서비스 플랜, 리눅스 앱 서비스 그리고 애플리케이션 인사이트, 이렇게 네 개의 리소스로 구성된 인프라를 먼저 프로비저닝해야 한다. 이 프로비저닝을 위한 테라폼 구성은 https://github.com/PacktPublishing/Terraform-Cookbook-Second-Edition/tree/main/CHAP06/sampleApp에서 확인할 수 있다.

이번 예제의 목표는 테라폼의 taint 명령을 사용해서 한 번의 작업으로 앱 서비스를 삭제하고 재생성하는 것이다.

6.10.2 작동 방법

다음 단계를 수행한다.

1 리소스 생성을 위해 terraform init, plan, apply를 실행한다.

2 terraform taint 명령을 실행해서 해당 리소스를 tainted 상태로 만들어 준다.

```
terraform taint azurerm_linux_web_app.app
```

3 앱 서비스를 재생성 하기 위해 다음 명령을 실행한다.

```
terraform apply
```

6.10.3 작동 원리

첫 번째 단계에서는 테라폼 워크플로우를 실행해서 예제를 진행하기 위해 필요한 리소스들을 프로비저닝한다. 두 번째 단계에서는 terraform taint 명령을 실행해서 azurerm_linux_web_app.app 리소스를 tainted 상태로 만들어 준다. tainted 상태는 삭제 후 재생성해야 하는 상태를 의미한다.

이 명령은 리소스 자체에 어떤 변경을 가하진 않는다. 단순히 테라폼 상태에 해당 리소스를 tainted 상태라고 표시해 둔다.

다음 그림 6.25는 taint 명령의 결과이다.

```
mikael@vmdev-linux:   /sampleApp$ terraform taint azurerm_linux_web_app.app
Resource instance azurerm_linux_web_app.app has been marked as tainted.
```

그림 6.25 terraform taint 명령의 결과

마지막으로 세 번째 단계에서는 terraform apply 명령을 실행한다. terraform apply 명령을 실행하면 다음 스크린샷처럼 애저 리눅스 앱 서비스를 삭제했다가 다시 만든다는 것을 알 수 있다.

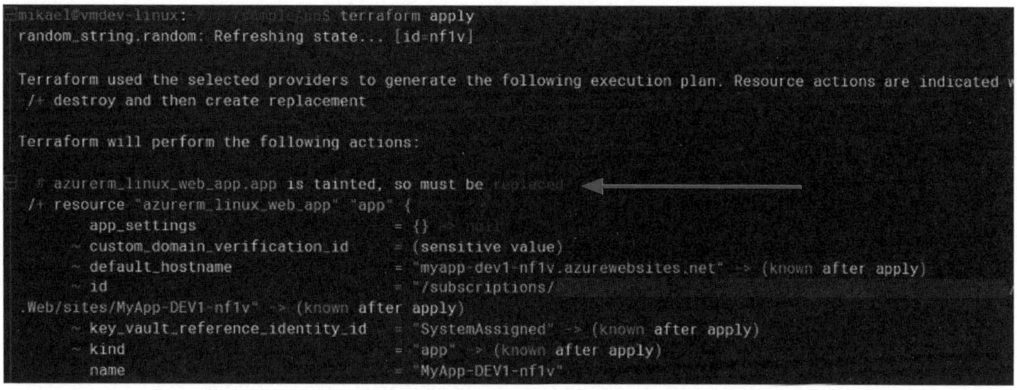

그림 6.26 taint 명령 실행 후 apply 명령을 실행한 화면

그림 6.26에서 테라폼이 리눅스 앱 서비스를 삭제하고 재생성하는 것을 볼 수 있다.

6.10.4 더 살펴볼 것들

terraform state show 명령을 실행하면 리소스의 상태가 터미널에 표시된다. 이를 통해 해당 리소스가 현재 테인팅되었는지 확인할 수 있다. 5장 테라폼 상태 관리하기에 있는 테라폼 상태에 있는 리소스 관리하기 예제를 다시 한 번 떠올려 보자. terraform state show 명령은 테라폼 상태의 내용을 터미널에 표시해 주는 명령이다. 이번 예제에서는 다음 코드와 같이 명령을 입력하면 된다.

```
terraform state show azurerm_linux_web_app.app
```

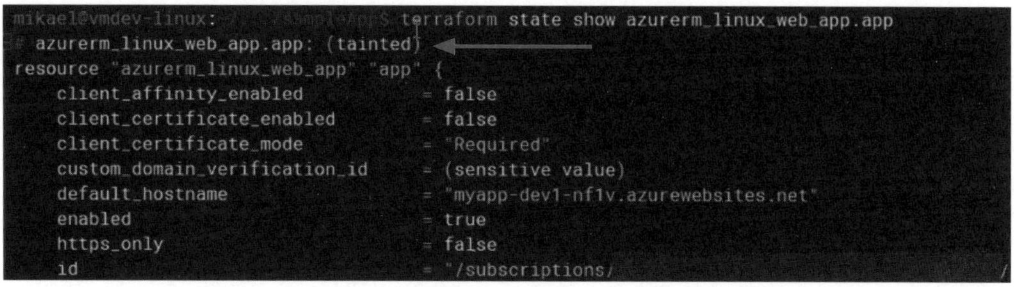

그림 6.27 테라폼 상태 내에 있는 리소스의 상태 표시하기

리눅스 앱 서비스가 tainted 상태인 것을 볼 수 있다.

또한 terraform taint 명령으로 tainted 상태가 된 리소스에 대해서는 terraform untaint 명령을 사용해서 테인팅을 취소할 수 있다. 다음 코드와 같이 명령을 실행하면 된다.

```
terraform untaint azurerm_linux_web_app.app
```

그리고 나서 terraform plan 명령을 입력하면 다음 그림과 같이 변경 사항이 사라진 것을 볼 수 있다.

그림 6.28 terraform untaint 후에 plan을 실행한 화면

그림 6.28을 보면 untaint 명령이 taint 명령의 효과를 취소해서 plan 명령의 결과로 적용해야 할 변경 사항이 없음을 알 수 있다.

6.10.5 참고 항목

- terraform taint 명령에 대한 문서는 https://developer.hashicorp.com/terraform/cli/commands/taint를 참고한다.

- terraform untaint 명령에 대한 문서는 https://developer.hashicorp.com/terraform/cli/commands/untaint를 참고한다.

- terraform state 명령에 대한 문서는 https://developer.hashicorp.com/terraform/cli/commands/state/list를 참고한다.

- taint 와 untaint 명령에 대해 잘 설명한 문서는 https://www.devopsschool.com/blog/terraform-taint-and-untaint-explained-with-example-programs-and-tutorials를 참고한다.

6.11 의존성 그래프 생성하기

테라폼의 재미있는 기능 중 하나는 테라폼 구성 내에 정의된 리소스들의 의존성 그래프를 생성하는 기능이다.

의존성 그래프를 통해 시각화하는 것은 테라폼 리소스간의 의존성과 테라폼이 리소스를 생성하는 순서를 이해하는데 도움이 된다.

이번 예제에서는 의존성 그래프를 생성해서 시각화하는 방법에 대해서 배워보자.

6.11.1 준비 사항

이번 예제에서는 Graphviz라는 이미지 생성 도구를 사용한다. 이 도구는 https://graphviz.gitlab.io/download/에서 다운로드 받을 수 있으며 각 운영체제에 맞는 버전을 다운로드해서 설치한다.

이번 예제에서 사용할 테라폼 구성은 https://github.com/PacktPublishing/Terraform-Cookbook-Second-Edition/tree/main/CHAP06/sampleApp에서 확인할 수 있다.

6.11.2 작동 방법

다음 단계를 수행한다.

1 테라폼 구성이 있는 폴더에서 terraform init 명령을 실행한다.

2 terraform graph 명령을 실행한다.

```
terraform graph | dot -Tsvg > graph.svg
```

 윈도우의 파워쉘 터미널에서는 인코딩 이슈가 발생할 수 있으니 CMD 터미널에서 실행하자.

3 파일 관리자를 열어서 테라폼 구성이 있는 폴더로 이동한 후 graph.svg 파일을 연다.

6.11.3 작동 원리

첫 번째 단계에서는 terraform init 명령으로 테라폼 워크플로우를 초기화한다. 두 번째 단계에서는 terraform graph 명령의 실행 결과를 Graphviz 도구에서 제공하는 dot 프로그램의 입력값으로 넘겨준다. dot 프로그램은 테라폼 구성에 대한 시각적 표현이 담긴 graph.svg 파일을 생성한다.

두 번째 단계에서는 graph.svg 파일을 연다. graph.svg 파일을 열면 다음과 같은 다이어그램을 볼 수 있다.

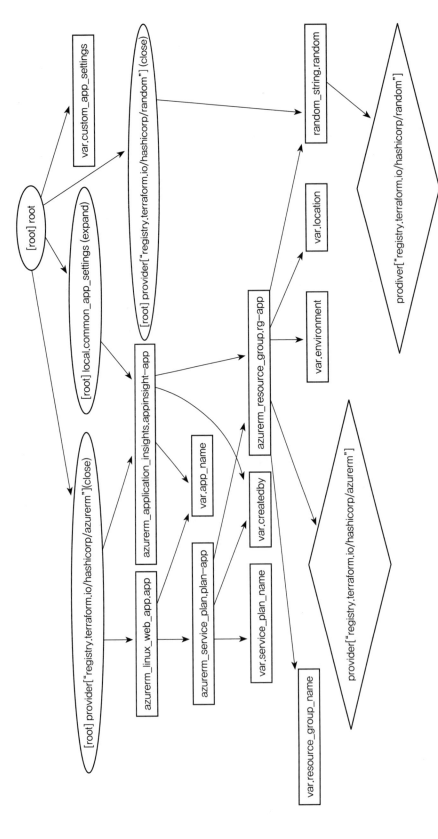

그림 6.29 테라폼이 생성한 의존성 그래프

그림 6.29의 다이어그램을 보면 변수, 리소스 그리고 프로바이더간 의존성을 볼 수 있다.

6.11.4 참고 항목

- terraform graph 명령에 대한 문서는 https://developer.hashicorp.com/terraform/cli/commands/graph를 참고한다.

- Graphviz에 대한 문서는 https://graphviz.gitlab.io/를 참고한다.

6.12 다른 테라폼 구성 디렉터리 사용하기

지금까지 다뤘던 예제들에서는 테라폼 구성이 포함된 폴더에서 테라폼 워크플로우를 실행했다.

하지만 코드형 인프라를 엔터프라이즈 환경에서 사용한다면 테라폼 구성이 여러 폴더로 분리되어 있는 경우가 많고 변경 사항을 적용하기 위해 각 폴더를 순서에 맞게 탐색해야 하는 경우가 생긴다.

> 테라폼 구성을 여러 폴더(모듈 혹은 구성 요소라고도 불린다.)로 분리하고, 테라폼 상태를 분리하고, 각 구성 요소마다 다른 수명 주기를 가지도록 배포하는 것이 가장 좋다.

이번 예제에서는 다른 디렉터리에 있는 테라폼 구성을 테라폼 CLI를 통해 실행하는 방법에 대해서 배워볼 것이다.

그럼 시작해 보자.

6.12.1 준비 사항

이번 예제에서는 테라폼 구성의 폴더 구조를 '네트워크 인프라를 배포하는 폴더', '데이터베이스를 배포하는 폴더', '웹 인프라를 배포하는 폴더'로 각각 나눠서 사용한다.

다음 이미지는 테라폼 폴더 구조를 보여준다. 그리고 각 숫자는 배포해야 할 순서를 가리킨다.

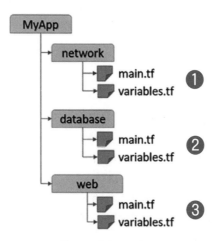

그림 6.30 테라폼 폴더 구조

먼저 MyApp 폴더에서 다음 스크립트를 실행해서 위에서 언급한 세 개의 컴포넌트를 배포한다.

```
cd network
terraform init
terraform plan -out=network.tfplan
terraform apply network.tfplan
cd ..
cd database
terraform init
terraform plan -out=database.tfplan
terraform apply database.tfplan
cd ..
cd web
terraform init
terraform plan -out=web.tfplan
terraform apply web.tfplan
```

스크립트에서 볼 수 있듯이 각각의 폴더를 cd..와 cd ⟨폴더 이름⟩ 명령을 사용해서 이동한다. 만약 폴더에 하위 폴더들이 더 있다면 과정이 더 복잡해 질 수도 있다. 이런 폴더간 이동 문제는 테라폼 실행을 위한 CI/CD 파이프라인과 같은 자동화 구현에서 더욱 중요하게 다뤄진다.

이번 예제의 목표는 위에서 스크립트를 사용해 진행했던 테라폼 구성 폴더간 이동을 테라폼 CLI를 사용해서 단순화하는 방법에 대해 배우는 것이다.

6.12.2 작동 방법

MyApp 폴더에서 다음 스크립트를 실행한다.

```
terraform -chdir=network init
terraform -chdir=network plan -out=network.tfplan
terraform -chdir=network apply network.tfplan
terraform -chdir=database init
terraform -chdir=database plan -out=database.tfplan
terraform -chdir=database apply database.tfplan
terraform -chdir=web init
terraform -chdir=web plan -out=database.tfplan
terraform -chdir=web apply database.tfplan
```

6.12.3 작동 원리

앞의 스크립트에서는 하나의 폴더 (여기서는 MyApp 폴더)에서 테라폼 워크플로우를 실행한다. 이 때 테라폼 명령에 -chdir 옵션을 추가해서 적용하고자 하는 테라폼 구성이 포함되어 있는 폴더를 지정한다.

6.12.4 더 살펴볼 것들

다른 테라폼 옵션들이 실행할 명령 뒤에 위치하는 반면(terraform ⟨명령⟩ options) -chdir 옵션은 실행할 명령 앞에 위치한다(terraform -chdir ⟨명령⟩).

6.12.5 참고 항목

- -chdir 옵션에 대한 문서는 https://developer.hashicorp.com/terraform/cli/commands#switching-working-directory-with-chdir를 참고한다.

6.13 테라폼 표현식 분석하기

변수와 표현식 혹은 테라폼의 내장 함수를 사용해서 테라폼 구성을 작성할 때, terraform apply 명령을 실행하기 전에는 테라폼 구성이 잘 적용될지 그 결과를 예측하기가 어렵다. 이를 위해 테라폼 CLI에는 테라폼 구성을 적용하기 전에 분석하는 기능을 제공한다.

이번 예제에서는 테라폼 표현식을 분석하는 방법에 대해서 배워보자.

그럼, 시작해 보자.

6.13.1 준비 사항

이번 예제를 진행하기 위해 애저 인프라를 프로비저닝하는 다음 테라폼 구성을 사용한다. 테라폼 구성은 https://github.com/PacktPublishing/Terraform-Cookbook-Second-Edition/tree/main/CHAP06/console에서 확인할 수 있다.

여기서는 azurerm 프로바이더를 사용하지만 이번 예제에서 다루는 내용은 다른 테라폼 구성에도 적용할 수 있다.

이 테라폼 구성에서는 다음과 같은 몇 가지 테라폼 변수와 표현식을 사용한다.

```
locals {
  linux_web_app    = toset([for each in var.web_apps : each.name if each.os ==
"Linux"])
  windows_web_app = toset([for each in var.web_apps : each.name if each.os ==
```

```
  "Windows"])
  default_app_settings = {
    "DEFAULT_KEY1" = "DEFAULT_VAL1"
  }
}
```

또한 다음과 같은 표현식도 사용한다.

```
app_settings = merge(local.default_app_settings, var.custom_app_
settings)
```

이번 예제의 목표는 아래 표현식의 결과를 확인하는 것이다.

```
linux_web_app = toset([for each in var.web_apps : each.name if
each.os == "Linux"])
```

또한 다음 표현식의 결과도 확인한다.

```
app_settings = merge(local.default_app_settings, var.custom_app_
settings)
```

위 표현식들의 결과를 plan과 apply 명령을 실행하기 전에 확인해서 테라폼 구성에 있는 표현
식들이 의도한대로 동작하는지 확인해 보자.

6.13.2 작동방법

다음 단계를 수행한다.

1 다음 명령을 실행해서 테라폼 워크플로우를 초기화한다.

```
terraform init -backend=false
```

2 console 명령을 실행한다.

```
terraform console
```

3 표현식을 분석 하기 위해 다음과 같은 값을 입력한다.

```
local.linux_web_app
```

4 두 번째 표현식을 입력값으로 준다.

```
merge(local.default_app_settings, var.custom_app_settings)
```

5 exit를 입력해서 콘솔 모드에서 빠져나온다.

6.13.3 작동 원리

첫 번째 단계에서는 terraform init -backend-false 명령을 실행해서 백엔드를 사용하지 않도록 하고 테라폼 워크플로우를 초기화한다. 백엔드를 사용하지 않도록 하는 이유는 이번 테라폼 워크플로우의 목표가 변경 사항을 적용하는 것이 아니라 테라폼 구성 내에 있는 표현식을 분석하는 것이기 때문이다.

두 번째 단계에서는 terraform console 명령을 실행해서 콘솔 모드를 실행한다. 테라폼을 콘솔 모드로 실행하면 원하는 표현식을 분석해서 내용이나 값을 표시할 수 있다.

다음 그림은 local.linux_web_app 표현식의 분석 결과이다.

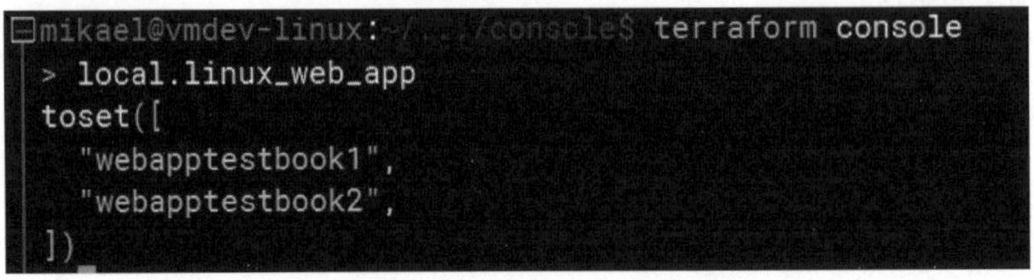

그림 6.31 테라폼 표현식 분석 결과

테라폼이 사용하게 될 local.linux_web_app 리스트의 값을 확인할 수 있다.

다음 그림은 두 번째 표현식의 분석 결과이다.

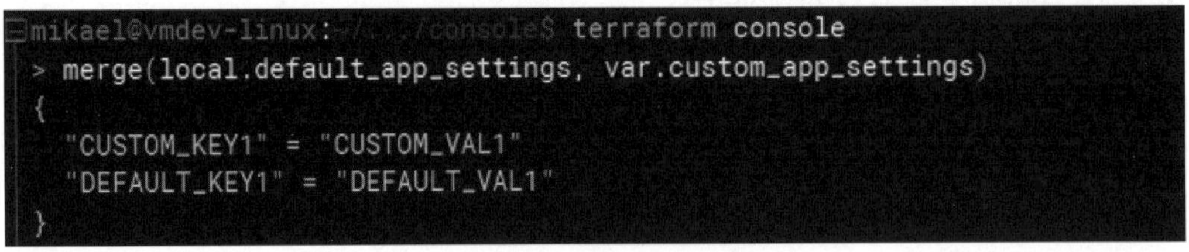

그림 6.32 내장 함수에 대한 테스트 결과

내장 함수인 merge에 대한 분석 결과를 볼 수 있다.

또한 테라폼 구성 내에 정의된 테라폼 변수도 분석할 수 있다. 예를 들면 var.web_apps를 콘솔 모드에서 입력하면 web_apps 변수의 값을 분석할 수 있다.

콘솔 모드를 종료하려면 exit를 입력한다.

6.13.4 더 살펴볼 것들

이번 예제에서는 terraform console 명령을 사용해서 테라폼 구성에서 사용된 변수와 표현식에 대해 분석하는 방법에 대해서 배웠다.

또한 console 명령을 사용하면 테라폼 구성 내에 포함되지 않은 표현식에 대해서도 분석할 수 있다. 예를 들면 테라폼 구성 내에 작성하기 전에 미리 테스트를 해보거나 테라폼의 내장 함수들에 대해 학습하기 위해 분석해 볼 수 있다.

다음 그림은 콘솔 모드에서 테라폼의 내상 함수에 대한 분석을 진행하는 화면이다.

```
mikael@vmdev-linux:~/.../console$ terraform console
> max(10,1,9)
10
> format("Hello in Terraform Cookbook, %s edition", "Second")
"Hello in Terraform Cookbook, Second edition"
> join(", ", ["win", "linux", "macos"])
"win, linux, macos"
> lower("WestEurope")
"westeurope"
```

그림 6.33 테라폼 내장 함수를 콘솔 모드에서 분석하기

그림 6.33을 통해 max, format, join, lower 함수에 대해 분석한 것을 볼 수 있다.

6.13.5 참고 항목

- terraform console 명령에 대한 문서와 더 많은 예제는 https://developer.hashicorp.com/terraform/cli/commands/console를 참고한다.

- console 명령에 대한 학습 자료는 https://developer.hashicorp.com/terraform/tutorials/cli/console를 참고한다.

6.14 테라폼 실행 디버깅하기

테라폼 명령을 실행했을 때 콘솔에서 확인할 수 있는 실행 결과는 간단하고 명확하다.

이번 예제에서는 테라폼의 디버그 모드를 활성화하는 방법에 대해서 배워보자. 디버그 모드를 활성화하면 테라폼 실행 과정을 추적할 수 있는 많은 정보를 콘솔에 보여준다.

6.14.1 준비 사항

이번 예제에서는 https://github.com/PacktPublishing/Terraform-Cookbook-Second-Edition/tree/main/CHAP06/sampleApp에 있는 테라폼 구성을 사용한다.

이번 예제는 윈도우에서 실행하지만, 다른 운영체제에서도 똑같이 동작한다.

6.14.2 작동 방법

다음 단계를 실행한다.

1 터미널 콘솔 혹은 스크립트에서 다음 명령을 실행해서 TF_LOG 환경 변수를 생성한다..

```
$env:TF_LOG = "TRACE"
```

2 테라폼 워크플로우를 실행한다.

```
terraform init
terraform plan -out="out.tfplan"app.tfplan
terraform apply app.tfplan
```

6.14.3 작동 방법

첫 번째 단계에서는 TF_LOG라는 테라폼 환경 변수를 생성한다. TF_LOG는 테라폼 디버그 모드를 활성화하는 변수로 테라폼 실행 과정 중에 발생하는 추적 로그를 화면에 출력한다.

TF_LOG 환경 변수에 설정할 수 있는 값은 TRACE, DEBUG, INFO, 그리고 WARN 이렇게 네 가지 값이 가능하다.

> 이번 예제에서는 윈도우에서 동작하는 것을 가정하고 있기 때문에 $env 명령을 사용해서 환경 변수를 생성한다. 각 운영체제 별로 환경 변수를 생성하는 방법을 사용해서 TF_LOG 환경 변수를 생성해 주면 다른 운영체제에서도 동일하게 동작한다.
>
> 예를 들어 리눅스 환경이라면 export TF_LOG="TRACE"라고 입력하면 된다.

두 번째 단계에서는 테라폼 워크플로우 명령을 실행한다. 그럼 다음 그림 6.34처럼 실행 과정에서 발생하는 추적 로그가 화면에 표시된다.

```
2022-12-15T22:21:28.771Z [DEBUG] using github.com/hashicorp/go-tfe v1.9.0
2022-12-15T22:21:28.771Z [DEBUG] using github.com/hashicorp/hcl/v2 v2.15.0
2022-12-15T22:21:28.771Z [DEBUG] using github.com/hashicorp/terraform-config-inspect v0.0.0-20210209133302-4fd1/a0faac2
2022-12-15T22:21:28.771Z [DEBUG] using github.com/hashicorp/terraform-svchost v0.0.0-20200729002733-f050f53b9734
2022-12-15T22:21:28.771Z [DEBUG] using github.com/zclconf/go-cty v1.12.1
2022-12-15T22:21:28.771Z [INFO]  Go runtime version: go1.19.3
2022-12-15T22:21:28.771Z [INFO]  CLI args: []string{"/home/mikael/.tfenv/versions/1.3.6/terraform", "init"}
2022-12-15T22:21:28.771Z [TRACE] Stdout is a terminal of width 148
2022-12-15T22:21:28.771Z [TRACE] Stderr is a terminal of width 148
2022-12-15T22:21:28.771Z [TRACE] Stdin is a terminal
2022-12-15T22:21:28.771Z [DEBUG] Attempting to open CLI config file: /home/mikael/.terraformrc
2022-12-15T22:21:28.771Z [DEBUG] File doesn't exist, but doesn't need to. Ignoring.
2022-12-15T22:21:28.771Z [DEBUG] ignoring non-existing provider search directory terraform.d/plugins
2022-12-15T22:21:28.771Z [DEBUG] ignoring non-existing provider search directory /home/mikael/.terraform.d/plugins
2022-12-15T22:21:28.771Z [DEBUG] ignoring non-existing provider search directory /home/mikael/.local/share/terraform/plugins
2022-12-15T22:21:28.771Z [DEBUG] ignoring non-existing provider search directory /usr/local/share/terraform/plugins
2022-12-15T22:21:28.771Z [DEBUG] ignoring non-existing provider search directory /usr/share/terraform/plugins
2022-12-15T22:21:28.771Z [DEBUG] ignoring non-existing provider search directory /var/lib/snapd/desktop/terraform/plugins
2022-12-15T22:21:28.771Z [INFO]  CLI command args: []string{"init"}
```

그림 6.34 테라폼의 추적 로그 출력 화면

그림 6.34는 테라폼 실행 중 발생한 로그의 일부분으로, 사용된 프로바이더에 대한 다양한 정보, 테라폼 CLI 정보, 테라폼 실행에 관련된 모든 단계를 확인할 수 있다.

6.14.4 더 살펴볼 것들

추적 로그를 화면에 출력하지 않고 파일에 저장할 수도 있다. 추적 로그를 파일에 저장하려면 두 번째 환경 변수인 TF_LOG_PATH를 생성한다. TF_LOG_PATH는 로그 파일을 저장할 경로를 의미하는 환경 변수이다. 사실 추적 로그는 매우 상세하고 콘솔 화면 상에서 읽기 어렵기 때문에 보통은 읽기 쉽게 파일에 저장하는 것을 선호한다.

만약 추적 모드를 비활성화하려면 TF_LOG 환경 변수를 비어 있는 값으로 재설정해줘야 한다. 예를 들면 다음과 같이 설정할 수 있다.

- **윈도우** : $env: TF_LOG=""
- **리눅스 혹은 맥** : unset TF_LOG=""

6.14.5 참고 항목

- 테라폼 디버깅에 대한 문서는 https://developer.hashicorp.com/terraform/internals/debugging을 참고한다.
- 테라폼의 환경 변수에 대한 문서는 https://developer.hashicorp.com/terraform/cli/config/environment-variables를 참고한다.

07

모듈을 사용해서
테라폼 구성 공유하기

모든 프로그래밍 언어에서 대부분의 개발자가 직면하는 문제는 코드 재사용과 어떻게 이를 효과적이고 쉽게 수행할 수 있을까이다. 그래서 여러 애플리케이션에서 쉽게 재사용할 수 있고 여러 팀간에 공유할 수 있는 언어, 프레임워크 및 소프트웨어 패키지(예. NuGet, NPM, Bower, PyPI, RubyGems 등)가 등장했다. 일반적으로 코드형 인프라에서도 코드 구조, 균질화, 그리고 내부 공유라는 동일한 문제에 직면하게 된다.

3장 테라폼으로 인프라 확장하기에 있는 **여러 환경에서 인프라를 프로비저닝하기** 예제에서 테라폼 구성의 몇 가지 계층 구조에 대해서 배웠고, 이를 통해 테라폼 구성을 잘 구조화하는 방법에 대한 부분적인 해결 방법을 살펴봤다. 하지만 여기서 멈추지 않고 여러 애플리케이션과 여러 팀간 공유할 수 있는 모듈을 만들 수도 있다.

이번 장에서는 모듈 수명 주기의 주요 단계인 모듈 생성, 기본적인 사용 방법, 반복해서 사용하는 방법, 그리고 게시하는 방법에 대해서 배운다. 테라폼 모듈을 생성하고 로컬에서 사용하는 방법과 모듈을 작성하기 위해 빠르게 부트스트랩하는 방법에 대해 배운다. 또한 공개 모듈 저장소 혹은 깃 저장소를 통해 테라폼 모듈을 사용하는 방법에 대해서도 배운다. 마지막으로 테라파일 패턴을 사용해서 모듈을 참조하는 방법에 대해서도 배운다.

이번 장에서는 다음과 같은 예제들을 다룬다.

- 테라폼 모듈을 생성하고 로컬에서 사용하기
- 테라폼 모듈의 여러 인스턴스를 프로비저닝하기
- 공개 모듈 저장소에 있는 모듈 사용하기
- 공개 깃 저장소를 사용해서 테라폼 모듈 공유하기
- 사용자 정의 모듈 내에서 다른 파일 사용하기
- 테라폼 모듈 생성기 사용하기
- 모듈 문서 생성하기
- 비공개 깃 저장소를 사용해서 테라폼 모듈 공유하기
- 모듈 사용을 위해 테라파일 패턴 적용하기
- 테라테스트를 통해 테라폼 모듈 테스트 하기

7.1 기술적 요구사항

이번 장에서는 일부 예제에서 다음과 같은 기술적 요구사항을 필요로 한다.

- Node.js와 NPM이 설치되어 있어야 한다. 다운로드 주소는 https://nodejs.org/en/을 참고한다.
- 깃허브 계정을 가지고 있어야 한다. 깃허브 계정이 없다면 https://github.com/에서 무료로 계정을 생성할 수 있다.
- 애저 데브옵스 조직을 가지고 있어야 한다. 마이크로소프트 계정 혹은 깃허브 계정을 통해 https://azure.microsoft.com/en-in/products/devops/에서 생성할 수 있다.
- 깃 명령과 워크플로우에 대한 기본적인 지식을 가지고 있어야 한다. https://git-scm.com/doc를 참고한다.
- 도커에 대한 지식을 가지고 있어야 한다. https://docs.docker.com/를 참고한다.
- Go언어가 설치되어 있어야 한다. Go언어 설치는 https://go.dev/doc/install을 참고한다. Go언어 설치에 대한 주요 단계는 11장 테라폼 구성에 대한 테스트 및 보안 규정 확인하기에 있는 테라테스트를 사용해서 테라폼 모듈 테스트하기 예제에서 다룬다.

이번 장의 소스 코드는 https://github.com/PacktPublishing/Terraform-Cookbook-Second-Edition/tree/main/CHAP07에서 확인할 수 있다.

7.2 테라폼 모듈을 생성하고 로컬에서 사용하기

테라폼 모듈은 하나 이상의 테라폼 리소스를 포함하고 있는 테라폼 구성을 의미한다.

모듈은 한 번 생성하면 로컬 또는 원격으로 여러 테라폼 구성에서 사용할 수 있다.

이번 예제에서는 모듈을 생성하고 로컬에서 사용하는 방법에 대해서 배워보자.

7.2.1 준비 사항

이번 예제를 진행하기 위해 3장 테라폼으로 인프라 확장하기에 있는 여러 환경에서 인프라를 프로비저닝하기 예제에서 사용했던 테라폼 구성을 사용한다. 전체 소스 코드는 https://github.com/PacktPublishing/Terraform-Cookbook-Second-Edition/tree/main/CHAP07/sample-app에서 확인할 수 있다.

이번 예제에서 만들고자 하는 모듈은 애저 서비스 플랜, 앱 서비스, 그리고 애플리케이션 인사이트를 생성하는 역할을 한다. 소스 코드는 https://github.com/PacktPublishing/Terraform-Cookbook-Second-Edition/tree/main/CHAP07/moduledemo/Modules/webapp에서 확인할 수 있다.

그리고 이 모듈을 사용하는 테라폼 구성을 만든다. 테라폼 구성은 https://github.com/PacktPublishing/Terraform-Cookbook-Second-Edition/tree/main/CHAP07/moduledemo/MyApp에서 확인할 수 있다.

7.2.2 작동방법

다음 단계를 수행한다.

1 moduledemo라는 새로운 폴더에서 Modules라는 하위 폴더를 하나 만든다. Modules 폴더 내에 webapp이라는 하위 폴더를 생성한다.

2 webapp 폴더에 variables.tf 라는 새로운 파일을 생성한다. 코드는 다음과 같다.

```
variable "resource_group_name" {
  description = "Resource group name"
  type        = string
}

variable "location" {
  description = "Location of Azure resource"
  default     = "West Europe"
  type        = string
}

variable "service_plan_name" {
  description = "Service plan name"
  type        = string
}

variable "app_name" {
  description = "Name of application"
  type        = string
}
```

3 그리고 main.tf 파일을 생성한다. 코드는 다음과 같다.

```
terraform {
  required_version = "~> 1.1"
  required_providers {
    azurerm = {
      version = "~> 3.23"
```

```
    }
    random = {
      source  = "hashicorp/random"
      version = "3.5.1"
    }
  }
}

provider "azurerm" {
  features {}
}

resource "random_string" "str" {
  length  = 4
  special = false
  upper   = false
}

resource "azurerm_service_plan" "plan-app" {
  name                = var.service_plan_name
  location            = var.location
  resource_group_name = var.resource_group_name
  os_type             = "Linux"
  sku_name            = "B1"
}

resource "azurerm_linux_web_app" "app" {
  name                = "${var.app_name}-${random_string.str.result}"
  location            = var.location
  resource_group_name = var.resource_group_name
  service_plan_id     = azurerm_service_plan.plan-app.id
  site_config {}
}

resource "azurerm_application_insights" "appinsight-app" {
  name                = var.app_name
  location            = var.location
  resource_group_name = var.resource_group_name
```

```
  application_type      = "web"
}
```

4 마지막으로 outputs.tf 파일을 생성한다. 코드는 다음과 같다.

```
output "webapp_id" {
  value = azurerm_linux_web_app.app.id
}

output "webapp_url" {
  value = azurerm_linux_web_app.app.default_hostname
}
```

5 moduledemo 폴더 안에 MyApp이라는 서브 폴더를 생성한다.

6 MyApp 폴더 안에 main.tf 파일을 생성한다. 코드는 다음과 같다.

```
terraform {
  required_version = "~> 1.1"
  required_providers {
    azurerm = {
      version = "~> 3.23"
    }
  }
}

provider "azurerm" {
  features {}
}

resource "azurerm_resource_group" "rg-app" {
  name     = "RG_MyAPP_Demo"
  location = "West Europe"
}

module "webapp" {
  source             = "../Modules/webapp"
  service_plan_name  = "spmyapp"
```

```
  app_name             = "myappdemobook"
  location             = azurerm_resource_group.rg-app.location
  resource_group_name = azurerm_resource_group.rg-app.name
}


output "webapp_url" {
  value = module.webapp.webapp_url
}
```

7.2.3 작동 원리

첫 번째 단계에서는, 모듈 별로 하나씩 하위 폴더를 가지는 moduledemo 폴더를 생성한다. 그리고 이번 예제를 위한 webapp 하위 폴더를 생성한다. webapp 폴더에는 webapp 모듈을 위한 테라폼 구성이 포함되어 있다. 그리고 두 번째, 세 번째, 네 번째 단계에서는 모듈 코드를 만든다. 모듈 코드는 테라폼 구성을 의미하며 다음 파일들로 구성한다.

- **main.tf**: 이 파일은 모듈을 통해서 프로비저닝하려고 하는 리소스들의 코드로 구성되어 있다.
- **variables.tf**: 이 파일은 모듈이 필요로 하는 변수들로 구성되어 있다.
- **outputs.tf**: 이 파일은 모듈의 출력으로 구성되어 있다. 이 출력은 모듈을 호출하는 테라폼 구성 내에서 사용할 수 있다.

다섯 번째 단계에서는, MyApp 서브 폴더를 생성한다. 이 폴더는 애플리케이션을 위한 테라폼 구성을 포함한다. 마지막으로 여섯 번째 단계에서는 main.tf 파일에 애플리케이션을 위한 테라폼 구성을 작성한다.

이 파일의 코드에는 세 개의 블록이 있다.

azurerm_resource_group 리소스는 리소스 그룹을 생성한다.

생성한 모듈을 테라폼 구성에서 사용 하려면 module "〈모듈 이름〉" 형식으로 사용한다. 이 모듈 블록에서는 source 속성을 통해서 webapp 모듈이 포함된 폴더의 상대 경로를 지정한다.

모듈 내에 일부 변수들에 기본값이 정의되어 있다면, 경우에 따라 모듈을 호출할 때 해당 변수들의 값을 설정할 필요가 없다는 것을 기억하자.

또한 테라폼 구성의 출력으로 사용할 모듈의 출력인 webapp_url도 가지고 있다.

7.2.4 더 살펴볼 것들

지금까지 과정을 모두 진행하면 다음과 같은 폴더 구조를 가지게 된다.

```
└──moduledemo
   ├──Modules
   │  └──webapp
   │           main.tf
   │           outputs.tf
   │           variables.tf
   │
   └──MyApp
            main.tf
```

그림 7.1 테라폼 모듈 폴더 구조

이 테라폼 구성을 적용하려면 MyApp 폴더로 이동한 후 테라폼 워크플로우를 실행하기 위한 명령을 입력한다.

```
terraform init
terraform plan -out=app.tfplan
terraform apply app.tfplan
```

terraform init 명령을 실행하면 테라폼은 모듈의 테라폼 구성을 가져와서 애플리케이션의 테라폼 구성과 통합한다. 결과는 다음 그림과 같다.

```
mikael@vmdev-linux:        /MyApp$ terraform init
Initializing modules...
- webapp in ../Modules/webapp

Initializing the backend...

Initializing provider plugins...
- Finding hashicorp/azurerm versions matching "~> 3.18"...
- Installing hashicorp/azurerm v3.36.0...
- Installed hashicorp/azurerm v3.36.0 (signed by HashiCorp)
```

그림 7.2 terraform init 명령이 모듈을 가져오는 모습

마지막으로 terraform apply 명령을 실행하면 다음 그림 7.3과 같은 출력이 터미널에 표시된다.

그림 7.3 모듈로부터 생성된 테라폼 출력

테라폼 구성이 모듈의 출력을 가져와서 애플리케이션을 위한 테라폼 구성의 출력으로 사용했다.

이번 예제에서는 테라폼 모듈을 생성하는 기본적인 방법과 로컬에서 사용하는 방법에 대해서 살펴봤다. 이번 장의 후반부에 있는 테라폼 모듈 생성기 사용하기 예제에서 모듈의 구조를 생성하고 원격 모듈을 사용하는 방법에 대해서 배운다.

7.2.5 참고항목

- 모듈 생성에 대한 문서는 https://developer.hashicorp.com/terraform/language/modules/develop를 참고한다.

- 모듈에 대한 전반적인 설명은 https://developer.hashicorp.com/terraform/language/modules를 참고한다.

- 모듈 생성에 대한 학습 자료는 https://developer.hashicorp.com/terraform/tutorials/modules/module-create를 참고한다.

7.3 테라폼 모듈의 여러 인스턴스를 프로비저닝하기

3장 테라폼으로 인프라 확장하기에서 배운 바와 같이, 테라폼 언어의 일부 기능들, 예를 들면 count와 for_each는 동일한 리소스의 여러 인스턴스를 생성하는데 사용된다.

테라폼 0.13 버전이 출시되기 전에는 동일한 모듈의 여러 인스턴스를 생성하는 것이 불가능했다. 만약 모듈 내의 리소스를 여러 인스턴스로 생성하고 싶다면, 모듈 내에서 참조된 각 리소스에 대해 for_each나 count 표현식을 적용해야 했다. 이런 방식은 모듈의 유지 관리를 복잡하게 만들 수 있다.

테라폼 0.13 버전에서 새롭게 출시된 기능 중 하나는 모듈 블록 내에서 count와 for_each 표현식을 직접 사용할 수 있게 되었다는 것이다. 테라폼 0.13 버전의 출시에 대한 자세한 정보는 https://www.hashicorp.com/blog/announcing-hashicorp-terraform-0-13를 참고하자.

이번 예제에서는 테라폼 모듈에 for_each를 사용하는 방법에 대해서 배워보자.

그럼, 시작해 보자.

7.3.1 준비 사항

이번 예제를 위해 3장 테라폼으로 인프라 확장하기에 있는 count와 for_each와 같은 표현식을 이해하고 테라폼 모듈을 어떻게 생성하는지 이해해야 한다.

이번 예제의 목표는 같은 애저 리소스 그룹 내에 여러 개의 웹 앱 인스턴스를 프로비저닝하는 것이다. 1개의 웹 앱을 생성하는 모듈을 사용해서 N개의 웹 앱을 생성하는 반복문이 있는 테라폼 구성을 만들어 보자.

이를 위해 이미 생성한 webapp 모듈을 사용한다. 소스 코드는 https://github.com/ PacktPublishing/Terraform-Cookbook-Second-Edition/tree/main/CHAP07/ moduledemo/Modules/webapp에서 확인할 수 있다.

이 예제를 진행하기 위해, 다음과 같은 테라폼 구성을 포함한 새로운 main.tf 파일에서 시작해 보자.

```
resource "azurerm_resource_group" "rg-app" {
  name     = "rg_app_demo_loop"
  location = "West Europe"
}
```

이 테라폼 구성은 애저 리소스 그룹을 생성한다. 이제, 이 리소스 그룹 내에 웹 앱을 프로비저닝 하는 테라폼 구성을 완성해 보자.

전체 소스 코드는 https://github.com/PacktPublishing/Terraform-Cookbook- Second-Edition/tree/main/CHAP07/moduledemo/myapp-loop에서 확인할 수 있다.

7.3.2 작동 방법

다음 단계를 수행한다.

1 main.tf 파일에 다음 테라폼 구성을 추가한다.

```
locals {
  webapp_list = ["webapp12412", "webapp22412"]
}
```

2 그리고 다음 테라폼 구성을 추가한다.

```
module "webapp" {
  source              = "../Modules/webapp"
  for_each            = toset(local.webapp_list)
  app_name            = "${each.key}-${random_string.randomstr.result}"
  service_plan_name   = "spmyapp-${each.key}-${random_string.
randomstr.result}"
  location            = azurerm_resource_group.rg-app.location
  resource_group_name = azurerm_resource_group.rg-app.name
}
```

3 마지막으로 이 리소스들을 프로비저닝하기 위해 terraform init, plan, apply 명령을 실행한다.

7.3.3 작동 원리

첫 번째 단계에서는, 로컬 변수 webapp_list를 생성한 후 프로비저닝 할 두 개의 웹 앱 이름을 값으로 지정한다.

그리고 두 번째 단계에서는, webapp 모듈을 호출하고 모듈 내에 for_each 표현식을 다음과 같이 추가한다.

```
for_each            = toset(local.webapp_list)
```

for_each를 사용하면 local.webapp_list 목록의 각 요소들에 대해 동일한 모듈이 생성된다. 또한 반복문이 동작하는 동안 현재 참조 하고 있는 요소에 대해서는 each.key 속성을 사용해서 접근할 수 있다.

```
app_name            = "${each.key}"
service_plan_name   = "spmyapp-${each.key}"
```

7.3.4 더 살펴볼 것들

이번 예제에서 모듈 내에 for_each 표현식을 사용한 것처럼, count 표현식도 사용할 수 있다.

또한 다음 테라폼 구성처럼 모듈에 있는 출력을 추가할 수도 있다.

```
output "app_service_urls" {
  value = values(module.webapp)[*].webapp_url
}
```

이 출력에서는 values(module.webapp)[*]을 사용해서 webapp 모듈 내의 모든 출력을 가져오고 이 중에서 webapp_url 출력만 필터링해서 모듈이 생성한 모든 웹 앱의 URL을 얻는다.

terraform output 명령의 출력 결과는 다음 그림과 같다.

```
mikael@vmdev-linux:~/.../myapp-loop$ terraform output
app_service_urls = [
  "webapp12412.azurewebsites.net",
  "webapp22412.azurewebsites.net",
]
```

그림 7.4 반복문을 사용한 모듈에서의 테라폼 출력 화면

두 개의 애저 웹 앱이 가지고 있는 URL을 볼 수 있다.

7.3.5 참고 항목

- 모듈에서 count 와 for_each를 사용하는 방법에 대한 문서는 https://developer.hashicorp.com/terraform/language/modules/develop/refactoring#enabling-count-or-for_each-for-a-module-call를 참고한다.

7.4 공개 모듈 저장소에 있는 모듈 사용하기

지금까지 로컬에서 모듈을 생성하고 사용하는 방법에 대해서 배웠다.

테라폼 구성을 효율적으로 개발하기 위해 해시코프는 공개 테라폼 모듈 저장소를 구축했다.

공개 모듈 저장소는 다음과 같은 기능을 제공한다.

- 검색 및 필터를 통한 검색 가능성 강화
- 파트너 검증 프로세스를 통해 제공되는 품질 강화
- 기존의 다른 모듈 소스에서는 해결하기 어려운 명확하고 효율적인 버전 관리 전략

공개 모듈 저장소에 게시된 모듈들은 클라우드 공급자, 퍼블리셔, 커뮤니티, 또는 모듈을 공개적으로 공유하려는 개인 사용자가 개발한다. 이번 예제에서는 이 저장소에 어떻게 접근할 수 있는지, 그리고 공개 저장소에 게시된 모듈을 어떻게 사용하는지에 대해서 배워보자.

7.4.1 준비 사항

이번 예제에서는 특별한 사전 요구사항이 필요하지 않으며, 테라폼 구성을 처음부터 작성한다.

이번 예제의 목적은 애저에서 리소스 그룹과 가상 네트워크 및 서브넷같은 네트워크 리소스를 프로비저닝하는 것이다. 하지만 공개 모듈을 사용하는 방법에 대해서만 살펴보고, 모듈의 테라폼 구성을 상세하게 살펴보진 않는다.

이번 예제의 코드는 https://github.com/PacktPublishing/Terraform-Cookbook-Second-Edition/tree/main/CHAP07/publicmodule에서 확인할 수 있다.

7.4.2 작동 방법

다음 단계를 수행한다.

1 웹 브라우저를 열고 https://registry.terraform.io/browse/modules로 이동한다.

2 웹 페이지 좌측 패널에서 Provider 리스트 중 azurerm 체크박스를 체크한다.

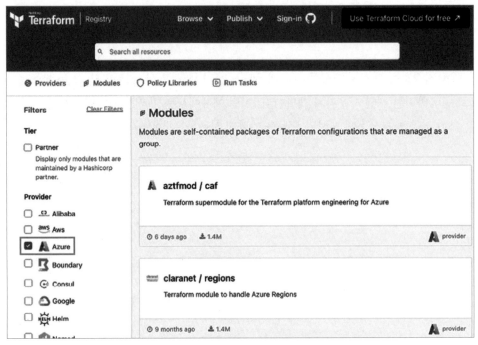

그림 7.5 테라폼 저장소의 프로바이더 필터

3 결과 리스트에서 Azure / network 모듈을 클릭한다.

그림 7.6 테라폼 모듈 저장소 상세 화면

4 마지막으로, 로컬에서 다음과 같은 main.tf 파일을 생성한다.

```
resource "azurerm_resource_group" "rg" {
  name     = "my-rg"
  location = "West Europe"
}

module "network" {
  source              = "Azure/network/azurerm"
  resource_group_name = azurerm_resource_group.rg.name
  vnet_name           = "vnetdemo"
  address_space       = "10.0.0.0/16"
  subnet_prefixes     = ["10.0.1.0/24"]
  subnet_names        = ["subnetdemo"]}
```

7.4.3 작동 원리

첫 번째와 두 번째 단계에서는 테라폼 공개 저장소를 탐색해서 애저에서 리소스를 프로비저닝할 수 있는 모듈을 검색한다. (azurerm 필터를 사용해서)

그리고 세 번째 단계에서는 애저 팀에서 게시한 네트워크 모듈의 상세 페이지에 접근한다.

네 번째 단계에서는 source 속성에 공개 모듈을 위한 특화된 별칭인 Azure/network/azurerm을 지정해서 이 모듈을 사용하도록 설정한다.

7.4.4 더 살펴볼 것들

이번 예제에서 공개 모듈 저장소의 모듈을 사용하면 개발 시간이 절약된다는 것을 확인했다. 여기서는 해시코프에서 개발한 인증된 모듈을 사용했지만, (인증된 모듈에 대해서는 https:// developer.hashicorp.com/terraform/registry/modules/verified을 참고한다.) 다른 커뮤니티 모듈들도 쉽게 사용할 수 있다.

버전 드롭 다운 목록에서 원하는 모듈 버전을 선택하고 프로비저닝 지침을 참고해서 개발하면 모듈의 버전 관리를 사용할 수 있다.

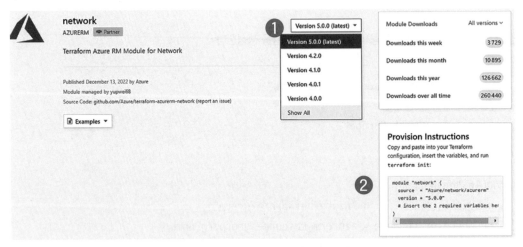

그림 7.7 테라폼 모듈 저장소의 버전 선택

또한 모듈을 사용할 때 version 속성을 사용하면 특정 버전을 선택해서 사용할 수 있다.

모든 모듈 혹은 커뮤니티 패키지를 사용할 때처럼, 공개 모듈 저장소에 있는 모듈을 사용하기 전에는 깃허브 저장소에 있는 코드를 검토하여 코드가 깨끗하고 안전한지 확인한 후에 사용해야 한다는 점을 유의해야 한다. 실제로 각 모듈에는 소스 코드가 포함된 깃허브 저장소로 연결되는 링크가 있다.

또한 회사 프로젝트에서 모듈을 사용하기 전에, 모듈의 수정 또는 개선을 요청할 경우, 이 모듈의 깃허브 저장소에 이슈를 생성하거나 풀 리퀘스트를 생성해야 한다는 점을 고려해야 한다. 이는 수정 사항 또는 요청된 개선 사항을 적용하여 실제 사용할 수 있기까지 일정 시간(풀 리퀘스트의 유효성 검사 대기 시간 및 병합을 위한 시간)을 기다려야 할 수 있음을 의미한다.

하지만 이러한 모듈은 매우 편리하고 데모를 만들거나 테스트 혹은 샌드박스 프로젝트를 만들 때 많은 시간을 절약할 수 있기 때문에 사용할 가치가 있다.

이번 예제에서는 공개 모듈 저장소를 사용하는 방법에 대해서 살펴 봤다. 14장, 테라폼 클라우드를 사용해서 협업 향상하기 에서는 비공개 저장소의 모듈을 사용하는 방법에 대해서 살펴본다.

7.4.5 참고 항목

• 테라폼 모듈 저장소에 대한 문서는 https://developer.hashicorp.com/terraform/registry를 참고한다.

7.5 깃허브를 사용해서 공개 저장소에 테라폼 모듈 공유하기

테라폼 모듈을 생성하고 로컬에서 사용하기 예제에서 어떻게 모듈을 생성하는지 배웠다. 그리고 이전 예제인 공개 모듈 저장소에 있는 모듈 사용하기 예제에서는 어떻게 공개 모듈 저장소에 있는 모듈을 사용하는지 배웠다.

이번 예제에서는 모듈의 코드를 깃허브에 저장하여 공개 모듈 저장소에 게시하는 방법을 배워보자.

7.5.1 준비 사항

이번 예제를 진행하려면 깃허브 계정(현재 공개 모듈을 게시할 수 있는 유일한 깃 프로바이더)이 필요하다. 깃허브 계정은 https://github.com/join에서 생성할 수 있다. 또한 기본적인 깃 명령과 워크플로우를 이해하고 있어야 한다.(https://www.hostinger.com/tutorials/basic-git-commands를 참고한다.)

이번 예제에서 게시할 모듈의 코드는 이 장의 첫 번째 예제에서 만든 모듈을 사용한다. 소스 코드는 https://github.com/PacktPublishing/Terraform-Cookbook-Second-Edition/tree/main/CHAP07/moduledemo/Modules/webapp에서 확인할 수 있다.

7.5.2 작동방법

다음 단계를 수행한다.

1 깃허브 계정에서 terraform–azurerm–webapp이라는 새로운 저장소를 생성한다.

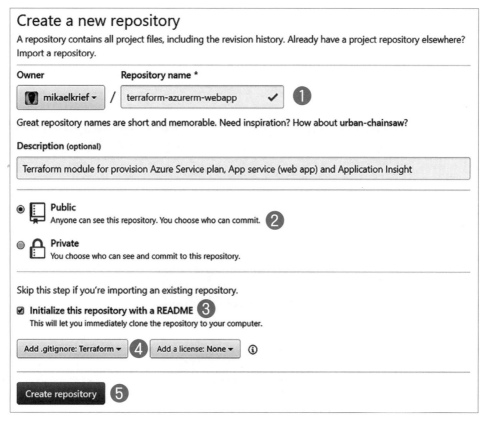

그림 7.8 테라폼 모듈을 위한 새로운 깃허브 저장소 생성하기

2 로컬 워크스테이션에서 다음 깃 명령을 실행해서 저장소를 복사한다.

```
git clone https://github.com/<your account>/terraform-azurerm-webapp.git
```

3 앞 git clone 명령을 실행하면 새로운 폴더가 생성된다. 이 폴더에 https://github.com/PacktPublishing/ Terraform–Cookbook–Second–Edition/tree/main/CHAP07/moduledemo/Modules/webapp에 있 는 소스 코드를 복사한다.

4 모듈의 역할에 대한 더 많은 설명을 README.md 파일에 추가한다.

5 git add 명령을 사용해서 지금까지의 모든 파일을 스테이징 상태로 변경한다.

6 폴더 내의 파일을 커밋하고 푸시한다. 이를 위해 비주얼 스튜디오 코드(Visual Studio Code)를 사용하거나 git commit과 git push 명령을 사용한다.

7 다음 명령을 사용해서 깃 태그를 추가한다.

```
git tag v1.0.0
git push origin v1.0.0
```

8 웹 브라우저를 열고 https://registry.terraform.io/로 이동한다.

9 최상단 메뉴에 있는 Sign-in 링크를 클릭한다.

그림 7.9 테라폼 저장소 Sign-In

10 새로 열린 창에서 Sign in with GitHub 버튼을 클릭하고, 메세지가 표시되면 해시코프가 GitHub 저장소를 읽을 수 있도록 권한을 부여한다.

그림 7.10 깃허브 계정으로 테라폼 저장소 로그인하기

11 인증이 성공적으로 되면 최상단 메뉴에 있는 Publish 링크를 클릭한다.

그림 7.11 테라폼 저장소의 Publish 링크

12 다음으로 보이는 페이지에서 〈계정〉/terraform-azurerm-webapp 저장소를 선택하고 I agree to the Terms of Use 체크박스를 체크한다.

그림 7.12 테라폼 저장소 위치 선택 및 저장

🔢 PUBLISH MODULE 버튼을 클릭한 후 모듈 페이지가 깃허브 저장소를 불러올 때까지 기다린다.

7.5.3 작동 원리

첫 번째와 두 번째 단계에서는 깃허브에 저장소를 생성하고 저장소의 내용을 로컬로 복사해 온다. 그리고 세 번째부터 여섯 번째 단계까지 모듈을 위한 테라폼 구성을 작성한다.(기존 코드를 재활용해서) 그리고 모듈 사용에 대한 안내 문서로 사용될 README.md 파일을 수정한다.

그리고 원격 깃 저장소에 코드를 커밋하고 푸시한다. 이 때 태그도 추가해서 vX.X.X 같은 형식으로 모듈에 버전 정보를 부여한다.

마지막으로 일곱 번째부터 열두 번째 단계까지 깃허브 계정을 사용해서 로그인한 후 모듈의 코드가 저장되어 있는 저장소의 주소를 선택해서 공개 모듈 저장소에 게시한다.

저장소는 자동으로 깃 태그를 읽어서 버전을 확인한다.

이 과정들이 끝나면 이 모듈은 다음 그림처럼 테라폼 공개 모듈 저장소에서 사용 가능한 상태가 된다.

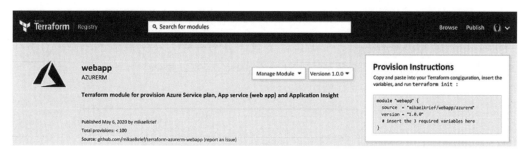

그림 7.13 테라폼 저장소에서의 모듈

이 모듈은 이제 공개적으로 접근이 가능한 상태가 되었다. 사용 방법에 대한 안내는 우측 패널에 보여지고 README.md에 있는 내용이 페이지의 내용으로 보여진다.

7.5.4 더 살펴볼 것들

모듈 코드가 포함될 깃허브 저장소 이름은 다음과 같이 구성해야 한다.

```
terraform-<provider>-<name>
```

유사하게 깃 태그도 반드시 vX.X.X 형식이어야 저장소에 등록된다. 모듈 등록 과정에 필요한 사항들에 대해서는 https://developer.hashicorp.com/terraform/registry/modules/ publish#requirements를 참고한다. 한 번 게시되고 나면 Manage Module 드롭 다운 메뉴에 있는 Delete Module을 선택해서 모듈을 삭제할 수 있다.

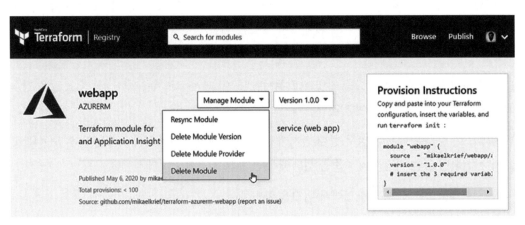

그림 7.14 모듈 삭제하기

저장소에서 모듈을 삭제하고 나면 이 모듈은 더 이상 사용할 수 없으니 주의해야 한다. 드물게 테스트를 위한 경우(예. 지금처럼 교육을 위한 경우) 혹은 IP/비밀 유출과 관련된 심각한 보안상의 이유를 제외하고는 모듈과 모든 이전 버전을 공개한 상태로 두는 것이 좋다. 특히 모듈이 공개되어 있거나 모듈을 사용하는 사용자들이 있는 경우에는 더욱 그렇다.

7.5.5 참고 항목

- 모듈 게시에 대한 문서는 https://developer.hashicorp.com/terraform/registry/modules/publish를 참고한다.

- 저장소 API에 대한 문서는 https://developer.hashicorp.com/terraform/registry/api-docs를 참고한다.

7.6 사용자 정의 모듈 내에서 다른 파일 사용하기

이번 장에서 다룬 테라폼 모듈을 생성하고 로컬에서 사용하기 예제에서 테라폼 모듈을 생성하는 기본적인 단계에 대해서 배웠다.

모듈을 사용해서 테라폼 구성을 작성하다 보면 모듈이 로컬에 있는 스크립트를 실행해야 하는 경우처럼 테라폼 구성이 아닌 다른 파일을 모듈 내에서 사용해야 하는 경우가 있을 수 있다.

이번 예제에서는 테라폼 모듈 내에서 어떻게 다른 파일을 사용하는지 배워보자.

7.6.1 준비 사항

이번 예제에서는 사전에 준비해야 할 것들은 없다. 테라폼 모듈을 처음부터 작성해보자.

이번 예제의 목표는 로컬 컴퓨터 내에 있는 배시 스크립트를 실행하는 테라폼 모듈을 만드는 것이다. (이번 예제에서는 hello world라는 단어를 화면에 출력한다.)

예시로 배시 스크립트를 실행할 것이기 때문에, 리눅스, 윈도우의 WSL 또는 맥 OS와 같은 배시 콘솔에서 테라폼을 실행한다.

 이와 같은 테라폼 구성은 배시가 설치된 환경에서 실행되어야 한다는 제약 사항 때문에 테라폼 구성의 재사용성을 감소시킨다는 것을 기억해야 한다. 테라폼은 다양한 운영체제와 아키텍처를 위한 빌드를 제공하고 크로스 플랫폼에서 실행되기 때문에 일반적으로는 이런 제약 사항이 생기지 않는다.

이번 예제의 소스 코드는 https://github.com/PacktPublishing/Terraform-Cook book-Second-Edition/tree/main/CHAP07/moduledemo/Modules/execscript에서 확인할 수 있다.

7.6.2 작동 방법

다음 단계를 수행한다.

1 Modules 폴더 내에 execscript 라는 폴더를 만든다. 그리고 다음과 같은 script.sh 파일을 생성한다.

```
echo "Hello world"
```

2 main.tf를 생성한 후 다음 코드를 작성한다.

```
resource "null_resource" "execfile" {
  provisioner "local-exec" {
    command     = "${path.module}/script.sh"
    interpreter = ["/bin/bash"]
  }
}
```

3 그리고 moduledemo 폴더 내에 callscript 폴더를 만들어서 다음 테라폼 구성을 포함한 main.tf 파일을 생성한다.

```
module "execfile" {
  source = "../Modules/execscript"
}
```

전체 소스 코드는 https://github.com/PacktPublishing/Terraform-Cookbook- Second-Edition/tree/main/CHAP07/moduledemo/callscript에서 확인할 수 있다.

4 마지막으로 터미널에서 테라폼 구성이 있는 폴더로 이동한 후, 테라폼 워크플로우를 실행한다.

```
terraform init
```

```
terraform plan -out="app.tfplan"
terraform apply app.tfplan
```

7.6.3 작동 원리

첫 번째와 두 번째 단계에서는 local_exec 프로비저너를 사용해서 로컬에 있는 스크립트를 실행하는 모듈을 만든다.(https://developer.hashicorp.com/terraform/language/resources/provisioners/local-exec를 참고한다.)

이번 예제에서 null_resource 리소스는 종종 비표준 해결책을 나타낸다. 보통은 테라폼이 아닌 테라폼 외부에서 수행될 가능성이 높은 작업들을 의미한다. 이런 것들이 클러치로 사용될 수 있지만, 해결책이 클러치를 필요로 하지 않는다면 그 방법이 더 좋다.

local_exec은 모듈 내에 저장된 script.sh 스크립트 파일을 실행한다. 테라폼 실행 중에 사용할 수 있는 이 script.sh 파일에 대한 상대경로를 지정하기 위해, 모듈을 기준으로 전체 경로를 반환하는 path.module 표현식을 사용한다.

그리고 세 번째 단계에서는 이 모듈을 호출하는 테라폼 구성을 만든다. 마지막으로 네 번째 단계에서 테라폼 워크플로우를 실행하면 다음과 같은 결과를 볼 수 있다.

```
mikael@vmdev-linux:~/.../Helloworld$ terraform apply app.tfplan
module.execfile.null_resource.execfile: Creating...
module.execfile.null_resource.execfile: Provisioning with 'local-exec'...
module.execfile.null_resource.execfile (local-exec): Executing: ["/bin/bash" "../Modules/execscript/script.sh"]
module.execfile.null_resource.execfile (local-exec): Hello world
module.execfile.null_resource.execfile: Creation complete after 0s [id=6967327776817514497]
```

그림 7.15 테라폼 모듈 내에서 다른 파일 사용

스크립트가 정상적으로 실행되었고 그 결과로 콘솔에 Hello world가 표시된 것을 볼 수 있다.

7.6.4 더 살펴볼 것들

앞서 작성했던 모듈에서 path.module 표현식을 사용하지 않았다면 어떻게 될지 알아보자.

```
resource "null_resource" "execfile" {
  provisioner "local-exec" {
    command = "script.sh"
    interpreter = ["/bin/bash"]
  }
}
```

apply 명령을 실행하면 다음과 같은 에러를 볼 수 있다.

```
module.execfile.null_resource.execfile: Creating...
module.execfile.null_resource.execfile: Provisioning with 'local-exec'...
module.execfile.null_resource.execfile (local-exec): Executing: ["/bin/bash" "script.sh"]

Error: Error running command 'script.sh': exec: "/bin/bash": file does not exist. Output:
```

그림 7.16 path.module이 없어서 발생하는 에러

테라폼이 main.tf 파일을 실행할 때 모든 상대 경로를 모듈이 존재하는 폴더가 아닌 terraform plan과 apply를 실행하는 현재 폴더로 해석하기 때문이다.

7.6.5 참고 항목

• path.module 표현식에 대한 문서는 https://developer.hashicorp.com/terra form/language/expressions/references#filesystem-and-workspace-info를 참고한다.

7.7 테라폼 모듈 생성기 사용하기

지금까지 테라폼 모듈을 생성하고 사용하고 공유하는 방법, 그리고 테라폼 모듈 파일의 구조에 대한 모범 사례에 대해서 배웠다. 테라폼 모듈은 메인 파일, 변수를 위한 파일, 그리고 모듈의 출력이 포함된 파일로 구성된다. 깃허브를 사용해서 공개 저장소에 테라폼 모듈 공유하기 예제에서는 README.md 파일을 통해 모듈의 사용법에 대해 문서화하는 것도 배웠다.

모듈 작동을 위한 이런 표준 파일 외에도 스크립트, 테스트(테라 테스트를 통해 테라폼 모듈 테스트하기 예제에서 다룬다.) 및 기타 파일을 추가할 수도 있다.

기업의 프로젝트에서는 많은 테라폼 모듈의 생성이 필요할 텐데 필요할 때마다 위와 같은 표준화 작업을 해야 한다면 반복적이고 지루한 작업이 될 것이다.

테라폼 모듈의 구조를 쉽게 생성할 수 있도록 마이크로소프트에서 테라폼 모듈의 기본 구조(템플릿이라고도 부른다.)를 생성할 수 있는 도구를 개발했다.

> 이번 예제에서 다룰 도구는 더 이상 마이크로소프트에서 유지보수하지 않는다. 그래서 테라폼 모듈 생성에 익숙하지 않는 초보자일 경우에만 사용하는 것을 권장한다. 이 도구가 테라폼 모듈 구조의 기본적인 것들과 컨벤션에 대한 이해를 높여줄 수 있기 때문이다.

이번 예제에서는 모듈 생성기를 사용해서 모듈의 기반을 만드는 방법에 대해서 배워보자.

7.7.1 준비 사항

다음 단계를 수행한다.

1 Node.js (6.0 이상)을 로컬에 설치한다. 다운로드 문서는 https://nodejs.org/en/download/에서 확인할 수 있다.

2 npm 패키지까지 설치한 후 Yeoman(https://www.npmjs.com/package/yo)을 다음 명령을 사용해서 설치한다.

```
npm install -g yo
```

이 모듈 생성기를 사용해서 리소스 그룹을 프로비저닝하는 모듈의 구조를 만들어 보자.

이번 예제의 코드는 https://github.com/PacktPublishing/Terraform-Cookbook-Second-Edition/tree/main/CHAP07/generatedmodule에서 확인할 수 있다.

7.7.2 작동 방법

다음 단계를 수행한다.

1 터미널에서 다음 명령을 실행한다.

```
npm install -g generator-az-terra-module
```

2 모듈의 이름을 따서 terraform-azurerm-rg 라는 폴더를 생성한다.

3 이 폴더에서 다음 명령을 입력한다.

```
yo az-terra-module
```

4 마지막으로 모듈 생성기가 몇 가지 질문을 하게 되는데 다음 그림과 같이 답변을 입력한다.

```
PS                        > yo az-terra-module
? Terraform module project Name rg
? The name above already exists on npm, choose another? No
? What's your name: Mikael Krief
? Your email (optional): mkrief@          .com
? Your website (optional):
? Which license do you want to use? MIT
? Would you like to include the Docker image file? Yes
```

그림 7.17 테라폼 모듈 생성기

7.7.3 작동 원리

첫 번째 단계에서는 generator-az-terra-module이라는 npm 패키지를 설치한다. 설치를 위해 패키지를 전역적으로, 즉 전체 머신에 대해 설치하는 전통적인 npm 명령을 사용한다.

두 번째 단계에서는 모듈의 코드를 포함할 폴더를 생성한다. 폴더의 이름은 테라폼 저장소에서 요구하는 명명법을 사용한다.

세 번째와 네 번째 단계에서는 az-terra-module 생성기를 실행한다. 생성기는 모듈 템플릿을 커스터마이징하기 위해 몇 가지 질문을 한다. 첫 번째 질문은 모듈의 이름을 물어본다.

두 번째 질문은 npm에 모듈이 이미 존재하는지 여부를 물어본다. 여기서는 No라고 대답한다.

세 번째 질문은 모듈의 메타데이터를 물어본다. 마지막 질문은 모듈 코드에 모듈에서 테스트를 실행하는데 사용할 도커 파일을 추가할지를 물어본다. Yes라고 대답한다.

모든 질문이 끝나면 생성기는 폴더 내에 모듈에 필요한 모든 파일을 생성한다.

그림 7.18 테라폼 모듈 생성기 화면

그림 7.18을 보면 생성기가 어떤 폴더와 파일을 생성했는지를 알 수 있다. 이제, 마지막으로 파일 탐색기를 사용하면 다음과 같은 파일을 볼 수 있다.

그림 7.19 테라폼 모듈 생성기가 만든 폴더 구조

테라폼 모듈의 기본 구조가 생성된 것을 볼 수 있다.

7.7.4 더 살펴볼 것들

이번 예제에서는 모듈 생성기를 통해 테라폼 모듈의 기본 구조를 생성하는 방법에 대해 배웠다. 생성기의 실행이 끝나면 생성된 모듈의 폴더에는 모듈의 테라폼 구성이 포함되며 이 구성을 나중에 모듈의 구성으로 수정하면 된다. 이 폴더는 다른 테스트 파일과 도커 파일도 포함한다. 이 파일들은 11장, 테라폼 구성에 대해 테스트 및 컴플라이언스 검사하기에 있는 테라테스트를 통해 테라폼 모듈 테스트하기 예제에서 유용하게 사용되는 파일들이다.

또한 이 생성기는 마이크로소프트에서 개발했지만 애저 외에도 생성해야 하는 모든 테라폼 모듈의 구조를 생성하는데 사용할 수 있다.

7.7.5 참고항목

- 모듈 생성기의 소스 코드는 https://github.com/Azure/generator-az-terra-module 를 참고한다.

- 모듈 생성기의 사용 방법에 대한 문서는 https://learn.microsoft.com/en-us/azure/ developer/terraform/create-base-template-using-yeoman를 참고한다.

- Ycoman 에 대한 문서는 https://ycoman.io/를 참고한다.

- 생성기의 npm 패키지는 https://www.npmjs.com/package/generator-az-terra-module를 참고한다.

7.8 모듈 문서 생성하기

이전 예제들을 통해 테라폼 모듈을 만들 때 변수와 출력값을 설정하는 방법을 배웠다.

다른 팀에서 사용하거나 공개적으로 사용할 수 있는 다른 패키지와 마찬가지로 테라폼 모듈을 문서화하는 것은 매우 중요하다.

하지만 이런 문서화의 문제점은 코드가 변경될 때마다 업데이트 하는 것이 번거로워서 금방 쓸모 없어진다는 것이다.

테라폼 도구 상자에 있는 도구 중에는 terraform-docs라는 것이 있다. terraform-docs는 오픈소스이며 크로스 플랫폼 도구로, 테라폼 모듈의 문서를 자동으로 생성할 수 있게 해준다.

이번 예제에서 terraform-docs를 사용해서 모듈에 대한 마크다운 문서를 자동으로 생성하는 방법에 대해서 배워보자.

7.8.1 준비 사항

이번 예제에서는 이번 장에 있는 테라폼 모듈을 생성하고 로컬에서 사용하기 예제에서 만든 모듈의 문서를 생성한다. 이 모듈은 애저 웹 앱을 생성하는 모듈이며 소스 코드는 https://github.com/PacktPublishing/Terraform-Cookbook-Second-Edition/tree/main/CHAP07/moduledemo/Modules/webapp에서 확인할 수 있다.

만약 윈도우를 사용한다면 Chocolatey를 설치해야 한다. 설치 방법은 https://chocolatey.org/install을 참고한다. 이번 예제에서 생성하려는 webapp 모듈에 대한 테라폼 구성은 https://github.com/PacktPublishing/Terraform-Cookbook-Second-Edition/blob/main/CHAP07/moduledemo/Modules/webapp/Readme.md를 참고한다.

7.8.2 작동방법

다음 단계를 수행한다.

1 리눅스를 사용한다면 다음 스크립트를 실행한다.

```
curl -L https://github.com/segmentio/terraform-docs/releases/download/v0.9.1/
terraform-docs-v0.9.1-linux-amd64 -o terraform-docsv0.9.1-linux-amd64
tar -xf terraform-docs-v0.9.1-linux-amd64
chmod u+x terraform-docs-v0.9.1-linux-amd64
sudo mv terraform-docs-v0.9.1-linux-amd64 /usr/local/bin/terraformdocs
```

만약 윈도우를 사용한다면 다음 스크립트를 실행한다.

```
choco install terraform-docs -y
```

2 설치가 잘되었는지 테스트하기 위해 다음 명령을 실행한다.

```
terraform-docs --version
```

3 터미널에서 moduledemo 폴더로 이동 후 다음 명령을 실행한다.

```
terraform-docs markdown Modules/webapp/ > Modules/webapp/Readme.md
```

7.8.3 작동 원리

첫 번째 단계에서는 각 운영체제에 맞게 terraform-docs를 설치한다. 리눅스에서는 제공된 스크립트를 통해 깃허브에서 terraform-docs 패키지를 다운로드하고, tar를 사용해서 압축을 해제한 후 chmod로 실행 권한을 부여하고, /usr/bin/local 폴더로 복사한다.(/usr/bin/local 폴더는 PATH 환경 변수에 추가되어 있어야 한다.)

다음 그림은 리눅스에서 terraform-docs를 설치하는 화면이다.

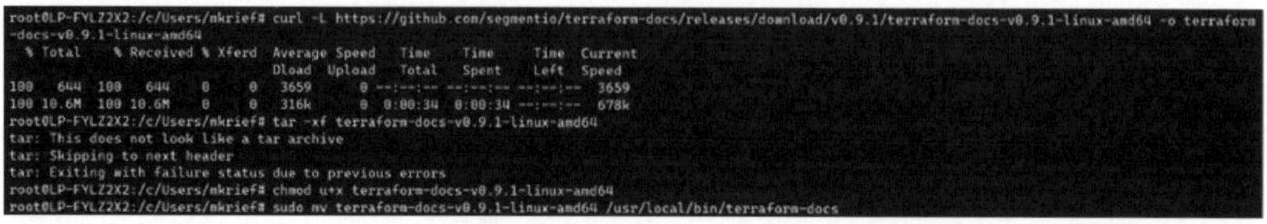

그림 7.20 리눅스 운영체제에서 terraform-docs 다운로드하기

윈도우에서는 choco install 명령으로 terraform-docs 패키지를 다운로드하고 설치한다.

다음 그림은 윈도우에서 terraform-docs를 설치하는 화면이다.

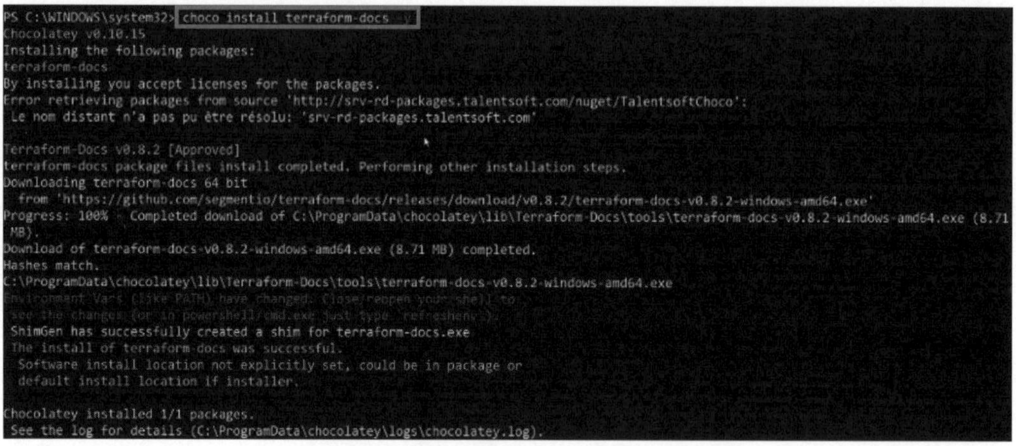

그림 7.21 윈도우 운영체제에서 terraform-docs 다운로드하기

그리고 두 번째 단계에서는 terraform-docs 명령에 --version 옵션을 추가해서 설치가 잘 되었는지 확인한다. 이 명령은 다음 그림처럼 설치된 terraform-docs의 버전을 표시한다.

그림 7.22 terrarform-docs —version 명령의 결과

마지막으로 세 번째 단계에서는 terraform-docs 명령의 첫 번째 인자로 문서의 형식을 지정해서 실행한다. 예제에서는 markdown 형식으로 지정했다. 그리고 두 번째 인자로 모듈 폴더의 경로를 지정한다. 이렇게 인자들만 지정한 후 실행하면 다음 그림처럼 생성될 문서의 내용이 콘솔에 표시된다.

그림 7.23 terraform-docs를 사용해서 자동 생성된 테라폼 문서

하지만 명령 뒤에 〉Modules/webapp/Readme.md를 추가해서 생성된 문서의 내용을 모듈 폴더 내에 Readme.md라는 파일에 저장하도록 실행한다.

명령을 실행하고 나면 새로운 Readme.md 파일이 생성되고 모듈 폴더에 생성된 것도 볼 수 있다. 생성된 문서는 모듈에서 사용하는 프로바이더의 정보, 입력 변수 그리고 출력값으로 구성된다.

7.8.4 더 살펴볼 것들

이번 예제에서는 마크다운 문서를 생성했다. 하지만 JSON, XML, YAML 혹은 일반 텍스트 형식으로도 생성할 수 있다. 이렇게 하려면 terraform-docs 명령에 형식 옵션을 추가해야 한다. 생성 가능한 문서 형식에 대해 더 알고 싶다면 https://terraform-docs.io/reference/terraform-docs/#subcommands를 참고한다.

만약 문서 생성 과정을 자동화하고 싶다면, 깃에 코드를 커밋할 때마다 terraform-docs가 실행되도록 설정할 수 있다. 이를 위해서 pre-commit 깃 훅을 사용한다. pre-commit에 대한 설명은 https://terraform-docs.io/how-to/pre-commit-hooks/를 참고한다.

또한 terraform-docs의 최신 버전은 https://github.com/terraform-docs/terraform-docs/releases에서 확인할 수 있다.

> 깃허브를 사용해서 공개 저장소에 테라폼 모듈 공유하기 예제에서 배운 것처럼 테라폼 모듈 저장소에 모듈을 게시 한다면, 모듈 문서를 생성할 필요가 없다. 모듈 문서 생성 기능이 이미 저장소에서 제공되기 때문이다.

7.8.5 참고 항목

- terraform-docs 소스 코드는 https://github.com/terraform-docs/terraform-docs 를 참고한다.

- Chocolatey를 통해 설치 가능한 terraform-docs 패지키에 대한 내용은 https://community.chocolatey.org/packages/Terraform-Docs를 참고한다.

7.9 비공개 깃 저장소를 사용해서 테라폼 모듈 공유하기

이번 장에서는 테라폼 모듈에 대해서 전반적으로 다루면서, 모듈의 코드를 깃허브 저장소에 두고 테라폼 공개 모듈 저장소에 게시하는 방법에 대해서 배웠다.

하지만 기업의 규모에 따라 모듈의 코드를 깃허브 공개 저장소를 통해 모두가 접근할 수 있도록 노출하면 안되는 경우가 있을 수 있다.

이를 위해 몇 가지 형태의 테라폼 모듈 소스가 있다. 이 형태들에 대해서는 https://developer.hashicorp.com/terraform/language/modules/sources를 참고한다.

이번 예제에서는 비공개 깃 저장소를 통해 테라폼 모듈을 공유하는 방법에 대해서 살펴본다. 깃 서버가 내부에 설치되어 있거나(온프레미스라고 불리는) 클라우드에 있는 것과(SaaS라고 불리는) 상관 없이 저장소에 접근하기 위해 인증이 필요한 경우 모두를 의미한다.

7.9.1 준비 사항

이번 예제에서는 애저 레포(Azure DevOps)에 있는 깃 저장소를 사용한다. 애저 레포는 무료로 사용할 수 있으면서 접근을 위해서는 인증을 필요로 한다. 애저 레포에 대한 더 자세한 정보 혹은 애저 데브옵스 계정 생성 방법에 대해서는 https://azure.microsoft.com/en-us/products/devops/를 참고한다.

애저 데브옵스에 있는 저장소를 복사하기 위해 SSH 키를 사용한다. SSH 키 설정에 대한 더 자세한 정보는 https://learn.microsoft.com/en-us/azure/devops/repos/git/use-ssh-keys-to-authenticate?view=azure-devops를 참고한다.

예제를 진행하기 위해서는 미리 프로젝트를 생성해야 한다. 이 때, 프로젝트 이름은 예를 들어 Terraform-modules라고 지정할 수 있으며 모든 모듈의 깃 저장소를 포함하게 된다.

다음 그림은 애저 데브옵스 프로젝트를 생성하는 화면이다.

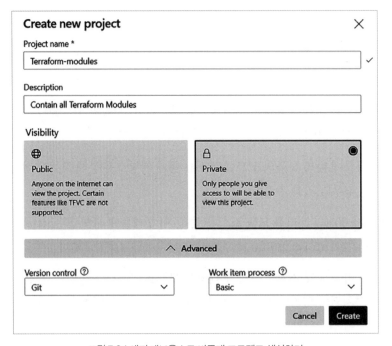

그림 7.24 애저 데브옵스로 비공개 프로젝트 생성하기

 이번 예제에서는 애저 데브옵스의 사용 방법에 대해 다루진 않는다. 비공개 저장소의 한 가지 예제로 애저 데브옵스를 사용한다.

또한 깃의 기본적인 명령과 워크플로우를 알아야 한다. 이에 대해서는 https://www.hostinger.com/tutorials/basic-git-commands를 참고한다.

애저 레포에 저장할 모듈의 코드는 이 장의 첫 번째 예제에서 만든 모듈의 코드를 사용한다. 소스 코드는 https://github.com/PacktPublishing/Terraform-Cookbook-Second-Edition/tree/main/CHAP07/moduledemo/Modules/webapp에서 확인할 수 있다.

7.9.2 작동방법

다음 단계를 수행한다.

1 애저 데브옵스 프로젝트인 Terraform-modules에서 terraform-azurerm-webapp이라는 이름의 새로운 깃 저장소를 생성한다. 다음 그림과 같이 기본 설정을 사용한다.

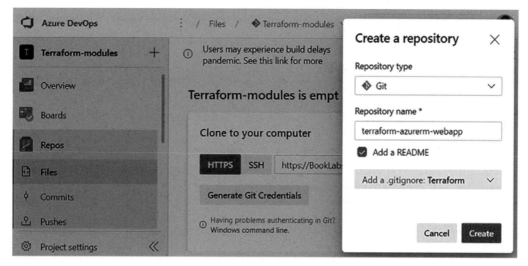

그림 7.25 애저레포로 저장소 생성하기

2 로컬 워크스테이션에서 저장소를 복제하기 위해 Git 명령을 실행한다. 〈organization〉 부분은 각자의 애저 데브옵스 조직 이름으로 변경한다.

```
git clone https://<your organization>@dev.azure.com/<your organization>/
Terraform-modules/_git/terraform-azurerm-webapp
```

3 위 명령을 입력하면 인증을 위해 애저 데브옵스 로그인 정보를 물어본다. 본인의 패스워드를 입력해 준다.

4 https://github.com/PacktPublishing/Terraform-Cookbook-Second-Edition/tree/main/CHAP07/moduledemo/Modules/webapp에 있는 소스 코드를 git clone 명령을 통해 생성된 새로운 폴더에 복사한다.

5 Readme.md 파일의 내용을 모듈에 대한 내용으로 수정한다.

6 수정 후 모든 파일을 커밋하고 푸시한다. 비주얼 스튜디오 코드 혹은 깃 명령을 사용한다.

```
git add .
git commit -m "add code"
git push origin master
```

7 다음 명령을 실행해서 Git 태그 v1.0.0을 추가한 후 푸시한다.

```
git tag v1.0.0
git push origin v1.0.0
```

 이 작업은 애저 레포의 웹 인터페이스를 통해서도 할 수 있다. 저장소 탭의 Tags 탭을 사용하면 된다.

8 마지막으로 이 모듈을 사용하게 될 MyApp 폴더에 있는 main.tf 파일을 수정한다. 모듈을 사용하는 블록의 source 속성을 수정한다.

```
resource "azurerm_resource_group" "rg-app" {
  name     = "RG_MyAPP_Demo"
  location = "West Europe"
}

module "webapp" {
  source                 = "git@ssh.dev.azure.com:v3/<your
organization>/Terraform-modules/terraform-azurerm-webapp?ref=v1.0.0"
  service_plan_name   = "spmyapp2"
  app_name            = "myappdemobook2"
  location            = azurerm_resource_group.rg-app.location
  resource_group_name = azurerm_resource_group.rg-app.name
}

output "webapp_url" {
  value = module.webapp.webapp_url
}
```

7.9.3 동작 원리

첫 번째와 두 번째 단계에서는 애저 레포에 깃 저장소를 만들고 로컬로 복사한다. 그리고 세 번째부터 일곱 번째 단계까지 모듈을 위한 테라폼 구성을 작성한다.(앞 예제에서 사용했던 코드를 그대로 사용한다.) 또한 Readme.md 파일을 수정한다. 그 후 지금까지의 변경 사항을 커밋하고 원격 깃 저장소에 푸시한다. 다음 그림은 애저 레포에서 볼 수 있는 원격 저장소 화면이다.

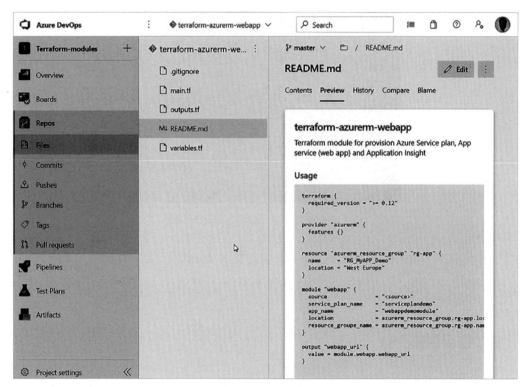

그림 7.26 애저 레포에서 볼 수 있는 README.md

vX.X.X 형식으로 깃 태그를 추가하면 모듈의 버전으로 사용할 수 있다.

마지막으로 여덟 번째 단계에서는 앞서 만든 모듈을 사용하는 테라폼 구성을 작성한다. 이를 위해 모듈의 source 속성을 저장소의 깃 URL로 지정한다. 또한 이 URL에 깃 태그 값으로 ref 파라미터를 추가한다.

terraform init 명령을 실행하게 되면 테라폼이 깃 저장소에 있는 모듈 코드를 로컬로 복사한다.

```
~mikael@vmdev-linux:      /privatemodule$ terraform init
  Initializing modules...
  Downloading git::ssh://git@ssh.dev.azure.com/v3/BookLabs/Terraform-modules/terraform-azurerm-webapp for webapp...
  - webapp in .terraform/modules/webapp

  Initializing the backend...
```

그림 7.27 terraform init 명령으로 비공개 모듈을 다운로드하는 모습

다음 그림처럼 테라폼 폴더에 모듈 코드가 다운로드된 것을 볼 수 있다.

```
∨ privatemodule
  ∨ .terraform
    ∨ modules
      ∨ webapp
        ◈ .gitignore
        ▼ main.tf
        ▼ outputs.tf
        ⓘ README.md
        ▼ variables.tf
```

그림 7.28 terraform init 명령으로 다운로드된 모듈

webapp 모듈이 .terraform 폴더에 다운로드된 것을 볼 수 있다.

7.9.4 더 살펴볼 것들

이번 예제에서는 대부분의 단계가 깃허브를 사용해서 공개 저장소에 테라폼 모듈 공유하기 예제에서 진행한 내용과 비슷하다. 다른 것이 있다면 여덟 번째 단계에서 source 속성을 깃 저장소 URL을 사용했다는 점이다.

비공개 깃 저장소를 사용했을 때 장점은 권한이 있는 사람만 접근할 수 있다는 것이다. 그리고 모듈 호출 URL에 넣은 ref 매개변수에는 깃 태그를 사용해서 특정 버전의 모듈을 사용하도록 설정했다. 또한 특정 깃 브랜치 이름을 지정할 수도 있는데, 이는 메인 브랜치에 영향을 주지 않고 모듈을 개발할 때 유용한다.

 브랜치는 필요한 경우에만 개발 중에 사용해야 하며, 기본 브랜치는 언제든 변경되어 진행 중인 작업에 영향을 줄 수 있다는 것을 기억하자. 운영 환경의 코드는 반드시 변하지 않는 태그로 설정해야 한다.

모듈의 코드를 깃허브 저장소에 저장하고 source 속성을 깃허브 저장소 URL을 사용할 수도 있다. 이에 대해서는 https://developer.hashicorp.com/terraform/language/modules/sources#github를 참고한다.

이번 예제에서는 애저 데브옵스에 깃 저장소를 만들었다. 하지만 애저 데브옵스뿐만 아니라 빗버킷같은 다른 깃 저장소에서도 잘 동작한다. (https://developer.hashicorp.com/terraform/language/modules/sources#bitbucket)

HTTPS 혹은 SSH를 사용한 깃 저장소 인증에 대해서는 https://developer.hashicorp.com/terraform/language/modules/sources#generic-git-repository를 참고한다.

7.9.5 참고 항목

• 모듈에서 사용하는 source 속성에 대해서는 https://developer.hashicorp.com/terraform/language/modules/sources를 참고한다.

7.10 모듈 사용을 위해 테라파일 패턴 적용하기

이번 장에 있는 예제들을 통해 테라폼 모듈을 만들어서 로컬에서 혹은 공개 저장소나 깃 저장소를 사용해서 원격에서 사용하는 방법에 대해서 배웠다.

하지만 테라폼 구성을 사용할 때 다수의 모듈을 사용한다면, 이런 모듈들을 관리하는 게 복잡한 작업이 될 수 있다. 특히 모듈의 버전이 변경될 때 더 복잡해 질 수 있는데, 버전을 변경하려면 모든 테라폼 구성을 탐색해야 할 수도 있기 때문이다. 게다가 테라폼 구성에서 호출되는 모든 모듈과 그 버전에 대한 글로벌 가시성을 확보하기 어렵기 때문에 버전 변경 작업이 더 어렵다.

기존의 패키지 관리자(NPM 및 NuGet)와 유사하게, 테라파일이라고 불리는 중앙 집중식 파일 패턴을 사용하면 사용자가 테라폼 구성에 사용된 테라폼 모듈의 구성을 수집할 수 있다.

이번 예제에서는 테라폼 모듈을 관리하기 위해 테라파일 패턴을 어떻게 사용하는지 배워보자.

7.10.1 준비 사항

이번 예제에서는 이미 작성되어 있는 테라폼 구성을 사용한다. 이 구성은 https://github.com/PacktPublishing/Terraform-Cookbook-Second-Edition/blob/main/CHAP07/terrafile/initial/main.tf에서 확인할 수 있다. 이 테라폼 구성은 전통적인 구성을 따른다. 몇 개의 모듈을 호출하고 각 모듈의 source 속성은 깃허브 저장소의 URL을 사용한다.

또한 루비와 레이크로 작성된 코드를 실행한다. (https://github.com/ruby/rake)

이를 위해 미리 루비를 설치해야 한다. 설치 문서는 https://www.ruby-lang.org/en/documentation/installation/를 참고한다. 하지만 루비에 대한 사전 지식까지는 필요하지 않다. 이번 예제를 위한 스크립트가 소스 코드로 제공된다.

이번 예제의 목표는 사용할 모듈의 관리를 중앙 집중화해서 이 코드에 테라파일 패턴을 적용하는 것이다.

이번 예제의 소스 코드는 https://github.com/PacktPublishing/Terraform-Cookbook-Second-Edition/tree/main/CHAP07/terrafile에서 확인할 수 있다.

7.10.2 작동방법

다음 단계를 수행한다.

1 https://github.com/PacktPublishing/Terraform-Cookbook-Second-Edition/blob/main/CHAP07/terrafile/initial/main.tf에 있는 main.tf 파일을 새로운 폴더로 복사한다.

2 새로운 폴더에서 새로운 파일인 Terrafile(확장자 없이)을 생성한 후 다음과 같이 작성한다.

```
rg-master:
  source:  "https://github.com/mikaelkrief/terraform-azurerm-resource-group.git"
  version: "master"
webapp-1.0.0:
  source:  "https://github.com/mikaelkrief/terraform-azurerm-webapp.git"
  version: "1.0.0"
network-3.0.1:
  source:  "https://github.com/Azure/terraform-azurerm-network.git"
  version: "v3.0.1"
```

3 Rakefile(확장자 없이)이라는 새로운 파일을 하나 더 생성한 후 다음과 같이 작성한다.(소스 코드는 https://github.com/PacktPublishing/Terraform-Cookbook-Second-Edition/blob/main/CHAP07/terrafile/new/Rakefile에서 확인할 수 있다.)

```
.....
desc 'Fetch the Terraform modules listed in the Terrafile'
task :get_modules do
  terrafile = read_terrafile

  create_modules_directory
  delete_cached_terraform_modules

  terrafile.each do |module_name, repository_details|
    source  = repository_details['source']
    version = repository_details['version']
    puts "[*] Checking out #{version} of #{source} ...".colorize(:green)

    Dir.mkdir(modules_path) unless Dir.exist?(modules_path)
    Dir.chdir(modules_path) do
        #puts "git clone -b #{version} #{source} #{module_name} &> /dev/null".
colorize(:green)
        `git clone -q -b #{version} #{source} #{module_name}`
    end
  end
end
```

4 main.tf 파일에서 모듈들의 source 속성을 다음과 같이 수정한다.

```
module "resourcegroup" {
  source            = "./modules/rg-master"
...
}

module "webapp" {
  source            = "./modules/webapp-1.0.0"
...
}

module "network" {
  source               = "./modules/network-3.0.1"
...
}
```

5 터미널에서 다음 스크립트를 실행한다.

```
gem install colorize
rake get_modules
```

6 마지막으로 테라폼 워크플로우를 실행한다.

7.10.3 작동 원리

테라파일 패턴의 작동 원리는 모듈을 호출할 때 깃 저장소를 직접 사용하는 대신에 YAML 형식으로 정의된 테라파일을 참조하는 것이다. 테라폼 구성에서는 모듈을 호출할 때 modules 폴더에 대한 상대 경로를 사용한다. 마지막으로 테라폼 워크플로우를 실행하기 전에 테라파일을 참조하는 스크립트를 실행하고 참조된 각각의 모듈을 로컬로 복사한다.

첫 번째 단계에서는 Terrafile 파일을 생성한다. 이 파일은 YAML 형식으로 모듈의 저장소에 대한 정보를 포함한다. 각 모듈 별로 다음 항목들을 지정한다.

- 모듈이 복사될 폴더의 이름
- 모듈의 깃 저장소 URL
- 모듈의 버전

두 번째 단계에서는 Rakefile이라는 이름의 루비 레이크 스크립트를 작성한다. 이 스크립트는 테라파일을 해석해서 git clone 명령을 사용해 각 모듈을 지정된 폴더에 복사한다.

그리고 세 번째 단계에서는 테라폼 구성의 모듈 호출 부분을 수정한다. 더 이상 깃 URL을 사용하지 않고 테라파일에 정의된 각각의 절대 경로를 사용한다.

마지막으로 네 번째 단계에서는 Rakefile 스크립트를 실행해서 각 모듈을 지정된 폴더에 복사한다.

이 작업들이 완료되면 테라폼 워크플로우를 실행할 수 있다.

7.10.4 더 살펴볼 것들

이번 예제에서 배운 것처럼, 테라파일은 테라폼 구성에서 사용할 모듈의 소스 역할을 한다. 이를 통해 사용할 모듈과 버전을 더 잘 관리하고 유지할 수 있다.

이 파일에서 각 모듈에 대해 설치될 대상 폴더를 지정하고 폴더 이름에 버전 정보를 추가했다. 따라서 폴더의 이름이 고유하게 생성되어 동일한 모듈의 여러 버전을 사용할 수 있다. 다음 코드는 동일한 모듈의 서로 다른 버전이 포함된 테라파일의 예제이다.

```
network-3.0.1:
  source:  "https://github.com/Azure/terraform-azurerm-network.git"
  version: "3.0.1"
network-2.0.0:
  source:  "https://github.com/Azure/terraform-azurerm-network.git"
  version: "v2.0.0"
```

또한 모듈 코드를 다운로드하기 위해 깃 인증 정보가 필요할 수 있다. 이 때, 테라파일에 비밀번호를 작성하지 않도록 주의해야 한다.

이번 예제에서는 Rakefile 스크립트가 제공되었는데, 이 스크립트는 테라파일 패턴의 원본 문서에서 확인할 수 있다.(https://bensnape.com/2016/01/14/terraform-design-patterns-the-terrafile/) 또한 자유롭게 수정할 수도 있다.

테라파일 패턴의 핵심은 사용된 스크립트, 언어 또는 형식이 아니라 작동 원리다. Rakefile을 사용할 수 있는 다른 대체 스크립트나 도구들도 있다. 파이선 스크립트는 https://github.com/claranet/python-terrafile을 참고하고, Go 언어로 작성된 도구는 https://github.com/coretech/terrafile를 참고한다.

마지막으로 테라폼 구성 내에 비공개 테라폼 모듈을 참조하는 또 다른 방법이 있다. 바로 깃 서브 모듈(https://git-scm.com/book/en/v2/Git-Tools-Submodules)과 vendir이라는 도구(https://carvel.dev/vendir/)이다.

7.10.5 참고 항목

- 테라파일 패턴에 대한 주요 참조 문서는 https://bensnape.com/2016/01/14/terraform-design-patterns-the-terrafile/을 참고한다.

- 파이선 테라파일 패키지는 https://pypi.org/project/terrafile/에서 확인할 수 있고 사용 방법에 대해서는 https://github.com/claranet/python-terrafile을 참고한다.

- Go로 작성된 테라파일 도구는 https://github.com/coretech/terrafile를 참고한다.

NOTE

08

테라폼으로 애저 인프라 프로비저닝하기

테라폼에는 클라우드 혹은 온프레미스 데이터센터를 위한 다양한 유형의 인프라를 프로비저닝할 수 있는 여러 프로바이더가 포함되어 있다.

이 책의 이전 장들에서는 테라폼 명령과 모듈을 사용해서 테라폼 구성을 공유하는 방법과 같은 테라폼 언어에 대한 기본적인 개념들에 대해서 배웠다. 또한 이전 장에서 다뤘던 테라폼 구성 예제들에서는 azurerm 프로바이더를 기반으로 다뤘지만, 다른 테라폼 프로바이너에도 적용할 수 있는 내용들이었다.

이번 장에서는 테라폼을 사용해서 애저 클라우드 인프라를 프로비저닝하는 방법을 중점적으로 설명한다. 애저 클라우드 쉘과의 통합, 보안 인증, 애저 저장소 계정에 있는 테라폼 상태의 파일 보호에서부터 시작한다.

테라폼으로 애저 리소스 관리자(Azure Resource Manager) 템플릿과 애저 CLI 스크립트를 실행하는 방법과 테라폼으로 애저 리소스 목록을 검색하는 방법을 배우게 된다. 그리고 테라폼을 사용해서 애저 키 볼트에 있는 민감 데이터를 보호하는 방법에 대해서도 배운다. 특히 두 가지 사례를 기반으로 살펴볼 예정이다. 첫 번째 사례는 가상머신으로 구성된 IaaS 인프라의 프로비저닝 및 구성에 대해 다루고, 두 번째 사례는 애저에서 PaaS 인프라를 프로비저닝하는 방법에 대해 다룬다. 마지막으로 테라폼 구성을 기반으로 한 애저 리소스의 비용 추정과 기존 인프라에서 테라폼 구성을 생성하기 위한 AzAPI 프로바이더의 사용에 대해 자세히 살펴본다.

이번 장에서 다룰 내용은 다음과 같다.

- 애저 클라우드 쉘에서 테라폼 사용하기
- 애저 자격 증명 프로바이더 보호하기
- 애저 원격 백엔드에 있는 상태 파일 보호하기
- 테라폼에서 ARM 템플릿 실행하기
- 테라폼에서 애저 CLI 명령 실행하기
- 테라폼과 애저 키 볼트를 사용해서 민감 정보 보호하기
- 테라폼으로 애저 가상 머신 프로비저닝하고 구성하기
- 기존 애저 인프라를 위한 테라폼 구성 생성하기

- 선택적인 애저 기능 활성화하기

- 인프라코스트(Infracost)를 사용해서 애저 인프라 비용 추정하기

- AzAPI 테라폼 프로바이더 사용하기

8.1 기술적 요구사항

이번 예제를 진행하려면 애저 계정이 필요하다. 아직 애저 계정이 없다면 https://azure.microsoft.com/free/를 통해 무료 애저 계정을 생성할 수 있다.

테라폼 애저 프로바이더가 애저에서 리소스를 프로비저닝하고 조작하려면 애저 계정을 사용해서 인증해야 하며, 필요한 권한이 있어야 한다. 이에 대해서는 https://registry.terraform.io/providers/hashicorp/azurerm/latest/docs/guides/service_principal_client_certificate를 참고한다.

이번 장의 소스 코드는 https://github.com/PacktPublishing/Terraform-Cookbook-Second-Edition/tree/main/CHAP08에서 확인할 수 있다.

8.2 애저 클라우드 쉘에서 테라폼 사용하기

1장, 테라폼 환경 구성하기에서는 로컬에는 테라폼을 설치하는 과정에 대해서 배웠다.

마이크로소프트는 애저 클라우드 쉘에서 사용할 수 있는 기본 도구 목록에 테라폼을 통합했다.

이번 예제에서는 애저 클라우드 쉘에서 테라폼을 사용해서 테라폼 구성을 작성하는 방법에 대해서 배워보자.

8.2.1 준비 사항

이번 예제를 진행하려면 애저 계정이 있어야 하고 애저 포털에 접속할 수 있어야 한다. https://portal.azure.com

> 앞의 준비 사항은 이번 장에서 살펴볼 모든 예제에서 필요하다.

또한 애저 클라우드 쉘을 기존 애저 저장소 계정과 연결하거나 새로운 계정을 만들어야 한다. 이에 대해서는 https://learn.microsoft.com/ko-kr/azure/cloud-shell/persisting-shell-storage를 참고한다.

8.2.2 작동방법

다음 단계를 수행한다.

1 다음 그림과 같이 애저 포탈에서 상단 메뉴에 있는 애저 클라우드 쉘 버튼을 클릭해서 애저 클라우드 쉘에 접속한다.

그림 8.1 애저 클라우드 쉘 버튼

2 클라우드 쉘 패널에 있는 드롭 다운 메뉴에서 Bash를 선택한다.

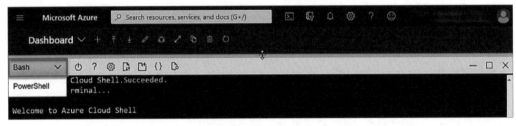

그림 8.2 애저 클라우스 쉘의 배시 모드

3 클라우드 쉘 터미널에서 clouddrive 폴더 내에 demotf라는 새로운 폴더를 생성한다.

```
mkdir clouddrive/demotf
```

새로운 폴더로 이동하기 위해서는 cd clouddrive/demotf 명령을 입력한다.

4 애저 클라우드 쉘 에디터라 불리는 웹 IDE에서 테라폼 구성을 작성하기 위해서 다음 명령을 입력한다. 더 자세한 정보는 https://learn.microsoft.com/en-us/azure/cloud-shell/using-cloud-shell-editor을 참고한다.

```
code .
```

5 애저 클라우드 쉘 에디터에서 다음과 같은 샘플 테라폼 구성을 작성한다.

```
terraform {
  required_version = "~> 1.0"
}
provider "azurerm" {
  features {}
}
resource "azurerm_resource_group" "rg-app" {
  name = "RG-TEST-DEMO"
  location = "westeurope"
}
```

6 Ctrl+S를 눌러 저장하고 파일 이름을 main.tf라고 지정한다.

7 테라폼 구성을 적용하기 위해 클라우드 쉘 터미널에서 다음 명령을 사용해서 테라폼 워크플로우를 진행한다.

```
terraform init
terraform plan -out=app.tfplan
terraform apply app.tfplan
```

8.2.3 작동 원리

이번 예제에서는 터미널로 구성된 애저 클라우드 쉘의 통합 개발 환경을 사용하고, 배시 모드에서 동작하도록 선택한다. 또한 다섯 번째와 여섯 번째 단계에서는 code . 명령을 사용해서 내장 에디터를 통해 테라폼 구성을 작성한다. 이 에디터에는 테라폼 파일에 대한 구문 강조 표시 기능도 있다. 마지막 일곱 번째 단계에서는 테라폼 CLI를 사용한다. 테라폼 CLI는 클라우드 쉘 환경에 기본으로 설치되어 있으며 이를 사용해서 테라폼 워크플로우를 실행할 수 있고 인프라를 프로비저닝할 수 있다.

다음 그림은 애저 클라우드 쉘에서 테라폼을 실행한 화면이다.

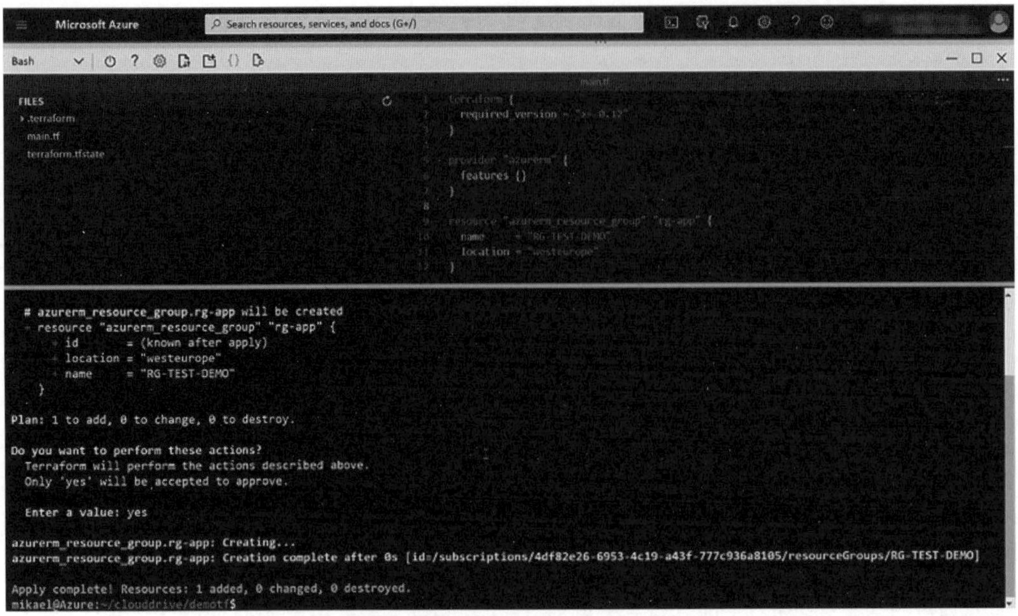

그림 8.3 애저 클라우드 쉘에서 테라폼 실행하기

그림 8.3에서 볼 수 있듯이 상단 패널은 내장 에디터를, 하단 패널은 테라폼 명령을 실행한 터미널 화면이다.

8.2.4 더 살펴볼 것들

이번 예제에서는 테라폼 파일을 클라우드 쉘에 있는 내장 에디터를 통해서 직접 수정했지만 테라폼 파일을 수정하는 다른 방법도 있다.

- 클라우드 쉘에서 기본으로 제공되는 Vim을 사용해서 테라폼 파일을 생성하고 수정할 수 있다. Vim에 대한 설명은 https://www.linuxfoundation.org/blog/blog/classic-sysadmin-vim-101-a-beginners-guide-to-vim을 참고한다.
- 로컬에서 테라폼 파일을 수정한 후 클라우드 쉘과 연결된 스토리지 계정에 복사한다.
- 파일이 깃 저장소에 존재한다면 git clone 명령을 사용해서 저장소를 클라우드 쉘 스토리지로 복사한다.

또한 애저에서 작업을 수행하기 위해 필요한 인증과 관련해서, 클라우드 쉘은 활성된 애저 구독에 대한 인증을 허용하고 있기 때문에 클라우드 쉘에서 실행되는 테라폼 역시 인증이 자동으로 허용된다. 따라서 인증 획득을 위해 별도의 조치를 취하지 않아도 된다.

반면에 여러 개의 구독이 있는 경우, 테라폼 워크플로우를 실행하기 전에 다음 명령을 실행해서 작업을 진행할 구독 대상을 선택해야 한다.

```
az account set -s <subscription _id>
```

이렇게 선택된 구독은 실행하는 동안 기본 구독이 된다. 관련 내용은 https://learn.microsoft. com/ko-kr/cli/azure/account?view=azure-cli-latest&viewFallbackFrom=azure-cli-latest%20-%20az-account-set을 참고한다.

클라우드 쉘에 설치된 테라폼 버전을 확인하려면 terraform --version 명령을 실행한다. 이를 통해 테라폼 워크플로우를 실행하기 전에 테라폼 구성이 현재 버전과 호환되는지 확인할 수 있다.

마지막으로, 애저 클라우드 쉘에서 테라폼을 사용한다면 개발과 테스트 환경에 대해서만 사용하는 것을 권장한다. CI/CD 파이프라인에서 리소스를 프로비저닝하려면 애저에 대한 권한을 받아야 하는데, 클라우드 쉘에서 사용하는 개인 권한은 CI/CD 파이프라인에서 사용할 수 없기 때문이다. 다음 예제에서 애저를 통해 테라폼을 안전하게 인증하는 방법에 대해서 배워보자.

8.2.5 참고항목

- 애저 클라우드 쉘의 사용에 대한 설명은 https://learn.microsoft.com/ko-kr/azure/ cloud-shell/using-cloud-shell-editor을 참고한다.
- 로컬에 설치된 비주얼 스튜디오 코드를 사용해서 애저 클라우드 쉘에서 테라폼을 실행하는 예제는 https://learn.microsoft.com/ko-kr/azure/developer/terraform/ configure-vs-code-extension-for-terraform?tabs=azure-cli을 참고한다.

8.3 애저 자격 증명 프로바이더 보호하기

앞 예제에서는 애저 클라우드 쉘에서 테라폼 실행을 위해 별도의 인증 과정 없이 자동으로 인증하는 것을 확인했다. 하지만 기업의 입장에서 특히 운영 환경이라면, 만료되거나 삭제되거나 혹은 오용될 수도 있는 개인 계정의 권한을 사용하는 것은 좋은 방법이 아니다.

그래서 애저에서 테라폼을 실행시키기 위해 고려할 수 있는 몇 가지 옵션 중 하나는 특정 개인과 연결되어 있지 않은 앱 등록 계정(애저 상에는 서비스 주체로 알려져 있다.)을 사용하는 것이다.

이번 예제에서는 먼저 서비스 주체를 생성하는 방법에 대해서 배우고, 테라폼 구성을 실행하기 위해 안전하게 서비스 주체를 사용하는 방법에 대해서 배운다.

8.3.1 준비 사항

이번 예제의 첫 번째 단계를 진행하려면 애저 액티브 디렉터리에 사용자 계정을 생성할 수 있는 권한을 가지고 있어야 한다. 또한 서비스 주체를 생성하기 위해 애저 CLI 도구를 사용한다. 이에 대해서는 https://learn.microsoft.com/ko-kr/cli/azure/?view=azure-cli-latest 를 참고한다.

그리고 리소스가 프로비저닝된 구독 ID를 알아야 하는데, 애저 클라우드 쉘에서 az account list 명령을 사용하면 출력되는 정보에서 확인할 수 있다.

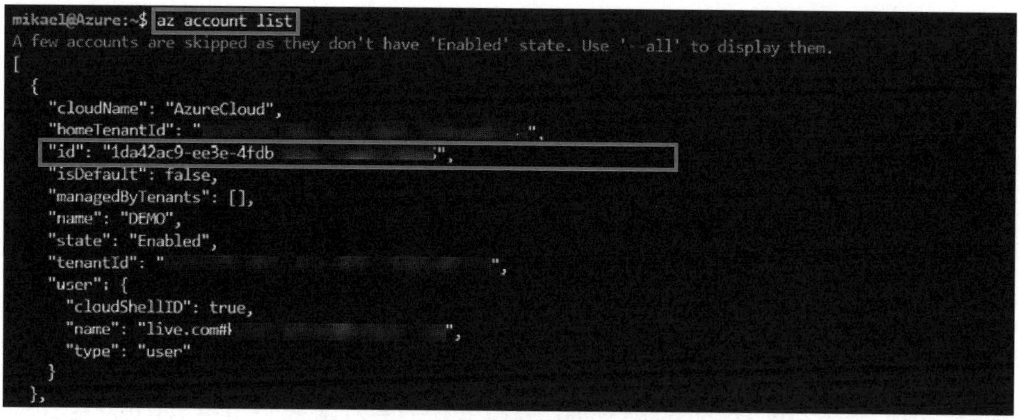

그림 8.4 애저 CLI를 사용해서 구독 ID 확인하기

복사/붙여넣기를 사용해서 구독 정보 중 id 속성의 값을 사용할 수 있다.

또한 az account show --query id --output tsv 명령을 입력하면 구독 ID 값만 얻을 수도 있다.

8.3.2 작동 방법

이번 예제는 두 개의 파트로 구성되어 있다. 첫 번째 파트는 서비스 주체를 생성하는 것이고 두 번째 파트는 이 서비스 주체를 사용해서 테라폼 구성을 실행하기 위한 인증을 획득하는 것이다.

첫 번째 파트를 다음과 같이 수행한다.

1 애저 클라우드 쉘을 열어서 다음 명령을 실행한다.

```
az ad sp create-for-rbac --name="BookDemoTerraform" --role="Contributor"
--scopes="/subscriptions/<Subscription Id>"
```

2 앞 명령의 appId, password, tenant 등 모든 출력 결과를 다른 장소에 메모해 둔다. 콘솔을 닫고 나면 더 이상 패스워드를 볼 수 없기 때문이다.

그림 8.5 애저 CLI를 사용해서 서비스 주체 생성하기

3 구독 내에 서비스 주체가 contributor 권한을 가지고 생성되었는지 확인한다. 이를 위해 애저 포탈에서 좌측 메뉴에 있는 Access control(IAM) 링크를 클릭한 후 Subscription 상세 페이지에서 다음 그림과 같이 확인한다.

그림 8.6 Access control(IAM) 메뉴에서 서비스 주체 확인하기

앞 이미지를 통해 BookDemoTerraform이라는 서비스 주체가 구독 내에 contributor 권한을 가지고 있음을 볼 수 있다.

이제 서비스 주체가 생성되었고 구독에 대한 contributor 권한도 가지고 있다는 것을 확인했으니 다음 단계를 수행해서 테라폼으로 애저 인프라를 프로비저닝해보자.

1 터미널에서 다음 네 개의 환경 변수를 설정한다.

```
export ARM_SUBSCRIPTION_ID=<subscription_id>
export ARM_CLIENT_ID=<appId>
```

```
export ARM_CLIENT_SECRET=<password>
export ARM_TENANT_ID=<tenant id>
```

2 다음과 같이 테라폼 워크플로우를 실행한다.

```
terraform init
terraform plan -out=app.tfplan
terraform apply app.tfplan
```

8.3.3 작동 원리

이번 예제의 첫 번째 파트에서는 서비스 주체를 생성하고 권한을 설정한다. 이 때 az ad sp 명령을 사용한다. 이 명령에 다음 인자들을 추가한다.

- **name**: 생성하고자 하는 서비스 주체의 이름
- **role**: 서비스 주체가 가지게 될 역할, 여기서는 Contributor로 설정한다.
- **scopes**: 서비스 주체가 권한을 가지게 될 리소스의 ID, 여기서는 테라폼으로 리소스를 프로비저닝하려는 구독의 ID를 설정한다.

이 명령은 서비스 주체를 생성하고 설정한 구독에 대해 Contributor 역할을 부여한다. 서비스 주체의 패스워드는 자동으로 생성된다.

여기까지 실행이 완료되면, 이 명령은 appId, password, tenent id 등 서비스 주체가 가지고 있는 정보를 표시한다. 두 번째 단계에서 설명된 것처럼 이 정보를 안전한 장소에 보관해 두어야 하는데 패스워드의 경우는 이후에 다시 확인할 수 있는 방법이 없기 때문이다. 그리고 애저 포탈을 통해 지정한 구독에 Contributor 권한으로 서비스 주체가 생성되었는지 확인한다.

두 번째 파트에서는 이 서비스 주체를 사용해서 테라폼 애저 프로바이더의 인증을 수행한다. 이를 위해서는 몇 가지 방법이 있는데 가장 안전한 방법 중 하나가 애저 프로바이더의 환경 변수를 사용하는 것이다. 이 환경 변수들은 코드 상에서 보이지 않고 작업을 진행하는 세션에 유지되는 기간 동안에만 사용되기 때문이다. 환경 변수는 다음 네 개의 환경 변수를 설정한다.

- **ARM_SUBSCRIPTION_ID**: 애저 구독 ID
- **ARM_CLIENT_ID**: 서비스 구독의 ID, appId 라고도 불린다.
- **ARM_CLIENT_SECRET**: 서비스 구독의 패스워드
- **ARM_TENANT_ID**: 애저 액티브 디렉터리 테넌트의 ID

 이번 예제에서는 리눅스였기 때문에 export 명령을 사용했다. 윈도우의 파워쉘을 사용한다면 $env 명령을 사용할 수 있다. 또한 이번 장의 다른 예제들에서는 테라폼을 실행하기 전에 이 환경 변수들을 설정하고 실행한다.

이 환경 변수들을 설정하고 난 후 테라폼 워크플로우를 실행한다.

8.3.4 더 살펴볼 것들

서비스 주체를 생성하기 위해 이번에는 애저 CLI 도구를 사용했지만 애저 포탈을 통해서 직접 생성할 수도 있다. 이에 대해서는 https://learn.microsoft.com/ko-kr/entra/identity-platform/howto-create-service-principal-portal를 참고한다. 혹은 애저 파워쉘 커맨드를 사용할 수도 있다. 이에 대해서는 https://learn.microsoft.com/ko-kr/entra/identity-platform/howto-authenticate-service-principal-powershell을 참고한다. 또한 테라폼 애저 프로바이더의 인증을 설정하기 위해 환경 변수를 사용했지만, 테라폼 구성 내에 다음과 같이 정보를 직접 입력할 수도 있다.

```
provider "azurerm" {
  ...
  subscription_id = "<Subscription ID>"
  client_id = "<Client ID>"
  client_secret = "<Client Secret>"
  tenant_id = "<Tenant ID>"
}
```

이 방법은 환경 변수를 설정하는 등의 추가 작업이 필요하지 않다. 하지만 위와 같이 인증 정보를 코드 내에 평문으로 저장한다는 것은 보통 보안의 관점에서는 나쁜 사례로 여겨진다. 코드의 유출이 인증 정보의 유출로 이어질 수 있으며 코드를 공유할 때 인증 정보가 함께 공유되는 것

을 피할 방법이 없기 때문이다. 그리고 테라폼 구성을 사용해서 다양한 환경의 다양한 구독에 리소스를 프로비저닝한다면, 코드의 유지보수를 더 어렵게 만들 수도 있다.

마지막으로 환경 변수를 사용하면 인증 정보의 보안을 유지하면서 CI/CD 파이프라인을 구현할 때 더 쉽게 구현할 수 있다는 장점이 있다.

8.3.5 참고항목

- 애저와 테라폼 구성에 대한 문서는 https://learn.microsoft.com/ko-kr/azure/developer/terraform/get-started-cloud-shell-bash?tabs=bash를 참고한다.
- 다른 인증 옵션과 같은 azurerm 프로바이더의 설정과 관련된 문서는 https://registry.terraform.io/providers/hashicorp/azurerm/latest/docs를 참고한다.

8.4 애저 원격 백엔드에 있는 상태 파일 보호하기

terraform plan, apply, destroy로 구성되는 테라폼 워크플로우를 실행할 때 테라폼은 어떤 리소스가 수정되는지, 추가되는지, 혹은 삭제되는지를 파악하는 매커니즘을 가지고 있다. 이 매커니즘을 수행하기 위해 테라폼은 테라폼 상태 파일이라 불리는 파일을 관리한다. 테라폼 상태 파일에는 테라폼에 의해 프로비저닝된 리소스들에 대한 상세한 정보를 가지고 있다. 이 테라폼 상태 파일은 terraform plan을 처음 실행할 때 생성되며, terraform apply 혹은 destroy 를 실행할 때마다 업데이트된다.

 테라폼 상태를 어떻게 관리하는지에 대해서는 5장 테라폼 상태 관리하기를 참고한다.

기업에서 테라폼을 사용한다면, 테라폼 상태 파일과 관련해서 다음과 같은 문제가 있을 수 있다.

- 프로비저닝된 리소스들에 대한 민감한 정보가 평문으로 상태 파일에 존재하는 문제
- 다수의 사람들이 협업하는 경우, 테라폼 상태 파일을 모든 사람들이 공유해야 하지만, 기본적으로 테라폼 상태 파일은 로컬 워크스테이션 혹은 테라폼 바이너리가 실행되는 워크스테이션에 저장되는 문제
- 테라폼 상태 파일이 깃 저장소에 보관된다 하더라도, 로컬 워크스테이션에서 작업한다면 여러 사람이 같은 파일로 작업할 수 없는 문제
- 로컬에 저장되는 상태로 둔다면 여러 개의 환경을 관리할 때 상태 파일 관리가 복잡해지고 위험해질 수 있는 문제
- 로컬 파일을 삭제하거나 수동으로 편집할 경우 테라폼 구성의 실행에 영향을 끼칠 수 있는 문제

이 문제들을 해결하기 위한 방법은 테라폼 상태 파일을 원격에 안전하게 저장해서 공유할 수 있도록 원격 백엔드를 사용하는 것이다.

테라폼은 이런 경우를 위해서 S3, azurerm, 아티팩토리 등 여러 유형의 원격 백엔드를 제공한다. 테라폼이 제공하는 원격 백엔드 유형에 대해서는 https://www.terraform.io/docs/backends/types/index.html을 참고한다.

이번 예제에서는 애저 저장소 계정의 컨테이너에 테라폼 상태 파일을 저장하는 애저 원격 백엔드 azurerm에 대해서 배워보자.

8.4.1 준비 사항

이번 예제를 진행하기 위해 애저 클라우드 쉘과 애저 CLI를 사용해서 저장소 계정을 생성한다.

이번 예제의 소스 코드 및 사용한 스크립트는 https://github.com/PacktPublishing/Terraform-Cookbook-Second-Edition/tree/main/CHAP08/remotebackend에서 확인할 수 있다.

8.4.2 작동 방법

이번 예제는 세 개의 파트로 구성되어 있다. 첫 번째 파트에서는 저장소 계정을 생성한다. 두 번째 파트에서는 azurerm 원격 백엔드를 사용해서 테라폼 구성을 작성한다. 마지막으로 ARM_ACCESS_KEY 환경 변수를 설정한다.

1 애저 클라우드 쉘에서 다음 애저 CLI 스크립트를 실행한다. 스크립트는 https://github.com/PacktPublishing/Terraform-Cookbook-Second-Edition/blob/main/CHAP08/remotebackend/create-backend.sh에서 확인할 수 있다. 이 스크립트는 리소스 그룹 내에 블롭 컨테이너를 사용하는 저장소 계정을 생성한다.

```bash
#!/bin/bash

# 1- 리소스 그룹 생성
```

```
az group create --name "RG-TFBACKEND" --location westeurope

# 2- 저장소 계정 생성
az storage account create --resource-group "RG-TFBACKEND" --name
"storagetfbackend" --sku Standard_LRS --encryption-services blob

# 3- 블롭 컨테이너 생성
az storage container create --name "tfstate" --account-name
"storagetfbackend"

# 4- 저장소 계정 키 획득
ACCOUNT_KEY=$(az storage account keys list --resource-group "RG-TFBACKEND"
--account-name "storagetfbackend" --query [0].value -o tsv)

echo $ACCOUNT_KEY
```

> 앞 스크립트 내에 있는 저장소 계정의 이름 storagetfbackend는 예제로 사용한 이름이다. 이 스크립트를
> 실행하려면 저장소 계정의 이름을 중복되지 않는 유일한 이름으로 변경해야 한다.

2 main.tf 파일에 다음 코드를 추가해서 테라폼 원격 백엔드를 사용하도록 설정한다.

```
terraform {
  backend "azurerm" {
    resource_group_name  = "RG-TFBACKEND"
    storage_account_name = "storagetfbackend"
    container_name       = "tfstate"
    key                  = "myapp.tfstate"
  }
}
```

3 마지막으로 테라폼 구성을 실행하기 위해 ARM_ACCESS_KEY 환경 변수를 다음 명령을 사용해서 설
정한다.

```
export ARM_ACCESS_KEY=<access key>
```

4 애저 자격 증명 프로바이더 보호하기 예제에서 배운 인증을 위한 네 개의 환경 변수를 설정한다.

5 마지막으로 테라폼 워크플로우를 실행한다.

8.4.3 작동 원리

첫 번째 단계에서 사용한 스크립트는 다음 순서로 동작한다.

1 RG-TFBACKEND라는 이름의 리소스 그룹을 생성한다.

2 이 리소스 그룹에 az storage account create 명령을 사용해서 storagetfbackend라는 이름의 저장소 계정을 생성한다.

3 az storage container create 명령을 통해 저장소 계정에 블롭 컨테이너를 생성한다.

4 마지막으로 생성된 저장소 계정의 계정 키값을 추출해서 출력한다.

그리고 두 번째 단계에서는 테라폼 상태 파일을 보관하기 위한 원격 백엔드로 앞에서 생성한 저장소 계정을 사용한다. azurerm 백엔드 블록 내에 다음 속성들을 정의한다.

- **resource_group_name**: 저장소 계정을 포함하고 있는 리소스 그룹의 이름
- **storage_account_name**: 저장소 계정의 이름
- **container_name**: 블롭 컨테이너의 이름
- **key**: 테라폼 상태 파일의 이름

마지막으로 첫 번째 단계에서 확인한 저장소 계정의 계정 키값을 ARM_ACCESS_KEY라는 새로운 환경 변수의 값으로 설정한다. 이 값은 저장소 계정의 인증을 위해 사용한다.

모든 환경 변수 설정이 완료되면 terraform init, plan, apply 명령을 실행한다.

애저 자격 증명 프로바이더 보호하기 예제에서 배웠던 것을 바탕으로 다음과 같은 스크립트를 만들어 볼 수 있다.


```
export ARM_SUBSCIPTION_ID =<subscription_id>
export ARM_CLIENT_ID=<appId>
export ARM_CLIENT_SECRET=<password>
```

```
export ARM_TENANT_ID=<tenant id>
export ARM_ACCESS_KEY=<account key>

terraform init
terraform plan -out=app.tfplan
terraform apply app.tfplan
```

저장소 계정에 대한 인증을 위해 네 가지 인증을 위한 환경 변수와 ARM_ACCESS_KEY 환경
변수를 사용한다.

8.4.4 더 살펴볼 것들

이번 예제에서는 테라폼 상태 파일을 보호하기 위해 액세스 키의 값을 환경 변수로 지정했다.

이렇게 환경 변수로 지정하는 방법 외에도 원격 백엔드 설정에 access_key 속성을 다음 예제
와 같이 추가할 수도 있다. 하지만 애저 자격 증명 프로바이더 보호하기 예제에서 언급했던 것
처럼 민감한 키를 평문으로 두는 것은 좋은 방법이 아니다.

```
terraform {
  backend "azurerm" {
    resource_group_name  = "RG-TFBACKEND"
    storage_account_name = "storagetfbackend"
    container_name       = "tfstate"
    key                  = "myapp.tfstate"
    access_key = xxxxxx-xxxxx-xxx-xxxxx
  }
}
```

또한 테라폼 구성이 여러 환경에 배포되도록 설계된 경우, N개의 azurerm 백엔드의 구성을
만들 수 있다. 다음 단계를 수행한다.

1 main.tf 파일에서 azurerm 백엔드 설정은 다음과 같이 비워둔다.

```
terraform {
  required_version = ">= 1.0"
  backend "azurerm" {
  }
}
```

2 환경별로 backend.tf 파일을 생성한다.(환경별로 폴더를 분리한다.)

```
resource_group_name = "RG-TFBACKEND"
storage_account_name = "storagetfbackend"
container_name = "tfstate"
key = "myapp_<path>⁷.tfstate"
```

3 마지막으로 init 명령을 실행할 때 다음 명령처럼 backend.tf 파일을 지정한다. 이에 대해서는 https://developer.hashicorp.com/terraform/language/settings/backends/configuration#partial-configuration를 참고한다.

```
terraform init -backend-config="<path>/backend.tfbackend"
```

또 한가지 고려할 사항은 테라폼 인증을 위해 사용된 서비스 주체가 저장소 계정에 대한 권한을 가지고 있다면 ARM_ACCESS_KEY 환경 변수는 필수로 입력하지 않아도 된다는 것이다.

8.4.5 참고항목

- azurerm 원격 백엔드에 대한 문서는 https://developer.hashicorp.com/terraform/language/settings/backends/azurerm를 참고한다.

- 테라폼 원격 백엔드와 관련된 애저 문서는 https://learn.microsoft.com/ko-kr/azure/developer/terraform/store-state-in-azure-storage?tabs=azure-cli를 참고한다.

······

7 환경별로 폴더를 나눴을테니 그 폴더 이름을 key로 주어서 각 상태 파일을 분리해야 한다. 개발 환경을 위한 테라폼 구성을 dev 폴더에 두었다면 key가 myapp_dev.tfstate라고 설정한다.

8.5 테라폼에서 ARM 템플릿 실행하기

코드형 인프라 도구와 언어 중에는 ARM이라고 불리는 애저에서 제공하는 도구가 있다. 이 도구는 JSON 형식 파일을 기반으로 하며 프로비저닝하고자 하는 리소스들에 대한 설명을 포함하고 있다.

 ARM 템플릿에 대한 더 자세한 설명은 https://learn.microsoft.com/ko-kr/azure/azure-resource-manager/templates/overview를 참고한다.

애저 환경에서 테라폼을 사용해 리소스를 프로비저닝할 때 가끔 azurerm 프로바이더가 아직 지원하지 않는 리소스를 사용해야 할 경우가 있다. 사실 azurerm 프로바이더는 깃허브에서 수많은 기여자들과 함께 커뮤니티 기반으로 만들어 지고 있는 오픈소스이다. 애저의 기능 변화 등에 대해서 실시간으로 적용하려고 하지만 다음과 같은 이유들 때문에 업데이트가 잘 되지 않는다.

- 애저 리소스의 새로운 릴리즈가 매우 빈번하게 발생한다.
- 테라폼 azurerm 프로바이더는 애저 Go SDK(https://github.com/Azure/azure-sdk-for-go)에 높은 의존성을 가지고 있다. 하지만 애저 Go SDK가 애저의 새로운 기능 추가 혹은 프리뷰 단계에 있는 기능들의 업데이트가 실시간으로 이뤄지지 않고 있다.

이 문제를 부분적으로 해결하기 위해, 그리고 완전히 테라폼을 사용해서 리소스들을 관리하고자 하는 조직을 위해 테라폼을 사용해서 ARM 코드를 실행할 수 있는 azurerm_template_deployment 리소스가 있다.

이번 예제에서는 테라폼으로 ARM 코드를 실행하는 방법에 대해서 배워보자.

8.5.1 준비 사항

이번 장에서 다룰 테라폼 구성은 확장 기능을 포함하는 애저 앱 서비스 리소스를 프로비저닝한다. 이 책을 쓰고 있는 시점에는 앱 서비스 리소스의 확장 기능을 아직 azurerm 프로바이더에서 사용할 수 없기 때문에 앱 서비스는 테라폼 구성으로, 확장 기능은 ARM 템플릿으로 프로비저닝한다.

> 이번 예제의 목적은 확장 기능에 대한 ARM 템플릿을 세세하게 살펴보는 것이 아니라 테라폼을 통해서 실행하는 방법을 배우는 것이다.

이번 예제에서는 핵심 코드만 추출해서 설명한다. 전체 소스 코드는 https://github.com/PacktPublishing/Terraform-Cookbook-Second-Edition/tree/main/CHAP08/arm-template에서 확인할 수 있다.

8.5.2 작동 방법

다음 단계를 수행한다.

 테라폼 구성이 존재하는 폴더 내에서 ARM_siteExtension.json이라는 파일을 생성하고 다음 ARM JSON 템플릿을 작성한다.

```
{
  ...
  "parameters": {
    "appserviceName": { ... },
    "extensionName": { ... },
    "extensionVersion": { ... }
  },
  "resources": [
```

```
    {
      "type": "Microsoft.Web/sites/siteextensions",
      "name": "[concat(parameters('appserviceName'), '/',
parameters('extensionName'))]",
      ...
      "properties": {
        "version": "[parameters('extensionVersion')]"
      }
    }
  ]
}
```

이 파일에 대한 전체 소스 코드는 https://github.com/PacktPublishing/Terraform-Cookbook-Second-Edition/blob/main/CHAP08/arm-template/ARM_siteExtension.json에서 확인할 수 있다.

2 main.tf 파일에서 다음과 같은 테라폼 구성을 작성한다.

```
resource "azurerm_resource_group_template_deployment" "extension" {
  name                = "extension"
  resource_group_name = azurerm_resource_group.rg-app.name
  template_content    = file("ARM_siteExtension.json")

  parameters_content = jsonencode({
    "appserviceName" = {
      value = azurerm_linux_web_app.app.name
    },
    "extensionName" = {
      value = "AspNetCoreRuntime.2.2.x64"
    },
    "extensionVersion" = {
      value = "2.2.0-preview3-35497"
    }
  })

  deployment_mode = "Incremental"
}
```

이 파일의 소스 코드는 https://github.com/PacktPublishing/Terraform-Cookbook-Second-Edition/blob/main/CHAP08/arm-template/main.tf에서 확인할 수 있다.

③ 다음과 같이 테라폼 워크플로우를 실행한다.

- 인증을 위해 **애저 자격 증명 프로바이더 보호하기** 예제에서 배운 네 개의 애저 환경 변수를 설정한다.
- terraform init, plan, apply 명령은 앞선 예제들에서 언급했던 방법으로 그대로 진행한다.

8.5.3 작동 원리

첫 번째 단계에서는 테라폼 구성이 있는 폴더에서 ARM 코드를 포함한 JSON 파일을 생성한다. ARM 코드에는 앱 서비스 리소스의 확장 기능을 생성하기 위한 코드가 포함되어 있다. 이 ARM 파일에는 다음과 같은 세 개의 입력 매개변수들을 가지고 있다.

- **appserviceName**: 앱 서비스 리소스의 이름
- **extensionName**: 추가될 확장 기능의 이름(확장 기능 카탈로그에서 확인한다.)
- **extensionVersion**: 추가될 확장 기능의 버전

이 파일의 나머지 부분은 세 개의 매개변수를 사용하여 애저에 추가할 사이트 확장 리소스에 대해 설명한다. 그리고 두 번째 단계에서는, 테라폼 구성 내에 azurerm_resource_group_template_deployment 리소스를 사용해서 ARM 템플릿을 실행한다. 이 때 설정하는 속성은 다음과 같다.

- template_content: JSON 형식으로 만들어진 ARM 코드의 내용이다. 이번 예제에서는 file 함수를 사용해서 앞서 생성한 파일을 지정해 주었다.
- parameters_content: 이 블록에서는 JSON 형식으로 만들어진 ARM 템플릿의 매개변수인 appserviceName, extensionName, extensionVersion들을 지정한다. 이번 예제에서는 AspNetCoreRuntime.2.2.x64 확장 기능의 2.2.0-preview3-35497 버전을 지정해 주었다.

마지막으로 테라폼 워크플로우를 실행해서 앱 서비스 리소스와 확장 기능을 프로비저닝한다.

다음 그림 8.7은 애저 포탈에서 테라폼 워크플로우의 실행 결과를 확인하는 화면이다.

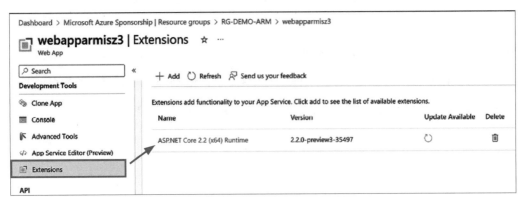

그림 8.7 애저 앱 서비스 확장기능

앱 서비스 리소스에 확장 기능이 프로비저닝된 것을 볼 수 있다.

8.5.4 더 살펴볼 것들

이번 예제에서는 테라폼으로 ARM 템플릿을 실행할 수 있는 방법에 대해서 배웠다. 이 방법은 아직 azurerm 프로바이더에 구현되어 있지 않은 애저 요소를 프로비저닝할 수 있게 해준다. 하지만 테라폼이 이 리소스는 ARM 템플릿을 사용해서 프로비저닝되었다는 것을 알고 있으며, 이렇게 프로비저닝된 리소스들은 테라폼 워크플로우의 생애 주기를 따르지 않고 테라폼 상태 파일에도 등록되지 않는다. 따라서 ARM 템플릿을 사용한 배포는 테라폼 HCL 코드로 프로비저닝된 리소스에 추가적인 환경 설정이나 필요한 구성 요소를 배포해서 프로비저닝을 완성해야 할 때에만 사용하는 것이 좋다.

다음 예제에서는 아직 azurerm 프로바이더에서 지원하지 않는 리소스를 프로비저닝하는, 이번 예제와 같은 주제를 다룬다. 하지만 ARM 템플릿이 아닌 테라폼에서 애저 CLI를 사용하는 방법에 대해서 배운다.

8.5.5 참고항목

- azurerm 프로바이더의 azurerm_resource_group_template_deployment 리소스와 관련된 설명은 https://registry.terraform.io/providers/hashicorp/azurerm/latest/docs/resources/resource_group_template_deployment를 참고한다.

8.6 테라폼에서 애저 CLI 명령 실행하기

이전 예제에서는 azurerm 프로바이더가 아직 지원하지 않는 리소스를 프로비저닝하기 위해 테라폼에서 ARM 템플릿을 사용하는 방법에 대해서 배웠다.

하지만 다음과 같이 ARM 템플릿을 사용할 수 없는 경우들이 있을 수 있다.

- ARM 템플릿으로는 설정할 수 없는 한 개 이상의 속성들을 가진 리소스를 프로비저닝해야 할 경우
- 프로비저닝하고자 하는 리소스가 ARM 템플릿을 지원하지 않는 경우

이런 경우에 사용할 수 있는 다른 방법이 있는데, 바로 테라폼으로 애저 CLI 명령을 실행하는 것이다.

이번 예제는 4장 외부 데이터를 활용해서 테라폼 사용하기에 있는 테라폼으로 로컬 프로그램 실행하기 예제에서 다뤘던 내용을 실제 환경에 적용한 것이다. 테라폼으로 애저 CLI 명령을 통합해서 실행하는 방법에 대해서 배워보자.

8.6.1 준비 사항

이번 예제를 진행하기에 앞서, 4장 외부 데이터를 활용해서 테라폼 사용하기에 있는 테라폼으로 로컬 프로그램 실행하기 예제를 다시 읽고 이해할 필요가 있다. 이 예제를 통해 이번 예제에서 작성하려고 하는 테라폼 구성의 기본을 알 수 있다.

또한 애저 CLI 도구가 미리 설치되어 있어야 한다. 이에 대해서는 https://learn.microsoft. com/ko-kr/cli/azure/?view=azure-cli-latest를 참고한다.

이번 예제에서는, 정적 웹사이트 기능을 활성화한 애저 저장소 계정을 설정한다.

이전 예제에서와 같이 이번 예제의 목적은 애저 CLI 명령을 테라폼으로 사용하는 방법을 보여주는 것이기 때문에 애저 CLI 명령 자체에 집중하진 않는다. 또한 azurerm 프로바이더 2.0.0 버전 이후부터는 정적 웹 사이트 기능을 테라폼으로 프로비저닝할 수 있도록 기능이 추가 되었다.(https://github.com/hashicorp/terraform-provider-azurerm/blob/main/CHANGELOG-v2.md#200-february-24-2020)

이번 예제의 소스 코드는 https://github.com/PacktPublishing/Terraform-Cook book-Second-Edition/tree/main/CHAP08/azcli에서 확인할 수 있다.

8.6.2 작동방법

다음 단계를 수행한다.

1 main.tf 파일에 다음 테라폼 구성을 작성하여 저장소 계정을 프로비저닝한다.

```
resource "azurerm_storage_account" "sa" {
  name                     = "saazclidemo"
  resource_group_name      = azurerm_resource_group.rg.name
  location                 = "westeurope"
  account_tier             = "Standard"
  account_kind             = "StorageV2"
  account_replication_type = "GRS"
}
```

2 같은 테라폼 구성 안에 정적 웹 사이트를 구성하기 위한 다음 애저 CLI 명령을 추가한다.

```
resource "null_resource" "webapp_static_website" {
  triggers = {
    account = azurerm_storage_account.sa.name
  }

  provisioner "local-exec" {
    command = "az storage blob service-properties update --account-name
${azurerm_storage_account.sa.name} --static-website true --index-document
index.html --404-document 404.html"
  }
}
```

3 터미널에서 애저에 로그인하기 위해 다음 명령을 실행한다. APP_ID, CLIENT_SECRET, TENANT_ID
는 각각 환경에 맞는 값으로 변경한다.

```
az login --service-principal --username APP_ID --password PASSWORD
--tenant TENANT_ID
```

4 마지막으로 테라폼 워크플로우를 실행한다.

- 인증을 위해 **애저 자격 증명 프로바이더 보호하기** 예제에서 배운 네 개의 애저 환경 변수를 설정한다.
- 이전 장에서 다뤘던 것처럼 terraform init, plan, apply 명령을 실행한다.

8.6.3 작동 원리

첫 번째 단계에서는 StorageV2 기반의 저장소 계정을 생성하는 테라폼 구성을 작성한다.
StorageV2 기반의 저장소 계정은 정적 웹 사이트 기능을 활성화하기 위해 필요하다.

두 번째 단계에서는, local-exec 프로비저너를 포함한 null_resource를 추가해서 코드를 완
성한다. local-exec의 command 속성에는 첫 번째 단계에서 생성한 저장소 계정의 정적 웹사
이트 기능을 활성화하고 구성하기 위해 실행해야 하는 애저 CLI 명령을 지정한다.

세 번째 단계에서는, az login 명령을 실행해서 애저 CLI를 위한 애저 인증을 획득한다. 이 명령은 인증을 위한 매개변수로 서비스 주체를 사용한다.(애저 자격 증명 프로바이더 보호하기 예제를 참고한다.) 이에 대해서는 https://learn.microsoft.com/en-us/cli/azure/authenticate-azure-cli#sign-in-with-a-service-principal를 참고한다.

8.6.4 더 살펴볼 것들

이번 예제를 구현함에 있어서 두 가지 중요한 포인트가 있다.

- 첫 번째 포인트는 local-exec 프로비저너와 함께 null_resource를 사용했다는 것이다. 이에 대해서는 4장 외부 데이터를 활용해서 테라폼 사용하기에 있는 **테라폼으로 로컬 프로그램 실행하기** 예제에서 이미 배웠다. 다른 점은 실행되는 명령이 애저 CLI 라는 것이다. 실행되는 명령은 몇 개의 애저 CLI 명령으로 구성된 스크립트 파일도 가능하다.

- 두 번째 포인트는, 네 개의 환경 변수를 통해서 획득한 테라폼의 애저 인증이 테라폼으로 애저 CLI를 실행할 때는 적용되지 않는다는 것이다. 그래서 세 번째 단계에서는 애저 CLI를 위한 인증을 획득하기 위해 az login 명령을 사용했다.

이번 예제에서 살펴본 것처럼 애저 CLI 명령을 실행할 때의 장점은 저장소 계정의 이름을 매개변수로 했을 때와 마찬가지로 테라폼 언어의 변수와 표현식을 명령에 통합할 수 있다는 것이다.

ARM 템플릿을 사용 했을 때와 마찬가지로 테라폼은 리소스가 애저 CLI 명령 혹은 스크립트에 의해 조작되었다는 것을 알지 못한다. 이런 리소스들은 테라폼의 생명 주기를 따르지 않거나 테라폼 상태 파일에 저장되지 않는다. 다시 말해서, null_resource의 local-exec 프로비저너 안에 terraform destroy 명령을 실행 할 때 수행되어야 할 명령도 명시해 주어야 한다.

다음은 코스모스 DB를 생성할 때 사용했던 테라폼 구성 예제이다. (azurerm 프로바이더가 지원하기 전에)

```
resource "null_resource" "cosmosdb_database" {
  provisioner "local-exec" {
    command = "az cosmosdb database create --name ${var.cosmosdb_name} --db-
name ${var.app_name} --resource-group ${var.cosmosdb_rg} --throughput ${var.
cosmosdb_throughput}"
  }

  provisioner "local-exec" {
    when = "destroy"
    command = "az cosmosdb database delete --name ${var.cosmosdb_name} --db-
name ${var.app_name} --resource-group ${var.cosmosdb_rg}"
  }
}
```

이 예제에서는 프로비저너 안에 when = "destroy" 속성을 사용해서 terraform destroy에 의해 코스모스 DB가 삭제될 때 수행되어야 할 애저 CLI 명령을 추가했다.

8.6.5 참고항목

- az login 명령 및 관련된 매개변수에 대해서는 https://learn.microsoft.com/ko-kr/cli/azure/authenticate-azure-cli?view=azure-cli-latest를 참고한다.
- 테라폼 프로비저너에 대해서는 https://developer.hashicorp.com/terraform/language/resources/provisioners/syntax를 참고한다.
- 프로비저너의 when 속성에 대해서는 https://developer.hashicorp.com/terraform/language/resources/provisioners/syntax#destroy-time-provisioners를 참고한다.

8.7

테라폼과
애저 키 볼트(Key Vault)를 사용해서
민감 정보 보호하기

코드형 인프라를 사용할 때 도전과제 중 하나는 인프라의 일부인 민감 정보를 보호하는 것이다.

실제로 코드형 인프라의 장점 중 하나는 깃 저장소에 코드를 관리할 수 있다는 것이며, 이를 통해 코드의 버전 관리 및 유효성 검사와 같은 깃 워크플로우의 이점을 누릴 수 있다는 것이다. 하지만 이런 접근 방식에서는 모든 것들을 코드로 작성하는 경향이 있으며 비밀번호나 로그인 문자열과 같이 민감한 정보까지도 코드에 작성해서 위험해 질 수 있다는 단점이 있다.

이번 예제에서는 민감한 정보들을 애저에서 제공하는 시크릿 매니저 서비스인 애저 키 볼트에 저장한 다음 테라폼 구성에서 사용하여 보호하는 방법에 대해서 배워보자.

8.7.1 준비 사항

이번 예제에서는 애저 키 볼트를 사용한다고 가정한다. 더 자세한 정보는 https://learn. microsoft.com/ko-kr/azure/key-vault/를 참고한다.

이번 예제를 진행하기 위해 데이터베이스에 접속하기 위한 정보를 애저 키 볼트에 수동으로 만들어야 한다. 이 작업은 테라폼을 통해서 진행하거나(https://registry.terraform.io/ providers/hashicorp/azurerm/latest/docs/resources/key_vault_secret.html를 참고한다.), 애저 CLI 명령을 통해 진행할 수 있다. (https://learn.microsoft.com/en-gb/cli/azure/ keyvault/secret?view=azure-cli-latest#az-keyvault-secret-set를 참고한다.)

이번 예제를 위해 생성한 애저 키 볼트 인스턴스에는 애저 웹 애플리케이션에서 호스팅되는 애플리케이션의 SQL 서버 데이터베이스 접근을 위한 정보를 저장한다.

접속을 위한 정보는 다음과 같다.

```
Data Source=mysever.com;initial catalog=databasedemo;User
ID=useradmin;Password=demobook
```

다음 그림은 az keyvault secret show 명령의 결과이다. 애저 키 볼트에 저장된 민감 정보과
관련된 속성들과 값들을 보여준다.

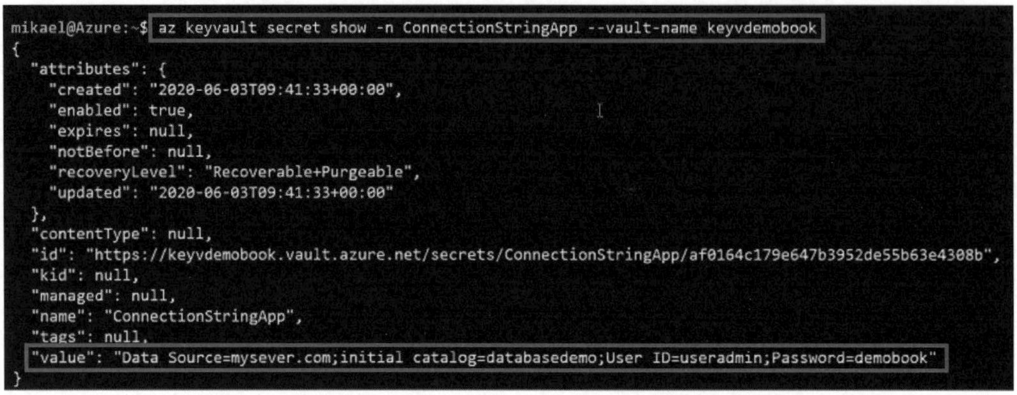

그림 8.8 az keyvault secret show 명령의 결과

그림 8.8에서 볼 수 있듯이, 데이터베이스 접속하기 위한 정보들이 secret 객체의 value 속성
에 저장되어 있다.

이번 예제의 목표는 해당 민감 정보를 가져와서 애저 앱 서비스의 속성으로 사용하는 테라폼 구
성을 작성하는 것이다.

이번 예제의 소스 코드는 https://github.com/PacktPublishing/Terraform-Cook
book-Second-Edition/tree/main/CHAP08/keyvault에서 확인할 수 있다.

8.7.2 작동 방법

다음 단계를 수행한다.

1 애저 키 볼트에서 서비스 주체가 민감 정보를 가져오고 볼 수 있도록 액세스 정책 속성을 추가한다.(테라폼을 위한 서비스 주체 생성과 관련해서는 애저 자격 증명 프로바이더 보호하기 예제를 참고한다.)

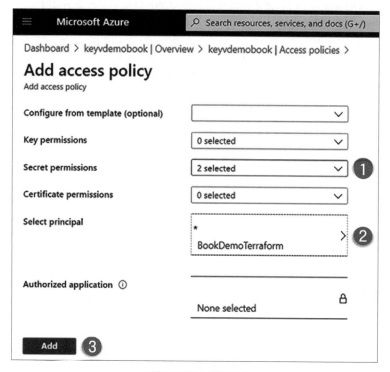

그림 8.9 액세스 정책 추가

이번 예제에서는 시각적 효과를 높이기 위해 애저 포털을 사용해서 액세스 정책을 설정했지만 테라폼 구성에서 설정하는 것이 더 좋다. 이에 대해서는 https://registry.terraform.io/providers/hashicorp/azurerm/latest/docs/resources/key_vault_access_policy를 참고한다.

2 main.tf 에 다음과 같은 키 볼트로부터 민감 정보를 가져오는 코드를 추가한다.

```
data "azurerm_key_vault" "keyvault" {
  name                = "keyvdemobook"
  resource_group_name = "rg_keyvault"
```

```
}

data "azurerm_key_vault_secret" "app-connectionstring" {
  name         = "ConnectionStringApp"
  key_vault_id = data.azurerm_key_vault.keyvault.id
}
```

3 main.tf 에 있는 앱 서비스 리소스를 정의하는 테라폼 구성에 다음 코드를 추가한다.

```
resource "azurerm_linux_web_app" "app" {
  name                = "demovaultbook-${random_string.random.result}"
  location            = azurerm_resource_group.rg-app.location
  resource_group_name = azurerm_resource_group.rg-app.name
  service_plan_id     = azurerm_service_plan.plan-app.id

  connection_string {
    name  = "Database"
    type  = "SQLServer"
    value = data.azurerm_key_vault_secret.app-connectionstring.value
  }

  site_config {}
}
```

4 마지막으로 환경 변수를 설정하고 테라폼 워크플로우를 실행한다.

8.7.3 작동 원리

첫 번째 단계에서는 테라폼에서 사용할 서비스 주체가 애저 키 볼트의 민감 정보를 읽고 가져올 수 있도록 권한을 부여한다.

> 이 작업은 애저 포탈 혹은 애저 CLI를 통해 진행할 수 있다. 애저 CLI를 통해 진행하는 방법은 https://learn.microsoft.com/ko-kr/cli/azure/keyvault?view=azure-cli-latest#az-keyvault-set-policy를 참고한다.

두 번째 단계에서는 두 개의 데이터 소스를 포함하는 테라폼 구성을 작성한다.

- 첫 번째 데이터 소스는 azurerm_key_vault로, 애저 키 볼트의 ID를 가져온다.
- 두 번째 데이터 소스는 azurerm_key_vault_secret으로, 애저 키 볼트에 저장되어 있는 데이터베이스 접속 정보를 가져온다.

테라폼의 data 블록에 대한 더 자세한 정보는 4장 외부 데이터를 활용해서 테라폼 사용하기에 있는 테라폼으로 외부 데이터 쿼리하기 예제를 참고한다.

세 번째 단계에서는 앱 서비스 리소소에 있는 connection_string 블록의 각 속성값들을 채운다. 이를 위해 data.azurerm_key_vault_secret.app-connectionstring.value 표현식을 사용하는데, 이 값은 두 번째 단계에서 작성한 azurerm_key_vault_secret 데이터 블록의 값을 가져오게 된다.

마지막으로 테라폼 워크플로우를 실행한다. 테라폼 워크플로우가 실행되는 동안, 테라폼은 데이터 블록에 정의된 값들을 가져와서(키 볼트와 키 볼트가 가지고 있는 민감 정보) 앱 서비스 리소스를 구성하기 위한 속성들에 값을 채워 넣는다.

다음 그림은 테라폼 워크플로우 실행 결과이다.

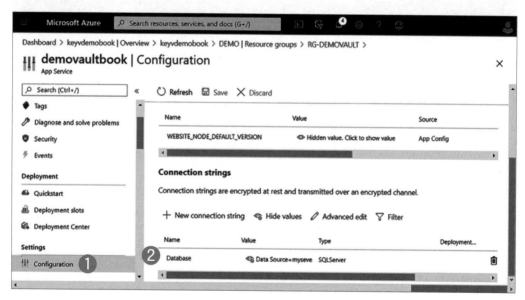

그림 8.10 애저 앱 서비스 구성

앱 서비스 구성에 Connection strings가 잘 설정된 것을 볼 수 있다.

8.7.4 더 살펴볼 것들

이번 예제에서는 민감 정보를 포함하고 있는 접속 문자열을 애저 키 볼트에 저장하고 테라폼이 실행될 때 자동으로 가져와서 사용하는 방법에 대해서 배웠다. 애저 키 볼트 덕분에 테라폼 구성 내에 민감 정보를 평문으로 작성할 필요가 없어졌다.

하지만 여전히 조심해야 할 것들이 있다. 이 민감 정보가 테라폼 구성 내에 평문으로 작성되진 않았지만 테라폼 상태 파일에는 평문으로 기록되어 있기 때문에 다음 그림과 같이 민감 정보를 볼 수 있다.

그림 8.11 테라폼 상태 내에 존재하는 민감 정보

그렇기 때문에 파일의 내용을 내용을 직접 보지 않고 terraform state show azurerm_linux_web_app.app 명령을 사용하도록 해서 민감 정보가 노출되지 않도록 구성해야 한다.

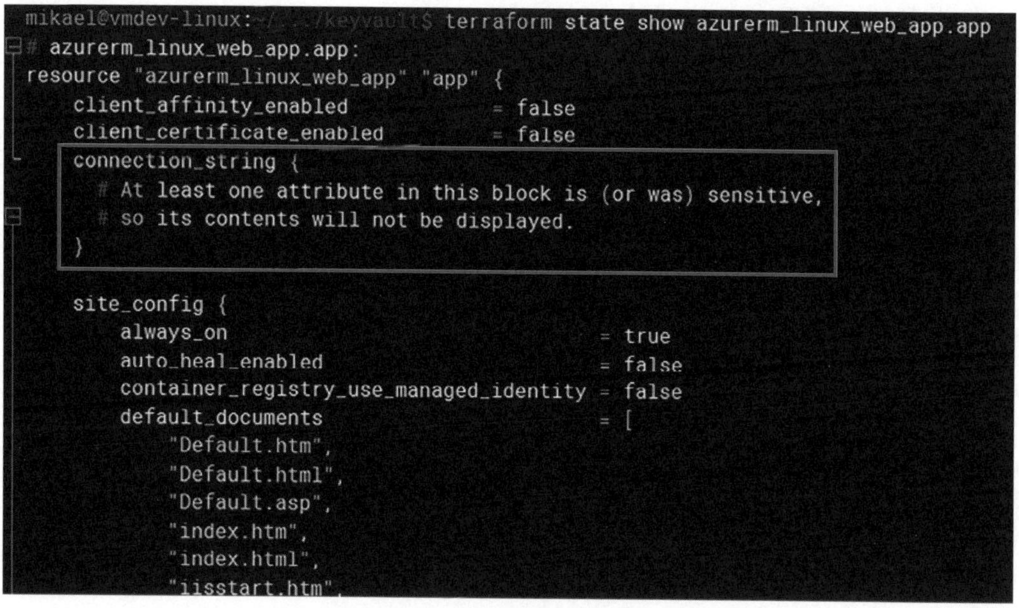

```
mikael@vmdev-linux:~/.../keyvault$ terraform state show azurerm_linux_web_app.app
# azurerm_linux_web_app.app:
resource "azurerm_linux_web_app" "app" {
    client_affinity_enabled            = false
    client_certificate_enabled         = false
    connection_string {
        # At least one attribute in this block is (or was) sensitive,
        # so its contents will not be displayed.
    }

    site_config {
        always_on                               = true
        auto_heal_enabled                       = false
        container_registry_use_managed_identity = false
        default_documents                       = [
            "Default.htm",
            "Default.html",
            "Default.asp",
            "index.htm",
            "index.html",
            "iisstart.htm",
```

그림 8.12 테라폼이 민감 정보를 보호하는 화면

그리고 이것이 애저 원격 백엔드에 있는 상태 파일 보호하기 예제에서 살펴 봤던 것처럼 테라폼 상태 파일을 안전한 원격 백엔드에 저장해서 보호해야 하는 이유 중 하나이다. 그렇지 않고 상태 파일을 직접 노출하게 되면 민감한 정보를 평문으로 볼 수 있게 된다. 자세한 설명은 https://developer.hashicorp.com/terraform/language/state/sensitive-data을 참고한다.

또한 이번 예제에서 민감 정보를 애저 키 볼트에 저장했던 것처럼 테라폼과 잘 연동되어 있는 해시코프 볼트에 저장하는 것도 가능하다. 이에 대해서는 볼트 프로바이더에 대한 문서인 https://registry.terraform.io/providers/hashicorp/vault/latest/docs를 참고한다.

마지막으로 이번 예제를 진행하기 위해 애저 키 볼트에 민감 정보를 수동으로 생성했다. 이 작업은 테라폼으로 진행할 수도 있고(https://registry.terraform.io/providers/hashicorp/azurerm/latest/docs/resources/key_vault_secret.html를 참고한다.), 애저 CLI 명령으로도 진행할 수 있다. (https://learn.microsoft.com/en-us/cli/azure/keyvault/secret?view=azure-cli-latest#az-keyvault-secret-set를 참고한다.) 하지만 이런 경우에는 데이터가 평문으로 작성되기 때문에 권한이 있는 사람에게만 읽기 및 쓰기 권한을 부여해서 보안을 잘 유지해야 한다.

8.7.5 참고항목

• azurerm_key_vault_secret 데이터 블록에 대해서는 https://registry.terraform.io/providers/hashicorp/azurerm/latest/docs/data-sources/key_vault_secret.html 을 참고한다.

8.8 테라폼으로 애저 가상 머신 프로비저닝하고 구성하기

이번 예제에서는 테라폼을 사용하여 애저에서 가상 머신을 프로비저닝하고 구성하는 방법에 대해서 배워보자.

8.8.1 준비 사항

이번 예제에서는 테라폼 구성을 처음부터 작성할 것이기 때문에 특별한 준비 사항은 없다. 테라폼 구성만 작성하면 된다. 이 예제를 진행하면서 테라폼 구성을 작성하는 과정을 여러 단계로 살펴본다. 다만 진행 전에 가상 머신이 사용할 네트워크만 다음과 같은 리소스들로 미리 구성해 놓는다.

- RG_NETWORK라는 리소스 그룹
- VNET-DEMO라는 이름의 가상 네트워크(VNet)
- VNET-DEMO 내에 Subnet1이라는 이름의 서브넷 등록

또한 가상 머신은 외부에서도 접속할 수 있도록 공인 IP를 가진 상태로 프로비저닝한다.

이번 예제에서는 가상 머신을 공인 IP를 사용해서 외부에 노출하지만 운영 환경에서는 공인 IP를 사용하는 것을 권장하지 않는다. 다음과 같이 사설 엔드포인트를 사용하길 권장한다.

https://learn.microsoft.com/ko-kr/azure/private-link/private-endpoint-overview

마지막으로 가상 머신의 암호를 애저 키 볼트를 통해 보호하도록 구성한다.

이번 예제의 소스 코드는 https://github.com/PacktPublishing/Terraform-Cookbook-Second-Edition/tree/main/CHAP08/vm에서 확인할 수 있다.

8.8.2 작동방법

다음 단계를 수행한다.

1 처음으로 생성할 리소스는 리소스 그룹이다. 다음과 같이 코드를 작성한다.

```
resource "azurerm_resource_group" "rg" {
  name     = "RG-VM"
  location = "East US"
}
```

2 공인 IP를 프로비저닝하기 위해 다음과 같이 코드를 작성한다.

```
resource "azurerm_public_ip" "ip" {
  name                = "vmdemo-pip"
  resource_group_name = azurerm_resource_group.rg.name
  location            = azurerm_resource_group.rg.location
  allocation_method   = "Dynamic"
}
```

3 계속해서 네트워크 인터페이스를 위한 코드를 작성한다.

```
data "azurerm_subnet" "subnet" {
  name                 = "Subnet1"
  resource_group_name  = "RG_NETWORK"
  virtual_network_name = "VNET-DEMO"
}

resource "azurerm_network_interface" "nic" {
  name                 = "vmdemo-nic"
```

```
  resource_group_name = azurerm_resource_group.rg.name
  location            = azurerm_resource_group.rg.location

  ip_configuration {
    name                          = "internal"
    subnet_id                     = data.azurerm_subnet.subnet.id
    private_ip_address_allocation = "Dynamic"
    public_ip_address_id          = azurerm_public_ip.ip.id
  }
}
```

4 random_password 리소스를 사용해서 가상 머신에서 사용할 암호를 생성한다.

```
resource "random_password" "password" {
  length          = 16
  special         = true
  override_special = "_%@"
}
```

5 마지막으로 가상 머신을 위한 코드를 작성한다.(다음은 코드의 일부를 발췌한 것이고 전체 코드는 https://
github.com/PacktPublishing/Terraform-Cookbook-Second-Edition/blob/main/CHAP08/vm/main.tf 에
서 확인 할 수 있다.)

```
resource "azurerm_linux_virtual_machine" "vm" {
  name                  = "myvmdemo"
  ...
  admin_username        = "adminuser"
  admin_password        = random_password.password.result
  network_interface_ids = [azurerm_network_interface.nic.id]

  source_image_reference {
    publisher = "Canonical"
    offer     = "UbuntuServer"
    sku       = "18.04-LTS"
    version   = "latest"
  }
  ...
```

```
  provisioner "remote-exec" {
    inline = [
      "sudo apt update",
      "sudo apt install nginx -y"
    ]

    connection {
      host     = self.public_ip_address
      user     = self.admin_username
      password = self.admin_password
    }
  }
}
```

6 애저 인증을 위한 네 개의 환경 변수를 설정하고 테라폼 워크플로우를 실행한다.

7 애저 포탈로 이동 후 생성된 가상 머신의 속성 페이지로 가면 다음 그림처럼 공인 IP를 알 수 있다.

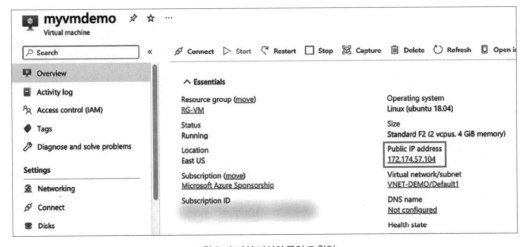

그림 8.13 가상 머신의 공인 IP 확인

8 브라우저를 열어서 http://〈공인 IP〉로 이동한다.

그림 8.14 nginx의 기본 페이지

성공적으로 설치된 nginx 웹 서버에 접속했음을 알 수 있다.

8.8.3 작동 원리

첫 번째 단계에서는 리소스 그룹을 생성하는 테라폼 구성을 작성한다. 이 리소스 그룹에 가상 머신이 속하게 된다. 만약 이미 만들어 놓은 리소스 그룹에 가상 머신을 프로비저닝한다면 이 단계는 선택적으로 진행해도 된다. 이 때는 azurerm_resource_group를 데이터 블록으로 사용해야 한다. 이에 대해서는 https://registry.terraform.io/providers/hashicorp/azurerm/latest/docs/data-sources/resource_group.html를 참고한다.

그리고 두 번째와 세 번째 단계에서는 다음 리소스들을 프로비저닝하는 테라폼 구성을 작성한다.

- 동적 유형의 공인 IP. 동적 유형이기 때문에 별도로 IP 주소를 설정하지 않아도 된다.(이 IP 주소는 서브 넷의 첫 번째 가용한 주소가 된다.)

- 이 IP 주소를 사용할 가상 머신의 네트워크 인터페이스. 이미 생성된 서브넷에 등록한다. 서브넷 ID를 추출하기 위해 azurerm_subnet 데이터 소스를 사용한다.

네 번째 단계에서는 random_password 리소스를 사용해서 가상 머신을 위한 암호를 생성한다.(2장 테라폼 구성 작성하기에 있는 테라폼으로 패스워드 생성하기 예제를 참고한다.)

마지막으로 다섯 번째 단계에서는 가상 머신을 프로비저닝하는 코드를 작성한다. 이 코드에서는 가상 머신의 다음 속성들을 정의한다.

- 이름과 사양 (RAM과 CPU를 포함한다.)
- 기본 이미지, 여기서는 우분투 이미지를 사용한다.
- 가상 머신에 로그인을 위한 인증 정보(SSH 키를 사용할 수도 있지만 이번 예제에서는 다루지 않는다.)

이 리소스에는 remote-exec 프로비저너도 추가해서 가상 머신이 프로비저닝된 후 원격에서 실행할 명령 혹은 스크립트를 설정한다. 이 프로비저너를 통해 가상 머신에 대한 관리자 설정, 보안 설정, 심지어 미들웨어 설치 작업까지도 구성할 수 있다. 이번 예제에서는 이 프로비저너를 사용해서 apt install nginx 명령을 실행시켜 nginx를 설치한다.

테라폼 워크플로우가 완료된 후 브라우저를 열고 공인 IP URI를 입력하면 nginx의 기본 웹사이트를 볼 수 있다.

8.8.4 더 살펴볼 것들

이번 예제에서 새롭게 살펴본 요소는 remote-exec 프로비저너이다. 이 프로비저너는 명령 혹은 스크립트를 사용해 가상 머신을 구성할 수 있다. 이 방식은 가상 머신에 대한 관리자 설정, 예를 들면 방화벽 포트를 열거나 사용자를 생성하거나 그 외 기본적인 작업을 수행하는 등 작업을 해야 할 경우 유용하게 사용된다. 이번 예제에서는 apt update 명령을 실행해서 패키지를 업데이트하는데 사용했다. 하지만 이 방식은 SSH 혹은 WinRM을 사용해서 연결한 뒤 명령을 실행하는 방식이기 때문에 테라폼을 실행하는 컴퓨터에서 가상 머신에 접속이 가능해야 한다는 제약사항이 있다.

만약 코드형 인프라의 형태를 지키고 싶다면 Ansible, Puppet, Chef 혹은 PowerShell DSC와 같은 코드형 설정 도구를 사용하는 게 더 좋다. 만약 Ansible을 사용해서 윈도우 가상 머신을 구성하는 경우, remote-exec 프로비저너는 가상 머신에서 WinRM SSL 프로토콜을 인증하는 역할을 완벽하게 수행할 수 있다.

또한 애저에서는 가상 머신을 설정하는 또 다른 방법으로 가상 머신 확장기능을 통해 사용자 정의 스크립트를 실행하게 할 수도 있다. 이 경우에는 azurerm_virtual_machine_extension 리소스를 사용해서 테라폼으로 가상 머신 확장 기능을 프로비저닝할 수 있다. 이에 대해서는 https://registry.terraform.io/providers/hashicorp/azurerm/latest/docs/

resources/virtual_machine_extension.html를 참고한다.

 가상 머신 확장기능을 통한 스크립트 실행은 가상 머신별로 하나씩만 가능하다. 그래서 하나의 스크립트 내에 필요한 모든 작업을 포함시켜야 한다.

remote-exec과 가상 머신 확장기능 외에 다른 방법으로는 azurerm_virtual_machine 리소스의 custom_data 속성을 사용하는 것이다. custom_data 속성에 대한 문서는 https://registry.terraform.io/providers/hashicorp/azurerm/latest/docs/resources/linux_virtual_machine.html#custom_data를 참고한다. 또한 관련된 소스 코드는 https://github.com/hashicorp/terraform-provider-azurerm/blob/main/examples/virtual-machines/linux/custom-data/main.tf를 참고한다.

마지막으로 가상 머신을 구성하는 또 다른 방법으로 Packer를 사용해서 필요한 소프트웨어를 미리 설치해 둔 가상 머신 이미지를 사용하는 것이다. Packer는 해시코프에서 개발한 오픈소스 도구이며 JSON 혹은 HCL2를 사용해서 자신만의 가상 머신 이미지를 만들 수 있게 해주는 도구이다. 이 이미지가 생성되면, 테라폼 가상 머신 구성에서 마켓플레이스(애저 혹은 다른 클라우드 프로바이더)가 제공하는 이미지 대신 Packer로 생성한 이미지를 설정한다. Packer에 대한 문서는 https://www.packer.io/을 참고한다.

이 두 솔루션 사이의 차이점은 다음과 같다.

- remote-exec 혹은 사용자 정의 스크립트는 소프트웨어를 설치하고 구성해야 할 때 유용하다. 하지만 운영체제 구성과 보안 하드닝의 영속성을 보장할 수 없는데, 누구나 테라폼 구성을 작성하면서 보안 허점을 만들어 낼 수 있기 때문이다. 그래서 주의해서 사용해야 하고 테라폼 구성이 변경되는 것을 잘 추적해야 한다.
- Packer는 운영체제 구성과 보안 하드닝의 영속성을 보장해야 하는 환경에서 유용하다. 하지만 운영체제 이미지를 만들어야 하고 이미지를 생성하는 파이프라인을 자주 업데이트해야 한다는 단점이 있다.

8.8.5 참고 항목

- 다양한 자습서 및 가이드는 애저 설명서를 참고한다. https://learn.microsoft.com/ko-kr/azure/virtual-machines/linux/quick-create-terraform

8.9 기존 애저 인프라를 위한 테라폼 구성 생성하기

기업에서 프로세스를 자동화하거나 테라폼과 같은 코드형 인프라를 적용하려 할 때 직면하게 되는 도전 과제 중 하나는 이미 존재하는 기존 인프라에 대한 코드를 어떻게 생성하는가 이다.

실제로 새로운 인프라를 만들 때는 적절한 테라폼 구성을 작성하고 실행해서 프로비저닝할 수 있다. 반면에 이미 생성되어 있는 리소스의 경우, 그 수와 구성에 따라 모든 테라폼 구성을 작성한 다음 실행해서 테라폼 상태 파일을 갖추는 것만으로도 시간이 오래 걸리고 지루할 수 있다. 또한 이런 식의 테라폼 구성 실행이 기존 리소스들에 부작용을 일으킬 수도 있다.

이런 문제를 부분적으로 해결하기 위해, 5장 테라폼 상태 관리하기에 있는 기존 리소스 가져오기 예제에서 살펴 봤던 것처럼 terraform import 명령을 사용해서 기존에 있는 리소스들의 구성을 테라폼 상태 파일로 가져올 수도 있다.

그러나 이 명령은 테라폼 상태 파일만 업데이트하기 때문에 리소스에 대한 테라폼 구성이 이미 작성되어 있어야 하며, 다른 한편으로는 각 리소스를 가져오기 위해 이 명령을 하나씩 실행해야 한다는 단점이 있다.

이를 염두에 두고 이미 많은 사용자로부터 이러한 요청을 받다가, 스스로에게 다음과 같은 질문을 던졌다. 애저에 있는 이미 생성된 리소스들에 대한 테라폼 구성을 생성하고 테라폼 상태 파일까지 만들어 주는 도구나 스크립트는 없을까?

이번 예제에서는 마이크로소프트 Azure Export for Terraform(aztfexport) 이라는 도구를 사용해서 이 문제를 어떻게 해결할 수 있는지 살펴보려고 한다. 이 도구는 애저에서 유지 관리하고 있으며 관련 문서는 https://learn.microsoft.com/ko-kr/azure/developer/terraform/azure-export-for-terraform/export-terraform-overview에서 확인할 수 있다.

8.9.1 준비 사항

aztfexport를 사용하기 위해 먼저 다운로드 받고 설치해야 한다. 설치 과정은 운영체제마다 다른데, 모든 설치 방식에 대해서는 https://github.com/Azure/aztfexport#install에서 찾을 수 있다.

예를 들어 리눅스에서는 다음 스크립트를 사용한다.

```
curl -sSL https://packages.microsoft.com/keys/microsoft.asc > /etc/apt/
trusted.gpg.d/microsoft.asc
ver=20.04 # or 22.04
apt-add-repository https://packages.microsoft.com/ubuntu/${ver}/prod
apt-get install aztfexport
```

위 스크립트는 마이크로소프트 저장소를 추가하고 aztfexport 도구를 설치한다.

설치되고 나면 aztfexport --help 명령을 실행해서 정상적으로 설치 되었는지 확인한다. 다음 그림은 aztfexport --help 명령의 결과이다.

그림 8.15 aztfexport help 명령 결과

이번 예제의 목적은 다음 그림 8.15와 같이 하나의 리소스 그룹과, 내부에 하나의 서비스 플랜 및 애저 앱 서비스 리소스로 구성된, 애저에 이미 생성되어 있는 인프라의 테라폼 구성 및 테라폼 상태 파일을 생성하는 것이다.

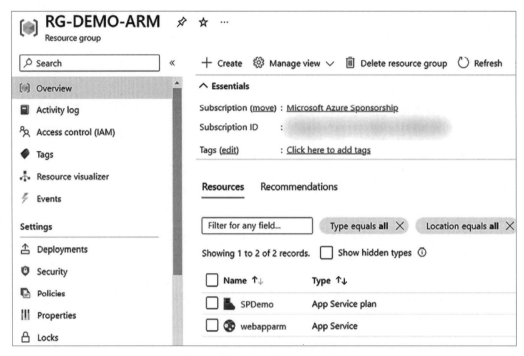

그림 8.16 애저에 이미 생성되어 있는 리소스

aztfexport 설치가 완료되면 기존 애저 인프라에 대한 테라폼 구성을 생성할 준비가 끝난다. aztfexport 도구를 실행하기 전에 다음 명령을 사용해서 애저에 인증하고 작업할 구독을 선택한다.

```
az login
az account set -s <your subscription id>
```

그럼 시작해 보자.

8.9.2 작동방법

다음 단계를 수행한다.

1 워크스테이션에서, 예를 들면 azgenerated라는 이름의 새로운 폴더를 생성한다.

2 새로운 폴더에서 다음 aztfexport rg 명령을 실행한다.

```
aztfexport rg "RG-DEMO-ARM"
```

3 명령을 실행하면 가져올 모든 리소스를 분석하고 다음 그림처럼 어떤 리소스를 가져올 것인지 물어본다.

그림 8.17 aztfexport로 리소스 가져오기

앞의 명령은 모든 리소스를 보여준다. 키보드의 W를 누르면 선택된 모든 리소스를 가져온다. 이번에는 리소스 그룹을 가져온다.

4 다음 그림처럼 aztfexport 도구가 리소스를 가져오고 완료되면 확인 메세지를 표시한다.

Microsoft Azure Export for Terraform

Terraform state and the config are generated at: /home/mikael/azgenerated

Press any key to quit

그림 8.18 aztfexport 가져오기 확인 메세지

키보드의 아무 키나 입력하면 실행이 종료된다.

5 마지막으로 azgenerated 폴더에서 테라폼 워크플로우를 실행해서 생성된 테라폼 구성을 테스트한다.

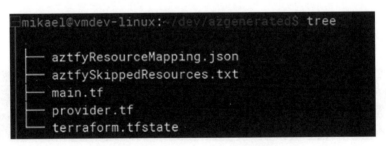

그림 8.19 aztfexport가 생성한 테라폼 구성 실행하기

테라폼 구성이 성공적으로 생성되었다면, 테라폼 워크플로우 실행 시 적용해야 할 변경 사항이
아무것도 없는 것을 볼 수 있다. 이는 인프라 구성과 일치한다는 것을 의미한다.

8.9.3 작동 원리

첫 번째 단계에서는, 테라폼 구성을 생성할 폴더를 만든다.

두 번째 단계에서는, aztfexport rg 〈리소스 그룹〉 명령을 실행해서 전체 리소스 그룹에 대한
테라폼 구성을 생성한다.

세 번째와 네 번째 단계에서는 aztfexport 도구가 제안하는 몇 가지 옵션 중에 리소스 그룹 내
의 모든 리소스를 가져오는 옵션을 선택한다.

그리고 가져오기가 완료되면 azgenerated 폴더 내에 다음과 같은 파일들이 생성된 것을 볼 수
있다.

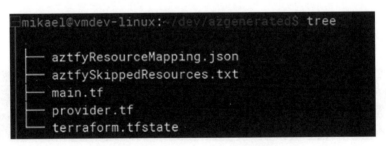

그림 8.20 aztfexport가 생성한 파일들

가져온 리소스에 대한 테라폼 구성을 포함하는 main.tf와 provider.tf 파일, 그리고
terraform.tfstate 테라폼 상태 파일을 볼 수 있다.(기본적으로 상태 파일은 로컬에 생성된다.)

main.tf 파일은 다음 테라폼 구성을 포함한다.

```
mikael@vmdev-linux:~/dev/azgenerated$ cat main.tf
resource "azurerm_resource_group" "res-0" {
  location = "westeurope"
  name     = "RG-DEMO-ARM"
}
resource "azurerm_service_plan" "res-1" {
  location            = "westeurope"
  name                = "SPDemo"
  os_type             = "Windows"
  resource_group_name = "RG-DEMO-ARM"
  sku_name            = "S1"
  depends_on = [
    azurerm_resource_group.res-0,
  ]
}
resource "azurerm_app_service_custom_hostname_binding" "res-7" {
  app_service_name    = "webapparm"
  hostname            = "webapparm.azurewebsites.net"
  resource_group_name = "RG-DEMO-ARM"
  depends_on = [
    azurerm_windows_web_app.res-2,
  ]
}
resource "azurerm_windows_web_app" "res-2" {
  location            = "westeurope"
  name                = "webapparm"
  resource_group_name = "RG-DEMO-ARM"
  service_plan_id     = "/subscriptions/
erfarms/SPDemo"
  site_config {
  }
  depends_on = [
    azurerm_service_plan.res-1,
  ]
}
```

그림 8.21 aztfexport가 생성한 테라폼 구성

애저 리소스 그룹, 서비스 플랜, 그리고 웹 앱의 구성을 볼 수 있다. provider.tf 파일은 다음 테라폼 구성을 포함한다.

```
mikael@vmdev-linux:~/dev/azgenerated$ cat provider.tf
terraform {
  backend "local" {}
  required_providers {
    azurerm = {
      source  = "hashicorp/azurerm"
      version = "3.31.0"
    }
  }
}

provider "azurerm" {
  features {}
}
```

그림 8.22 aztfexport가 생성한 provider.tf

테라폼 블록과 azurerm 블록을 볼 수 있다.

마지막으로 다섯 번째 단계에서는 생성된 코드가 실제 리소스와 동일한지 terraform init과 plan 명령을 실행한다. 실행하고 나면 변경 사항이 발생하지 않는다. 테라폼 구성이 인프라와 변경 사항 없이 잘 맞는다는 것을 알 수 있다.

8.9.4 더 살펴볼 것들

이번 예제에서는 리소스 그룹 내의 모든 리소스에 대한 테라폼 구성을 생성하기 위해 aztfexport 도구에 rg 옵션을 추가 했다. 하지만 aztfexport를 사용해서 하나의 애저 리소스에 대한 테라폼 구성만 생성할 수도 있다.

aztfexport 도구는 리소스를 필터링하는 다른 옵션들도 제공한다. 더 자세한 정보는 https://learn.microsoft.com/en-us/azure/developer/terraform/azure-export-for-terraform/export-terraform-overview를 참고한다.

aztfexport는 애저 인프라에 대한 테라폼 구성을 생성하고, 테라폼 상태 파일로 가져오는데 사용할 수 있는 도구이다. 같은 용도의 다른 프로바이더들을 위한 도구들도 있다.

- Terraformer(https://github.com/GoogleCloudPlatform/terraformer)
- TerraCognita(https://github.com/cycloidio/terracognita), 이 도구는 여전히 애저의 여러 리소스들을 지원한다.

이 모든 도구들의 문제점은 테라폼 언어의 발전과 다양한 프로바이더들의 변경 사항들을 따라가야 하기 때문에 개발 및 유지관리에 많은 시간이 필요하다는 것이다.

8.9.5 참고 항목

- aztfexport에 대한 소스 코드 및 안내 문서는 https://github.com/Azure/aztfexport를 참고한다.

8.10 선택적인 애저 기능 활성화하기

azurerm 프로바이더의 흥미로운 점 중 하나는 프로바이더 설정을 통해서 일부 선택적인 애저 기능을 직접 활성화하거나 비활성화할 수 있다는 것이다.

이 프로바이더 기능을 설명하기 위해 이번 예제에서는 리소스 그룹이 리소스를 포함하고 있을 때 어떻게 애저 리소스 그룹의 삭제를 비활성화 하는지 살펴볼 것이다.

그럼 시작해 보자.

8.10.1 준비 사항

이번 예제를 진행하기 위해 별도의 요구사항은 필요하지 않다. 이 예제에서 사용된 테라폼 구성은 이미 작성되어 있으며 이 테라폼 구성을 사용해서 리소스 그룹을 프로비저닝했다고 가정한다. 그리고 이 리소스 그룹 내에 수동으로 애저 저장소 계정을 생성한다.(포털, 애저 CLI 혹은 다른 테라폼 구성을 통해)

이번 테라폼 구성의 소스 코드는 https://github.com/PacktPublishing/Terraform-Cookbook-Second-Edition/blob/main/CHAP08/feature/main.tf에서 확인할 수 있다.

기본적으로 별다른 옵션 없이 위 테라폼 구성에서 terraform destroy 명령을 실행하면 테라폼은 리소스 그룹을 삭제하지 않는다. 해당 리소스 그룹에 저장소 계정이 포함되어 있기 때문이다. 이번 예제의 목적은 옵션을 추가해 저장소 계정을 포함하고 있는 경우에도 리소스 그룹을 삭제하는 것이다.

8.10.2 작동 방법

프로바이더 구성에 다음 설정을 추가한다.

```
provider "azurerm" {
  features {
    resource_group {
      prevent_deletion_if_contains_resources = false
    }
  }
}
```

8.10.3 작동 원리

이번 예제에서는 features 블록에 prevent_deletion_if_contains_resources 속성의 값을 false로 설정해서 추가한다.

기본적으로 이 속성값은 true이기 때문에 리소스 그룹이 리소스를 포함하고 있다면 삭제되지 않는다. 하지만 이번에는 이 속성값을 false로 설정해서 리소스 그룹이 삭제될 수 있게 만들어 준다.

8.10.4 더 살펴볼 것들

features 블록에 대한 모든 속성 목록은 https://registry.terraform.io/providers/hashicorp/azurerm/latest/docs/guides/features−block을 참고한다.

8.11 인프라코스트(Infracost)를 사용해서 애저 인프라 비용 추정하기

테라폼으로 코드형 인프라를 사용하면 대규모의 클라우드 인프라를 빠르게 프로비저닝할 수 있게 된다. 재무와 관련된 사람들이 자주 묻는 질문은 인프라를 구축하기 전 예상 비용을 알 수 있는지, 인프라를 변경할 때 마다 발생하는 비용의 차이에 대한 추정치도 궁금해 한다.

이런 경우에 사용할 수 있는 인프라코스트(Infracost)라는 도구가 있다. 인프라코스트는 클라우드 인프라가 포함된 테라폼 구성을 기반으로 비용을 추정할 수 있다.

인프라코스트는 다음 세 가지 요소들로 구성되어 있다.

- 바이너리, 오픈 소스이며 무료이고 리소스 비용에 대한 모든 기본적인 동작을 담당한다.
- 인프라코스트 클라우드, 무료 버전의 기능에 더해 CI/CD 기능을 사용할 수 있는 SaaS이다. 팀 협업을 도와주는 다른 기능들과 더불어 Jira와 정책 통합도 할 수 있다. 가격 정보는 https://www.infracost.io/pricing/에서 확인할 수 있다.
- 인프라코스트 API, 다양한 클라우드에 연결해서 다양한 클라우드 리소스의 가격을 검색한다.

이번 예제에서는 애저 리소스를 프로비저닝하는 테라폼 구성에 대해 인프라코스트를 사용하는 방법에 대해서 배워보자.

 인프라코스트의 목표는 가격 예상치를 확인하는 것이다. 실제로 발생하게 되는 비용은 아니며 실제로 발생하게 되는 비용은 네트워크 대역폭, 확장성 등 다양한 요소의 영향을 받는다.

그럼 시작해 보자.

8.11.1 준비 사항

이번 예제를 진행하기 위해 먼저 인프라코스트를 설치해야 한다. 설치 방법은 https://www. infracost.io/docs/를 참고한다.

이번 예제에서는 다음 스크립트를 사용해서 리눅스에 설치한다.

```
curl -fsSL https://raw.githubusercontent.com/infracost/infracost/
master/scripts/install.sh | sh
```

다음 그림 8.23은 앞의 스크립트 실행 결과이다.

```
mikael@vmdev-linux:-$ curl -fsSL https://raw.githubusercontent.com/infracost/infracost/master/scripts/install.sh | sh
Downloading latest release of infracost-linux-amd64...

Validating checksum for infracost-linux-amd64...

Moving /tmp/infracost-linux-amd64 to /usr/local/bin/infracost (you might be asked for your password due to sudo)

Completed installing Infracost v0.10.15
```

그림 8.23 인프라코스트 설치 스크립트

인프라코스트를 설치한 후에는 다음 명령을 실행해서 인프라코스트 시스템에 로그인하고 API 키를 생성한다.

```
infracost auth login
```

위 명령을 실행하면 웹 브라우저를 통해 웹 페이지가 열린다. 웹 페이지에서 Log in 버튼을 클릭해서 익명으로 인증한다.

그림 8.24 인프라코스트 시스템 로그인

브라우저 페이지와 터미널에 확인 메세지가 표시된다.

터미널에서 다음 그림 8.25와 같이 API 키가 생성되었다는 정보도 확인할 수 있다.

```
The API key was saved to /home/mikael/.config/infracost/credentials.yml

Your account has been authenticated. Run Infracost on your Terraform project by running:
```

그림 8.25 인프라코스트 인증 정보

이제 인프라코스트 시스템 인증도 획득하고 API 키도 생성되었다. 테라폼 구성에 대해 인프라코스트를 실행할 수 있게 되었다.

이번 예제의 목표는 다음 요소들로 구성된 애저 인프라의 비용을 추정하는 것이다.

- 하나의 리소스 그룹

- 하나의 VNet과 서브넷

- 하나의 가상 머신

- 하나의 서비스 플랜과 웹 앱

위 모든 리소스들이 포함된 테라폼 구성은 https://github.com/PacktPublishing/Terraform-Cookbook-Second-Edition/tree/main/CHAP08/cost에서 확인할 수 있다.

8.11.2 작동방법

다음 단계를 수행한다.

1 첫 번째 단계는 리소스를 생성하기 전에 리소스들의 비용에 대해 추정하는 것이다. 이를 위해 테라폼 구성이 포함된 폴더 내에서 다음 명령을 실행한다.

```
infracost breakdown --path .
```

앞의 명령의 실행 결과는 다음 그림 8.26과 같다.

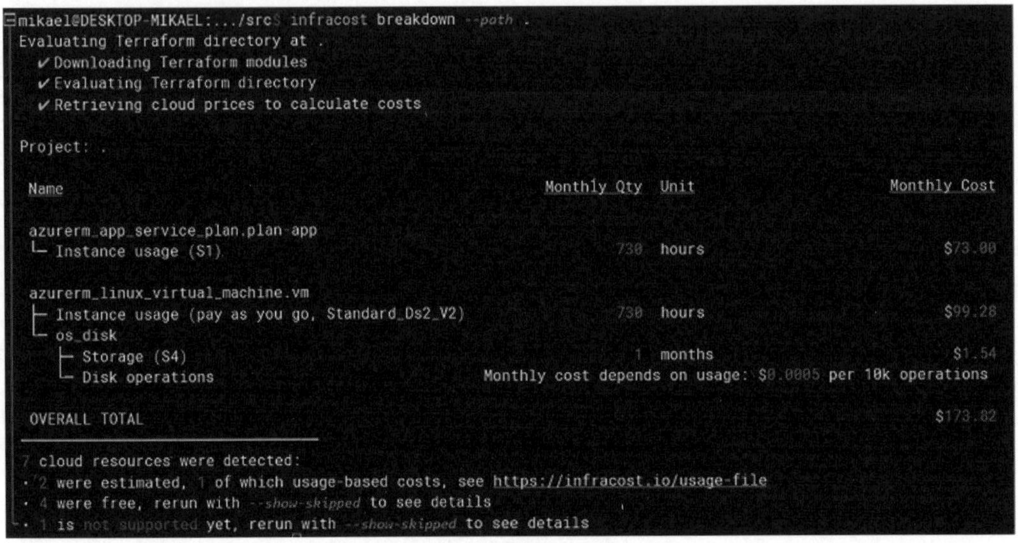

그림 8.26 인프라코스트로 비용 추정하기

그림 8.26을 살펴보면 이 테라폼 구성을 프로비저닝했을 때 매월 $173.82의 비용이 발생한다는 것을 알 수 있다.

2 terraform init, plan, apply 명령을 사용해서 테라폼 워크플로우를 실행한다.

3 마지막으로 다음 명령을 실행해서 비용 추정 결과를 JSON 파일로 생성한다.

```
infracost breakdown --path . --format json --out-file infracostbase.json
```

두 번째 파트에서는 다음 단계를 수행하여 테라폼 구성을 업데이트한 후 비용 차이가 얼마나 발생하는지 추정해 보자.

1 테라폼 구성 중 다음과 같이 가상 머신 사양을 Standard_DS2_V2에서 Standard_E8_v4로 변경한다.

```
resource "azurerm_linux_virtual_machine" "vm" {
  name                            = "vm-demo"
  resource_group_name             = azurerm_resource_group.rg.name
  location                        = azurerm_resource_group.rg.location
  size                            = "Standard_E8_v4"
  disable_password_authentication = false
}
```

그림 8.27 가상 머신 사용 변경

2 다음 명령을 실행해서 위 테라폼 구성 변경을 적용했을 때 달라지게 될 비용을 추정한다.

```
infracost diff --path . --compare-to infracost-base.json
```

다음 그림은 바로 앞의 명령의 실행 결과이다.

```
mikael@DESKTOP-MIKAEL:.../src$ infracost diff --path . --compare-to infracost-base.json
Evaluating Terraform directory at .
    ✔ Downloading Terraform modules
    ✔ Evaluating Terraform directory
    ✔ Retrieving cloud prices to calculate costs

Project: .

~ azurerm_linux_virtual_machine.vm
 +$345 ($101 → $445)

    ~ Instance usage (pay as you go, Standard_Ds2_V2 → Standard_E8_v4)
      +$345 ($99.28 → $444)

Monthly cost change for .
Amount:  +$345 ($101 → $445)
Percent: +342%
```

그림 8.28 인프라코스트로 비용 변화 추정하기

월 비용이 $101 에서 $445로 변화할 것이라는 걸 확인할 수 있다.

3 마지막으로 비용 변화를 확인하고 나면 테라폼 워크플로우를 실행해서 변경 사항을 적용한다.

8.11.3 작동 원리

이번 예제의 첫 번째 파트에서는 애저 리소스들을 생성하기 전에 비용을 추정하는 방법을 배운다. 이 때 사용한 명령을 다음과 같다.

```
infracost breakdown --path .
```

breakdown 옵션은 모든 인프라에 대한 비용을 추정할 때 사용하는 옵션이고 path 옵션은 분석 하려고 하는 테라폼 구성이 포함되어 있는 폴더를 지정하는 옵션이다.

그리고 infracost breakdown --path . --format json --out-file infracost-base. json 명령을 실행해서 비용 추정을 infracost-base.json 파일에 저장한다. 이 파일을 예제의 두 번째 파트에서 사용한다.

이번 예제의 두 번째 파트에서는 테라폼 구성을 수정한 뒤 발생하는 비용 차이를 추정하는 방법에 대해서 배운다.

이를 위해 가상 머신 사양을 변경해서 테라폼 구성을 수정한 뒤 infracost 명령을 실행한다.

```
infracost diff --path . --compare-to infracost-base.json
```

diff 옵션은 비용을 비교하는 연산을 위해 사용하는 옵션이고, compare-to 옵션은 비용을 비교할 JSON 파일을 지정할 때 사용하는 옵션이다. 그래서 첫 번째 파트에서 생성한 JSON 파일은 compare-to 옵션의 인자로 넘겨 준다.

8.11.4 더 살펴볼 것들

이번 예제에서는 인프라코스트를 CLI 기반으로 사용하는 기본적인 방법에 대해서 배웠다. 이 외에도 인프라코스트 확장 기능을 통해서 인프라코스트를 VSCode에서 직접 사용할 수도 있다. 이에 대해서는 https://marketplace.visualstudio.com/items?itemName=Infracost. infracost를 참고한다.

이 확장 기능을 통해 테라폼 구성을 작성하는 동시에 비용을 추정할 수 있다. 다음 그림은 VSCode에서 인프라코스트 확장 기능을 사용하는 화면이다.

그림 8.29 VSCode에서 인프라코스트 사용하기

리소스 비용을 클릭하면 ❶, VSCode 내에서 새로운 창이 열리고 이 리소스의 비용에 대한 자세한 정보가 표시된다. ❷

인프라코스트는 CI/CD 파이프라인에도 통합될 수 있다. 이에 대한 자세한 정보는 https://www.infracost.io/docs/integrations/cicd/를 참고한다.

또한 인프라코스트 클라우드에서 고급 기능들을 사용할 수도 있다. 이에 대해서는 https://www.infracost.io/docs/infracost_cloud/get_started/를 참고한다.

8.11.5 참고항목

- 인프라코스트 문서는 https://www.infracost.io/docs/를 참고한다.
- 인프라코스트 블로그는 https://www.infracost.io/blog/를 참고한다.

8.12 AzApi 테라폼 프로바이더 사용하기

azurerm 프로바이더는 해시코프, 마이크로소프트, 그리고 커뮤니티에 의해 유지보수되는 오픈 소스 프로젝트이다.

이 프로젝트는 이슈 분류, 유지 관리 작업, 애저 GO SDK 버전 등 다양한 요소들을 바탕으로 발전해 나간다.

이렇게 영향을 주는 요소들이 많기 때문에 애저의 프리뷰 기능들은 azurerm 프로바이더에 실시간으로 추가되지 않는다. 그래서 만약 애저의 프리뷰 기능을 사용하거나 azurerm 프로바이더에 아직 구현되지 않은 기능들을 사용하고자 한다면, 여러 가지 방법을 사용해 볼 수 있다. 이 중에는 이미 배운 방법들도 포함되어 있다.

- az cli 명령을 호출하는 null_resource를 사용한다. 이 방법은 테라폼에서 애저 CLI 명령 실행하기 예제에서 배웠다.
- ARM 템플릿을 사용한다. 이 방법은 테라폼에서 ARM 템플릿 실행하기 예제에서 배웠다.

2022년 4월 이후부터는, 새로운 AzApi 프로바이더를 사용해서 애저 프리뷰 기능들을 프로비저닝할 수 있게 되었다.

이번 예제에서는 AzApi 프로바이더를 사용하는 방법에 대해서 배워보자.

그럼 시작해 보자.

8.12.1 준비 사항

이번 예제의 목표는 azurerm 프로바이더를 사용해서 애저 저장소 계정을 프로비저닝하고 AzApi 프로바이더를 사용해서 SFTP 기능을 활성화하는 것이다. AzApi 문서는 https://registry.terraform.io/providers/Azure/azapi/latest/docs를 참고한다.

 이번 예제에서는 SFTP 기능을 프리뷰 기능으로 간주한다. 이 기능은 실제로는 프리뷰 기능으로 분류되지 않으며 azuerrm 프로바이더를 통해서 프로비저닝할 수 있다. 이에 대해서는 https://registry.terraform.io/providers/hashicorp/azurerm/latest/docs/resources/storage_account#sftp_enabled를 참고한다.

이번 예제의 소스 코드는 https://github.com/PacktPublishing/Terraform-Cookbook-Second-Edition/tree/main/CHAP08/azapi를 참고한다.

8.12.2 작동 방법

다음 단계를 수행한다.

1 먼저 main.tf 파일에 애저 리소스 그룹과 저장소 계정을 생성하는 테라폼 구성을 작성한다.

```
terraform {
  required_version = "~> 1.1"
  required_providers {
    azurerm = {
      version = "~> 3.35"
    }
  }
}

provider "azurerm" {
  features {}
}
```

```
resource "azurerm_resource_group" "rg" {
  name     = "rg-demo-azapi"
  location = "westeurope"
}

resource "azurerm_storage_account" "storage" {
  name                     = "accountsftpdemo"
  location                 = azurerm_resource_group.rg.location
  resource_group_name      = azurerm_resource_group.rg.name
  account_tier             = "Standard"
  account_replication_type = "LRS"
  min_tls_version          = "TLS1_2"
  is_hns_enabled           = true
}
```

2 AzApi 프로바이더를 사용하기 위한 프로바이더 구성을 추가한다.

```
terraform {
  required_version = "~> 1.1"
  required_providers {
    azurerm = {
      version = "~> 3.35"
    }
    azapi = {
      source  = "Azure/azapi"
      version = "1.1.0"
    }
  }
}
```

3 sftp 기능을 활성화하기 위한 테라폼 구성을 추가한다.

```
resource "azapi_update_resource" "sftp_azpi_sftp" {
  type        = "Microsoft.Storage/storageAccounts@2021-09-01"
  resource_id = azurerm_storage_account.storage.id

  body = jsonencode({
```

```
    properties = {
      isSftpEnabled = true
    }
  })
  response_export_values = ["*"]
}
```

4 테라폼 워크플로우를 실행한다.

8.12.3 작동 원리

첫 번째 단계에서는 azurerm 프로바이더를 사용해서 애저 리소스 그룹과 저장소 계정을 생성하는 테라폼 구성을 작성한다.

그리고 두 번째 단계에서는, Azure/azapi 프로바이더를 사용할 수 있도록 terraform 블록 안에 관련된 코드를 추가한다. 이 때 사용하는 azapi 프로바이더의 버전은 1.1.0으로 지정한다.

세 번째 단계에서는, AzApi 프로바이더의 azapi_update_resource를 사용한다. 이 리소스는 이미 존재하는 애저 리소스의 속성을 추가하거나 수정, 활성화, 삭제할 때 사용한다. 이 예제에서는 존재하는 리소스를 resource_id 속성으로 지정한다.

AzApi 프로바이더는 애저 REST API를 호출하기 때문에 API URL 엔드포인트를 인자로 넘겨줘야 한다. 이 예제에서는 애저 API URL을 type 속성값으로 설정한다. 값은 Microsoft.Storage/storageAccounts@2021-09-01로 지정하고 body 속성은 다음 코드를 사용해서 JSON으로 인코딩된 형식으로 설정한다.

```
body = jsonencode({
   properties = {
     isSftpEnabled = true
   }
 })
```

앞의 body 속성을 통해 저장소 계정의 SFTP 기능을 활성화 한다. 또한 저장소 계정과의 명시적 의존성을 지정한다.

마지막으로 테라폼 워크플로우를 실행한 후 SFTP 기능 활성화 여부를 확인하기 위해 애저 포털을 보면 다음과 같은 화면을 볼 수 있다.

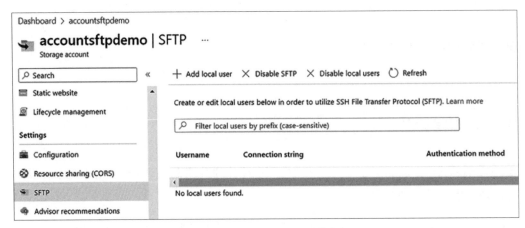

그림 8.30 애저 저장소의 SFTP 활성화

저장소 계정의 SFTP 기능이 활성화된 것을 볼 수 있다.

8.12.4 더 살펴볼 것들

이번 예제에서는, AzApi 프로바이더를 사용해서 기존 리소스의 속성을 변경하고 이를 통해 기능을 활성화하거나 비활성화하는 방법에 대해서 배웠다. AzApi 프로바이더의 azapi_resource를 사용하면 리소스의 속성을 변경하는 것뿐 아니라 리소스 자체를 프로비저닝하는 것도 가능하다. 이에 대해서는 https://registry.terraform.io/providers/Azure/azapi/latest/docs/resources/azapi_resource를 참고한다.

AzApi 프로바이더를 사용했을 때의 장점은 다음과 같다.

- 테라폼 상태의 생애 주기를 사용한다.
- 기존 리소스의 업데이트를 할 수 있다.
- Go SDK가 아닌 애저 REST API를 사용한다.
- JSON 파일이나 azcli와 같은 외부 스크립트를 사용하지 않아도 된다.

단점은 다음과 같다.

- azapi_update_resource에서 설정할 수 있는 속성들을 이해하기 위해 애저 API를 살펴봐야 한다.

8.12.5 참고항목

- AzApi 프로바이더에 대한 문서는 https://registry.terraform.io/providers/Azure/azapi/latest/docs을 참고한다.

- 다음 목록은 AzApi 프로바이더를 이해하는데 도움이 되는 글이다.

- https://learn.microsoft.com/en-us/azure/developer/terraform/get-started-azapi-resource

- https://www.redeploy.com/post/day-zero-terraform-deployments-with-azapi

- https://build5nines.com/azapi-terraform-provider-introduction-to-working-with-azure-preview-resources/

- https://www.youtube.com/watch?v=VOod_VNgdJk%20%20

NOTE

CHAPTER

09

테라폼으로 AWS와 GCP 인프라 프로비저닝하기

이전 장들에서는 테라폼 구성 예제를 구체적인 사용 사례를 기반으로 설명하기 위해 애저에서의 상황을 활용했다면, **8장 테라폼으로 애저 인프라 프로비저닝하기**에서는 테라폼으로 리소스를 프로비저닝하는 관점에서 애저를 활용했다. 이번 장에서도 유사한 관점으로 계속 살펴보자.

이번 장에서는 테라폼을 사용해서 AWS와 GCP 인프라를 프로비저닝하는 기본적인 방법에 대해서 배운다. 각각의 클라우드 프로바이더 별로, 테라폼을 위한 인증 정보를 생성하는 방법, 프로바이더 환경 설정, AWS S3와 GCP 클라우드 스토리지에 상태 파일을 보호하는 방법에 대해서 배운다.

GCP에서는 구글 클라우드 쉘이라고 불리는 통합 쉘 환경을 사용해서 로컬 머신 없이 테라폼을 실행하는 방법에 대해서 배운다.

이 장은 AWS와 GCP를 위한 시작점이지만, 다른 장에서 이미 배운 테라폼 구성, 언어 및 모범 사례도 AWS와 GCP 모두 적용될 수 있다는 점을 기억하자.

이번 장에서 다룰 내용은 다음과 같다.

- AWS을 위한 테라폼 사용 시작하기
- AWS에서 S3 백엔드 사용하기
- GCP를 위한 테라폼 사용 시작하기
- GCP에서 구글 클라우드 스토리지(GCS) 백엔드 사용하기
- 구글 클라우드 쉘에서 테라폼 실행하기

9.1 기술적 요구사항

이번 장을 진행하려면 다음과 같은 서비스를 구독해야 한다.

- AWS를 위해서는 AWS 구독이 필요하다. https://aws.amazon.com/ko/free에서 무료 구독을 시작할 수 있다.
- GCP를 위해서는 GCP 계정이 필요하다. https://console.cloud.google.com/freetrial에서 무료 구독을 시작할 수 있다.

9.2 AWS를 위한 테라폼 사용 시작하기

이번 예제에서는 테라폼을 사용해서 AWS에 간단한 리소스를 만드는 과정을 배워보자. 먼저 인증과 관련된 내용을 배운 후, 테라폼으로 리소스를 프로비저닝하는 방법에 대해서 배운다.

그럼 시작해 보자.

9.2.1 준비 사항

이번 예제를 진행하려면 리소스를 생성할 수 있는 권한을 가진 사용자 키(ID와 보안 키)가 필요하다. AWS에서는 사용자 혹은 서비스 계정 관리를 IAM(Identity and Access Management)이라는 서비스를 통해 할 수 있으며 aws 프로바이더의 인증을 위해서도 사용된다.

사용자 키를 생성하려면 다음 단계를 수행한다.

1 AWS 콘솔에서 Sign In to the Console 버튼을 클릭해서 로그인 한다.

그림 9.1 AWS 콘솔 로그인 화면

2 상단 우측 메뉴에서 계정 이름을 클릭하면 서브메뉴들이 나온다. 여기서 다음 그림처럼 Security credentials를 클릭한다.

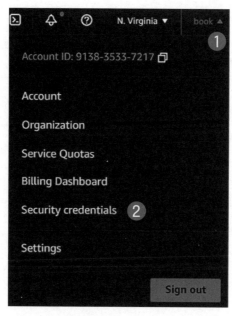

그림 9.2 AWS Security credentials

3 링크 클릭 후 열린 페이지에서 스크롤을 내리면 Access Keys 섹션을 찾을 수 있다. 여기서 Create access key 버튼을 클릭한다.

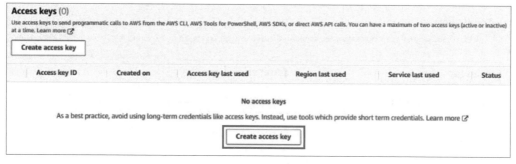

그림 9.3 AWS에서 액세스 키 생성하기

4 루트 사용자의 액세스 키 생성에 대한 안내문을 이해했다는 체크박스를 체크한 후 Create access key 버튼을 클릭한다.

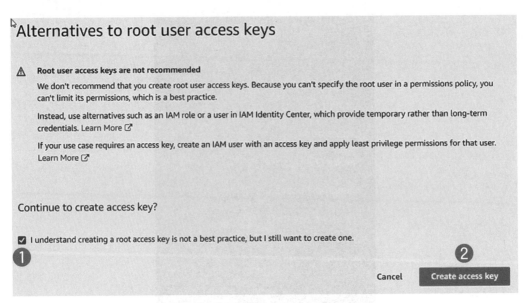

그림 9.4 AWS에서 액세스 키 생성 시 확인 메시지

5 생성된 액세스 키 정보를 확인한다.

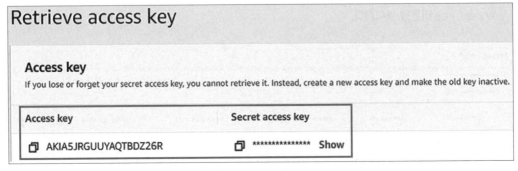

그림 9.5 AWS 액세스 키 정보

이제 AWS 계정이 생성되었고, 테라폼에서 사용할 수 있게 되었다. 이번 예제에서는 테라폼을 사용해서 EC2(가상 머신)를 만들어 보자.

이번 예제의 소스 코드는 https://github.com/PacktPublishing/Terraform-Cookbook-Second-Edition/tree/main/CHAP09/aws에서 확인할 수 있다.

9.2.2 작동 방법

다음 단계를 수행한다.

1 main.tf 파일을 생성한 후 다음 테라폼 구성을 작성한다.

```
terraform {
  required_version = "~> 1.1"
  required_providers {
    aws = {
      version = "~> 3.27"
    }
  }
}

provider "aws" {
  region = "us-east-2"
}

resource "aws_instance" "my_ec2_instance" {
  ami          = "ami-07c1207a9d40bc3bd"
  instance_type = "t2.micro"
}
```

2 콘솔에서는 다음 명령을 실행한다.

```
export AWS_ACCESS_KEY_ID="<your access key ID>"
export AWS_SECRET_ACCESS_KEY="<your secret key>"
```

3 마지막으로 main.tf 파일이 포함되어 있는 폴더에서 테라폼 워크플로우를 실행한다.

9.2.3 작동 원리

첫 번째 단계에서는 AWS에서 EC2를 프로비저닝하는 테라폼 구성을 작성한다. 프로바이더로는 aws 프로바이더를 사용한다. 그리고 provider 블록에서 리소스를 프로비저닝할 리전을 us-east-2로 설정한다. 마지막으로 aws_instance 리소스를 사용해서 프로비저닝하고자 하는 가상 머신에 대한 코드를 작성한다.

 여기서는 간단한 구성을 위해서 aws_instance 리소스 내에 ami 속성을 사용한다. aws_instance 리소스의 구성 예제들은 https://registry.terraform.io/providers/hashicorp/aws/latest/docs/resources/instance#example-usage을 참고한다.

두 번째 단계에서는 준비 사항 단계에서 생성한 자격 증명 정보를 사용해서 aws 프로바이더에 대한 인증을 진행한다. 이를 위해 두 개의 환경 변수를 설정했는데, AWS_ACCESS_KEY_ID 와 AWS_SECRET_ACCESS_KEY 이렇게 두 가지이다. 각 환경 변수의 값은 액세스 키 ID와 보안 키로 설정한다.

세 번째 단계에서는 테라폼 워크플로우를 실행한다.

테라폼 워크플로우 실행이 끝나면 가상 머신이 생성된 것을 확인할 수 있다. AWS 콘솔에서 Ohio 리전을 선택한 후 상단 메뉴에서 EC2 메뉴로 이동하면 다음 그림과 같이 생성한 가상 머신이 보이는 것을 확인할 수 있다.

그림 9.6 AWS에서 가상 머신 확인하기

생성한 EC2 인스턴스가 잘 동작하고 있는 것을 볼 수 있다.

9.2.4 더 살펴볼 것들

두 번째 단계에서 환경 변수를 사용해서 aws 프로바이더에 대한 인증을 진행했는데, 이렇게 하는 것이 보안적으로 권장되는 방법이다.

다음과 같이 테라폼 구성 내에 자격 증명을 직접 설정할 수도 있다.

```
provider "aws" {
  region = "us-east-2"
  access_key = "<your access key ID>"
  secret_key = "<your secret key>"
}
```

테라폼 구성 내에 직접 자격 증명을 설정하고 싶을 수도 있을 것이다. 하지만 이런 방법은 테라폼 구성을 재사용하기 어렵게 만들고, 키를 보호하는 것도 어렵게 만들며, 키 유출을 통한 보안 위험을 높이기 때문에 권장되지 않는다.

개발 모드에서는 프로바이더에 대한 인증을 위해 AWS CLI를 사용할 수도 있다. 더 자세한 정보는 https://docs.aws.amazon.com/cli/latest/userguide/cli-configure-files.html 을 참고한다.

또한 이번 예제에서는 프로바이더의 인증을 위해 루트 IAM를 사용했지만, 루트 IAM은 리소스들에 대한 모든 접근 권한을 가지고 있기 때문에 권장하지 않는다. 코드형 인프라에서 사용되는 모범 사례들에서는 필요한 권한만 가지고 있는 IAM 사용자를 사용하는 게 권장된다. 이를 위해서는 프로그래밍 방식으로 접근할 수 있는 사용자를 만든다. 이에 대한 정보는 https://docs.aws.amazon.com/IAM/latest/UserGuide/id_users_create.html을 참고한다.

9.2.5 참고 항목

• aws 프로바이더에 대한 문서는 https://registry.terraform.io/providers/hashicorp/aws/latest/docs를 참고한다.

9.3 AWS에서 S3 백엔드 사용하기

앞 예제에서는 aws 프로바이더에 대해 인증하는 방법과 테라폼을 사용해서 AWS 리소스 프로비저닝하는 방법에 대해서 배웠다.

8장 테라폼으로 애저 인프라 프로비저닝하기에 있는 애저 원격 백엔드에 있는 상태 파일 보호하기 예제에서 테라폼 상태 파일의 원격 백엔드 저장에 대한 중요성과, 애저 스토리지에 있는 테라폼 상태 파일을 보호하는 방법에 대해서 배웠다.

이번 예제에서는 같은 콘셉트로 AWS S3를 사용해서 상태 파일을 저장하는 방법에 대해서 배워보자.

그럼 시작해 보자.

9.3.1 준비 사항

이번 예제를 진행하기 위해 특별한 준비 사항은 필요하지 않다.

AWS 콘솔에서 S3 버킷을 수동으로 만들고 테라폼에서 상태 백엔드로 이 S3 버킷을 사용하도록 구성해보자.

S3 버킷을 생성하기 위해 다음 단계를 수행한다.

1 AWS 콘솔에 로그인한다.

2 Services 메뉴에서 S3를 선택한다.(S3 메뉴를 찾기 위해 검색을 사용하자.)

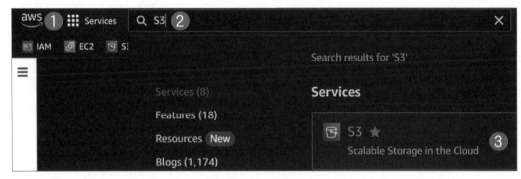

그림 9.7 AWS에서 S3 서비스 선택

3 Create bucket 버튼을 클릭한다.

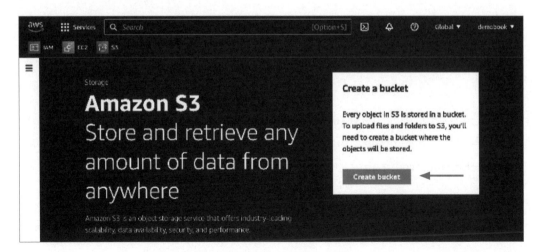

그림 9.8 AWS의 Create bucket 버튼

4 버킷 이름을 tfstatebookdemo(여기서는 사용한 버킷 이름은 예제이며, 실제로 진행할 때는 다른, 유일한 이름으로 입력해야 한다.)로 입력하고, 버저닝을 활성화한 뒤 Create bucket 버튼을 클릭한다.

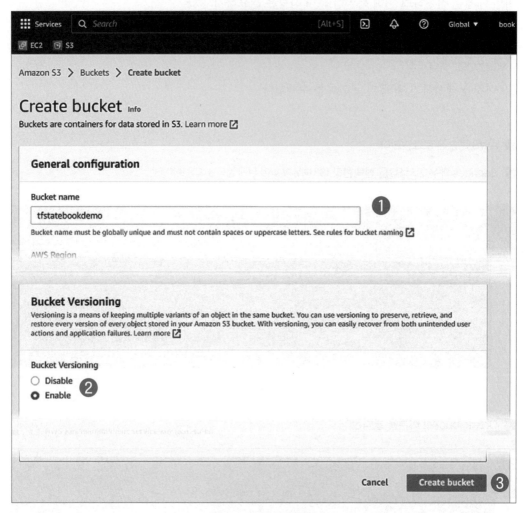

그림 9.9 S3 생성 폼 채워 넣기

이제 남은 단계를 통해서 테라폼 상태를 이 S3 버킷에 저장하는 방법에 대해서 배워보자. 이번 예제의 소스 코드는 https://github.com/PacktPublishing/Terraform-Cookbook-Second-Edition/tree/main/CHAP09/aws-state에서 확인할 수 있다.

9.3.2 작동 방법

다음 단계를 수행한다.

1 main.tf 파일에서 terraform 블록에 다음 코드를 추가한다.

```
terraform {
  ...
  backend "s3" {
    bucket = "tfstatebookdemo"
    key    = "terraform.tfstate"
    region = "us-east-2"
  }
}
```

2 프로바이더의 인증과 원격 백엔드 사용을 위해 다음 명령을 실행해서 두 개의 환경 변수를 설정한다.

```
export AWS_ACCESS_KEY_ID="<your access key ID"
export AWS_SECRET_ACCESS_KEY="<your secret key>"
```

3 테라폼 워크플로우를 실행한다.

9.3.3 작동 원리

terraform 블록에 S3 백엔드를 사용할 수 있도록 다음 속성들을 추가한다.

- bucket 속성은 버킷의 이름을 지정한다. 여기서는 tfstatedemobook으로 지정한다.
- key 속성은 상태 파일의 이름을 지정한다. 여기서는 terraform.tfstate로 지정한다.
- region 속성은 버킷의 리전을 지정한다.

그리고 프로바이더의 인증을 위해 두 개의 환경 변수를 설정한다.

마지막으로 변경 사항을 적용하기 위해 테라폼 워크플로우를 실행한다.

테라폼 워크플로우가 실행되고 나면 버킷 내에 테라폼 상태 파일이 생성된 것을 확인할 수 있다. 다음 스크린샷은 S3 버킷의 내용을 보여주는 화면이다.

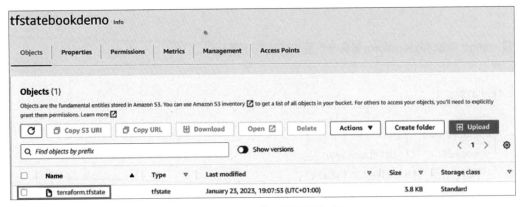

그림 9.10 S3 내에 있는 테라폼 상태 파일

버킷 내에 terraform.tfstate 파일이 생성된 것을 볼 수 있다. 이 파일은 이제 원격 백엔드를 통해 보호된다.

9.3.4 더 살펴볼 것들

이번 예제에서는 S3 버킷의 기본 옵션, 버저닝을 사용하도록 구성했다. S3 객체에 대한 잠금 기능을 위해 DynamoDB 테이블을 추가할 수도 있다. 이에 대해서는 다음 문서들을 읽어보자.

- https://ksummersill.medium.com/setting-up-terraform-state-management-with-s3-bucket-and-dynamo-db-cfab238c1306
- https://www.golinuxcloud.com/configure-s3-bucket-as-terraform-backend/

또한 AWS 콘솔을 사용해서 버킷을 생성했는데, 같은 작업을(DynamoDB 테이블 포함해서) AWS CLI에서 사용해서도 할 수 있다. 이에 대해서는 https://skundunotes.com/2021/04/03/create-terraform-pre-requisites-for-aws-using-aws-cli-in-3-easy-steps를 참고한다.

원격 백엔드를 위한 S3 버킷을 테라폼으로도 생성할 수 있지만, 이 경우에는 해당 버킷의 상태를 어디에 저장할지 명확하지 않은 "닭이 먼저냐 달걀이 먼저냐" 같은 문제가 발생하기 때문에 보통은 테라폼을 사용해서 생성하진 않는다.

9.3.5 참고 항목

- S3 원격 백엔드에 대한 문서는 https://developer.hashicorp.com/terraform/language/settings/backends/s3를 참고한다.

9.4 GCP를 위한 테라폼 사용 시작하기

이전 예제에서는 AWS에서 테라폼을 사용하는 방법에 대해서 배웠다.

이번 예제에서는 GCP 서비스 계정을 생성하는 방법과 테라폼을 사용해서 GCP 리소스를 프로비저닝하는 방법에 대해서 배워보자.

그럼 시작해 보자.

9.4.1 준비 사항

테라폼으로 GCP 리소스를 생성하기 전에 GCP에 리소스를 프로비저닝할 수 있는 권한을 가진 GCP 서비스 계정을 만들어야 한다.

콘솔을 사용해서 GCP 서비스 계정을 만들기 위해서는 다음 단계를 수행한다.

1 Services 메뉴에서 IAM & Admin 메뉴를 선택한 후 Service Accounts 서브 메뉴를 선택한다.

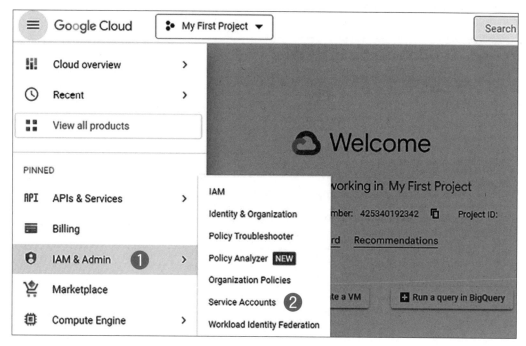

그림 9.11 GCP 서비스 계정 메뉴

2 CREATE SERVICE ACCOUNT 버튼을 클릭한다.

그림 9.12 GCP CREATE SERVICE ACCOUNT 버튼

3 Service accounts 양식을 채워 넣는다.

a. 서비스 계정 이름과 설명을 입력한 후 CREATE AND CONTINUE 버튼을 클릭한다.

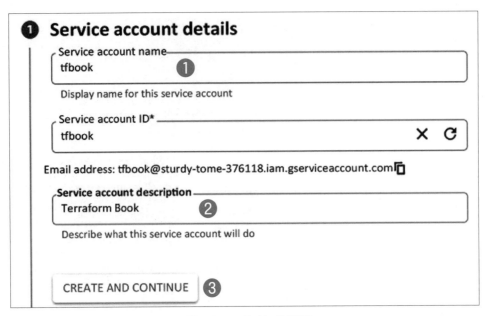

그림 9.13 GCP 서비스 계정 양식

b. Basic과 Owner 역할을 선택한 후 CONTINUE 버튼을 클릭한다.

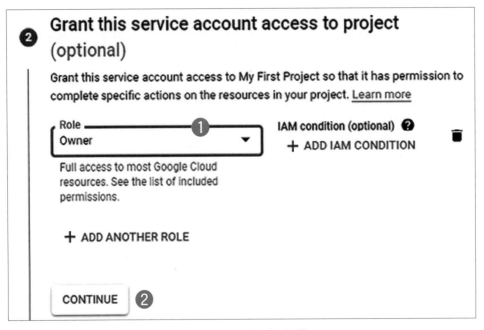

그림 9.14 GCP 서비스 계정 역할

c. 마지막으로 Grant users access to this service account는 경우에 따라 건너 뛰어도 된다. 이후 DONE 버튼을 클릭한다.

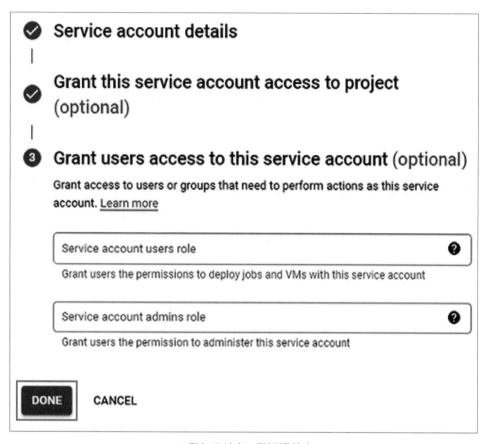

그림 9.15 서비스 계정 검증하기

서비스 계정 목록에 새로운 서비스 계정이 생긴 것을 볼 수 있다.

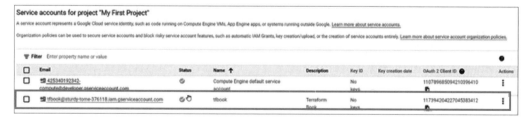

그림 9.16 GCP 서비스 계정 목록

마지막 단계는 서비스 계정 키를 생성하고 다운로드하는 것이다. 이를 위해 생성된 서비스 계정의 KEYS 탭으로 이동한 후 Create new key 옵션을 클릭한다.

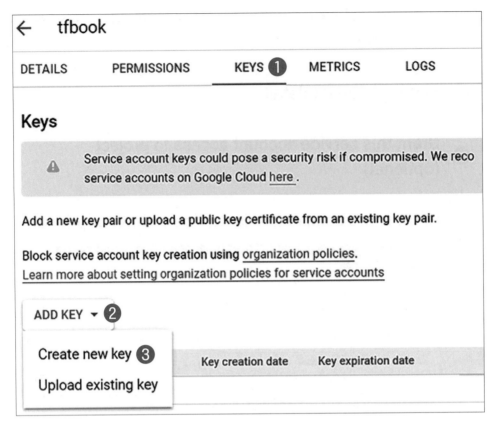

그림 9.17 서비스 계정을 위한 새로운 키 생성

⑤ 팝업 윈도우에서 JSON 형식을 선택하고 CREATE 버튼을 클릭한다.

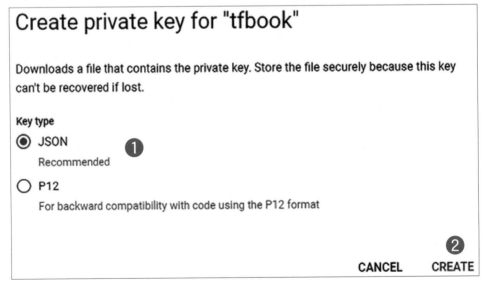

그림 9.18 키를 JSON 형식으로 내보내기

6 JSON 키 파일이 생성되고 로컬에 다운로드된다. 이 키 이름을 gcp-key.json으로 변경한다. 이 파일은 이번 예제에서 GCP에 대한 인증을 위해 사용한다.

GCP 서비스 계정을 생성했다. 이제 테라폼으로 GCP 리소스를 프로비저닝하기 위한 준비를 마쳤다.

이번 예제에서는 기본 VPC 내에 컴퓨트 인스턴스(가상 머신)를 만들어 보자.

이번 예제의 소스 코드는 https://github.com/PacktPublishing/Terraform-Cookbook-Second-Edition/tree/main/CHAP09/gcp에서 확인할 수 있다.

9.4.2 작동 방법

다음 단계를 수행한다.

1 main.tf 파일에서 다음 테라폼 구성을 작성한다.

```
terraform {
  required_version = "~> 1.1"
  required_providers {
    google = {
      source  = "hashicorp/google"
      version = "3.5.0"
    }
  }
}


provider "google" {
  region = "us-central1"
}
```

2 그리고 다음 테라폼 구성을 추가해서 파일을 완성한다.

```
resource "google_compute_instance" "instance" {
  name         = "instance-demobook"
  machine_type = "e2-micro"
  zone         = "us-central1-a"

  boot_disk {
    initialize_params {
      image = "ubuntu-os-cloud/ubuntu-1804-lts"
    }
  }

  network_interface {
    network = "default"
  }
}
```

3 콘솔에서 GOOGLE_APPLICATION_CREDENTIALS 환경 변수를 자격 증명이 포함된 JSON 파일의 경로와 함께 설정한다. 다음 명령을 실행한다.

```
export GOOGLE_APPLICATION_CREDENTIALS="$PWD/gcp-key.json"
```

4 GOOGLE_PROJECT 환경 변수를 설정한다. 다음 명령을 실행한다.

```
export GOOGLE_PROJECT="<your GCP project name>"
```

5 마지막으로 테라폼 워크플로우를 실행한다.

9.4.3 작동 원리

첫 번째 단계에서는 main.tf 파일을 만든 후 google 프로바이더를 사용하도록 terraform 블록의 코드를 작성한다. google 프로바이더를 설정할 때는 구글 프로젝트의 이름과 리전을 함께 설정한다.

두 번째 단계에서는 main.tf 파일에 컴퓨트 인스턴스(가상 머신)을 생성하는 테라폼 구성을 추가한다. 이 컴퓨트 인스턴스는 기본 VPC 네트워크 내에 생성되도록 구성한다.

세 번째 단계에서는 google 프로바이더의 인증을 위해 서비스 계정 자격증명을 포함하고 있는 JSON 파일의 경로를 GOOGLE_APPLICATION_CREDENTIALS 환경 변수에 설정한다.

네 번째 단계에서는 GOOGLE_PROJECT 환경 변수에 GCP 프로젝트의 이름을 설정한다.

프로바이더 설정과 관련된 환경 변수에 대해서는 https://registry.terraform.io/providers/hashicorp/google/latest/docs/guides/provider_reference#project를 참고한다.

다섯 번째 단계에서는 init, plan, apply를 사용해서 테라폼 워크플로우를 실행한다. 실행하고 나면 GCP 대시보드에서 생성된 가상 머신 인스턴스를 확인할 수 있다. 다음 그림은 가상 머신 인스턴스를 표시하는 화면이다.

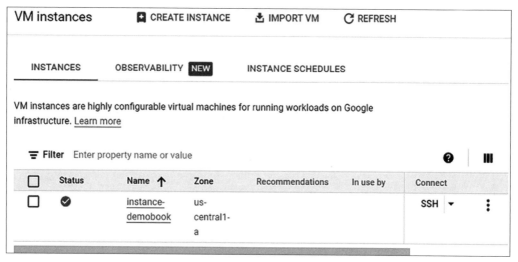

그림 9.19 GCP 인스턴스 상태

instance-demobook 가상 머신이 생성되어 동작하는 것을 볼 수 있다.

9.4.4 더 살펴볼 것들

테라폼을 사용한 GCP 프로비저닝에 대한 더 자세한 정보는 https://www.packtpub. com/product/terraform-for-google-cloud-essential-guide/9781804619629?_ ga=2.12616958.85607785.1674469424-504938521.1673192707에서 구글 클라우드를 위한 테라폼 핵심 가이드의 첫 번째 장을 참고한다.

9.4.5 참고 항목

- 구글 클라우드에서의 테라폼 사용에 대한 문서는 https://cloud.google.com/docs/ terraform를 참고한다.
- 테라폼 google 프로바이더에 대한 문서는 https://registry.terraform.io/providers/ hashicorp/google/latest/docs를 참고한다.

9.5 GCP에서 구글 클라우드 스토리지(GCS) 백엔드 사용하기

애저, AWS와 같이 GCP 리소스를 테라폼으로 프로비저닝한다면, 테라폼 상태 파일을 원격 백엔드에 저장하는 것이 좋다. 이번 예제에서는 GCP 스토리지 버킷에 테라폼 상태 파일을 저장하는 방법에 대해서 배워보자.

그럼 시작해 보자.

9.5.1 준비 사항

이번 예제를 진행하기 위해 특별히 필요한 건 없다. GCP 스토리지 버킷을 GCP 대시보드에서 수동으로 생성한 후 terraform 블록 설정을 통해서 테라폼 상태 파일을 위한 백엔드로 GCP 스토리지 버킷을 설정한다.

GCP 버킷을 생성하기 위해서 다음 단계를 수행한다.

1 GCP 콘솔에 로그인 한다.

2 좌측 메뉴로 간 뒤 Cloud Storage 〉 Buckets를 선택한다.

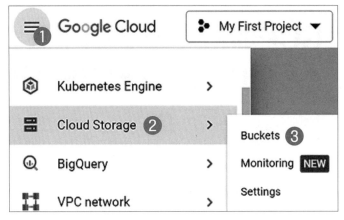

그림 9.20 GCP 버킷 메뉴

3 CREATE 버튼을 클릭한다.

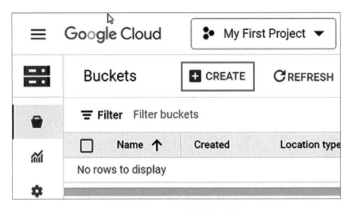

그림 9.21 GCP 버킷 생성 버튼

4 양식에 버킷 이름을 입력한다.(예제에서 사용된 버킷 이름 말고 유일한 다른 이름을 사용해야 한다.)

그림 9.22 GCP에서 버킷 생성 시 이름 입력하기

5 Region을 선택한다.(여기서는 단일 리전을 선택한다.)

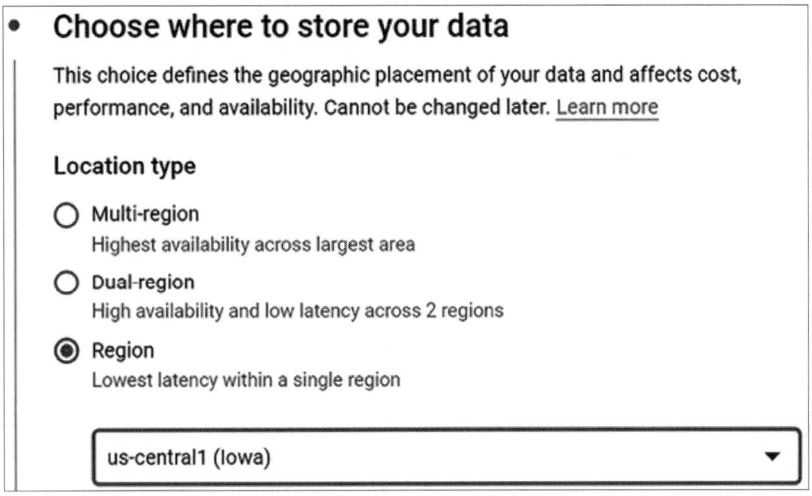

● **Choose where to store your data**

This choice defines the geographic placement of your data and affects cost, performance, and availability. Cannot be changed later. Learn more

Location type

○ **Multi-region**
Highest availability across largest area

○ **Dual-region**
High availability and low latency across 2 regions

◉ **Region**
Lowest latency within a single region

us-central1 (Iowa) ▼

그림 9.23 GCP 버킷 리전

6 Object versioning을 활성화한다.

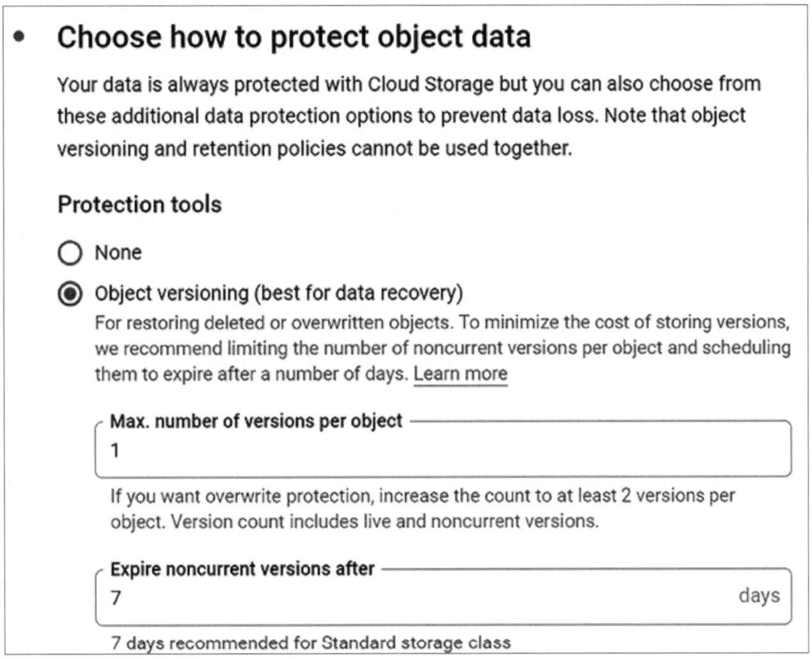

● **Choose how to protect object data**

Your data is always protected with Cloud Storage but you can also choose from these additional data protection options to prevent data loss. Note that object versioning and retention policies cannot be used together.

Protection tools

○ None

◉ Object versioning (best for data recovery)
For restoring deleted or overwritten objects. To minimize the cost of storing versions, we recommend limiting the number of noncurrent versions per object and scheduling them to expire after a number of days. Learn more

Max. number of versions per object
1

If you want overwrite protection, increase the count to at least 2 versions per object. Version count includes live and noncurrent versions.

Expire noncurrent versions after
7   days

7 days recommended for Standard storage class

그림 9.24 Object versioning 활성화

7 마지막으로 CREATE 버튼을 클릭한다.

이제 스토리지 버킷이 생성되었으니 이 버킷을 원격 백엔드로 사용하는 방법에 대해서 배워보자.

이번 예제의 소스 코드는 https://github.com/PacktPublishing/Terraform-Cookbook-Second-Edition/tree/main/CHAP09/gcp-state에서 확인할 수 있다.

9.5.2 작동 방법

다음 단계를 수행한다.

1 main.tf 파일에서 다음과 같이 terraform 블록을 완성한다.

```
terraform {
  ...
  backend "gcs" {
    bucket = "terraformstatebook"
    prefix = "tfstate"
  }
}
```

2 GCP에 대한 인증을 획득하기 위해 GOOGLE_APPLICATION_CREDENTIALS 환경 변수를 설정한다. 다음 명령을 실행한다.

```
export GOOGLE_APPLICATION_CREDENTIALS="$PWD/gcp-key.json"
```

3 마지막으로 테라폼 워크플로우를 실행한다.

9.5.3 작동 원리

첫 번째 파트에서는 GCP 콘솔에서 테라폼 상태 파일을 저장할 GCP 버킷을 생성한다.

버킷의 이름을 terraformstatebook으로 입력하고 일부 옵션들을 설정한 다음 단일 리전을 선택하고 버저닝 기능을 활성화한다.

두 번째 파트에서는 terraform 블록에 gcs 백엔드 설정을 추가한다. gcs 백엔드 설정에는 다음 속성들을 설정한다.

- bucket 속성에는 버킷의 이름을 설정한다. 여기서는 terraformstatebook으로 설정한다.
- prefix 속성에는 상태 파일의 폴더 이름을 설정한다. 여기서는 tfstate로 설정한다.

GCP 인증을 위해서 GOOGLE_APPLICATION_CREDENTIALS 환경 변수를 설정한다.

마지막으로 테라폼 워크플로우를 실행해서 변경사항을 적용한다. 테라폼을 실행하고 나면 버킷 내에 상태 파일이 하나의 객체로 생성된 것을 볼 수 있다. 다음 그림은 버킷의 내용을 보여준다.

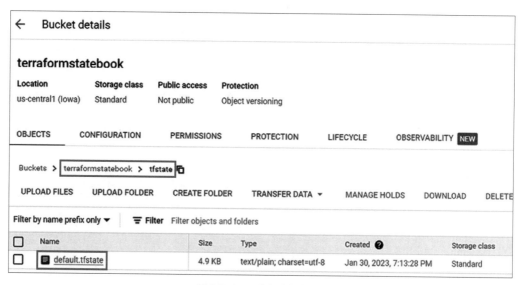

그림 9.25 GCP 버킷 내의 상태 파일

terraformstatebook 버킷 내에 있는 tfstate 폴더 안에 default.tfstate 파일이 생성된 것을 볼 수 있다. AWS처럼 GCP 스토리지 버킷도 테라폼으로 생성할 수 있지만, 버킷을 위한 상태 파일을 둘 곳이 명확하지 않기 때문에 권고하는 방식은 아니다.

9.5.4 참고 항목

- gcs 원격 백엔드에 대한 문서는 https://developer.hashicorp.com/terraform/language/settings/backends/gcs를 참고한다.

- 테라폼의 원격 상태 파일에 대한 구글 클라우드 문서는 https://cloud.google.com/docs/terraform/resource-management/store-state를 참고한다.

9.6 구글 클라우드 쉘에서 테라폼 실행하기

이전 두 개의 예제에서는 로컬 머신 (혹은 가상 머신)에서 테라폼을 사용해 GCP 리소스를 프로비저닝하고, 배포하는 방법에 대해서 배웠다.

애저처럼 GCP 콘솔도 GCP 명령과 도구를 브라우저 상에서 사용할 수 있게 해주는 클라우드 쉘이라는 서비스가 있다.

이번 예제에서는 GCP 클라우드 쉘에서 테라폼을 실행해서 GCP 리소스를 프로비저닝하는 방법과 GCP 콘솔 연결 계정을 사용해서 자동으로 프로바이더를 위한 인증을 획득하는 방법에 대해서 배워보자.

그럼, 시작해 보자.

9.6.1 준비 사항

이번 예제를 진행하기 위해 소프트웨어를 설치할 필요는 없다. 필요한 모든 소프트웨어는 GCP 클라우드 쉘에서 제공한다.

https://console.cloud.google.com/freetrial/에서 무료로 만들 수 있다.

이번 예제의 목표는 GCP 클라우드 쉘 내에서 테라폼 구성을 작성하고 실행하는 것이다.

9.6.2 작동 방법

다음 단계를 수행한다.

1 상단 버튼에 있는 GCP 클라우드 쉘을 클릭해서 실행한다.

그림 9.26 GCP 클라우드 쉘 버튼

2 하단에 열린 콘솔에서 terraform version 명령을 실행하면 설치된 테라폼 버전을 확인할 수 있다.

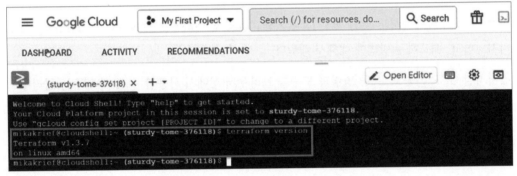

그림 9.27 클라우드 쉘 내에 설치된 테라폼 버전

3 콘솔 내에서 테라폼 구성 파일을 포함할 새로운 폴더를 만든다. 다음 명령을 실행한다.

```
mkdir terraform-demo
```

4 terraform-demo 폴더 내에서 테라폼 구성을 작성하기 위해 Open Editor 버튼을 클릭한다.

그림 9.28 클라우드 쉘에서 에디터 열기

5 에디터에 다음 테라폼 구성을 복사하고 붙여 넣은 뒤 main.tf 파일로 저장한다.

```
terraform {
  required_version = "~> 1.1"
  required_providers {
    google = {
      source  = "hashicorp/google"
      version = "3.5.0"
    }
    random = {
      source  = "hashicorp/random"
      version = "3.5.1"
    }
  }
}

provider "google" {
  region = "us-central1"
}

resource "random_string" "random" {
  length  = 4
  special = false
  upper   = false
}

resource "google_compute_network" "vpc_network" {
  name = "tf-demo-shell-${random_string.random.result}"
}
```

이 코드는 https://github.com/PacktPublishing/Terraform-Cookbook-Second-Edition/blob/main/CHAP09/gcp-shell/main.tf에서 확인할 수 있다.

6 Open Terminal 버튼을 클릭한다.

다음 그림 9.29는 다섯 번째 단계와 여섯 번째 단계를 실행한 화면이다.

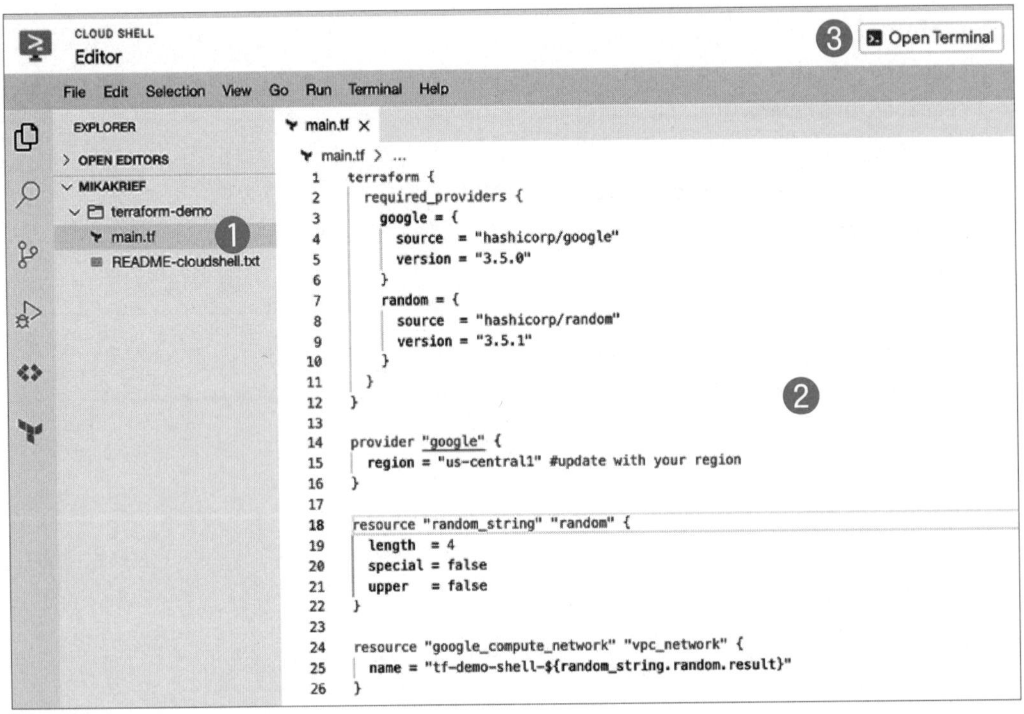

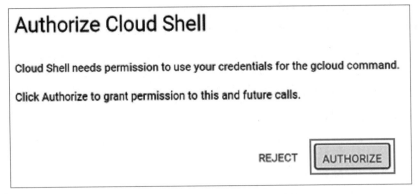

그림 9.29 테라폼 구성 작성하기

7 마지막으로 콘솔에서 cd terraform-demo 명령으로 폴더를 이동한 뒤 테라폼 워크플로우를 실행한다.

8 첫 번째 apply 실행하는 동안 리소스를 프로비저닝하기 위해 쉘이 다음과 같이 권한을 요구한다.

Authorize Cloud Shell

Cloud Shell needs permission to use your credentials for the gcloud command.

Click Authorize to grant permission to this and future calls.

REJECT   AUTHORIZE

그림 9.30 GCP 클라우드 쉘에서 인증하기

명령이 실행되고 나면 리소스들이 프로비저닝되어 있는 것을 확인할 수 있다.

9.6.3 작동 원리

이번 예제에서는 GCP 클라우드 셸을 열어서 클라우드 셸 에디터를 사용해 테라폼 구성을 작성하고, 클라우드 셸 콘솔에서 테라폼 명령을 실행한다.

apply 명령이 실행되고 나면 프로비저닝된 리소스들을 볼 수 있다. 다음 그림은 일곱 번째 단계에서 리소스가 생성된 것을 보여주는 화면이다.

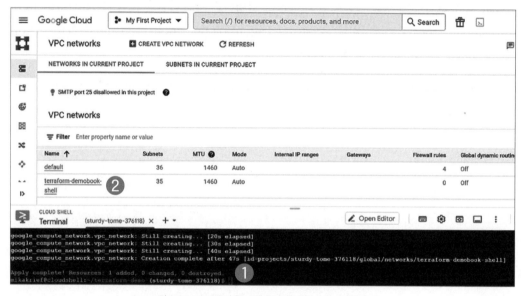

그림 9.31 GCP 클라우드 셸에서 테라폼 apply 명령 결과

또한 apply 명령의 출력과 VPC 리소스가 생성된 것을 볼 수 있다.

9.6.4 더 살펴볼 것들

이번 예제에서는 클라우드 에디터를 사용해서 테라폼 구성을 작성했다. 테라폼 구성을 새롭게 만들지 않고 git 명령을 사용해서 깃 저장소를 복사해 올 수도 있다.

예를 들면 이 책의 깃허브 저장소를 git clone https://github.com/PacktPublishing/Terraform-Cookbook-Second-Edition.git 명령을 사용해서 복사해 온 뒤 CHAP09/gcp-shell 폴더로 이동해서 진행할 수도 있다.

만약 다른 백엔드 설정없이 테라폼 워크플로우를 실행하면 상태 파일이 클라우드 셸 드라이브에 저장되기 때문에 원격 백엔드를 사용해서 테라폼 상태 파일이 저장될 수 있게 설정해야 한다.

9.6.5 참고 항목

- GCP 클라우드 쉘에 대한 문서는 https://cloud.google.com/shell/을 참고한다.
- GCP에서 클라우드 쉘을 사용해서 테라폼을 실행하는 튜토리얼은 https://github.com/hashicorp/terraform-getting-started-gcp-cloud-shell/blob/master/tutorial/cloudshell_tutorial.md을 참고한다.
- GCP 클라우드 쉘을 시작하기는 https://github.com/hashicorp/terraform-getting-started-gcp-cloud-shell을 참고한다.

10

도커와 쿠버네티스 배포에
테라폼 사용하기

테라폼에 대해 이야기할 때 가장 먼저 떠오르는 것은 애저, AWS, GCP와 같은 클라우드 환경에서 인프라를 프로비저닝하는 코드형 인프라일 것이다.

테라폼은 클라우드 프로비저닝 그 이상의 용도로 사용할 수 있다. 파일(**4장 외부 데이터를 활용해서 테라폼 사용하기**에서 배웠던), 도커, 쿠버네티스 및 기타 여러 리소스와 같이 클라우드와 관련이 없는 다양한 유형의 구성 요소 또는 구성 자체를 자동화할 수 있는 다양한 프로바이더가 존재한다.

이번 장에서는 다른 영역으로 옮겨와서 도커와 쿠버네티스에서 테라폼을 사용하는 방법에 대해서 배운다. 실제로 테라폼은 그 단순성 덕분에 코드형 인프라를 사용할 때와 마찬가지로 리소스와 컴포넌트에 대한 중앙화된 자동화를 구현하기 위한 도구로 점점 더 많이 사용되고 있다.

이번 장에서는 테라폼을 사용해서 어떻게 도커 이미지를 조작하는지, 그리고 kubernetes 프로바이더와 helm 프로바이더를 사용해서 쿠버네티스 상에 어떻게 애플리케이션을 배포하는지 배워보자.

그리고 테라폼의 쿠버네티스 컨트롤러를 통해 어떻게 깃옵스(GitOps) 사례를 적용하는지 배워보자.

이번 장에서 다룰 내용은 다음과 같다.

- 테라폼을 사용해서 도커 컨테이너 만들기
- 테라폼을 사용해서 쿠버네티스 리소스 배포하기
- 테라폼을 사용해서 헬름 차트를 쿠버네티스에 배포하기
- 테라폼 동기화 루프로 쿠버네티스 컨트롤러 사용하기

10.1 기술적 요구사항

이번 장에 있는 예제들을 진행하기 위해서는 도커와 쿠버네티스, 헬름에 대한 기본적인 지식이 필요하다.

아래 링크 목록은 도커, 쿠버네티스, 헬름에 대한 개념과 기술에 대해 학습할 수 있는 링크들이다.

- **도커**: https://docs.docker.com/
- **쿠버네티스**: https://kubernetes.io/docs/home/
- **헬름**: https://helm.sh/

또한 『러닝 데브옵스(2판)』의 섹션 3를 읽는 것도 도움이 된다. 이 섹션은 https://subscription.packtpub.com/book/cloud-and-networking/9781801818964/11#_ga=2.194054702.286366035.1676194628-504938521.1673192707에서 읽을 수 있다. 특히 9장 도커로 애플리케이션 컨테이너화하기와 10장 쿠버네티스를 통해 효율적으로 컨테이너 관리하기를 추천한다.

마지막 두 개의 예제에서는, 깃옵스와 쿠버네티스 오퍼레이터에 대한 고급 개념에 대해서 다룬다.

이번 장에 있는 예제들을 진행하기 위해서는, 다음 소프트웨어들을 미리 설치할 필요가 있다.

- **도커 엔진**: https://docs.docker.com/engine/install/
- **kubectl**: https://kubernetes.io/docs/tasks/tools/install-kubectl-linux/
- **헬름 CLI**: https://helm.sh/docs/intro/install/

이번 장에서는 테라폼을 통해 클러스터를 프로비저닝하는 방법에 대해서는 다루지 않는다. 이는 사용하는 클라우드 프로바이더와 쿠버네티스 플랫폼 별로 다르기 때문이다.

그래서 이번 장의 모든 예제들에서는 이미 프로비저닝된 쿠버네티스 클러스터가 존재한다고 가정한다.

만약 테라폼을 사용해서 클라우드 프로바이더 내에 쿠버네티스 클러스터를 프로비저닝하고 싶다면 다음 해시코프에서 만든 튜토리얼을 참고하기 바란다.

- **테라폼을 통해 AKS 클러스터 프로비저닝하기**: https://developer.hashicorp.com/terraform/tutorials/kubernetes/aks
- **테라폼을 통해 EKS 클러스터 프로비저닝하기**: https://developer.hashicorp.com/terraform/tutorials/kubernetes/eks
- **테라폼을 통해 GKE 클러스터 프로비저닝하기**: https://developer.hashicorp.com/terraform/tutorials/kubernetes/gke

10.2 테라폼을 사용해서 도커 컨테이너 만들기

본격적으로 진행하기 전에 테라폼을 사용해서 도커 운영을 자동화하는 방법에 대해서 먼저 알아보자.

그럼 시작해 보자.

10.2.1 준비 사항

이번 예제를 진행하기 위해서는 도커 엔진을 설치해야 한다. 설치 방법은 https://docs.docker.com/engine/을 참고한다. 이번 예제에서는 테라폼이 동작하는 워크스테이션 내에 도커가 이미 설치되어 있다고 가정한다.

이번 예제에서는 도커 허브에서 mikaelkrief/demobook이라는 이름의 도커 이미지를 가져온 후, 이 이미지를 바탕으로 컨테이너를 실행하는 방법에 대해서 배운다.

도커 파일을 통해 이 도커 이미지를 만드는 방법에 대해서 배우진 않지만, 도커 파일은 https://github.com/PacktPublishing/Learning-DevOps-Second-Edition/blob/main/CHAP09/appdocker/Dockerfile에서 확인할 수 있다.

이제 테라폼 구성을 사용해서 이 이미지를 가져온 후 컨테이너로 실행시키는 방법에 대해서 배워보자.

이번 예제의 소스 코드는 https://github.com/PacktPublishing/Terraform-Cookbook-Second-Edition/tree/main/CHAP10/docker에서 확인할 수 있다.

10.2.2 작동 방법

다음 단계를 수행한다.

1 main.tf 파일에 다음과 같은 테라폼 코드를 작성한다.

```
terraform {
  required_version = "~> 1.1"
  required_providers {
    docker = {
      source  = "kreuzwerker/docker"
      version = "3.0.1"
    }
  }
}
```

2 프로바이더 코드를 추가한다.

```
provider "docker" {
}
```

3 그리고 다음 테라폼 구성을 추가한다.

```
resource "docker_image" "image" {
  name = "mikaelkrief/demobook:latest"
}
```

4 계속해서 다음 테라폼 구성을 추가한다.

```
resource "docker_container" "container" {
  name  = "demo"
  image = docker_image.image.image_id
}
```

5 마지막으로 terraform init, plan, apply 명령을 통해서 테라폼 워크플로우를 실행한다.

10.2.3 작동 원리

첫 번째 단계에서는 main.tf 파일을 생성한 후 테라폼 블록을 사용해서 kreuzwerker/ docker 프로바이더를 사용하도록 초기화 한다.

두 번째 단계에서는 도커 프로바이더에 대한 설정을 추가한다.

 도커 프로바이더의 설정에 대한 더 자세한 정보는 https://registry.terraform.io/providers/kreuzwerker/ docker/latest/docs를 참고한다.

세 번째 단계에서는 docker_image 리소스를 추가해서 도커 이미지를 가져온다. name 속성 에는 가져오려는 이미지의 이름과 태그를 지정한다.

여기서는 mikaelkrief/demobook:latest를 가져오게 설정한다. 이 이미지는 https://hub. docker.com/repository/docker/mikaelkrief/demobook/general에 게시되어 있다.

다음으로 네 번째 단계에서는 docker_container 리소스를 추가해서 가져온 이미지를 바탕으 로 도커 컨테이너를 실행한다.

이 리소스에서는 컨테이너 이름을 demo라고 지정하고 실행할 도커 이미지를 image 속성에 지정한다. 지정할 때 docker_image.image.image_id라고 설정해서 세 번째 단계에서 가져 온 이미지의 ID를 사용하도록 설정하면서 명시적인 의존성도 함께 설정한다. 마지막으로 이 테 라폼 구성을 적용하기 위해 terraform init, plan, apply 명령을 실행한다.

다음 그림은 terraform apply 명령의 결과 화면이다.

그림 10.1 도커 프로바이더를 사용한 terraform apply 명령의 결과

terraform apply 명령이 성공적으로 실행된 것을 볼 수 있다. 이제 도커 명령을 사용해서
terraform apply 명령이 잘 실행 되었는지 확인해 보자. 먼저 mikaelkrief/demobook 이미
지를 가져왔는지 확인한다. 이를 위해 docker images 명령을 실행한다.

다음 그림은 이 명령의 결과이다.

그림 10.2 도커 이미지 목록

이미지 ID 4b7bfae2dcf7로 mikaelkrief/demobook 이미지를 가져온 것을 볼 수 있다. 다음
으로 동작 중인 컨테이너의 목록을 확인한다. 이를 위해 docker ps 명령을 입력한다.

다음 그림은 이 명령의 결과이다.

그림 10.3 도커 컨테이너 목록

이미지 ID 4b7bfae2dcf7인 컨테이너 demo를 볼 수 있다.

10.2.4 더 살펴볼 것들

다른 테라폼 워크플로우처럼 도커 컨테이너와 이미지도 terraform destroy 명령으로 삭제할 수 있다.

다음 그림은 terraform destroy 명령을 실행한 후 docker images와 docker ps 명령을 실행한 결과 이다.

그림 10.4 도커 이미지와 컨테이너가 삭제된 화면

컨테이너와 이미지 mikaelkrief/demobook이 삭제된 것을 볼 수 있다.

10.2.5 참고항목

• kreuzwerker/docker 프로바이더에 대한 문서는 https://registry.terraform.io/providers/kreuzwerker/docker/latest/docs를 참고한다.

• 테라폼과 도커 프로바이더에 대한 글은 https://automateinfra.com/2021/03/29/how-to-build-docker-images-containers-and-docker-services-with-terraform-using-docker-provider/를 참고한다.

10.3 테라폼을 사용해서 쿠버네티스 리소스 배포하기

쿠버네티스에 애플리케이션을 배포하는 방법에는 여러가지가 있다. 쿠버네티스 리소스의 YAML 사양을 배포하는 가장 기본적인 방식은 쿠버네티스 CLI인 kubectl을 사용하는 것이다. 이에 대한 더 자세한 정보는 https://kubernetes.io/docs/reference/kubectl을 참고한다.

테라폼을 잘 사용하고 있는 기업의 경우, 클러스터의 배포나 애플리케이션의 배포 시에 다른 도구나 CLI가 아닌 테라폼 구성을 사용하여 자동화하는 경우도 있다.

또한 쿠버네티스 리소스를 배포하기 위해 테라폼을 사용하면 테라폼 워크플로우를 실행하기 전에 변경 사항을 미리 볼 수 있다는 장점도 있다.

이번 예제에서는 쿠버네티스 리소스를 배포할 때(YAML 사양을 사용해서) 어떻게 테라폼을 사용할 수 있는지 배워보자.

그럼 시작해 보자.

10.3.1 준비 사항

이번 예제를 진행하기 위해서는 쿠버네티스 리소스들의 사양에 대해 알아야 한다.(관련된 문서는 https://kubernetes.io/docs/concepts/을 참고한다.)

이번 예제를 진행하기 전에 동작 중인 쿠버네티스 클러스터가 필요하고, ~/.kube/config 파일에 쿠버네티스 환경 설정이 존재해야 한다. 쿠버네티스를 구성하고 인증하기 위해서는 새로운 환경 변수인 KUBE_CONFIG_PATH를 설정한다. 이 환경 변수에는 쿠버네티스 환경 설정 파일 (예를 들어 리눅스에서는 "~/.kube/config"를 사용한다.)의 경로를 값으로 지정한다.

이번 예제에서는 테라폼 구성을 사용해서 다음 작업들을 진행한다.

- 쿠버네티스 네임 스페이스 생성
- 앞서 생성한 네임 스페이스에 디플로이먼트와 서비스 리소스 배포

배포되는 파드는 mikaelkrief/demobook 도커 이미지를 컨테이너로 사용한다.

이번 예제의 소스 코드는 https://github.com/PacktPublishing/Terraform-Cookbook-Second-Edition/tree/main/CHAP10/app에서 확인할 수 있다.

10.3.2 작동 방법

다음 단계를 수행한다.

1 새로운 main.tf 파일을 생성한 후 다음 테라폼 구성을 작성한다.

```
terraform {
required_providers {
    kubernetes = {
      source   = "hashicorp/kubernetes"
      version = "2.18.0"
    }
  }
}

provider "kubernetes" {
}
```

2 그리고 다음 테라폼 구성을 추가한다.

```
resource "kubernetes_namespace" "ns" {
  metadata {
    labels = {
      mylabel = "demobook"
    }

    name = "myapp"
  }
}
```

3 계속해서 다음 테라폼 구성을 추가한다.

```
resource "kubernetes_deployment" "deployment" {
  metadata {
    name      = "webapp"
    namespace = kubernetes_namespace.ns.metadata[0].name
    labels = {
      app = "webapp"
    }
  }

  spec {
    replicas = 2

    selector {
      match_labels = {
        app = "webapp"
      }
    }

    template {
      metadata {
        labels = {
          app = "webapp"
        }
      }
```

```
    spec {
      container {
        image = "mikaelkrief/demobook:latest"
        name  = "demobookk8s"
      }
    }
  }
}
```

4 계속해서 다음 테라폼 구성을 추가한다.

```
resource "kubernetes_service" "service" {
  metadata {
    name      = "webapp"
    namespace = kubernetes_namespace.ns.metadata[0].name
  }
  spec {
    selector = {
      app = kubernetes_deployment.deployment.metadata[0].labels.app
    }

    port {
      port        = 80
      target_port = 80
      node_port   = 31001
    }

    type = "NodePort"
  }
}
```

5 마지막으로 이 폴더에서 terraform init, plan, apply 명령을 통해서 테라폼 워크플로우를 실행한다.

10.3.3 작동 원리

첫 번째 단계에서는, 새로운 main.tf 파일을 생성하고 테라폼 블록을 추가한다. 이 블록에는 쿠버네티스 프로바이더의 버전과 소스를 지정한다.(관련된 문서는 https://registry.terraform. io/providers/hashicorp/kubernetes/latest/docs를 참고한다.)

또한 준비 단계에서 생성한 쿠버네티스 환경 설정 파일을 사용하도록 kubernetes 프로바이더를 설정한다. 두 번째 단계에서는 kubernetes_namespace 리소스를 사용하여 labels와 name 속성을 가진 네임 스페이스 구성을 추가한다.

세 번째 단계에서는 쿠버네티스의 디플로이먼트 객체 구성을 kubernetes_deployment 리소스를 사용해서 추가한다. 이 때 설정하는 속성은 다음과 같다.

- **디플로이먼트의 이름**: webapp
- **디플로이먼트가 배포될 네임 스페이스**: kubernetes_namespace.ns.metadata.0.name 을 사용해서 명시적인 의존성도 함께 만들어 준다.
- **파드의 레플리카 수**: 2
- **컨테이너 이미지**: mikaelkrief/demobook:latest

네 번째 단계에서는 쿠버네티스의 서비스 객체를 kubernetes_service 리소스를 사용해서 추가한다. 이 때 설정하는 속성은 노출할 포트 번호와 서비스의 타입을 설정한다. 여기서는 NodePort 타입으로 설정한다.

마지막 다섯번 째 단계에서는 테라폼 워크플로우를 실행해서 애플리케이션을 배포한다.

apply 명령이 끝나면, kubectl 명령을 실행해서 모든 리소스가 성공적으로 배포되었는지 확인한다.

```
kubectl get all -n myapp
```

그림 10.5는 앞 명령의 실행 결과이다.

```
mikael@vmdev-linux:~/.../app$ kubectl get all -n myapp
NAME                          READY   STATUS    RESTARTS   AGE
pod/webapp-7fdd444dbb-crt5g   1/1     Running   0          34s
pod/webapp-7fdd444dbb-jd2bt   1/1     Running   0          34s

NAME             TYPE       CLUSTER-IP    EXTERNAL-IP   PORT(S)        AGE
service/webapp   NodePort   10.96.5.214   <none>        80:31001/TCP   26s

NAME                     READY   UP-TO-DATE   AVAILABLE   AGE
deployment.apps/webapp   2/2     2            2           34s

NAME                                DESIRED   CURRENT   READY   AGE
replicaset.apps/webapp-7fdd444dbb   2         2         2       34s
```

그림 10.5 myapp 네임 스페이스의 파드 목록

위 결과로부터 다음을 알 수 있다.

- 파드의 레플리카는 2 이다.
- 서비스의 타입은 NodePort 이다.
- 쿠버네티스의 디플로이먼트 리소스가 생성되었다.

10.3.4 더 살펴볼 것들

이번 예제의 샘플 애플리케이션에서는 쿠버네티스 프로바이더를 사용해서 전통적인 쿠버네티스 리소스를 배포했다. 테라폼을 사용해서 사용자 정의 리소스 디플로이먼트(Custom Resource Deployment)를 배포하는 예제는 https://developer.hashicorp.com/terraform/tutorials/kubernetes/kubernetes-crd-faas를 참고한다. 또한 이미 사용하고 있는 쿠버네티스 YAML 사양을 테라폼 구성으로 옮기고 싶다면 k2tf 도구를 사용할 수 있다. https://github.com/sl1pm4t/k2tf를 참고한다.

쿠버네티스에 배포된 모든 리소스들을 삭제하려면 terraform destroy를 실행한다.

10.3.5 참고항목

- 테라폼 쿠버네티스 프로바이더에 대한 글은 https://registry.terraform.io/providers/hashicorp/kubernetes/latest/docs를 참고한다.

10.4 테라폼을 사용해서 헬름 차트를 쿠버네티스에 배포하기

이전 예제에서는 테라폼과 쿠버네티스 프로바이더를 사용해서 쿠버네티스 애플리케이션을 배포하는 방법에 대해서 배웠다.

쿠버네티스에서 애플리케이션을 배포하는 다양한 방법 중에는 헬름 차트를 사용하는 방법도 있다.

여기서는 헬름 차트를 생성하는 방법이나 사용하는 방법에 대해서 자세히 다루진 않지만 간단히 설명하자면 헬름 차트는 배포하고자 하는 쿠버네티스 리소스의 템플릿을 포함하고 있는 패키지라고 이해하면 된다.

헬름 차트의 사용 방법과 생성에 대한 자세한 정보는 https://helm.sh/docs/를 읽어보길 바란다.

이번 예제에서는 테라폼을 사용해서 쿠버네티스에 헬름 차트를 배포하는 방법에 대해서 배워보자.

그럼 시작해 보자.

10.4.1 준비 사항

쿠버네티스 리소스들을 프로비저닝할 대상 클러스터는 기존에 존재하는 쿠버네티스 클러스터를 사용한다.

이번 예제에 대해서 설명하자면, nginx 인그레스 컨트롤러로 구성된 샘플 애플리케이션을 배포한다. nginx 인그레스 컨트롤러에 대한 문서는 https://artifacthub.io/packages/helm/ingress-nginx/ingress-nginx과 https://kubernetes.github.io/ingress-nginx/를 참고한다.

 이번 예제에서는 샘플 애플리케이션인 ingress-nginx를 배포하지만 여기서 다루는 내용은 모든 헬름 차트에도 적용할 수 있다.

디플로이먼트를 확인하기 위해 헬름 명령을 실행하려면 먼저 헬름 CLI를 설치해야 한다. https://helm.sh/docs/intro/install/ 문서를 참고한다.

이번 예제를 진행하기 전에 동작 중인 쿠버네티스 클러스터가 필요하고, ~/.kube/config 파일에 쿠버네티스 설정이 포함되어 있어야 한다. 쿠버네티스 설정과 인증을 위해 KUBE_CONFIG_PATH라는 환경 변수를 설정하고 쿠버네티스 설정 파일의 경로로 값을 지정해 준다. (예를 들어 리눅스 운영체제라면 "~/.kube/config"로 지정한다.)

이번 예제의 소스 코드는 https://github.com/PacktPublishing/Terraform-Cookbook-Second-Edition/tree/main/CHAP10/helm에서 확인할 수 있다.

10.4.2 작동 방법

다음 단계를 수행한다.

1 main.tf 파일을 만들고, 다음 테라폼 구성을 작성한다.

```
terraform {
  required_version = "~> 1.1"
  required_providers {
```

```
    helm = {
      source  = "hashicorp/helm"
      version = "~> 2.7.1"
    }
  }
}

provider "helm" {
  kubernetes {
    config_path = pathexpand("~/.kube/config")
  }
}
```

2 그리고 다음 테라폼 구성을 추가한다.

```
resource "helm_release" "nginx_ingress" {
  name             = "ingress"
  repository       = "https://kubernetes.github.io/ingress-nginx"
  chart            = "ingress-nginx"
  version          = "4.5.2"
  namespace        = "ingress" # kubernetes_namespace.ns.metadata.0.name
  create_namespace = true
  wait             = true

  set {
    name  = "controller.replicaCount"
    value = 2
  }

  set {
    name  = "controller.service.type"
    value = "NodePort"
  }
}
```

3 마지막으로 terraform init, plan, apply를 통해 테라폼 워크플로우를 실행한다.

10.4.3 작동 원리

첫 번째 단계에서는 main.tf 파일을 생성한 후 terraform 블록 내에 helm 프로바이더에 대한 소스와 버전을 명시한다. (helm 프로바이더에 대한 문서는 https://registry.terraform.io/providers/hashicorp/helm/latest를 참고한다.)

그리고 헬름 프로바이더가 테라폼을 사용해서 쿠버네티스 리소스 배포하기 예제에서 사용했던 쿠버네티스 설정 파일을 사용할 수 있도록 구성한다.

두 번째 단계에서는, 같은 파일 안에 helm_release 리소스를 사용해서 어떤 헬름 차트를 사용할 것이 지정한다. 리소스 구성 안에 set 블록을 추가해서 헬름 차트에서 제공하는 values.yaml 안에 있는 기본 변수의 값을 덮어쓴다. 여기서는 사용하려고 하는 헬름 차트의 버전을 지정하고, 2개의 파드 레플리카, 그리고 서비스 타입은 NodePort로 지정한다.

또 다른 중요한 설정은 create_namespace = true인데 이는 헬름이 사용할 ingress 네임 스페이스를 생성하라는 의미를 가진 설정이다. 세 번째 단계에서는 이 헬름 차트를 테라폼 워크플로우를 실행해서 배포한다.

apply 명령이 끝나면 쿠버네티스 리소스의 배포를 확인하고 헬름의 배포를 확인하기 위해 다음 명령을 실행한다.

1 kubectl get all –n ingress 명령을 실행해서 ingress 네임 스페이스 상에 생성된 모든 리소스의 상태를 확인한다. 다음 그림은 앞 명령의 결과이다.

그림 10.6 ingress 네임 스페이스의 모든 리소스 확인

모든 리소스가 준비 상태이며 2개의 파드가 동작하고 있고 서비스의 타입이 NodePort 임을 볼 수 있다.

2 helm list -n ingress 명령을 실행해서 헬름 릴리즈의 배포를 확인할 수 있다. 다음 그림 10.7은 helm list -n ingress 명령의 결과이다.

그림 10.7 ingress 네임 스페이스에 있는 헬름 목록 확인하기

ingress의 배포 상태가 deployed임을 볼 수 있다.

10.4.4 더 살펴볼 것들

이번 예제에서는 리소스 구성에서 직접 헬름 차트의 값(레플리카 번호 및 서비스 유형)을 설정하는 helm_release의 기본 사용법에 대해 배웠다. 이렇게 설정하는 방법 외에, values.yaml을 사용해서도 헬름 차트의 값을 재정의할 수도 있다. helm_release에 대한 더 자세한 정보는 https://registry.terraform.io/providers/hashicorp/helm/latest/docs/resources/release#values를 읽어보기 바란다.

쿠버네티스 네임 스페이스에 레이블을 추가하는 등 네임 스페이스에 대한 제어를 더 세세하게 하고 싶다면 kubernetes 프로바이더를 사용해서 네임 스페이스를 만들고 helm_resource 에서는 그걸 참조하는 방식으로도 할 수 있다.

다음 구성은 쿠버네티스와 헬름 프로바이더를 함께 사용하는 예제 코드이다.

```
resource "kubernetes_namespace" "ns" {
  metadata {
    labels = {
      mylabel = "ingress"
    }
    name = "ingress"
  }
}

resource "helm_release" "nginx_ingress" {
  name = "ingress"
  repository = "https://kubernetes.github.io/ingress-nginx"
  chart = "ingress-nginx"
```

```
    version = "4.5.2"
    namespace = kubernetes_namespace.ns.metadata.0.name
    create_namespace = true
    wait = true
  …
}
```

앞의 구성에서는 helm_release에서 네임 스페이스에 대한 연결을 만들었기 때문에 암시적 의존성이 생겨있다.

10.4.5 참고항목

- 헬름 프로바이더에 대한 문서는 https://registry.terraform.io/providers/hashicorp/helm/latest/docs를 참고한다.

10.5 테라폼 동기화 루프로 쿠버네티스 컨트롤러 사용하기

이전 예제들을 통해, 테라폼을 사용해서 도커 컨테이너를 배포하는 방법, 쿠버네티스 클러스터를 프로비저닝하는 방법, 서로 다른 도구를 사용해서 쿠버네티스에서 애플리케이션을 배포하는 방법에 대해 배웠다.

이번 예제에서는, 테라폼을 사용하여 인프라를 프로비저닝하기 위해 동기화 루프를 수행하고 각 코드 변경 시 테라폼 워크플로우를 다시 적용하는 방법을 배워보자.

테라폼 동기화 루프를 사용해서 다음과 같은 것들을 할 수 있다.

- 인프라의 상태가 항상 테라폼 구성에 정의된 원하는 상태와 일치하는지 확인한다.
- 깃 저장소의 변경 사항을 기반으로 인프라 리소스 배포를 자동화하여 오류 위험을 줄이고 배포 속도를 개선한다.

이번 예제에서는 쿠버네티스에서 쿠버네티스 컨트롤러를 사용하여 테라폼으로 코딩된 인프라 변경 사항을 적용하는 방법에 대해 배워보자.

그럼 시작해 보자.

10.5.1 준비 사항

이번 예제를 진행하려면 몇 가지 준비해야 할 것들이 필요하다.

- 테라폼 구성을 Git 저장소에 저장한다. 이를 위해 8장 테라폼으로 애저 인프라 프로비저닝하기에서 웹 앱을 프로비저닝하는 테라폼 구성을 사용한다. 소스 코드는 https://github.com/PacktPublishing/Terraform-Cookbook-Second-Edition/tree/main/CHAP08/webapp에서 확인할 수 있다.
- 기존 쿠버네티스 클러스터가 있어야 한다.
- Flux 요소를 설치하기 위해 헬름 CLI를 설치한다.(명령은 예제에서 자세히 다룬다.)
- KUBECONFIG 환경 변수에 쿠버네티스 설정 파일의 경로를 지정해서 추가한다. 예를 들면 ~/.kube/config와 같은 값이 될 수 있다.

쿠버네티스 상에서 깃옵스를 할 수 있도록 도와주는 많은 도구들이 있다. 이번 예제에서는 Weave Flux를 사용하며, 테라폼용 tf-controller를 사용한다. 이번 예제에서 설치 방법과 사용 방법에 대해서 살펴본다.

사용하는 운영 체제에 따라 https://fluxcd.io/flux/installation/의 문서를 참조하여 Flux CLI를 설치한다. 그런 다음, flux install 명령을 실행하여 쿠버네티스 클러스터에 Flux 오퍼레이터를 설치한다.

이 명령은 flux-system 네임 스페이스와 클러스터 내에 필요한 리소스들을 생성한다.

다음 그림은 flux install 명령의 결과 화면이다.

```
mikael@vmdev-linux:~/.../kind$ flux install
+ generating manifests
✔ manifests build completed
► installing components in flux-system namespace
CustomResourceDefinition/alerts.notification.toolkit.fluxcd.io created
CustomResourceDefinition/buckets.source.toolkit.fluxcd.io created
CustomResourceDefinition/gitrepositories.source.toolkit.fluxcd.io created
CustomResourceDefinition/helmcharts.source.toolkit.fluxcd.io created
CustomResourceDefinition/helmreleases.helm.toolkit.fluxcd.io created
CustomResourceDefinition/helmrepositories.source.toolkit.fluxcd.io created
CustomResourceDefinition/kustomizations.kustomize.toolkit.fluxcd.io created
CustomResourceDefinition/ocirepositories.source.toolkit.fluxcd.io created
CustomResourceDefinition/providers.notification.toolkit.fluxcd.io created
CustomResourceDefinition/receivers.notification.toolkit.fluxcd.io created
Namespace/flux-system created
ServiceAccount/flux-system/helm-controller created
ServiceAccount/flux-system/kustomize-controller created
ServiceAccount/flux-system/notification-controller created
ServiceAccount/flux-system/source-controller created
ClusterRole/crd-controller-flux-system created
ClusterRole/flux-edit-flux-system created
ClusterRole/flux-view-flux-system created
ClusterRoleBinding/cluster-reconciler-flux-system created
ClusterRoleBinding/crd-controller-flux-system created
Service/flux-system/notification-controller created
Service/flux-system/source-controller created
Service/flux-system/webhook-receiver created
Deployment/flux-system/helm-controller created
Deployment/flux-system/kustomize-controller created
Deployment/flux-system/notification-controller created
Deployment/flux-system/source-controller created
NetworkPolicy/flux-system/allow-egress created
NetworkPolicy/flux-system/allow-scraping created
NetworkPolicy/flux-system/allow-webhooks created
◎ verifying installation
✔ helm-controller: deployment ready
✔ kustomize-controller: deployment ready
✔ notification-controller: deployment ready
✔ source-controller: deployment ready
```

그림 10.8 쿠버네티스 상에서 Flux 설치

모든 Flux 요소들이 쿠버네티스 상에 flux-system 네임 스페이스 내에 생성된다. 이번 예제에서는 쿠버네티스에서 Flux의 tf-controller를 사용하여 테라폼 구성을 적용하는 방법에 대해 처음부터 배워보자.

이번 예제의 소스 코드는 https://github.com/PacktPublishing/Terraform-Cookbook-Second-Edition/tree/main/CHAP10/gitops에서 확인할 수 있다.

10.5.2 작동 방법

다음 단계를 수행한다.

1 tf-controller를 다음 명령과 같이 헬름을 통해 설치한다.

```
helm repo add tf-controller https://weaveworks.github.io/tfcontroller/
helm upgrade -i tf-controller tf-controller/tf-controller --namespace flux-
system
```

2 그런 다음 tf-controller-azurerm.yaml 파일을 생성해서 다음 테라폼 구성을 작성한다.

```
---
apiVersion: source.toolkit.fluxcd.io/v1beta1
kind: GitRepository
metadata:
  name: azurerm-demo
  namespace: flux-system
spec:
  interval: 30s
  url: https://github.com/PacktPublishing/Terraform-Cookbook-Second-Edition
  ref:
    branch: main
```

3 위 YAML에 다음 코드를 계속 추가한다.

```
---
apiVersion: infra.contrib.fluxcd.io/v1alpha1
kind: Terraform
metadata:
  name: azurerm-demo
  namespace: flux-system
spec:
  path: ./CHAP08/sample-app/
  interval: 1m
  approvePlan: auto
  sourceRef:
```

```
    kind: GitRepository
    name: azurerm-demo
    namespace: flux-system
  runnerPodTemplate:
    spec:
      env:
      - name: ARM_CLIENT_ID
        value: "<애저 클라이언트 ID>"
      - name: ARM_TENANT_ID
        value: "<애저 테넌트 ID>"
      - name: ARM_CLIENT_SECRET
        value: "<애저 클라이언트 시크릿>"
      - name: ARM_SUBSCRIPTION_ID
        value: "<애저 구독 ID>"
```

4 마지막으로 다음 kubectl 명령을 실행해서 쿠버네티스 리소스를 배포한다.

```
kubectl apply -f tf-controller-azurerm.yaml
```

이제 위 단계들에 대해서 자세히 살펴보자.

10.5.3 작동 원리

첫 번째 단계에서는 tf-controller 저장소를 로컬에 추가하고 helm upgrade -install 명령을 실행해서 tf-controller를 flux-system 네임 스페이스 안에 설치한다.

다음 그림은 helm 명령의 실행 결과 화면이다.

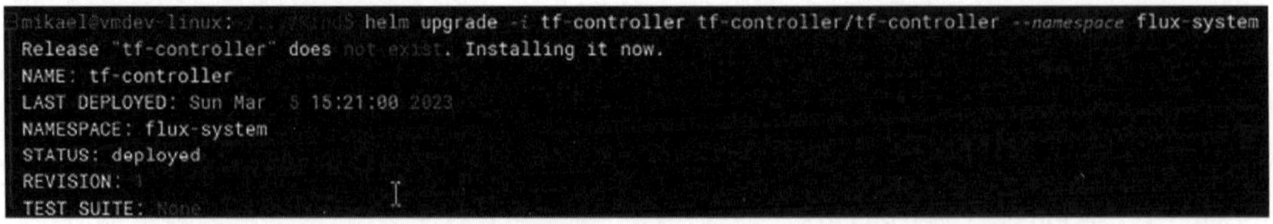

그림 10.9 헬름 차트를 사용해서 tf-controller 설치

헬름 차트가 정상적으로 설치된 것을 볼 수 있다. 헬름 차트의 설치 상태를 확인하려면 helm list -n flux-system 명령을 실행해서 출력 결과가 deployed인지 확인한다.

이번 예제에서는 tf-controller를 헬름을 사용해서 설치했지만 kubectl 명령을 사용해서도 설치할 수 있다. 이에 대해서는 https://weaveworks.github.io/tf-controller/getting_started/#installation를 참고한다.

이제 tf-controller를 통해 테라폼 구성을 실행하는 데 필요한 모든 구성 요소가 설치되었다.

그런 다음 두 번째와 세 번째 단계에서 tf-controller-azurerm.yaml 파일을 성생한다. 이 파일은 테라폼 구성을 실행하기 위한 모든 설정들을 포함하고 있다.

이 파일의 첫 번째 파트에서는 GitRepository 라는 리소스를 추가한다. 이 리소스에 테라폼 구성이 저장되어 있는 깃 저장소의 URL과 브랜치 이름을 설정한다.(여기서는 깃 저장소의 URL 은 https://github.com/PacktPublishing/Terraform-Cookbook-Second-Edition로, 그리고 브랜치 이름은 main으로 설정한다.)

두 번째 파트에서는 Terraform이라는 리소스를 추가한다. 이 리소스에는 다음과 같은 것들을 설정한다.

- path는 깃 저장소 내에 테라폼 구성이 있는 경로를 설정한다. (여기서는 CHAP08/sample-app 폴더를 설정한다.)
- autoapprove는 사용자의 확인없이 init, plan, apply 로 구성된 테라폼 워크플로우를 실행할지의 여부를 설정한다.
- name은 첫 번째 파트에서 추가한 GitRepository 리소스의 이름을 설정한다.
- azurerm 프로바이더가 인증을 획득하기 위해 필요한 네 개의 애저 환경 변수를 설정한다. 이에 대해서는 8장 테라폼으로 애저 인프라 프로비저닝하기에 있는 애저 자격 증명 프로바이더 보호하기 예제를 참고한다.

마지막으로 네 번째 단계에서는 두 개의 새로운 쿠버네티스 리소스 (GitRepository와 Terraform)을 쿠버네티스 내에 kubectl apply -f 〈파일〉 명령으로 배포한다.

이제 이 명령이 실행된 후에 어떤 일이 벌어지는지 살펴보자.

이 두 개의 쿠버네티스 리소스가 배포되면, tf-controller는 새로운 파드를 만들어서 깃 저장소에 있는 테라폼 구성에 대해 테라폼 워크플로우를 실행한다.

다음 그림은 flux-system 네임 스페이스 안에 azurerm-demo-tf-runner 파드가 생성된 화면이다.

```
mikael@vmdev-linux:~/.../gitops$ kubectl get pods -n flux-system
NAME                                         READY   STATUS    RESTARTS   AGE
azurerm-demo-tf-runner                       1/1     Running   0          25s
helm-controller-67db7df6f9-wlq85             1/1     Running   0          96m
kustomize-controller-548b95cff5-hw4h5        1/1     Running   0          96m
notification-controller-5d6964cdbd-tb8x9     1/1     Running   0          96m
source-controller-b9b4d777b-9fx28            1/1     Running   0          96m
tf-controller-5675f5dc7d-79hfc               1/1     Running   0          93m
```

그림 10.10 flux-system 네임 스페이스 상의 파드 목록

테라폼의 실행이 완료되면 파드는 자동으로 삭제되고 애저 리소스가 프로비저닝된다.

또한, 메인 브랜치에서 커밋을 하면 이 파드가 다시 실행되면서 인프라 구성에 대한 변경 사항에 대해 테라폼 워크플로우가 다시 실행된다. 이를 통해 인프라(이 경우 애저)가 항상 테라폼 구성과 같은 최신 상태를 유지하게 된다.

10.5.4 더 살펴볼 것들

이번 예제에서는 tf-controller를 사용해서 테라폼에 대해 깃옵스를 적용하는 방법에 대해서 배웠다. 또한 이 외에도 ArgoCD 도구도 함께 사용할 수 있다. 이에 대해서는 https://www.cncf.io/blog/2022/09/30/how-to-gitops-your-terraform/ 문서를 읽어보기 바란다.

테라폼에 대한 깃옵스를 적용하는 또 다른 쿠버네티스 오퍼레이터에는 테라폼 오퍼레이터가 있다. 이에 대한 더 자세한 정보는 http://tf.isaaguilar.com/를 참고한다.

또한 첫 번째 단계에서 헬름 명령을 사용해서 tf-controller 헬름 차트를 설치 했는데, 이 외에 테라폼 구성을 사용해서 테라폼 헬름 프로바이더를 통해 설치할 수도 있다.(더 자세한 정보는 이 장에 있는 테라폼을 사용해서 쿠버네티스에 헬름 차트 배포하기 예제를 읽어보자.)

```
resource "helm_release" "tf-controller" {
  name       = "tf-controller"
```

```
    repository = "https://weaveworks.github.io/tf-controller/"
    chart      = "tf-controller"
    namespace  = "flux-system"
    wait       = true
}
```

이 테라폼 구성에 대한 전체 소스 코드는 https://github.com/PacktPublishing/Terra form-Cookbook-Second-Edition/tree/main/CHAP10/tf-controller에서 확인할 수 있다.

마지막으로, 이번 예제에서는 쿠버네티스 컨트롤러를 사용해서 자동으로 테라폼 구성을 배포하는 방법에 대해서 배웠다. 이 외에도 테라폼 구성을 배포하기 위한 두 가지 다른 방법이 존재한다.

첫 번째 방법은 깃허브 액션즈, 젠킨스, 애저 데브옵스 등 CI/CD 파이프라인 도구를 사용하는 것이다. 이에 대해서는 13장 CI/CD 파이프라인을 통해 테라폼 실행 자동화하기에서 더 자세히 살펴보자.

두 번째 방법은 자동화된 파이프라인을 가지고 있는 테라폼 클라우드를 사용하는 것이다. 이에 대해서는 14장 테라폼 클라우드를 사용해서 협업 향상하기에서 더 자세히 살펴보자.

10.5.5 참고 항목

- tf-controller에 대한 문서는 https://weaveworks.github.io/tf-controller를 참고한다.

- tf-controller에 대한 깃허브 소스 코드는 https://github.com/weaveworks/tf-controller를 참고한다.

- tf-controller 사용에 대한 CNCF 글은 https://www.cncf.io/blog/2022/09/30/how-to-gitops-your-terraform을 참고한다.

NOTE

CHAPTER

11

테라폼 구성에 대한 테스트 및
컴플라이언스 검사하기

테라폼 구성을 작성할 때, 테라폼 워크플로우 내에 테스트 과정을 통합하는 것은 매우 중요하다.

실제로, 테라폼 구성을 사용하여 인프라를 프로비저닝할 때는 보안 규칙을 우회하지 않도록 주의하고, 의도치 않게라도 취약점이 발생하지 않도록 주의해야 하며, 회사의 규칙을 잘 따라야 한다.

이를 위해, 테라폼 구성에 하나 이상의 테스트 단계를 도입할 필요가 있다.

애플리케이션을 개발할 때와 마찬가지로 테라폼 구성에 대해서도 다음과 같은 여러 유형의 테스트가 있다. (자세한 내용은 테스트 피라미드에 대한 설명을 참고한다. (https://martinfowler.com/articles/practical-test-pyramid.html)

- 단위 테스트: 단위 테스트는 외부 요소에 대한 의존성 없이 가장 낮은 수준에서의 테라폼 구성을 테스트하는 것을 목표로 한다. 단위 테스트는 terraform apply 명령 실행 전, 즉 HCL 코드 혹은 terraform plan의 결과에서 수행된다. 단위 테스트는 코드 구문 검사와 변수의 일관성을 확인하는 테스트로 구성될 수 있으며, terraform validate 명령을 실행하여 확인할 수 있다. 이에 대해서는 6장 기본적인 테라폼 워크플로우 적용하기에 있는 코드 문법 검증하기 예제에서 자세히 살펴봤다. 또한 terraform plan의 결과를 분석해서 예상했던 결과인지를 확인해 보는 테스트로도 구성될 수 있다.
- 컴플라이언스 분석: 컴플라이언스 분석은 이 장에서 살펴볼 tflint, checkov 또는 tfsec과 같은 외부 도구를 사용하거나 프레임워크를 사용하여 수행할 수 있다. 그리고 이 경우 이 장에서 살펴볼 것처럼 파워쉘 혹은 파이썬을 사용해서 자체 규칙을 작성할 수도 있다. 컴플라이언스 분석은 terraform plan 실행 직후에 수행할 수 있으며 만약 분석에 실패 한다면 terraform apply는 실행되지 않는다.
- 컨택 테스트: 2장 테라폼 구성 작성하기에 있는 변수 조작하기 예제에서 배운 변수에 대한 조건 표현식을 사용하여 변수의 입력값을 테스트한다. 더 자세한 내용은 https://developer.hashicorp.com/terraform/language/expressions/custom-conditions를 참고한다.
- 통합 테스트: 통합 테스트는 프로비저닝이 올바르게 되었는지 테스트한다. 이 테스트는 주로 테라폼 모듈에서 사용하는데, 테스트하고자 하는 모듈을 사용하는 테라폼 구성이 예상대로 동작하는지 테스트한다. 통합 테스트의 워크플로우는 테라폼 구성을 사용하여 리소스를 프로비저닝하고, 연결 테스트 혹은 보안과 같은 몇 가지 테스트를 실행한 다음, 마지막에 프로비저닝된 모든 리소스를 삭제 하는 것이다. 이 워크플로우는

파워쉘, 파이썬, 배시, 루비 그리고 Go 언어와 같은 개발 스크립트를 사용해서 수행되거나, 테라테스트 (이 장에 있는 **테라테스트를 사용해서 테라폼 모듈 테스트하기** 예제에서 배운다.) 혹은 Kitchen-Terraform (이 장에 있는 **Kitchen-Terraform을 사용해서 테라폼 구성 테스트하기** 예제에서 배운다.) 같은 프레임워크를 사용해서 수행할 수 있다.

테라폼 테스트에 대한 더 자세한 정보는 해시코프의 블로그 글인 https://www.hashicorp.com/blog/testing-hashicorp-terraform을 읽어보기 바란다.

이 장의 첫 번째 파트에서는 파워쉘 또는 파이썬을 사용하여 사용자 정의 규칙과 정책을 작성하여 테라폼 구성을 테스트하는 여러 방법과 도구의 사용법을 배우게 된다. 또한 terraform compliance, tfsec 그리고 Open Policy Agent(OPA)와 같은 도구를 사용하여 테라폼 구성에서 수행할 수 있는 테스트들의 모범 사례들에 대해서도 배워 보자.

그리고 이 장의 두 번째 파트에서는 테라테스트 혹은 Kitchen-Terraform을 사용해서 테라폼 모듈에 대한 통합 테스트를 수행하는 방법에 대해서 배운다.

이 장의 마지막 파트에서는 새로운 테라폼 통합 테스트 모듈을 사용하여 HCL 테라폼 구성에서 직접 테스트를 작성하는 방법에 대해서 배운다.

이 장의 모든 예제에서는 의도적으로 테스트 오류 결과를 보여주기 위해 규격을 준수하지 않는 테라폼 구성으로 시작한 다음, 규격을 준수하도록 테라폼 구성을 수정하고 테스트를 다시 실행하여 성공적인 테스트 결과를 보여 줄 것이다.

이번 장에서 다룰 내용은 다음과 같다.

- 파워쉘의 Pester 프레임워크를 사용해서 테라폼 테스트하기
- 파이썬을 사용해서 테라폼 구성 테스트하기
- OPA를 사용해서 테라폼 구성 확인하기
- tfsec을 사용해서 테라폼 구성의 컴플라이언스 분석하기
- terraform-compliance를 사용해서 테라폼 규정 적용하기
- 테라테스트를 사용해서 테라폼 모듈 테스트하기
- Kitchen-Terraform을 사용해서 테라폼 구성 테스트하기
- 새로운 테라폼 모듈 통합 테스트 사용하기

11.1 기술적 요구사항

이번 장을 진행하려면 몇 가지 소프트웨어를 설치해야 한다.

- 파이썬 – 설치 문서는 https://www.python.org/downloads를 참고한다.
- 파워쉘 혹은 파워쉘 코어 – 설치 문서는 https://learn.microsoft.com/en-us/powershell/ scripting/install/installing-powershell?view=powershell-7.3을 참고한다.
- Go언어 – 설치 문서는 https://go.dev/를 참고한다.
- 루비 – 설치 문서는 https://www.ruby-lang.org/en/documentation/installation을 참고한다.

이번 장의 소스 코드는 https://github.com/PacktPublishing/Terraform-Cookbook-Second-Edition/tree/main/CHAP11에서 확인할 수 있다.

11.2 파워쉘의 Pester 프레임워크를 사용해서 테라폼 테스트하기

이번 예제에서는 테스트 프레임워크를 사용해서 테라폼 구성에 대한 테스트를 작성하고 실행하는 방법에 대해서 배워보자.

이 프레임워크는 Pester라고 불리는 파워쉘 라이브러리이며, 여러 유형의 테스트를 작성할 수 있게 해준다.

Pester 프레임워크를 사용하면 파워쉘 스크립트의 동작을 검증하는 테스트를 작성하고 예상되는 요구 사항을 충족하는지 확인할 수 있다. Pester는 단위 테스트, 통합 테스트, 승인 테스트 등 다양한 테스트를 지원한다. 또한 강력한 모킹 기능도 포함되어 있어서, 복잡한 시나리오를 시뮬레이션하고 스크립트를 독립적으로 테스트하는데 도움이 된다.

Pester는 배우기 쉽고 이해하기 쉬운 간단한 문법을 사용한다. 테스트는 파워쉘 스크립트 파일로 작성되기 때문에 개발 워크플로우에 쉽게 통합할 수 있다. Pester는 커맨드 라인에서 실행될 수 있기 때문에 테스트 과정을 CI/CD 파이프라인에 쉽게 통합할 수 있다.

그리고 파워쉘 스크립트 테스트뿐만 아니라, JSON이나 XML 파일 같은 다른 종류의 코드를 테스트하는 데에도 사용할 수 있다. 또한 확장 가능하다는 특성을 가지고 있어서, 특정 테스트 요구사항을 지원하기 위해 사용자 정의 확장 기능과 추가 기능을 작성할 수 있다.

전반적으로 Pester는 파워쉘 스크립트 및 기타 코드의 품질과 안정성을 개선하는데 도움이 되는 강력하고 유연한 테스트 프레임워크이다. 이번 예제를 통해 Pester를 사용해 파워쉘에서 테스트를 작성하고 수행하는 방법에 대해 배워보자.

Pester를 사용하면 테스트는 terraform plan 명령 수행 후, 그리고 terraform apply 명령을 실행하기 전에 수행된다. 그래서 테스트에서 실패하면 terraform apply가 더 이상 진행되지 않는다.

그럼 시작해 보자.

11.2.1 준비 사항

이번 예제를 진행하기 위해서 파워쉘 스크립트에 대한 지식이 필요하다.

소프트웨어는 다음 순서대로 설치한다.

1 파워쉘 혹은 파워쉘 코어 – 설치 문서는 https://learn.microsoft.com/ko-kr/powershell/scripting/install/installing-powershell?view=powershell-7.3을 참고한다.

2 파워쉘 모듈 Pester를 설치한다. 설치 문서는 https://pester.dev/docs/introduction/installation을 참고한다.

다른 예제들과 마찬가지로, 이번 예제도 윈도우, 리눅스, 맥 모두에서 작동한다.

이번 예제의 목표는 Pester를 사용해서 테스트를 작성하고 실행하는 기본적인 방법을 익히는 것이다. 테스트는 애저 저장소 계정이 규정을 준수하는지, 계정에 대한 접근 경로가 HTTPS로만 가능한지를 테스트한다.

이번 예제에서는 애저 저장소 계정을 프로비저닝하는 테라폼 구성 작성에 대해 자세히 설명하지는 않는다. 자세한 사항은 https://registry.terraform.io/providers/hashicorp/azurerm/latest/docs/resources/storage_account을 참고한다.

이번 예제에서 사용하는 테라폼 구성 코드는 다음과 같다.

```
resource "azurerm_storage_account" "storage" {
  name                     = "sademotestpester1"
  resource_group_name      = azurerm_resource_group.rg.name
  location                 = azurerm_resource_group.rg.location
  account_tier             = "Standard"
  account_replication_type = "GRS"
```

```
    enable_https_traffic_only = false
}
```

 데모를 위해 위 테라폼 구성에서는 HTTP를 통해 접근할 수 있도록 저장소를 구성하고 이름을 sademo
testpester1으로 지정한다.

이번 예제의 전체 소스 코드는 https://github.com/PacktPublishing/Terraform−Cook
book−Second−Edition/tree/main/CHAP11/tf−pester에서 확인할 수 있다.

11.2.2 작동방법

다음 단계를 수행한다.

1 테라폼 구성을 포함하고 있는 폴더 내에 storage.test.ps1이라는 파워쉘 파일을 생성한다.

2 다음 Describe 블록을 추가하여, 이 새 파일에 작성을 시작한다.

```
Describe "Azure Storage Account Compliance" {
...
}
```

3 Describe 블록 내에 다음 코드를 추가한다.

```
BeforeAll -ErrorAction Stop {
    Write-Host 'Perform terraform init...'
    terraform init
    Write-Host 'Perform terraform validate...'
    terraform validate
    Write-Host 'Perform terraform plan...'
    terraform plan -out terraform.plan
    Write-Host 'Convert the plan output to Json...'
    $plan = terraform show -json terraform.plan | ConvertFrom-Json
}
```

4 앞의 코드를 추가한 후, 다음 코드를 Describe 블록 내에 추가한다.

```
It "should have the correct name" {
    $expectedStorageAccountName = "sademotestpester123"
    $storageAccountobj = $plan.resource_changes | Where-Object {
$_.address -eq 'azurerm_storage_account.storage' }
    $saName = $storageAccountobj.change.after.name
    $saName | Should -Be $expectedStorageAccountName
}
```

5 계속해서 Describe 블록 내에 다음 코드를 추가한다.

```
It "should be access only with HTTPS" {
    $expectedsaAccessHttps = "true"
    $storageAccountobj = $plan.resource_changes | Where-Object {
$_.address -eq 'azurerm_storage_account.storage' }
    $saAccessHttps = $storageAccountobj.change.after.enable_https_
traffic_only
    $saAccessHttps | Should -Be $expectedsaAccessHttps
}
```

6 마지막으로 Describe 블록 내에 다음 코드를 추가해서 테스트 작성을 마무리 한다.

```
AfterAll {
    Write-Host 'Delete the terraform.plan file'
    Remove-Item -Path .\terraform.plan
}
```

7 다음 명령을 실행해서 Pester 테스트를 수행한다.

```
pwsh -c "Invoke-Pester -Path ./storage.test.ps1"
```

다음 그림은 앞의 명령의 결과 화면이다.(규정을 준수하지 않는 초기 테라폼 구성을 대상으로 사용한다.)

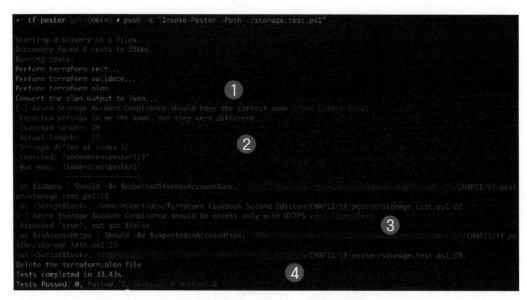

그림 11.1 pester로 테라폼 테스트 수행 시 실패 화면

위 결과를 보면 4개의 테스트가 수행된 것을 볼 수 있다.

1 BeforeAll 실행

2 저장소 이름에 대한 첫 번째 테스트

3 HTTPS 활성화에 대한 두 번째 테스트

4 AfterAll 실행

모든 테스트가 실패한 것을 볼 수 있다.

8 이제 초기 테라폼 구성을 다음과 같이 수정한다.

```
resource "azurerm_storage_account" "storage" {
  name                     = "sademotestpester123"
  resource_group_name      = azurerm_resource_group.rg.name
  location                 = azurerm_resource_group.rg.location
  account_tier             = "Standard"
  account_replication_type = "GRS"
```

```
    enable_https_traffic_only = true
}
```

9 Pester 명령을 다시 실행한다.

```
pwsh -c "Invoke-Pester -Path ./storage.test.ps1"
```

다음 그림은 위 명령의 결과 화면이다.

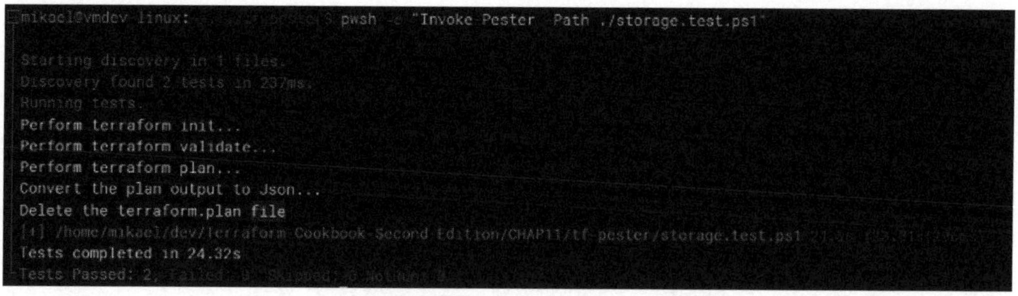

그림 11.2 pester로 테라폼 테스트 수행 시 성공 화면

모든 테스트가 성공적으로 실행된 것을 볼 수 있다.

11.2.3 작동 원리

첫 번째 단계에서는 Pester 테라폼 스크립트를 포함할 파워셸 파일을 생성한다.

두 번째 단계에서는 모든 테스트 코드(테스트 수트라고 부른다.)를 포함한 Describe 블록을 추가해서 스크립트 파일을 작성한다. Pester 테스트 파일 구조에 대한 더 자세한 정보는 https://pester.dev/docs/usage/test-file-structure를 읽어보기 바란다.

세 번째 단계에서는 BeforeAll 블록을 추가한다. BeforeAll 블록은 테스트 수트를 실행하기 전에 수행해야 할 작업을 포함한다. 여기서는 다음 작업들을 수행한다.

- terraform init 명령을 실행한다.
- terraform validate 명령을 실행한다.
- terraform plan –out terraform.out 명령을 실행한다.(plan 명령의 결과를 terraform.out 파일로 내보낸다.)

- terraform show –json terraform.plan 명령을 실행해서 plan 명령의 결과를 JSON 형식으로 보여주고 그 결과를 $plan 이라는 파워쉘 변수에 설정한다.

네 번째 단계에서는 프로비저닝될 저장소 계정의 이름을 확인하는 첫 번째 테스트를 작성한다. 이 테스트는 plan 명령의 JSON 결과에서 azurerm_storage_account.storage를 필터링한 후 name 속성의 값이 기대하는 이름과 같은지 확인한다.

다섯 번째 단계에서는 프로비저닝될 저장소 계정의 https_traffic_only 속성의 값을 확인하는 두 번째 테스트를 작성한다. 이 테스트는 마찬가지로 plan 명령의 JSON 결과에서 azurerm_storage_account.storage를 필터링한 후 enable_https_traffic_only 속성의 값이 true인지 확인한다.

여섯 번째 단계에서는 AfterAll 블록을 Describe 블록의 마지막에 추가한다. AfterAll 블록은 모든 테스트가 종료된 후 수행해야 할 작업을 포함한다. 여기서는 세 번째 단계인 BeforeAll 블록에서 생성한 terraform.out 파일을 삭제하는 작업을 수행한다.

이제 테스트를 작성했으니 Pester를 사용해서 테스트를 실행할 수 있다.

일곱 번째 단계에서는 pwsh –c "Invoke-Pester –Path ./storage.test.ps1" 명령을 통해 스크립트를 실행한다.

이 명령의 결과로 테스트에 오류가 있는 경우, 테스트 컴플라이언스에 따라 테라폼 구성을 수정하고 위의 명령을 다시 실행하여 모든 테스트가 성공적으로 실행되고 있는지 확인한다. (여덟 번째와 아홉 번째 단계)

11.2.4 더 살펴볼 것들

Pester를 사용한 이 테라폼 테스트 샘플에서는 테스트 실행 직후 스크립트를 중지했으며, apply 명령을 사용해 이 스크립트에 통합 테스트를 추가한 후, 저장소 계정이 생성된 후 연결 상태를 확인할 수도 있다.

애저 저장소 테라폼 모듈에 대한 단위 및 통합 테스트가 포함된 또 다른 샘플은 https://github.com/devblackops/presentations/tree/master/PSSummit2021%20-%20Testing%20Terraform%20with%20Pester/demo3/terraform-module-storage에서 확인할 수 있다.

또한 다음은 Pester 파워쉘 프레임워크 사용의 장단점 목록이다.

장점

- **자동화된 테스트**: Pester를 사용하면 테스트 프로세스를 자동화할 수 있으므로 수동 테스트 없이도 테라폼 코드에 대한 컴플라이언스 테스트를 쉽게 수행할 수 있다.
- **반복 가능하고 일관성있는 테스트**: Pester를 사용하면 반복 가능하고 일관성 있는 테스트를 작성할 수 있으므로 코드가 항상 필요한 컴플라이언스 표준을 충족하는지 확인할 수 있다.
- **빠른 피드백 루프**: Pester를 CI/CD 파이프라인에 통합하면 테라폼 코드가 규정을 준수하는지 여부에 대한 피드백을 빠르게 확인할 수 있어 개발 주기 초기에 컴플라이언스 문제를 식별하고 수정하는 데 도움이 된다.
- **사용 편의성**: Pester는 파워쉘 모듈로, 테라폼 코드에 대한 테스트 작성 및 실행을 빠르게 시작할 수 있다.

단점

- **복잡성**: 특히 복잡한 인프라 구성을 테스트해야 하는 경우 Pester를 사용하여 테라폼 코드에 대한 테스트를 작성하는 것은 복잡할 수 있다. 이로 인해 포괄적이면서도 유지 관리가 가능한 테스트를 작성하기가 어려울 수 있다.
- **학습 곡선**: 파워쉘에 이미 익숙하다면 Pester를 비교적 쉽게 사용할 수 있지만, 특히 파워쉘 스크립팅에 익숙하지 않은 경우 학습 곡선이 존재한다. 이로 인해 팀이 컴플라이언스 테스트 요구 사항을 충족하기 위해 Pester를 채택하는 것이 더 어려워질 수 있다.
- **다른 도구와의 통합**: 컴플라이언스 테스트에 전문화된 컴플라이언스 프레임워크나 해시코프 센티널과 같은 다른 도구를 사용하는 경우, Pester를 워크플로우에 통합하는 것이 더 어려울 수 있다.

11.2.5 참고 항목

- Pester 문서는 https://pester.dev/를 참고한다.
- 테라폼 구성을 테스트하기 위해 Pester를 사용하는 방법에 대한 영상은 https://www.youtube.com/watch?v=Sdfxntl6H24를 참고한다.

11.3 파이썬을 사용해서 테라폼 구성 테스트하기

이전 예제에서는 파워쉘 스크립트와 Pester 프레임워크를 사용하여 테라폼 테스트를 작성하는 방법을 배웠다.

이번 예제에서는 파이썬 언어와 pytest 프레임워크를 사용하여 동일한 테라폼 테스트를 작성하는 방법에 대해서 배워보자.

 pytest를 통한 테스트는 terraform plan 명령 후, 그리고 terraform apply 명령 전에 실행되기 때문에 테스트가 실패하면 apply 명령은 진행되지 않는다.

시작해 보자.

11.3.1 준비 사항

이번 예제를 진행하려면 파이썬에 대한 기본적인 지식이 필요하다.

파이썬이 pip와 함께 이미 설치되어 있어야 한다. 파이썬 설치 문서는 https://www.python.org/downloads/를 참고한다. 그리고 pip 설치 문서는 https://pip.pypa.io/en/stable/installation/을 참고한다.

또한 pip install pytest 명령을 통해 pytest 파이썬 테스트 프레임워크를 설치해야 한다.

pytest에 대한 더 자세한 정보는 https://docs.pytest.org/en/7.2.x/contents.html을 읽어보기 바란다.

이 예제의 목표는 pytest에서 애저 스토리지 계정 이름이 규정을 준수하는지, 계정에 대한 유일한 액세스가 HTTPS를 통해서만 이루어지는지 확인하는 테스트를 작성하고 실행하는 방법에 대한 기본적인 방법을 배우는 것이다. 이전 예제에서 배운 것과 동일하게, 테스트의 실행은 terraform plan 명령 직후와 terraform apply 명령 전에 수행된다.

이 예제에서는 애저 테라폼 구성을 작성하는 단계에 대해서는 자세히 설명하지 않는다. 이 테라폼 구성의 소스 코드는 다음과 같다.

```
resource "azurerm_storage_account" "storage" {
  name                      = "sademotestpester1"
  resource_group_name       = azurerm_resource_group.rg.name
  location                  = azurerm_resource_group.rg.location
  account_tier              = "Standard"
  account_replication_type  = "GRS"
  enable_https_traffic_only = false
}
```

 데모를 위해, 위의 테라폼 구성에서는 HTTP를 통해 액세스할 수 있도록 저장소를 구성했다.

이번 예제의 전체 소스 코드는 https://github.com/PacktPublishing/Terraform-Cookbook-Second-Edition/tree/main/CHAP11/pytest에서 확인할 수 있다.

11.3.2 작동 방법

다음 단계를 수행한다.

1 테라폼 구성이 포함된 폴더에서 test_tf.py라는 새로운 파이썬 파일을 생성한다.(기본적으로 pytest 파일은 test_로 시작해야 한다.)

2 이 파이썬 파일에서 다음 코드를 작성한다.

```
import pytest
```

```
import subprocess
import json

@pytest.fixture(scope="session")
def terraform_plan_output():
    subprocess.run(["terraform", "init"])
    subprocess.run(["terraform", "plan", "-out", "plan.tfout"])
    show_output = subprocess.check_output(["terraform", "show", "-json",
"plan.tfout"])
    return json.loads(show_output)


def test_storage_account_https_only_enabled(terraform_plan_output):
    enable_https_traffic_only = terraform_plan_output['resource_changes'][1]
['change']['after']['enable_https_traffic_only']
    assert enable_https_traffic_only == True
```

3 터미널 콘솔에서 pytest 명령을 실행한다.

4 다음 그림은 위 명령의 실행 결과이다.

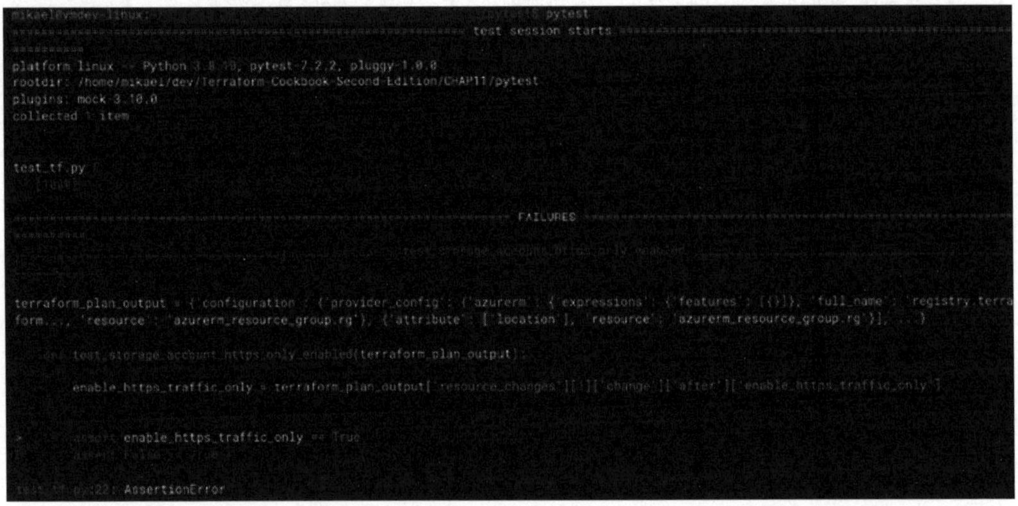

그림 11.3 pytest로 테라폼 테스트 시 실패 화면

enable_https_traffic_only 속성을 테스트할 때 에러가 발생한 것을 볼 수 있다.

5 이제 앞 선 테라폼 구성을 다음과 같이 수정한다.

```
resource "azurerm_storage_account" "storage" {
  name                     = "sademotestpester1"
  resource_group_name      = azurerm_resource_group.rg.name
  location                 = azurerm_resource_group.rg.location
  account_tier             = "Standard"
  account_replication_type = "GRS"
  enable_https_traffic_only = true
}
```

6 마지막으로 pytest 명령을 다시 실행한다. 다음 그림은 테스트 실행 결과 화면이다.

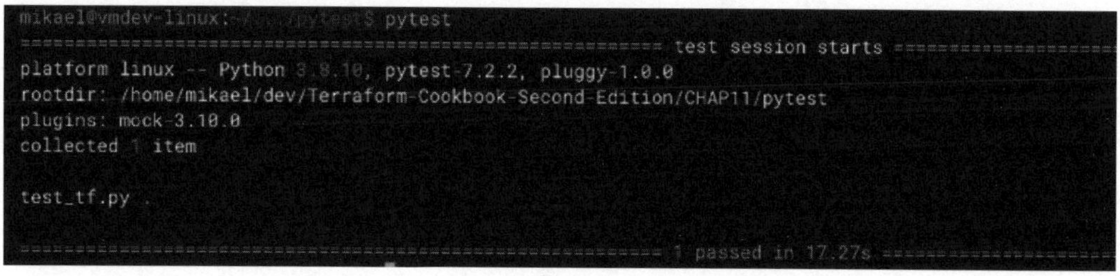

그림 11.4 pytest로 테라폼 테스트 시 성공 화면

모든 테스트를 통과한 것을 볼 수 있다.

11.3.3 작동 원리

첫 번째 단계에서는 test_tf.py라는 새로운 파이썬 파일을 생성한다. 이 파일 이름은 pytest의 기본 형식을 따라서 test_로 시작하게 만든다.

두 번째 단계에서는 다음과 같이 동작하는 pytest 코드를 작성한다.

- 먼저, pytest, subprocess, JSON 과 같이 테스트 코드 작성에 필요한 라이브러리들을 가져온다.

- 그런 다음, terraform_plan_output 함수를 작성한다. 이 함수는 terraform init 명령과 terraform plan 명령을 실행한 뒤 plan 명령의 결과를 JSON 형태로 메모리에 저장한다.

- 마지막으로 test_storage_account_https_only_enabled 함수를 작성한다. 이 함수는 JSON 형태

의 plan 명령 결과를 가지고 enable_https_traffic_only 속성을 assert pytest 메소드를 통해 테스트한다.

JSON 스키마를 이해하려면 다음 문서를 참고한다. https://developer.hashicorp.com/terraform/internals/json-format#plan-%20representation

세 번째 단계에서는 pytest 명령을 실행한다.

이 명령의 결과를 보면서 테스트가 실패하면 테스트 결과에 따라 테라폼 구성을 수정하고 앞 명령을 다시 실행하여 모든 테스트가 통과하는지 확인한다.

11.3.4 더 살펴볼 것들

이번 예제에서는 테라폼 구성을 테스트하기 위한 기본 pytest 샘플에 대해 배웠다. 더 고급 테스트를 작성하고자 한다면 pytest 문서와 tftest 파이썬 라이브러리(https://pypi.org/project/tftest/)를 참조하기 바란다.

11.3.5 참고 항목

- pytest에 대한 문서는 https://docs.pytest.org/en/7.2.x/contents.html을 참고한다.

- 파이썬을 사용한 테라폼 테스트에 대한 몇 가지 문서들이 있다.

- https://betterprogramming.pub/testing-your-terraform-infrastructure-code-with-python-a3f913b528e3

- https://betterprogramming.pub/terraform-resource-testing-101-c9da424faaf3

- https://medium.com/saas-infra/terraform-testing-made-easy-with-python-exploring-tftest-925bb207eabd

11.4 OPA를 사용해서 테라폼 구성 확인하기

이전 예제에서는 파워셸의 Pester와 같은 여러 도구와 언어를 사용하여 테라폼 컴플라이언스 검사를 적용하는 방법을 배웠다.

이번 예제에서는 테라폼 구성에 대한 검사를 수행할 수 있는 또 다른 인기 도구인 Open Policy Aagnt(OPA)에 대해 배워보자.

시작하기 전에 먼저 OPA에 대해 간단히 알아보자.

OPA는 조직의 소프트웨어 인프라 전반에서 정책을 관리하기 위한 통합 언어를 제공하는 오픈 소스 범용 정책 엔진이다. OPA는 조직이 서로 다른 애플리케이션, 서비스, 인프라 전반에서 일관되게 정책을 정의, 관리, 시행할 수 있도록 설계 되었다.

OPA를 사용하면 개발자와 운영자가 레고(Rego)라는 선언적 언어로 정책을 작성할 수 있다. 레고는 읽고 쓰기 쉽도록 설계된 고급 언어로, 비전문가도 정책 관리에 쉽게 사용할 수 있다. 또한 보안, 컴플라이언스 및 기타 운영 정책을 시행하기 위해 레고 정책을 작성할 수 있다.

OPA는 일반적으로 조직의 소프트웨어 인프라에 통합되어 데이터 및 구성 정보에 대해 정책을 검토한다. OPA는 소프트웨어 개발 및 배포 수명 주기의 여러 단계에서 정책을 적용하기 위해 쿠버네티스, 테라폼, 이스티오 등 다양한 도구 및 시스템과 통합될 수 있다.

OPA의 주요 기능은 다음과 같다.

- **코드로서의 정책**: OPA를 사용하면 코드를 사용하여 정책을 정의하고 관리할 수 있으므로 버전 관리와 변경 사항 추적이 더 쉬워진다.
- **코드에서 정책 분리**: OPA를 사용하면 정책을 애플리케이션 코드에서 독립적으로 정의하고 관리할

수 있다. 이를 통해 우려 사항을 더 잘 분리하고 정책 충돌의 위험을 줄일 수 있다.

- **중앙 집중식 정책 관리**: OPA는 중앙 집중식 정책 관리 시스템을 제공하여 다양한 애플리케이션과 인프라에서 정책을 일관되게 정의하고 적용할 수 있다.

- **감사 및 추적성**: OPA는 정책 평가에 대한 감사 추적을 제공하여 시간이 지남에 따라 변화하는 정책 시행을 추적할 수 있다.

여기까지가 OPA에 대한 짧은 소개이다. 더 자세한 정보는 https://www.openpolicyagent.org/ 에 있는 OPA 문서를 참고한다.

> OPA를 사용하면 테스트가 terraform plan 명령 후, 그리고 terraform apply 명령 전에 수행되기 때문에 테스트가 실패하면 apply 명령은 진행되지 않는다.

시작해 보자.

11.4.1 준비 사항

OPA를 사용하려면 다음 아티팩트들이 필요하다.

- **OPA 바이너리**: OPA 바이너리는 데이터 및 구성 정보에 대해 정책을 평가하는 OPA 엔진이다. 이번 예제를 완료하려면 다음 설치 문서를 참고해서 OPA를 설치해야 한다. https://www.openpolicyagent.org/docs/latest/#running-opa

> 윈도우 운영체제에서 OPA를 설치하려면 OPA 릴리즈 페이지(https://github.com/open-policy-agent/opa/releases)로 이동한다. OPA 릴리즈 페이지에서 원하는 릴리즈를 클릭한다.(최신 릴리즈를 권장한다.) opa_windows_amd64.exe 링크를 클릭해서 바이너리 실행 파일을 다운로드한다.
> 다운로드한 파일을 opa 라는 이름으로 변경하고 PATH 환경 변수의 값에 다운로드한 경로를 추가한다.

설치하지 않고 도커 허브와 같은 컨테이너 이미지 저장소에 있는 이미지를 사용할 수도 있다.

- **레고 정책**: 레고 정책은 OPA가 사용하는 레고 언어로 작성된 정책으로, 일반적으로 .rego 확장자를

가진다. 레고 정책을 처음부터 새로 작성하거나, OPA 커뮤니티에 있는 기존 정책을 사용할 수 있다.
이번 예제에서 레고 정책에 대해서 살펴본다.

- **데이터 입력**: OPA가 정책을 평가하는 기준이 되는 데이터 및 구성 정보이다. 데이터 입력은 API 요청, 구성 파일, 데이터 저장소 등 다양한 소스에서 가져올 수 있다.
  이번 예제에서는 OPA의 데이터 입력으로 JSON을 사용한다.

- **OPA 쿼리**: OPA 쿼리는 주어진 입력 데이터에 대해 특정 정책을 평가하도록 OPA에 요청하는 것이다. 즉 쿼리는 주어진 입력 데이터가 지정된 정책을 충족하는지 여부에 따라 참 또는 거짓을 반환하게 한다.
  쿼리의 개념에 대해서 배우는 것이 이번 예제의 핵심이다.

이번 예제에서는 테라폼 구성을 작성하는 방법에 대해서는 자세히 설명하지 않는다. 테라폼 구성의 소스 코드는 다음과 같다.

```
resource "azurerm_storage_account" "storage" {
  name                     = "sademotestopa1"
  resource_group_name      = azurerm_resource_group.rg.name
  location                 = azurerm_resource_group.rg.location
  account_tier             = "Standard"
  account_replication_type = "GRS"
  enable_https_traffic_only = false
}
```

 데모를 위해 위의 테라폼 구성에서는 HTTP를 통해 접근할 수 있도록 저장소를 명시적으로 구성하고 sademotestopa1이라고 부른다.

OPA를 사용하여 애저 저장소 계정의 이름이 규정을 준수하는지, 보안 옵션이 HTTPS를 통해서만 저장소에 접근할 수 있도록 허용하는지 확인한다.

이번 예제의 전체 소스 코드는 https://github.com/PacktPublishing/Terraform-Cookbook-Second-Edition/tree/main/CHAP11/opa에서 확인할 수 있다.

11.4.2 작동 방법

다음 단계를 수행한다.

1 테라폼 구성을 포함하고 있는 폴더에서 sa-policies.rego라는 새로운 파일을 만들고 다음과 같이 작성한다.

```
package terraform.policies.storage
import input as plan
azurerm_storage[resources] {
    resources := plan.resource_changes[_]
    resources.type == "azurerm_storage_account"
    resources.mode == "managed"
}
```

2 계속해서 다음 내용을 추가한다.

```
deny[msg] {
  az_storage := azurerm_storage[_]
  r := az_storage.change.after
  not r.enable_https_traffic_only
  msg := sprintf("Storage Account %v must use HTTPS traffic only", [az_
storage.name])
}
```

3 그리고 다음 내용을 추가한다.

```
deny[msg] {
  az_storage := azurerm_storage[_]
  r := az_storage.change.after
  r.name != "sademotestopa123"
  msg := sprintf("Storage Account %v must be named sademotestopa123", [az_
storage.name])
}
```

4 그런 다음, 이 폴더 내에서 다음 테라폼 명령을 실행한다.

```
terraform init
terraform plan -out="out.tfplan"
terraform show -json out.tfplan > tfplan.json
```

5 마지막으로 다음 opa eval 명령을 실행한다.

```
opa eval --format pretty --data sa-policies.rego --input tfplan.
json "data.terraform.policies.storage.deny"
```

다음 그림은 위 명령의 결과 화면이다.

그림 11.5 OPA를 통해 테라폼 구성 테스트 시 실패 화면

두 개의 정책이 규정을 준수하지 않음을 볼 수 있다.

6 이제 테라폼 구성을 다음과 같이 변경해서 정책에 맞게 수정한다.

```
resource "azurerm_storage_account" "storage" {
  name                      = "sademotestopa123"
  resource_group_name       = azurerm_resource_group.rg.name
  location                  = azurerm_resource_group.rg.location
  account_tier              = "Standard"
  account_replication_type  = "GRS"
  enable_https_traffic_only = true
}
```

7 네 번째 단계에서 실행한 테라폼 명령과 다섯 번째 단계에서 실행한 opa eval 명령을 다시 실행한다.

다음 그림은 테라폼 구성을 수정한 후 opa eval 명령을 실행했을 때의 결과 화면이다.

그림 11.6 OPA를 통해 테라폼 구성 테스트 시 성공 화면

모든 정책 테스트를 성공적으로 통과한 것을 볼 수 있다.

11.4.3 작동 원리

첫 번째 단계에서는 sa-policies.rego라는 새로운 파일을 만든 후 프로비저닝될 애저 저장소 계정의 이름이 규정을 준수하는지 확인하는 OPA 정책을 작성한다.

이 파일에서는 레고 패키지의 이름을 정의하는데, 여기서는 저장소에 대한 테라폼 정책이 포함되어 있음을 나타내기 위해서 패키지 이름으로 terraform.polices.storage를 선택한다.

그리고 terraform plan 명령의 결과를 JSON 형식으로 만들어서 input 파라미터로 추가한다.

마지막으로 auzrerm_storage 함수를 정의한다. 이 함수는 terraform plan의 결과 중 azurerm_storage_account 리소스를 필터링한 후 모든 속성을 가져온다.

두 번째 단계에서는 deny라는 이름의 첫 번째 정책을 작성한다. 이 정책은 애저 저장소가 HTTPS를 통해서만 접근 가능한지를 확인한다. 이 정책 코드는 첫 번째 단계에서 파라미터로 전달 받은 JSON에 있는 azurerm_storage 객체의 속성 중 enable_https_traffic_only 값을 확인한다. 이 값이 거짓이면 정책은 에러 메세지를 반환한다.

세 번째 단계에서도 deny라는 이름의 두 번째 정책을 작성한다. 이 정책은 애저 저장소 계정의 이름이 sademotestopa123인지 확인한다. 역시 첫 번째 단계에서 파라미터로 전달받은 JSON에 있는 azurerm_storage 객체의 속성 중 name 값을 확인한다. 이 값이 sademotestopa123과 같지 않으면 정책은 실패한다.

> JSON 문서의 스키마에 대해서는 https://www.scalr.com/blog/opa-series-part-3-how-to-analyze-the-json-plan 블로그를 읽어보기 바란다.

네 번째 단계에서는 terraform init 명령을 실행하고 terraform plan -out="out.tfplan" 명령을 실행해서 plan 명령의 결과를 파일로 내보낸다. 마지막으로 terraform show -json out.tfplan > tfplan.json 명령을 사용해서 plan 명령의 결과를 JSON 형태로 내보낸다.

다섯 번째 단계에서는 OPA 명령을 실행해서 테라폼 구성이 OPA 정책에 맞는지 확인한다. 이를 위해 다음 명령을 실행한다.

```
opa eval --format pretty --data sa-policies.rego --input tfplan.json "data.
terraform.policies.storage.deny"
```

매개변수는 다음과 같다.

- data 매개변수는 첫 번째에서 세 번째 단계에서 작성한 OPA 정책 파일을 지정한다.
- input 매개변수는 다섯 번째 단계에서 내보낸 JSON 형식의 plan 결과 파일을 지정한다.
- 마지막 매개변수는 OPA 쿼리로 terraform.policies.storage 패키지 안에 있는 deny 정책을 실행하라는 쿼리로 지정한다.

이 세 개의 매개변수가 각각 OPA 아티팩트인 레고 정책, 데이터 입력, OPA 쿼리를 나타낸다.

이 명령의 결과, 테스트에 오류가 있는 경우 테스트 출력에 따라 테라폼 구성을 수정하고 위의 명령을 다시 실행하여 모든 테스트가 통과되었는지 확인한다.

11.4.4 더 살펴볼 것들

이번 예제에서는 OPA 정책을 작성하고 이를 직접 실행해서 테라폼 구성을 확인했다.

기업에서 실제 사용할 때에는 OPA 정책을 사용하기 전에 테스트하는 것이 가장 좋다.

OPA 정책을 테스트하는 방법에는 두 가지가 있다.

- 웹 브라우저에서 직접 입력을 작성하고 정책을 테스트할 수 있는 웹 UI인 레고 플레이그라운드를 사용한다. 레고 플레이그라운드는 https://play.openpolicyagent.org/에서 사용할 수 있다. 이 플레이그라운드는 레고 구문 및 실행 정책을 빠르게 확인하는 데 유용하지만 자동 테스트에 통합할 수는 없다.
- 레고 정책에 대한 테스트를 작성할 수 있는 OPA 테스트 프레임워크를 사용한다. OPA 테스트 프레임워크에 대한 문서는 https://www.openpolicyagent.org/docs/latest/policy-testing에서 확인할 수 있다. 이 방법의 장점은 정책 테스트의 코드가 정책과 함께 저장되며, 이 정책 테스트가 CI/CD에서 자동으로 실행될 수 있다는 것이다.

또한 이번 예제에서 작성한 레고 정책에 대한 테스트도 https://github.com/PacktPublishing/
Terraform-Cookbook-Second-Edition/blob/main/CHAP11/opa/sa-policies_test.

rego에서 확인할 수 있다.

OPA를 사용하면 테라폼 구성에 대해 더 많은 종류의 테스트를 할 수 있다. 예를 들면, 테라폼 코드 자체에 대한 린팅(혹은 정적 테스트)을 할 수 있다. 또 리소스에 lifecycle 〉 ignore_changes(일부 비즈니스 컴플라이언스를 위해) 설정이 있는지 확인하고 ignore_changes 설정을 삭제할 수 없는지도 확인할 수 있다.

이를 위해 테라폼 구성을 JSON 형식으로 hcl2json 도구(https://www.hcl2json.com)를 통해 변환해야 한다. 그리고 OPA의 입력으로 JSON 결과를 사용하고 리소스 코드에 대한 레고 정책을 작성한다.

이 방법의 장점은 terraform plan 명령을 실행하기 전에 린트 테스트를 실행하고 테라폼 워크플로우 초기에 린트 피드백을 받을 수 있다는 것이다.

11.4.5 참고 항목

- OPA 문서는 https://www.openpolicyagent.org를 참고한다.

- 테라폼에 대한 OPA 문서는 https://www.openpolicyagent.org/docs/latest/terraform을 참고한다.

- 테라폼에 OPA 사용하기 − 레고 기본은 https://www.youtube.com/watch?v=DpUDYbFK4IE을 참고한다.

- Open Policy Agent와 테라폼 − 레고를 통해 테라폼 실행 테스트하기는 https://www.youtube.com/watch?v=YAFICF55aKE를 참고한다.

- 레고 플레이그라운드는 https://play.openpolicyagent.org/를 참고한다.

11.5 tfsec을 사용해서 테라폼 구성의 컴플라이언스 분석하기

이전 예제에서는 OPA를 사용해서 테라폼 구성에 대한 테스트를 진행하는 방법에 대해서 배웠다.

이번 예제에서는 널리 사용되는 도구 중 하나인 tfsec을 사용해서 테라폼 구성의 컴플라이언스를 분석하는 방법을 알아보자.

tfsec(문서는 https://aquasecurity.github.io/tfsec/v1.28.1/을 참고한다.)은 테라폼 코드에 대한 오픈소스 정적 분석 도구이다. tfsec은 보안 이슈, 정책 위반, 그리고 테라폼 코드상 발생할 수 있는 잠재적인 문제들을 감지하기 위해 설계되었으며, 이런 이슈들을 찾아낼 수 있는 규칙들을 제공해 주는 도구이다.

tfsec은 테라폼 코드의 추상 구문 트리(Abstract Syntax Tree)를 분석하는 방식으로 작동한다. 이를 통해 코드를 실행하거나 외부 서비스에 연결하지 않아도 코드의 구조를 기반으로 보안 문제와 정책 위반 문제를 식별할 수 있다.

tfsec의 몇가지 장점은 다음과 같다.

- **쉬운 설치**: tfsec은 pip, Homebrew 혹은 바이너리 다운로드 형태로 쉽게 설치될 수 있다.
- **사용자 정의 규칙**: tfsec은 내장된 규칙 세트를 제공하지만, 파이썬을 사용하여 자신만의 사용자 정의 규칙을 생성할 수도 있다.
- **CI/CD 파이프라인 통합**: tfsec은 젠킨스, GitLab CI/CD 혹은 Circle CI와 같은 CI/CD 파이프라인에 쉽게 통합될 수 있다.
- **여러 테라폼 버전 지원**: tfsec은 테라폼 버전 0.12, 013, 0.14를 포함한 여러 테라폼 버전을 지원한다.

- **상세한 출력**: tfsec은 코드에서 감지한 문제를 이해하는데 도움이 되는 상세한 출력을 제공한다. 상세한 출력에는 위반된 규칙에 대한 정보, 코드에서 위반된 위치, 문제 해결 방법에 대한 제안들이 포함된다.

tfsec은 테라폼 코드에서 보안 문제와 정책 위반을 식별하는 데 도움이 되는 강력한 도구이다. tfsec을 사용하여 코드를 스캔하면, 인프라가 안전하고 모범 사례 및 정책을 준수하고 있는지를 확인할 수 있다.

그럼 시작해 보자.

11.5.1 준비 사항

이번 예제를 진행하려면 먼저 tfsec을 설치해야 한다. 설치 방법은 https://aquasecurity. github.io/tfsec/v1.28.1/guides/installation/을 참고한다.

이번 예제에서는 테라폼 구성을 작성하는 방법에 대해서는 자세히 설명하지 않는다. 이 테라폼 구성의 소스 코드는 다음과 같다.

```
resource "azurerm_storage_account" "storage" {
  name                      = "sademotestopa123"
  resource_group_name       = azurerm_resource_group.rg.name
  location                  = azurerm_resource_group.rg.location
  account_tier              = "Standard"
  account_replication_type  = "GRS"
  enable_https_traffic_only = false
}
```

 데모를 위해 위의 테라폼 구성에서는 HTTP를 통해 접근할 수 있도록 저장소를 명시적으로 구성한다.

tfsec을 사용해서 이 애저 저장소 계정에 대한 보안 컴플라이언스를 확인해 보자.

이번 예제의 전체 소스 코드는 https://github.com/PacktPublishing/Terraform-Cookbook-Second-Edition/tree/main/CHAP11/tfsec에서 확인할 수 있다.

11.5.2 작동 방법

다음 단계를 수행한다.

1 분석할 테라폼 구성이 포함된 폴더에서 다음 명령을 실행한다.

```
tfsec . --concise-output
```

다음 그림은 tfsec 명령의 실행 결과 화면이다.

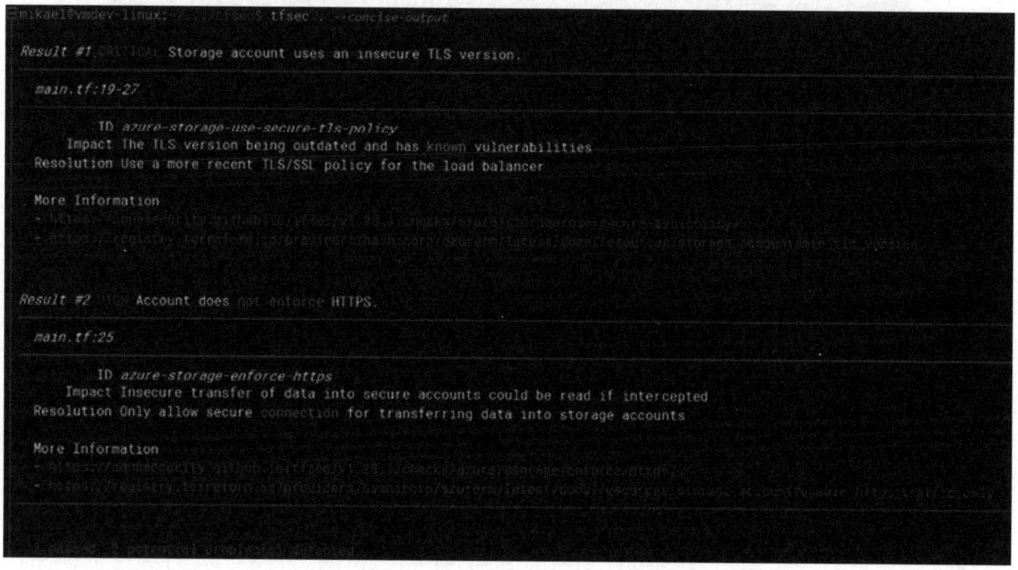

그림 11.7 tfsec으로 테라폼 테스트 시 실패 화면

두 가지 테스트에서 실패한 것을 볼 수 있다.

- TLS 버전 관련
- HTTPS 접근 관련

2 이제 다음 코드 업데이트를 통해 테라폼 구성을 수정한다.

```
resource "azurerm_storage_account" "storage" {
  name                     = "sademotestopa123"
```

```
    resource_group_name      = azurerm_resource_group.rg.name
    location                 = azurerm_resource_group.rg.location
    account_tier             = "Standard"
    account_replication_type = "GRS"
    enable_https_traffic_only = true
    min_tls_version = "TLS1_2"
  }
```

3 그런 다음 첫 번째 단계에서 실행했던 tfsec 명령을 다시 실행한다.

```
mikael@vmdev-linux:~/.../tfsec$ tfsec . --concise-output

No problems detected!
```

코드 11.8 tfsec으로 테라폼 테스트 시 성공 화면

테라폼 구성에서 발견되었던 모든 보안 문제가 수정된 것을 볼 수 있다.

11.5.3 작동 원리

이번 예제에서는 tfsec . --concise-output 명령을 실행한다. 여기서 점(.)은 분석할 테라폼 구성이 포함된 경로를 의미하고, --concise-output은 간결한 출력을 의미한다.

이 명령의 결과로, 테스트가 실패하면 결과에 따라 테라폼 구성을 수정하고 위의 명령을 다시 실행하여 모든 테스트가 통과하는지 확인한다.

11.5.4 더 살펴볼 것들

이번 예제에서는 tfsec을 CLI로 실행하는 기본적인 방법에 대해서 배웠다. 하지만 tfsec을 사용하는 가장 좋은 방법은 tfsec을 CI/CD 파이프라인에 통합하는 것이다. https://aquasecurity.github.io/tfsec/v1.28.1/guides/github-actions/github-action/에서 GitHub Actions와의 통합 예제를 볼 수 있으니 읽어보자.

또한 이번 예제에서는 tfsec을 내장 규칙을 통해서 실행했지만 추가적인 규칙들을 사용자

정의 규칙으로 작성할 수도 있다. 사용자 정의 규칙을 작성하는 방법에 대해서는 https://aquasecurity.github.io/tfsec/v1.28.1/guides/configuration/custom-checks/를 참고한다.

마지막으로 어떤 경우에는 보안 문제와 그로 인한 위험에 대해 인지하고 리소스에 대한 점검을 무시하고 싶을 수도 있다. 아마도 현재 상황에 비해 규칙들이 너무 엄격해서 그럴 수 있다. 그래서 이런 경우 테라폼 구성에 어노테이션을 추가해서 특정한 규칙들에 대해 검사하지 않도록 설정할 수 있다. 이에 대한 더 자세한 정보는 https://aquasecurity.github.io/tfsec/v1.28.1/guides/configuration/ignores/를 읽어보자.

11.5.5 참고 항목

- tfsec에 대한 문서는 https://aquasecurity.github.io/tfsec/v1.28.1/을 참고한다.
- tfsec의 깃허브 저장소 주소는 https://github.com/aquasecurity/tfsec을 참고한다.

11.6 terraform-compliance를 사용해서 테라폼 컴플라이언스 적용하기

terraform-compliance를 사용하면 행동 중심 개발(Behavior-Driven Development) 개념을 따르는 읽기 쉬운 형식의 테스트를 작성할 수 있다.

 terraform-compliance는 terraform plan 명령의 직후, 그리고 terraform apply 명령 실행 전에 테스트를 수행하기 때문에 테스트에서 실패하면 apply는 진행되지 않는다.

시작해 보자.

11.6.1 준비 사항

이번 예제를 진행하려면 terraform-compliance 바이너리를 설치해야 한다. 설치를 위해서는 https://terraform-compliance.com/pages/installation/ 문서를 참고한다.

terraform-compliance를 설치하려면 파이썬과 pip(설치는 https://pip.pypa.io/en/stable/installation/을 참고한다.)를 먼저 설치해야 한다.

이번 예제의 목표는 애저 저장소 계정을 프로비저닝하는 테라폼 구성에 대한 컴플라이언스 테스트를 작성하고 실행하는 것이다.

컴플라이언스 규칙은 저장소가 HTTPS로만 접근 가능한지의 여부와 DEMO = book이라는 태그를 가지고 있는지를 확인한다.

애저 저장소 계정을 프로비저닝하는 테라폼 구성은 다음과 같다.

```
resource "azurerm_storage_account" "storage" {
  name                      = "sademotestopa123"
  resource_group_name       = azurerm_resource_group.rg.name
  location                  = azurerm_resource_group.rg.location
  account_tier              = "Standard"
  account_replication_type  = "GRS"
  enable_https_traffic_only = false
}
```

 데모를 위해 위의 테라폼 구성에서는 HTTP를 통해 접근할 수 있는 태그없는 저장소를 명시적으로 구성한다.

이제 terraform-compliance를 실행해서 테라폼 구성을 확인하고, 컴플라이언스 규칙을 준수하도록 수정해 보자.

이번 예제의 전체 소스 코드는 https://github.com/PacktPublishing/Terraform-Cookbook-Second-Edition/tree/main/CHAP11/tf-compliance에서 확인할 수 있다.

11.6.2 작동 방법

다음 단계를 수행한다.

1 테라폼 구성이 포함된 폴더 내에서 acceptance라는 폴더를 생성한다.

2 acceptance 폴더 내에서 storage.feature라는 파일을 생성한다.

3 이 파일의 상단에 다음과 같이 작성한다.

```
Feature: Test compliant of Azure Storage Account
```

4 이 파일에 다음과 같은 첫 번째 테스트 코드를 추가한다.

```
  Scenario: Ensure our Azure Storage have Tag DEMO with value demo
```

```
Given I have azurerm_storage_account defined
Then it must contain tags
Then it must contain DEMO
And its value must be "book"
```

5 이 파일에 다음과 같은 두 번째 테스트 코드를 추가한다.

```
Scenario: Ensure our Storage is accessible on HTTPS
  Given I have azurerm_storage_account defined
  Then it must contain enable_https_traffic_only
  And its value must be true
```

6 테라폼 구성이 있는 폴더에서 terraform init 명령을 실행한다.

7 그런 다음 terraform plan –out="out.tfplan" 명령을 실행한다.

8 다음 terraform–compliance 명령을 실행한다.

```
terraform-compliance -f ./acceptance -p out.tfplan
```

다음 그림은 **8**의 명령을 실행한 결과 화면이다.

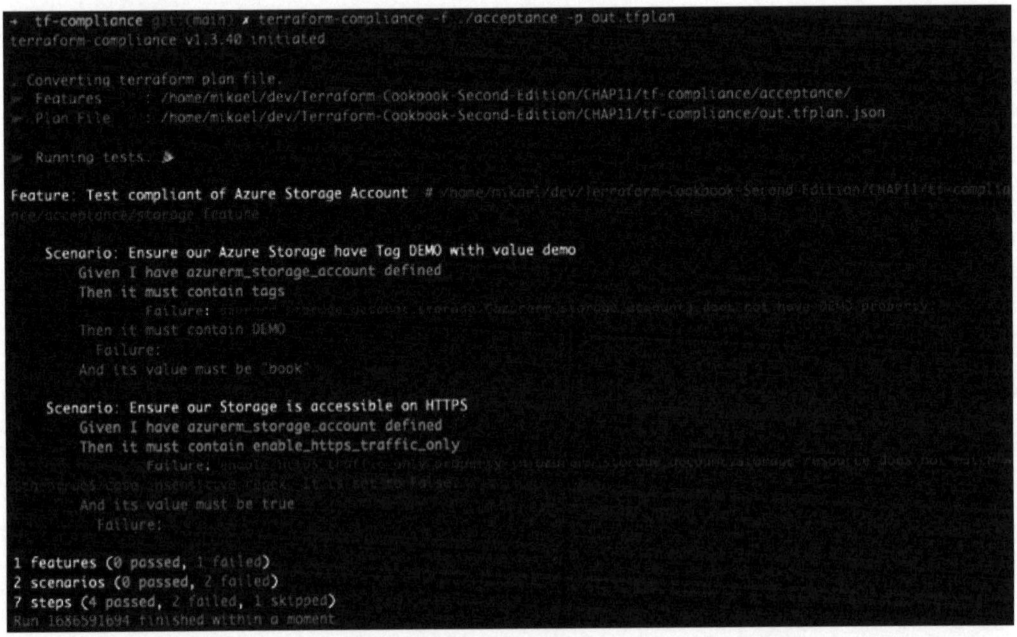

그림 11.9 terraform–compliance 명령으로 테라폼 테스트 시 실패 화면

테스트가 실패한 것을 볼 수 있다.

9 애저 저장소 계정에 대한 코드를 다음과 같이 업데이트해서 테라폼 코드를 수정한다.

```
resource "azurerm_storage_account" "storage" {
  name                       = "sademotestcomp123"
  resource_group_name        = azurerm_resource_group.rg.name
  location                   = azurerm_resource_group.rg.location
  account_tier               = "Standard"
  account_replication_type   = "GRS"
  enable_https_traffic_only = true
  tags = {
    DEMO = "book"
  }
}
```

10 terraform plan −out="out.tfplan" 명령을 다시 실행한다.

11 마지막으로 terraform−compliance −f ./acceptance −p out.tfplan 명령을 다시 실행한다.

다음 그림은 **11**의 명령을 실행한 결과 화면이다.

```
mikael@vmdev-linux:~/.../tf-compliance$ terraform-compliance -f ./acceptance -p out.tfplan
terraform-compliance v1.3.40 initiated

. Converting terraform plan file.
▶ Features     : /home/mikael/dev/Terraform-Cookbook-Second-Edition/CHAP11/tf-compliance/acceptance/
▶ Plan File    : /home/mikael/dev/Terraform-Cookbook-Second-Edition/CHAP11/tf-compliance/out.tfplan.json

▶ Running tests.

Feature: Test compliant of Azure Storage Account  #

    Scenario: Ensure our Azure Storage have Tag DEMO with value demo
        Given I have azurerm_storage_account defined
        Then it must contain tags
        Then it must contain DEMO
        And its value must be "book"

    Scenario: Ensure our Storage is accessible on HTTPS
        Given I have azurerm_storage_account defined
        Then it must contain enable_https_traffic_only
        And its value must be true

1 features (1 passed)
2 scenarios (2 passed)
7 steps (7 passed)
Run 1678736094 finished within a moment
```

그림 11.10 terraform−compliance 명령으로 테라폼 테스트 시 성공 화면

모든 테스트가 성공적으로 실행된 것을 볼 수 있다.

12 terraform apply 명령을 실행해서 변경 사항을 적용한다.

11.6.3 작동 원리

첫 번째 단계에서는 테라폼 구성이 포함된 폴더 내에 acceptance라는 새로운 폴더를 생성한다. 이 폴더 안에 storage.feature라는 새로운 파일을 생성한다. 이 파일에는 이번 예제에서 수행할 테스트가 포함된다.

두 번째 단계에서는 이 파일에 Feature: Test compliance of Azure Storage Account라는 제목을 추가한다. terraform-compliance는 Feature를 논리적 테스트 그룹으로 분류한다. 또한 이런 논리적 테스트 그룹을 테스트 수트라고도 부른다.

세 번째 단계에서는 애저 저장소 계정이 DEMO = book이라는 태그를 가지고 있는지 확인하는 첫 번째 테스트 코드를 추가한다. 테스트 시나리오를 작성하는 언어는 GIVEN(선택 사항인 WHEN)과 THEN 명령어가 포함된 BDD를 기반으로 한다.

GIVEN에는 초기 조건을 지정한다. 여기서는 테라폼 구성에 azurerm_storage_account 리소스가 포함되어야 한다는 조건을 지정한다. 그리고 THEN 명령에서는 예상되는 결과를 지정한다. 여기서는 저장소에 DEMO = book이라는 태그 속성이 포함되어 있기를 예상한다.

네 번째 단계에서는 애저 저장소 계정이 HTTPS 접속만 가능한지를 확인하는 두 번째 테스트 코드를 추가한다.

GIVEN에는 마찬가지로 초기 조건을 지정한다. 여기서는 테라폼 구성에 azurerm_storage_account 리소스가 포함되어야 한다는 조건을 지정한다. 그리고 THEN 명령에서는 예상되는 결과를 지정한다. 여기서는 저장소에 enable_https_traffic_only 속성이 true로 설정되어 있기를 예상한다.

BDD에 의한 terraform-compliance에 대한 더 자세한 정보는 https://terraform-compliance.com/pages/bdd-references/를 참고한다.

이제 테스트 코드를 모두 작성했으니 테라폼 워크플로우 동안에 terraform-compliance 명령을 실행한다.

다섯 번째 단계에서는 terraform init 명령을 실행해서 테라폼 워크플로우를 시작한다.

여섯 번째 단계에서는 terraform plan −out=out.tfplan 명령을 사용해서 plan 결과를 out.tfplan 파일로 내보낸다.

일곱 번째 단계에서는 terraform-compliance 명령을 다음 매개변수들과 함께 실행한다.

- **−f** : 두 번째에서 네 번째 단계까지 작성한 테스트 코드가 있는 폴더의 경로를 지정한다.
- **−p** : 여섯 번째 단계에서 내보내기 한 terraform plan 결과 파일을 지정한다.

두 개의 테스트가 실패하게 된다. 첫 번째는 tag가 없기 때문이고, 두 번째는 enable_https_only_property가 false로 설정되어 있기 때문이다.

그래서, 여덟 번째 단계 테라폼 구성을 수정하고 아홉 번째 단계에서 terraform init, plan을 다시 실행하고 terraform-compliance까지 다시 실행한다.

마지막으로 열한 번째 단계에서는 terraform apply 명령을 통해 변경 사항을 적용한다.

11.6.4 더 살펴볼 것들

애저 테라폼 구성에 대해 terraform-compliance를 사용해서 테스트하는 방법에 대한 더 자세한 정보는 https://learn.microsoft.com/en-us/azure/developer/terraform/best-practices-compliance-testing를 읽어보기 바란다.

또한 이번 예제에서는 terraform-compliance를 CLI로 실행하는 방법에 대해서 배웠다. 하지만 실제 업무에서는 젠킨스, 애저 데브옵스와 같은 CI/CD 파이프라인에 통합하는 것이 필요하다.

11.6.5 참고 항목

- terraform-compliance에 대한 문서는 https://terraform-compliance.com/를 참고한다.

- terraform-compliance에 대한 블로그 글은 https://dev.to/aws-builders/trusting-in-your-iac-terraform-compliance-4cch를 참고한다.

- terraform-compliance에 대한 파이썬 패키지 소스는 https://pypi.org/project/terraform-compliance/를 참고한다.

- terraform-compliance를 사용한 통합 테스트에 대한 애저 문서는 https://learn.microsoft.com/en-us/azure/developer/terraform/best-practices-compliance-testing를 참고한다.

11.7 테라테스트를 사용해서 테라폼 모듈 테스트하기

여러 테라폼 구성에서 사용되고 다른 팀과 공유할 테라폼 모듈을 개발할 때 종종 모듈 테스트하는 단계를 간과할 때가 있다.

테라폼 프레임워크와 테스트 도구 중에는 테라테스트(Terratest) 프레임워크가 있으며, 이에 대한 문서는 https://gruntwork.io/에서 확인할 수 있다. 이 도구는 대중적인 도구이면서, Go 언어로 테스트를 작성할 수 있게 해준다.

이번 예제에서는 테라테스트를 사용해서 테라폼 구성과 모듈에 대한 통합 테스트를 작성하고 실행하는 방법에 대해서 배워보자.

그럼 시작해 보자.

11.7.1 준비 사항

테라테스트 프레임워크는 Go 언어로 작성되어 있다. 그래서 Go 언어를 설치해야 한다. 설치에 대한 문서는 https://go.dev/를 참고한다.

> 테라테스트를 위한 Go 언어의 최소 버전은 https://terratest.gruntwork.io/docs/getting-started/quick-start/#requirements을 참고한다.

Go 언어 설치는 사용하는 운영체제마다 다르기 때문에 설치 문서는 https://go.dev/doc/install을 참고한다.

이번 예제의 목표는 모듈에 대한 통합 테스트를 작성하는 것이다. 이를 위해 이번 예제에서는 데모용으로 모듈도 함께 작성할 것이다.

이번 예제에서 다룰 모듈과 테스트 코드는 https://github.com/PacktPublishing/Terraform-Cookbook-Second-Edition/tree/main/CHAP11/testing-terratest에서 확인할 수 있다.

11.7.2 작동 방법

이번 예제는 두 개의 파트로 구성되어 있다. 첫 번째 파트에서는 모듈과 모듈에 대한 테스트를 작성하고 두 번째 파트에서는 테스트 실행에 대해 다룬다.

첫 번째 파트를 위해 다음 단계를 수행한다.

1 모듈에 대한 테라폼 구성이 포함될 module 폴더를 만든다. 이 폴더에 main.tf 파일을 만든 후 다음 코드를 작성한다.

```
variable "string1" {
  type = string
}

variable "string2" {
  type = string
}

## 테스트할 모듈 코드 입력
##

output "stringfct" {
  value = format("This is test of %s with %s", var.string1, upper(var.
string2))
}
```

2 module 폴더 내에 tests 폴더를 생성하고 그 안에 fixture라는 폴더를 생성한다.

3 그런 다음, fixture 폴더 내에 main.tf 파일을 생성하고 다음 코드를 작성한다.

```
module "demo" {
  source  = "../../"
  string1 = "module"
  string2 = "terratest"
}

output "outmodule" {
  value = module.demo.stringfct
}
```

4 tests 폴더 내에 module_test.go 파일을 생성하고 다음 코드를 작성한다.

```
package test

import (
    "testing"
    "github.com/gruntwork-io/terratest/modules/terraform"
    "github.com/stretchr/testify/assert"
)

func TestTerraformModule(t *testing.T) {
    terraformOptions := &terraform.Options{
        // 테라폼 구성이 있는 경로 설정
        TerraformDir: "./fixture",
    }
    // 테스트 종료 시 terraform destroy로 자원을 정리한다.
    defer terraform.Destroy(t, terraformOptions)
    // terraform init과 terraform apply를 실행한다. 만약 에러가 발생한다면 테스트는 실패한다.
    terraform.InitAndApply(t, terraformOptions)
    // terraform output을 실행해서 출력 변수들의 값을 가져오고 기대하는 값과 일치한지 확인한다.
    output := terraform.Output(t, terraformOptions, "outmodule")
    assert.Equal(t, "This is test of module with TERRATEST", output)

}
```

5 테스트를 실행하기 위해 다음 go test 명령을 실행한다.

```
go test -v
```

이 명령을 실행하게 되면 테라테스트는 순서대로 다음 동작들을 수행한다.

- fixture 폴더에 있는 테라폼 테스트 코드에서 terraform init 및 terraform apply 명령을 실행한다.

- outmodule의 출력 값을 가져온다.

- 이 값을 예상하는 값과 비교한다.

- terraform destroy 명령을 실행한다.

- 테스트 결과를 화면에 표시한다.

다음 그림은 모듈에 대한 테스트 실행 결과 화면이다.

그림 11.11 테라테스트를 통한 테라폼 테스트 실행

그림 11.11에서는 go test −v 명령으로 실행된 다양한 작업과 테스트 결과를 확인할 수 있다.

11.7.3 작동 원리

이번 예제의 첫 번째 파트에서는 테라테스트 프레임워크를 이용한 모듈 개발 및 테스트에 집중한다. 이를 위해 모듈의 출력에 중점을 둔 모듈 코드를 작성한다. 세 번째 단계에서는 fixture 폴더에 테라폼 구성을 작성한다. 이 테라폼 구성은 앞서 만든 모듈을 사용하도록 작성한다. 이를 통해 모듈을 테스트할 수 있다.

이 테라폼 구성에서 중요한 건 모듈 내에 출력이 있다는 점이다. 테라테스트에서는 출력을 사용해서 모듈이 예상 값을 반환하는지를 테스트한다.

네 번째 단계에서는 Go 언어로 모듈 테스트를 작성한다. 이 코드는 다음과 같이 구성된다. 첫 줄에서는 테스트를 실행하는데 필요한 라이브러리들(예를 들면 terratest와 assert 라이브러리)을 가져온다. 그런 다음 테스트 함수임을 나타내는 TestTerraformModule 함수를 작성한다. 이 함수는 *testing.T를 매개변수로 받는다.

다음은 이 테스트 함수의 세부 코드이다. 이 함수는 다섯 줄의 코드로 구성된다.

첫 줄에서는 테스트 중에 실행할 테라폼 구성이 포함된 폴더를 테스트 옵션으로 정의한다.

```
terraformOptions := &terraform.Options{
    // 테라폼 구성이 있는 경로 설정
    TerraformDir: "./fixture",
}
```

그럼 다음, terraform.Destroy 함수를 정의한다. 이 함수는 테스트가 종료될 때 terraform destroy 명령을 실행하는 역할을 한다. 코드는 다음과 같다.

```
defer terraform.Destroy(t, terraformOptions)
```

다음으로 terraform.InitAndApply 함수를 호출한다. 이 함수는 terraform init과 apply 명령을 실행하는 역할을 한다. 코드는 다음과 같다.

```
terraform.InitAndApply(t, terraformOptions)
```

InitAndApply 함수가 실행된 후 outmodule이라는 이름으로 출력값을 확인한다.

```
output := terraform.Output(t, terraformOptions, "outmodule")
```

마지막으로 assert를 사용하여 출력값이 예상하는 값과 동일한지 테스트한다.

```
assert.Equal(t, "This is test of module with TERRATEST", output)
```

다음으로 두 번째 파트에서는 테스트를 실행하는 작업을 수행한다. 첫 번째 단계는 test 폴더로 이동해서 Go 언어 패지키를 초기화한다.

go mod init 〈패키지 이름〉 명령을 실행한다. 여기서는 패키지 이름을 github.com/terraform-cookbook/module-test 로 지정하고 go mod tidy 명령을 실행한다.

앞의 두 개의 명령은 go.mod 파일과 go.sub 파일을 생성한다. 이 파일들은 Go 패지키 의존성 목록을 관리한다.

마지막으로 test 폴더에서 다음 명령을 실행해서 테스트를 실행한다.

```
go test -v
```

11.7.4 더 살펴볼 것들

테라테스트를 사용하면 리소스를 프로비저닝하고, 테스트를 실행하고, 마지막으로 리소스를 삭제하는 테라폼 구성에 대한 통합 테스트를 실행할 수 있다.

이번 예제의 전제 조건에서 살펴봤던 것처럼 Go 언어 개발 환경을 설정하려면 운영체제마다 다른 작업이 필요하다. 이런 작업을 효율적으로 하기 위해 이미 환경이 구성된 도커 컨테이너 에서 테라테스트를 실행할 수 있다. 이 컨테이너에 대한 도커 파일은 https://austincloud. guru/2021/06/24/running-terratest-in-a-docker-container/에서 확인할 수 있다.

 테라폼 모듈이 클라우드 프로바이더를 통해서 리소스를 제공한다면 테스트 실행 전에 자격 증명을 위한 매 개변수 설정이 필요하다.

마지막으로 이번 예제의 도입부에서 언급했던 것처럼, 테라테스트는 테라폼에만 제한되진 않는다. 테라테스트를 이 외에 패커(Packer), 도커, 쿠버네티스 코드들에 대해서도 테스트를 할 수 있다. 더 나아가 AWS, 애저, GCP와 같은 클라우드 프로바이더들에 대한 테스트도 실행할 수 있다.

다음 코드는 테라폼 출력을 기반으로 애저에서 가상 머신의 크기를 테스트하는 방법을 보여준다.

```
azureVmName := terraform.Output(t, terraformOptions, "vm_name")
resourceGroupName := terraform.Output(t, terraformOptions, "rg_name")
actualVMSize := azure.GetSizeOfVirtualMachine(t, vmName, resourceGroupName,
"")
expectedVMSize := compute.VirtualMachineSizeTypes("Standard_DS2_v2")
```

11.7.5 참고 항목

- 테라테스트의 공식 웹사이트는 https://terratest.gruntwork.io를 참고한다.

- 테라테스트의 문서는 https://terratest.gruntwork.io/docs를 참고한다.

- 테라테스트 코드 예제는 https://github.com/gruntwork-io/terratest/tree/master/examples를 참고한다.

- 테라테스트에 대한 추천 문서인 https://blog.octo.com/en/test-your-infrastructure-code-with-terratest를 읽어보길 바란다.

11.8 Kitchen-Terraform을 사용해서 테라폼 구성 테스트하기

이전 예제에서는 테라테스트를 사용해서 테라폼 모듈을 테스트하는 방법에 대해 배웠다.

이번 예제에서는 또 다른 도구인, KitchenCI와 Kitchen-Terraform 플러그인을 사용해서 테라폼 구성을 테스트하는 방법에 대해 배워보자.

11.8.1 준비 사항

Kitchen-Terraform은 루비로 작성된 KitchenCI(흔히 Kitchen이라 불린다.)의 플러그인이며, 코드형 인프라의 테스트 도구로 많이 사용된다. 이번 예제를 진행하려면 먼저 Kitchen의 워크플로우와 기초에 대해서 이해해야 한다. 이에 대한 문서는 https://kitchen.ci/index.html을 참고한다.

Kitchen은 루비로 작성되었기 때문에 루비를 먼저 설치해야 한다. 설치 문서는 https://www.ruby-lang.org/ko/documentation/installation을 참고한다.

루비와 더불어 번들러도 설치해야 한다. 번들러에 대한 정보는 https://bundler.io/를 참고한다. 번들러는 루비의 패키지 매니저로 gem install bundler 명령을 통해 설치할 수 있다.

다음 절차에 따라 gems와 bundles를 사용해서 Kitchen에서 권장하는 방법으로 Kitchen-terraform을 설치할 수 있다.

1 테스트할 테라폼 구성이 있는 폴더에서 Gemfile을 생성한다. Gemfile에는 설치해야 할 패키지 목록을 명시한다.(여기서는 Kitchen-terraform 패키지를 명시한다.) 코드는 다음과 같다.

```
source "https://rubygems.org/" do
    gem "kitchen-terraform"
end
```

2 터미널에서 다음 명령을 실행해서 Gemfile에 명시된 패키지들을 설치한다.(리눅스에서는 패키지를 설치하기 위해 sudo 모드를 통해 필요한 권한을 획득해야 한다.)

```
bundle install
```

위 명령을 실행하면 Kitchen-Terraform 실행을 위해 필요한 모든 패키지들을 설치한다.

Kitchen-terraform 설치에 이슈가 있다면 다음 문서를 읽어보기 바란다. https://github.com/newcontext-oss/kitchen-terraform#kitchen-terra-form-ruby-gem

마지막으로 테스트 작성과 관련해서 Rspec 기반의 테스트 프레임워크인 Inspec을 사용한다. Inspec을 사용하면 로컬 시스템이나 클라우드의 인프라까지 테스트할 수 있다. Inspec에 대한 자세한 내용은 https://www.inspec.io를 읽어보기 바란다.

이번 예제의 목표는 네트워크 및 가상 머신의 생성을 테스트하는 것이 아니라 인벤토리 파일만 테스트하는 것이다.

마지막으로 모든 통합 테스트와 마찬가지로 테스트를 실행하려면 격리된 시스템 또는 환경을 갖추는 것이 좋다.

이번 예제의 소스 코드는 https://github.com/PacktPublishing/Terraform-Cookbook-Second-Edition/tree/main/CHAP11/kitchen에서 확인할 수 있다.

11.8.2 작동 방법

다음 단계를 수행한다.

1 테라폼 구성이 포함된 폴더 안에 Inspec을 위한 test 폴더를 생성하고 다음과 같은 구조로 하위 폴더들을 생성한다.

```
test > integration > kt_suite
```

2 kt_suite 폴더에서 inspec.yml 이라는 이름의 파일을 생성한 후 다음과 같이 작성한다.

```
---
name: default
```

3 kt_suite 폴더에서 Inspec 테스트를 포함할 controls 라는 새로운 폴더를 생성한다. 그런 다음, controls 폴더 내에서 inventory.rb 라는 새로운 파일을 생성한 후 다음과 같이 작성한다.

```
control "check_inventory_file" do
  describe file('./inventory') do
    it { should exist }
    its('size') { should be > 0 }
  end
end
```

4 테라폼 구성이 있는 폴더에서 kitchen.yml 이라는 새로운 Kitchen 설정 파일을 생성하고 다음과 같이 작성한다.

```
---
driver:
  name: terraform

provisioner:
  name: terraform

verifier:
  name: terraform
```

```
      systems:
        - name: basic
          backend: local
          controls:
            - check_inventory_file

platforms:
  - name: terraform

suites:
  - name: kt_suite
```

5 테라폼 구성이 있는 폴더에서 다음 명령을 실행한다.

```
kitchen test
```

다음 세 개의 그림은 위 명령의 실행 결과 화면이다. 한 화면에서 모든 내용을 볼 수 없기 때문에 이해를 높이기 위해 세 개의 그림으로 분리했다.

다음 그림은 init과 apply 명령의 실행 결과 화면이다.

```
       Terraform has been successfully initialized!
$$$$$$ Finished initializing the Terraform working directory.
$$$$$$ Creating the kitchen-terraform-kt-suite-terraform Terraform workspace...
       Created and switched to workspace "kitchen-terraform-kt-suite-terraform"!

$$$$$$ Downloading the modules needed for the Terraform configuration...
$$$$$$ Finished downloading the modules needed for the Terraform configuration.
$$$$$$ Validating the Terraform configuration files...
       Success! The configuration is valid.

$$$$$$ Finished validating the Terraform configuration files.
$$$$$$ Building the infrastructure based on the Terraform configuration...
       local_file.inventory: Creating...
       local_file.inventory: Creation complete after 0s [id=c8902b89314e559cd2281e0f9b381677c7a10b16]

       Apply complete! Resources: 1 added, 0 changed, 0 destroyed.
```

그림 11.12 Kitchen-terraform 을 통해 테라폼 테스트 시 init와 apply 실행 화면

다음 그림은 Inspec의 실행 결과 화면이다.

```
-----> Verifying <kt-suite-terraform>...
$$$$$$ Reading the Terraform input variables from the Kitchen instance state...
$$$$$$ Finished reading the Terraform input variables from the Kitchen instance state.
$$$$$$ Reading the Terraform output variables from the Kitchen instance state...
$$$$$$ Finished reading the Terraform output varibales from the Kitchen instance state.
$$$$$$ Verifying the systems...
$$$$$$ Verifying the 'basic' system...

Profile: default
Version: (not specified)
Target:  local://

  [PASS]  check_inventory_file: File ./inventory
    [PASS]  File ./inventory is expected to exist
    [PASS]  File ./inventory size is expected to be > 0


Profile Summary: 1 successful control, 0 control failures, 0 controls skipped
Test Summary: 2 successful, 0 failures, 0 skipped
```

그림 11.13 테라폼 테스트에 대한 Inspec 테스트 결과 화면

마지막 그림 11.14는 destroy 명령의 실행 결과 화면이다.

```
      Terraform has been successfully initialized!
$$$$$$ Finished initializing the Terraform working directory.
$$$$$$ Selecting the kitchen-terraform-kt-suite-terraform Terraform workspace...
$$$$$$ Finished selecting the kitchen-terraform-kt-suite-terraform Terraform workspace.
$$$$$$ Destroying the Terraform-managed infrastructure...
      local_file.inventory: Refreshing state... [id=c8902b89314e559cd2281e0f9b381677c7a10b16]
      local_file.inventory: Destroying... [id=c8902b89314e559cd2281e0f9b381677c7a10b16]
      local_file.inventory: Destruction complete after 0s

      Destroy complete! Resources: 1 destroyed.
```

그림 11.14 Inspec을 통해 테라폼 테스트 시 destroy 실행 화면

앞에 세 개의 그림은 각각 테라폼이 실행된 화면, Inspec 테스트의 성공 후 테라폼이 인벤토리
파일을 만드는 화면, 그리고 테스트를 위해 할당된 리소스의 삭제 화면을 보여준다.

11.8.3 작동 원리

첫 번째부터 세 번째 단계까지는 다음과 같은 순서로 검사 테스트를 작성한다.

1 먼저, 프로파일과 Inspec 테스트를 포함할 폴더 구조를 생성한다. kt_suite 폴더에서는 inspec.yml 파
일을 생성해서 Inspec 프로파일을 구성한다. 여기서는 name 속성을 default 라는 값으로 지정한다.

Inspec 프로파일에 대한 더 자세한 정보는 https://docs.chef.io/inspec/profiles/를 참고한다.

2 그 다음, controls 〉 inventory.rb 파일에 check_inventory_file이라는 컨트롤을 생성해서 Rspec 형식으로 Inspec 테스트를 작성한다. 이 테스트에서는 파일에 대한 테스트를 실행할 수 있는 리소스 파일 Inspec(이에 대해서는 https://docs.chef.io/inspec/resources/file/을 참고한다.)을 사용한다. 여기서 이 리소스의 속성은 테라폼에 의해 생성된 인벤토리 파일의 이름인 inventory로 지정한다. 이 컨트롤에서는 두 가지 테스트를 작성한다.

- it { should exist } : 이 인벤토리 파일이 디스크 상에 존재 하는지 여부를 테스트 한다.
- its('size') { should be 〉 0 } : 이 파일의 크기가 반드시 0 초과인지 확인한다. 이는 파일이 비어있지 않고 내용이 있다는 것을 의미한다.

테스트를 작성한 후 네 번째 단계에서는 kitchen.yml 파일을 생성한다. 이 파일은 Ktichen 설정을 포함하고 있으며 세 개의 파트로 구성되어 있다. 그 중 첫 번째 파트는 드라이버를 지정한다.

```
driver:
  name: terraform
```

드라이버는 테스트를 위해 사용하는 플랫폼을 의미한다. Kitchen은 다양한 가상 및 클라우드 플랫폼을 지원한다. 여기서는 Kitchen-Terraform 플러그인에서 제공하는 terraform 드라이버를 사용한다.

Kitchen이 지원하는 드라이버에 대한 문서는 https://kitchen.ci/docs/drivers/에서 확인할 수 있다.

kitchen.yml 파일의 두 번째 파트는 프로비저너 설정이다.

```
provisioner:
  name: terraform
```

프로비저너는 가상 머신을 구성하기 위해 사용하는 도구를 의미한다. 프로비저너는 스크립트가 될 수도 있고, Chef, Ansible 혹은 상태 구성 도구가 될 수도 있다. 여기서는 가상 머신을 프로비저닝하지 않기 때문에 Kitchen-Terraform이 지원하는 테라폼 프로비저너를 사용한다.

Kitchen이 지원하는 프로비저너들에 대한 문서는 https://kitchen.ci/docs/provisioners/에서 확인할 수
있다.

세 번째 파트는 검증자이다.

```yaml
verifier:
  name: terraform
  systems:
    - name: basic
      backend: local
      controls:
        - check_inventory_file

platforms:
  - name: terraform

suites:
  - name: kt_suite
```

검증자는 프로비저너가 적용한 구성 요소들을 테스트하는 시스템이다. 테스트 프레임워크로는
Inspec, Chef, 쉘 혹은 Pester를 사용할 수 있다. 여기서는 두 번째 단계에서 작성한 컨트롤과
Inspec 테스트 수트에 검증기를 구성한다. 또한 control 속성은 옵션 사항으로 테스트 중 실행
할 Inspec 컨트롤을 필터링할 수 있다.

Kitchen이 지원하는 검증자에 대한 문서는 https://kitchen.ci/docs/verifiers/를 참고한다.

3 마지막으로 kitchen test 명령을 실행해서 테스트를 수행한다. 테스트는 YAML 구성을 기반으로 동작
하며 다음 작업들을 수행한다.

4 테라폼 워크플로우의 init과 apply 명령을 실행한다.

5 Inspec 테스트를 실행한다.

6 terraform destroy 명령을 실행해서 테스트를 위해 프로비저닝된 리소스들을 삭제한다.

11.8.4 더 살펴볼 것들

테스트 작성에 대해 더 자세히 알아보려면 Inspec 문서에 설명된 대로 파일의 내용을 테스트 할 수 있는 Inspec its('content') 표현식을 추가할 수 있다. 이에 대해서는 https://docs.chef.io/inspec/resources/file/를 참고한다.

이번 예제의 테스트를 실행하려면 kitchen test 명령을 실행해야 한다. 테라폼으로 생성된 리소스들을 삭제하고 싶지 않은 경우에는 kitchen verify 명령을 실행할 수 있다.

마지막으로 초반에 언급되었듯이 Kitchen-Terraform을 테라폼 구성을 테스트하기 위해 사용했지만 테라폼 모듈을 테스트하는 것에도 사용할 수 있다.

11.8.5 참고 항목

- KitchenCI에 대한 문서는 https://kitchen.ci/를 참고한다.

- Kitchen-Terraform 플러그인의 소스 코드는 https://github.com/newcontext-oss/kitchen-terraform를 참고한다.

- Kitchen-Terraform에 대한 튜토리얼은 https://newcontext-oss.github.io/kitchen-terraform/tutorials/를 참고한다.

- kitchen test 명령에 대한 더 많은 정보는 https://kitchen.ci/docs/getting-started/running-test/를 참고한다.

11.9 새로운 테라폼 모듈 통합 테스트 사용하기

앞에서 우리는 Go 언어로 작성된 테라테스트 프레임워크를 사용해서 테라폼 모듈의 단위 테스트를 수행하는 방법에 대해서 배웠다.

테라폼 v1.0부터 해시코프는 모듈에 대한 통합 테스트 기능을 도입했다.

 이 글을 작성하는 시점에서, 새로운 테스트 기능이 테라폼 1.6.0 알파 버전에서 변경 되었다. 자세한 내용은 https://github.com/hashicorp/terraform/releases/tag/v1.6.0-alpha20230816을 참고한다.

이번 예제에서는 새롭게 추가된 테라폼 모듈 통합 테스트를 사용하는 방법에 대해서 배워보자.

그럼, 시작해 보자.

11.9.1 준비 사항

이번 예제에서는 특별한 소프트웨어를 필요로 하진 않는다. 테라폼 구성과 테라폼 CLI만 사용한다.

이번 예제를 진행하기 위해 이미 애저 리소스 그룹과 하나의 애저 저장소 계정을 프로비저닝하는 테라폼 모듈을 작성했다.

다음 소스 코드는 이 테라폼 모듈의 메인 코드이다.

```
resource "azurerm_storage_account" "storage" {
  name                     = "sademotest1"
  resource_group_name      = azurerm_resource_group.rg.name
  location                 = azurerm_resource_group.rg.location
  account_tier             = "Standard"
  account_replication_type = "GRS"
  enable_https_traffic_only = false
}

output "https_enabled" {
  value = azurerm_storage_account.storage.enable_https_traffic_only
}

output "storage_name" {
  value = azurerm_storage_account.storage.name
}
```

모듈에 대한 전체 소스 코드는 https://github.com/PacktPublishing/Terraform-Cookbook-Second-Edition/tree/main/CHAP11/moduletest에서 확인할 수 있다.

이번 예제의 목표는 보안 및 명명 규칙을 적용해서 애저 저장소 계정이 다음 요구 사항들을 충족하도록 만드는 것이다.

- 저장소 계정은 HTTPS로만 접근할 수 있어야 한다.
- 계정의 이름이 123으로 끝나야 한다.

이번 예제를 위해서 위의 요구 사항을 준수하지 않는 모듈 코드를 작성한다.

이제, 이번 예제에서 모듈 요구 사항을 확인하는 테스트를 작성하고, 테스트 결과가 실패(빨간색)하면 모듈 코드를 컴플라이언스를 준수하도록 수정한 후, 마지막으로 테스트를 다시 실행해서 모두 통과(녹색)하는지 확인한다.

이런 테스트 수행 방법을 테스트 주도 개발(Test-Driven Design)이라고 한다. 이에 대해서는 https://subscription.packtpub.com/book/web-development/9781782174929/1/ch01lvl1sec09/understanding 문서를 참고한다.

11.9.2 작동 방법

다음 단계를 수행한다.

1 moduletest 폴더 내에 tests 폴더를 생성한다. 그리고 tests 폴더 내에 defaults 폴더를 생성한다. defaults 폴더 내에서 test_defaults.tf 라는 새로운 파일을 생성한다. 이 파일에 다음과 같은 테라폼 구성을 작성한다.

```
terraform {
  required_version = "~> 1.1"
  required_providers {
    test = {
      source = "terraform.io/builtin/test"
    }
  }
}

module "storage" {
  source = "../.."
}
```

2 이 파일에서 HTTPS 접속을 테스트하는 다음 테라폼 구성을 추가한다.

```
resource "test_assertions" "https" {
  component = "https"
  equal "scheme" {
    description = "https must be enabled"
    got         = module.storage.https_enabled
    want        = true
  }
}
```

3 계속해서 애저 저장소 계정의 이름을 테스트하는 다음 테라폼 구성을 추가한다.

```
resource "test_assertions" "storageName" {
  component = "name"
  check "storage_name" {
    description = "storage name must finish by 123"
    condition   = can(regex("^123", module.storage.storage_name))
  }
}
```

4 moduletest 폴더 내에서 다음 테라폼 명령을 실행한다.

```
terraform test
```

5 그런 다음, 모듈의 테라폼 구성을 다음 코드와 같이 수정한다.(하이라이트 된 부분을 보자. 코드가 수정 되었다.)

```
resource "azurerm_storage_account" "storage" {
  name                      = "sademotest123"
  resource_group_name       = azurerm_resource_group.rg.name
  location                  = azurerm_resource_group.rg.location
  account_tier              = "Standard"
  account_replication_type  = "GRS"
  enable_https_traffic_only = true
}
```

6 마지막으로 terraform test 명령을 다시 실행한다.

11.9.3 작동 원리

첫 번째 단계에서는 테라폼 테스트 폴더 구조를 moduletest > tests > defaults의 계층 구조로 만든다. 그리고 defaults 폴더 안에 test_default.tf라는 테라폼 파일을 만든다.

이 파일에는 다음과 같은 동작을 수행하는 코드를 추가한다.

- terraform.io/builtin/test 테라폼 프로바이더를 사용한다.

- module 블록과 source를 사용해서 모듈을 참조한다.

두 번째 단계에서는 이 파일 안에 test_assertions 리소스를 추가해서 HTTPS에 대한 요구 사항을 충족하는지 확인한다. 확인은 모듈의 출력에 있는 https_enabled가 true인지를 통해 확인한다.

세 번째 단계에서는 두 번째 단계와 마찬가지로 test_assertions 리소스를 추가해서 저장소 계정의 이름이 요구 사항을 충족하는지 확인한다. 확인은 모듈의 출력에 있는 storage_name 이 123으로 끝나는지 정규식을 통해 확인한다.

그런 다음 네 번째 단계에서는 moduletest 폴더에서 terraform test 명령을 실행한다.

이 명령은 다음 작업들을 수행한다.

1 terraform init, plan, 그리고 apply 명령을 실행해 모듈의 리소스를 프로비저닝한다.

2 테스트를 수행한다.

3 terraform destroy 명령을 실행해서 프로비저닝된 리소스들을 삭제한다.

4 테스트 결과를 표시한다.

다음 그림은 이 명령의 출력 결과 화면이다.

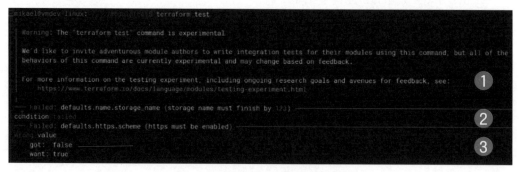

그림 11.15 terraform test 명령이 실패하는 화면

출력 결과를 보면 다음 요소들을 알 수 있다.

- 실험적 기능에 대한 경고(1번)

- 저장소 이름이 123으로 끝나지 않아서 테스트가 실패했다는 메세지(2번)

- 저장소 접근이 HTTP로 되도록 구성되어 있어서 HTTPS 테스트가 실패했다는 메세지(3번)

이제 다섯 번째 단계에서는 모듈의 테라폼 구성을 컴플라이언스에 맞게 수정한다.(HTTPS와 이름)

마지막으로 terraform test 명령을 다시 실행한다. 다음 그림은 이 명령의 출력 결과 화면이다.

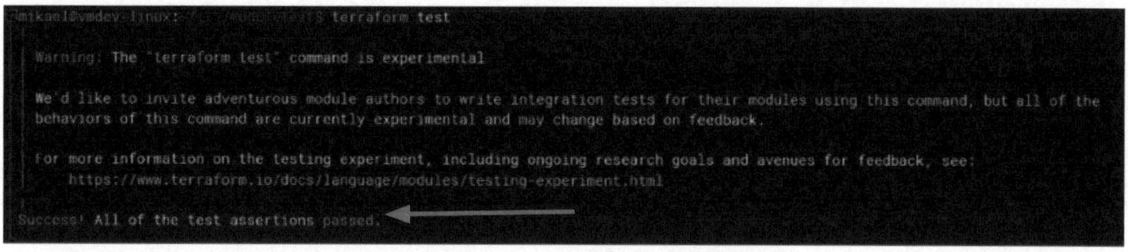

그림 11.16 terraform test 명령이 성공하는 화면

모든 테스트가 성공적으로 통과 했음을 볼 수 있다.

11.9.4 더 살펴볼 것들

앞서 말했듯이, 이 기능은 아직 실험 단계에 있으며 여전히 몇 가지 단점이 있다.

예를 들어, 이 명령을 실행하면 어떤 작업을 수행하는 중인지 로그에 표시되지 않아서 볼 수 없고, 마지막에 테스트 결과만 표시 된다. 또 init, plan, apply 명령 수행도 모듈 구성에서 실행되고 명령의 로그로 표시되지 않는다. 또한 만약 apply 명령이 실패해도 실패했다는 내용이 출력되지 않을뿐 아니라 테스트 결과가 성공했다고 언급된다.

그리고 terraform test 명령은 다음과 같은 몇 가지 파라미터를 가지고 있다.

- compact-warning은 경고 메세지를 압축해서 표시한다.
- junit-xml은 테스트 결과를 Junit XML 형식으로 내보내고, 이 XML 파일을 CI/CD 시스템에서 사용하도록 한다.

명령의 옵션들에 대한 더 자세한 정보는 terraform test -help 명령을 실행한다.

11.9.5 참고 항목

- 테라폼 테스팅에 대한 더 자세한 정보는 https://www.hashicorp.com/blog/testing-hashicorp-terraform을 참고한다.

- 실험적 테스트 기능에 대한 문서는 https://developer.hashicorp.com/terraform/language/modules/testing-experiment를 참고한다.

- terraform test 명령에 대한 문서는 https://developer.hashicorp.com/terraform/cli/commands/test를 참고한다

12

테라폼
심층 분석

이 책에서는 테라폼 설치와 관련된 예제부터 시작해서 테라폼 구성을 작성하는 방법, 테라폼 CLI 명령의 사용 방법에 대해서 배웠다. 그런 다음 모듈을 사용해서 테라폼 구성을 공유하는 방법에 대해서 배웠다. 마지막으로 테라폼을 사용해서 애저, GCP, AWS 그리고 쿠버네티스 인프라를 구축하는 방법에 대해서 배웠다.

이제, 이번 장에서는 테라폼 사용법을 더 발전시킬 수 있는 방법에 대해서 알아보자. 테라폼의 템플릿을 사용해서 앤서블 인벤토리 파일을 생성하는 방법에 대해서 배워보자. 그리고 리소스 삭제를 방지하는 방법, 테라폼으로 다운타임 없이 배포하는 방법, 테라폼이 변경 사항을 적용할 때 리소스 삭제를 감지하는 방법에 대해서 배워보자.

그런 다음, 테라그런트(Terragrunt)를 사용해서 워크스페이스 의존성을 관리하는 방법과 테라폼 CLI를 감싸는 래퍼로 사용하는 방법에 대해서 살펴보자..

마지막으로, 테라폼 구성을 커밋하기 전에 체크인 하기 위해 깃 훅을 사용하는 방법과 테라폼 리소스 의존성을 시각화하기 위한 로버에 대해 살펴보고, 타입스크립트와 같은 상위 언어로 테라폼 구성을 추상화하기 위한 테라폼 CDK에 대해 살펴보자.

이번 장에서 다룰 내용은 다음과 같다.

- 리소스 삭제 방지하기
- 수동 변경 무시하기
- 테라폼 템플릿 기능 사용하기
- 테라폼으로 다운타임 없이 배포하기
- 테라그런트를 사용해서 테라폼 구성 의존성 관리하기
- 테라폼을 감싸는 래퍼로서 테라그런트 사용하기
- 테라폼을 사용해서 자체 서명 인증서 생성하기
- 깃 훅을 사용해서 테라폼 구성을 커밋하기 전에 확인하기
- 로버를 통해 테라폼 리소스 의존성 시각화하기
- 테라폼 CDK 사용하기

12.1 기술적 요구 사항

이번 장에 있는 예제들을 진행하기 위해서는 다음 도구들이 필요하다.

- 테라그런트, 관련된 문서는 https://terragrunt.gruntwork.io에서 확인할 수 있다.
- JSON을 분석하기 위해 jq 도구를 사용한다. https://jqlang.github.io/jq에서 다운로드할 수 있다.
- NodeJS를 사용하기 위해 설치 한다. 설치 문서는 https://nodejs.org/en에서 확인할 수 있다.

이번 장의 전체 소스 코드는 https://github.com/PacktPublishing/Terraform-Cookbook-Second-Edition/tree/main/CHAP12에서 확인할 수 있다.

12.2 리소스 삭제 방지하기

코드형 인프라를 사용할 때는 주의해서 작업해야 하는 경우들이 있다. 실제로 테라폼 워크플로우가 CI/CD 파이프라인에 통합되어 사용될 때 plan의 결과를 제대로 살펴보지 않을 경우, 중요한 데이터가 포함된 리소스가 삭제될 수도 있다. 이런 작업은 테라폼 리소스의 속성을 변경하기 위해 리소스를 삭제하고 다시 만들어야 할 때 혹은 terraform destroy 명령이 실행될 때 일어날 수 있다.

다행히 테라폼에는 중요한 리소스의 삭제를 방지하는 기능이 포함되어 있다. 이번 예제에서는 테라폼 구성에서 관리되는 리소스의 삭제를 방지할 수 있는 방법에 대해서 살펴보자.

12.2.1 준비 사항

이번 예제를 진행하기 위해 애저 상에 다음 리소스들을 관리하는 테라폼 구성을 사용한다.

- 애저 리소스 그룹
- 애저 앱 서비스 플랜
- 애저 앱 서비스(웹앱) 인스턴스
- 애저 애플리케이션 인사이트 인스턴스

기업 프로젝트에서는 리소스에 중요한 데이터가 포함되어 있는 경우가 종종 있다. 이번 예제에서는 애플리케이션의 로그 및 메트릭이 포함된 애플리케이션 인사이트 인스턴스를 가지고 있다고 가정한다. 또한 애플리케이션 인사이트 인스턴스가 자동으로 삭제되어 데이터가 손실되는 것을 원하지 않는 상황이라고 가정한다.

기업에서 리소스의 이름을 변경하기로 결정해서, 테라폼 구성에 있는 리소스의 이름을 업데이트해야 한다고 가정해 보자. terraform plan 명령을 입력하면 다음 그림과 같은 결과를 얻게 된다.

```
  # azurerm_application_insights.appinsight-app must be replaced
-/+ resource "azurerm_application_insights" "appinsight-app" {
      ~ app_id                             = "4440e9e2-8558-4165-a772-b35942ee0a96" -> (known after apply)
        application_type                   = "web"
      ~ daily_data_cap_in_gb               = 100 -> (known after apply)
      ~ daily_data_cap_notifications_disabled = false -> (known after apply)
        disable_ip_masking                 = false
      ~ id                                 = "/subscriptions/1da42ac9-ee3e-                   /resourceGroups/RG-A
pp-DEV1/providers/microsoft.insights/components/MyApp-DEV1" -> (known after apply)
      ~ instrumentation_key                = (sensitive value)
        location                           = "westeurope"
      ~ name                               = "MyApp-DEV1" -> "MyApp2-DEV1" # forces replacement
        resource_group_name                = "RG-App-DEV1"
        retention_in_days                  = 90
        sampling_percentage                = 100
        tags                               = {
            "CreatedBy" = "NA"
            "ENV"       = "DEV1"
        }
    }

Plan: 2 to add, 0 to change, 2 to destroy.
```

그림 12.1 테라폼이 리소스를 재생성하는 화면

그림 12.1을 통해 볼 수 있듯이, 이름 변경은 애플리케이션 인사이트 인스턴스의 삭제 및 재생성 작업이 필요하다.

이번 예제의 목적은 애플리케이션 인사이트 인스턴스 리소스가 삭제되지 않도록 테라폼 구성을 변경하는 것이다.

이번 예제의 소스 코드는 https://github.com/PacktPublishing/Terraform-Cookbook-Second-Edition/tree/main/CHAP12/preventdestroy에서 확인할 수 있다.

12.2.2 작동방법

다음 단계를 수행한다.

1 테라폼 구성의 애플리케이션 인사이트 리소스 코드 내에 다음 lifecycle 블록을 추가한다.

```
resource "azurerm_application_insights" "appinsight-app" {
  ...
  lifecycle {
    prevent_destroy = true
  }
}
```

2 variables.tf 파일에서 app_name 변수의 기본값을 MyApp2-DEV1과 같이 다른 이름으로 변경한다.

3 테라폼 CLI로 워크플로우를 실행한다. 다음 그림은 실행 결과 화면이다.

그림 12.2 prevent_destroy 옵션이 추가된 리소스에 대한 변경 화면

12.2.3 작동 원리

이번 예제에서는 테라폼의 리소스 관리와 관련있는 lifecycle 블록을 테라폼 구성 내에 추가한다. 여기서는 prevent_destroy 속성을 사용해서 특정 리소스가 삭제되지 않도록 해준다.

12.2.4 더 살펴볼 것들

앞서 이야기 했던 것처럼 prevent_destroy 속성은 리소스의 삭제를 방지하는 역할을 한다.

 prevent_destroy 속성은 테라폼에 의한 삭제만을 방지하는 것이지, 애저 포탈 혹은 애저 CLI를 통한 리소스 삭제까지 방지하진 못한다.

하지만 만약 테라폼 구성 내에 이 속성을 가진 리소스가 있고, terraform apply 명령을 실행할 때 그 리소스를 꼭 삭제해야 하는 변경 사항이 발생한다면, prevent_destroy 속성에 의해 테라폼 구성 내에 있는 다른 모든 리소스들의 변경 사항도 적용되지 않는다는 것을 유의해야 한다. 즉, 테라폼 구성의 변경 사항에 prevent_destroy 속성을 가진 리소스의 삭제가 포함된다면, 다른 리소스들에 대한 변경 사항도 적용하지 못하게 된다. 이것이 테라폼 구성을 분할해서 만들어야 하는 이유이다. 삭제되어서는 안되는 민감한 리소스의 테라폼 구성을 별도의 폴더에, 그렇지 않은 리소스의 테라폼 구성은 다른 폴더에 나눠서 구성하는 것이 권장되는 이유이다. 이렇게 하면 리소스 삭제 방지 설정에 의해 영향받지 않고 리소스에 변경 사항을 적용할 수 있다.

 여기서는 테라폼 구성과 상태를 분리하는 것에 대해 설명했지만, 변경 사항을 적용하는 파이프라인, 리소스를 삭제하는 파이프라인, 이렇게 CI/CD 파이프라인도 분리하는 것이 필요하다.

또한, 대부분 사람의 실수를 방지하기 위해서지만, lifecycle의 속성들에 대해서는 변수를 추가하는 것도 불가능하다. 만약 이 속성을 동적으로 만들고자 한다면 다음 코드와 같이 Boolean 변수 사용을 고려해 볼 수 있을 것이다.

```
lifecycle {
  prevent_destroy = var.prevent_destroy_ai
}
```

하지만 terraform apply 명령을 실행하면 다음 그림과 같은 에러가 발생한다.

```
mikael@vmdev-linux:~/.../preventdestroy$ terraform apply

Error: Variables not allowed

  on main.tf line 73, in resource "azurerm_application_insights" "appinsight-app":
  73:        prevent_destroy = var.prevent_destroy_ai

Variables may not be used here.


Error: Unsuitable value type

  on main.tf line 73, in resource "azurerm_application_insights" "appinsight-app":
  73:        prevent_destroy = var.prevent_destroy_ai

Unsuitable value: value must be known
```

그림 12.3 prevent_destroy 속성이 변수를 허용하지 않는 화면

이 에러들은 lifecycle 블록 내에 변수를 허용하지 않는다는 의미이며, 그렇기 때문에 코드 내에 true 혹은 false 값을 명시적으로 지정해 주어야 한다.

12.2.5 참고 항목

- prevent_destroy 속성에 대한 문서는 https://developer.hashicorp.com/terraform/language/resources#prevent_destroy를 참고한다.

- 변동 사항 감지에 대한 흥미로운 해시코프 블로그 글은 https://www.hashicorp.com/blog/detecting-and-managing-drift-with-terraform을 참고한다.

- 테라폼을 사용한 기능 전환, 블루-그린 배포, 카나리아 테스트 등에 대한 문서는 https://www.hashicorp.com/blog/terraform-feature-toggles-blue-green-deployments-canary-test를 참고한다.

12.3 수동 변경 무시하기

이전 예제에서는 prevent_destroy 속성을 사용해서 테라폼에서의 리소스 삭제를 방지하는 방법에 대해서 배웠다.

일부 상황에서는, 측정을 해봐야 하겠지만, 리소스의 속성을 테라폼 구성이 아닌 수동으로 수정해야 할 필요도 있다. 이미 알고 있겠지만, 이렇게 테라폼 구성이 아닌 방법으로 리소스를 변경하게 되면 다음번에 테라폼 구성을 적용할 때 수동으로 수정한 변경 사항들이 테라폼 구성에 의해 덮어씌여지게 된다. 테라폼이 실행될 때, 인프라의 현재 상태를 읽어서 테라폼 구성 내에 정의된 상태와 비교하게 되는데, 이때 테라폼이 현재 상태와 정의된 상태 사이의 변경 사항을 감지하게 되면 정의된 상태에 맞게 수정하려고 하기 때문이다.

이것이 코드형 인프라의 목적이고, 코드가 인프라 상태에 대한 신뢰할 수 있는 정보의 원천이 되야 하는 부분이기도 하다.

이번 예제에서는 다음 terraform apply 명령 실행 시에 리소스의 수동 변경 사항을 덮어쓰지 않고 업데이트할 수 있도록 테라폼 구성을 작성하는 방법에 대해서 배워보자.

그럼, 시작해 보자.

12.3.1 준비 사항

이번 예제를 진행하기 위해 테라폼 구성을 사용해서 애저 리소스 그룹, 애저 서비스 플랜, 그리고 애저 앱 서비스로 구성된 기본 애저 리소스를 프로비저닝한다.(이 테라폼 구성의 소스 코드는 이번 장의 소스 코드에 포함되어 있다.)

애저 리소스들을 프로비저닝하기 위해서 이 책의 깃허브 저장소에 있는 CHAP12/ignorechanges 폴더로 이동한다. 네 개의 리소스를 생성하기 위해 init, plan 그리고 apply 명령을 실행한다.

이번 예제에서는 개발자가 리소스를 프로비저닝한 후 애저 포탈을 통해 프로비저닝된 앱 서비스의 애플리케이션 설정을 직접 추가 하거나 업데이트한다고 가정한다.

다음 그림은 사용자가 편집한 애저 포탈의 애플리케이션 설정을 보여준다.

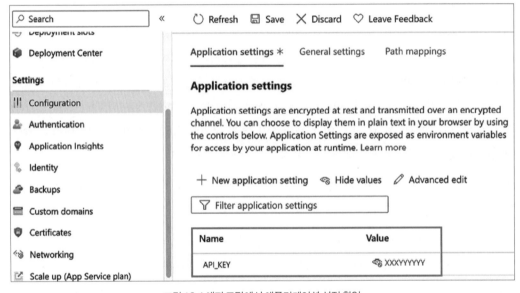

그림 12.4 애저 포탈에서 애플리케이션 설정 확인

사용자가 애저 포탈을 통해 API_KEY라는 애플리케이션 설정을 추가한다. 그 후에 terraform plan을 실행하면 다음과 같이 변경 사항을 감지한 화면을 보게 된다.

```
# azurerm_linux_web_app.app will be updated in-place
~ resource "azurerm_linux_web_app" "app" {
    ~ app_settings                          = {
        "API_KEY" = "XXXYYYYY" -> null
    }
    id                                       = "/subscriptions/
4e5/resourceGroups/RG-App-DEV1-a5gt/providers/Microsoft.Web/sites/MyAppDemoignorechange-DEV1-
a5gt"
    name                                     = "MyAppDemoignorechange-DEV1-a5gt"
    tags                                     = {}
    # (17 unchanged attributes hidden)

    # (1 unchanged block hidden)
}

Plan: 0 to add, 1 to change, 0 to destroy.
```

그림 12.5 테라폼이 변경 사항을 감지한 화면

테라폼 구성이 사용자의 변경 사항을 덮어쓰려는 것을 볼 수 있다.

이번 예제의 목표는 terraform apply 명령의 실행에 영향을 주지 않고 애플리케이션 설정을 수동으로 변경할 수 있도록 테라폼 구성을 수정하는 것이다.

이번 예제의 소스 코드는 https://github.com/PacktPublishing/Terraform-Cookbook -Second-Edition/tree/main/CHAP12/ignorechanges에서 확인할 수 있다.

12.3.2 작동방법

다음 단계를 수행한다.

1 애저 웹 앱에 대한 구성 내에 lifecycle 블록과 블록 내에 ignore_changes 속성을 다음과 같이 추가한다.

```
resource "azurerm_linux_web_app" "app" {
...

  app_settings = {}

  lifecycle {
    ignore_changes = [
      app_settings
    ]
  }
}
```

2 terraform init과 terraform plan 명령을 실행해서 앱 서비스 인스턴스가 변경되지 않는 것을 확인한다.

다음 그림은 terraform plan 명령의 실행 결과 화면이다.

```
mikael@vmdev-linux:~/.../ignorechanges$ terraform plan
random_string.random: Refreshing state... [id=a5gt]
azurerm_resource_group.rg-app: Refreshing state... [id=/subscriptions/
-2c292b6304e5/resourceGroups/RG-App-DEV1-a5gt]
azurerm_service_plan.plan-app: Refreshing state... [id=/subscriptions/
-2c292b6304e5/resourceGroups/RG-App-DEV1-a5gt/providers/Microsoft.Web/serverfarms/Plan-App-DE
V1-a5gt]
azurerm_linux_web_app.app: Refreshing state... [id=/subscriptions/
92b6304e5/resourceGroups/RG-App-DEV1-a5gt/providers/Microsoft.Web/sites/MyAppDemoignorechange
-DEV1-a5gt]

No changes. Your infrastructure matches the configuration. ⬅
```

그림 12.6 ignore_changes 적용 후 변경 사항이 없는 모습

테라폼이 적용할 변경 사항이 없는 것을 볼 수 있다.

12.3.3 작동 원리

이번 예제에서는 애플리케이션 실정에 대한 변경 사항을 무시하도록 lifecycle 블록 내에 ignore_changes 속성을 추가한다.

ignore_changes 속성은 테라폼이 더 이상 리소스의 특정 속성에 대해 현재 상태와 정의된 상태간 비교하지 않도록 하게 한다.

12.3.4 더 살펴볼 것들

테라폼 구성을 적용하면, 인프라의 현재 상태와 테라폼 구성에 정의된 상태 사이를 비교한다. 이는 테라폼 구성 파일을 해석하고, 동시에 클라우드 프로바이더(애저, AWS 혹은 GCP와 같은)의 API를 통해 리소스의 현재 상태를 가져오는 식으로 작동한다. 그런 다음 현재 상태와 정의된 상태를 동일하게 하기 위해 어떤 것들을 변경해야 하는지를 결정한다.

하지만 ignore_change 블록 내에 속성을 지정하면, 테라폼은 해당 속성에 대한 모든 변경 사항을 무시한다. 이는 인프라의 현재 상태와 정의된 상태 사이에 다른 부분이 있다고 하더라도 테라폼이 이를 맞추기 위한 작업을 시도하지 않는다는 것을 의미한다. 대신 현재 값을 유지한다.

ignore_changes는 조심스럽게 사용되어야 하는데, 인프라의 현재 상태와 테라폼 구성 파일 내에 정의된 상태가 크게 다를 경우 인프라가 의도한대로 구성되지 않을 수도 있기 때문이다. 그래서 ignore_changes는 상태가 달라져도 괜찮거나, ignore_changes가 일으키는 결과에 대해 완전하게 이해하고 있을 때 사용해야 한다.

12.3.5 참고 항목

- ignore_changes에 대한 문서는 https://developer.hashicorp.com/terraform/ language/meta-arguments/lifecycle#ignore_changes를 참고한다.

12.4 테라폼 템플릿 기능 사용하기

테라폼은 코드로 복잡한 인프라를 구축할 수 있는 매우 훌륭한 코드형 인프라 도구이다. 이런 테라폼의 기능 중 하나는 템플릿 기반으로 텍스트나 파일을 생성하는 기능이다. 이 기능의 이해를 도울 수 있는 사용 사례를 하나 살펴보자. 물론 살펴볼 사용 사례 외에도 테라폼의 템플릿 기능은 많은 사용 사례가 있다.

살펴보고자 하는 사용 사례는 테라폼 구성을 통해 이전에 프로비저닝된 가상 머신들의 목록을 포함하는 앤서블 인벤토리 파일 생성 사례이다. 이렇게 하면 테라폼을 통해 가상 머신을 미리 준비해 놓고, 그 정보를 바탕으로 앤서블 인벤토리 파일을 생성할 수 있다.

8장 테라폼으로 애저 인프라 프로비저닝하기에서 배웠던 것처럼, 어떤 클라우드 제공업체를 사용하든 테라폼 구성을 통해서 가상 머신을 구축하는데 있어 공통적인 목표는 미들웨어 설치 및 관리 설정 등 별도의 설정 없이 가상 머신을 구축하는 것이다.

앤서블(https://www.ansible.com/)은 대중적인 오픈소스이다.(쉐프와 퍼펫과 같은) 설치 문서는 https://docs.ansible.com/ansible/latest/installation_guide/intro_installation.html을 참고한다.

앤서블의 장점 중 하나는 에이전트가 필요 없다는 것이고, 이는 설정하고자 하는 가상 머신에 에이전트를 미리 설치해 둘 필요가 없다는 의미이다. 그래서, 동작해야 할 가상 머신을 파악하기 위해 앤서블은 가상 머신의 목록이 포함된 인벤토리라는 파일을 사용한다.

이번 예제에서는, 테라폼의 템플릿 기능을 사용해서 이 인벤토리 파일을 생성하는 방법에 대해서 배워보자.

12.4.1 준비 사항

이번 예제의 목적은 앤서블의 설치와 사용 방법에 대해 배우는 것이 아니라 인벤토리 파일의 자동 생성 방법에 대해 배우는 것이다.

 앤서블에 대해 더 배우고 싶다면, 『러닝 데브옵스』에 있는 3장, 앤서블을 사용해서 인프라 설정하기를 읽어 보기 바란다. https://www.packtpub.com/eu/cloud-networking/learning-devops에서도 볼 수 있다.

이번 예제는 애저에서 가상 머신을 생성하는 테라폼 구성부터 시작해 보자. 이 가상 머신의 사설 IP들은 생성되기 전까지는 알 수 없다. 가상 머신을 프로비저닝하기 위한 테라폼 구성은 8장 테라폼으로 애저 인프라 프로비저닝하기에 있는 테라폼으로 애저 가상 머신 프로비저닝하고 구성하기 예제에서 다뤘던 테라폼 구성을 사용한다. 또한 테라폼 구성을 간단하게 하기 위해 공개 저장소에 게시된 테라폼 모듈을 사용한다.

1 생성하고자 하는 가상 머신의 호스트명을 지정할 vmhosts 변수를 초기화한다.

```
variable "vmhosts" {
  type    = list(string)
  default = ["vmwebdemo1", "vmwebdemo2"]
}
```

2 그런 다음 VM을 생성하기 위해 공개 저장소에 있는 network 모듈과 compute 모듈을 사용한다.

```
module "network" {
  source = "Azure/network/azurerm"
  resource_group_name = "rg-demoinventory"
  subnet_prefixes = ["10.0.2.0/24"]
  subnet_names = ["subnet1"]
  use_foreach = true
}

module "linuxservers" {
  source = "Azure/compute/azurerm"
  resource_group_name = "vmwebdemo-${random_string.random.result}"
  vm_os_simple = "UbuntuServer"
```

```
    nb_instances = 2
    nb_public_ip = 2
    vm_hostname = "azurerm_resource_group.rg.name"
    vnet_subnet_id = azurerm_subnet.snet1.id
}
```

③ 위 테라폼 구성을 통해 가상 네트워크, 서브넷, 그리고 사설 IP를 갖는 두 개의 리눅스 가상 머신을 생성한다.

이번 예제의 목표는 이 테라폼 구성으로부터 가상 머신의 목록을 포함한 인벤토리 파일을 생성하는 것이다. 인벤토리 파일은 다음과 같은 형식으로 만들어 진다.

```
[vm-web]
<host1> ansible_host=<ip 1>
<host2> ansible_host=<ip 2>
```

이번 예제의 전체 소스 코드는 https://github.com/PacktPublishing/Terraform-Cookbook-Second-Edition/tree/main/CHAP12/ansible-inventory에서 확인할 수 있다.

12.4.2 작동 방법

다음 단계를 수행한다.

① 테라폼 구성이 포함된 폴더 내에서 template-inventory.tpl 파일을 생성하고 다음과 같이 작성한다.

```
[vm-web]
%{ for host, ip in vm_dnshost ~}
${host} ansible_host=${ip}
%{ endfor ~}
```

2 그런 다음 가상 머신을 생성하는 테라폼 구성의 main.tf 파일에서 다음과 같은 인벤토리 파일을 생성하는 코드를 추가한다.

```
resource "local_file" "inventory" {
  filename = "inventory"
  content = templatefile("template-inventory.tpl",
    {
      vm_dnshost = zipmap(var.vmhosts, module.linuxservers.network_interface_
private_ip)
  })
}
```

3 마지막으로 테라폼 워크플로우를 실행해서 가상 머신과 인벤토리 파일을 생성한다.

12.4.3 작동 원리

먼저 template-inventory.tpl 파일을 생성한다. 이 파일은 테라폼의 템플릿 형식을 사용한다. 이 파일에는 %{ for host, ip in vm_dnshost ~} 문법의 for 반복문이 있는데, 이 반복문을 통해 vm_dnshost 변수의 요소에 접근할 수 있다. 반복문에 있는 각각의 가상 머신에 대해다음 문법을 사용한다.

```
${host} ansible_host=${ip}
```

그리고 반복문을 %{ endfor ~} 문법으로 종료한다.

 이 템플릿 형식에 대한 더 자세한 정보는 https://developer.hashicorp.com/terraform/language/
expressions#string-templates를 참고한다.

그런 다음 두 번째 단계에서는 테라폼 구성에 local_file 리소스(4장 외부 데이터를 활용해서 테라폼 사용하기에 있는 테라폼으로 로컬 파일 조작하기 예제에서 배웠던 내용이다.)에 다음 속성들을 채워넣는다.

- **filename**: 생성하려고 하는 파일의 이름을 지정한다. 여기서는 inventory라고 지정한다.

> 이번 예제에서는 이 테라폼 구성을 포함하고 있는 폴더 내에 파일을 생성한다. 파일의 생성 및 저장은 다른 폴더를 사용해도 상관 없다.

- **content**: 파일에 채워 넣을 내용을 지정한다. 여기서는 template 함수를 사용하며, 다음을 매개 변수로 전달한다.
- 템플릿 파일의 이름을 전달한다. 여기서는 첫 번째 단계에서 생성한 template-inventory.tpl로 전달한다.
- 템플릿 파일에서 사용할 vm_dnshost 변수를 전달한다. 테라폼의 내장 함수인 zipmap 함수를 사용한다. zipmap 함수는 키 목록과 값 목록의 두 가지 목록으로 맵 형식의 변수를 만들 수 있다.

> zipmap 함수에 대한 문서는 https://www.terraform.io/docs/configuration/functions/zipmap.html을 참고한다.

마지막 단계에서는 테라폼 워크플로우 명령을 실행한다. 실행이 종료되면 인벤토리 파일이 다음과 같은 내용으로 생성된 것을 확인할 수 있다.

```
[vm-web]
vmwebdemo1 ansible_host=10.0.2.5
vmwebdemo2 ansible_host=10.0.2.4
```

이제 테라폼 구성에 의해 추가된 모든 새 가상 머신이 앤서블 인벤토리에도 추가된다.

12.4.4 더 살펴볼 것들

이번 예제의 주요 목적은 테라폼에서 템플릿을 사용하는 방법을 배우고, 이를 앤서블 인벤토리에 적용하는 것이다. 이러한 템플릿의 다른 사용 사례는 가상 머신을 설정하기 위해 cloud-init 파일 생성에 사용하는 것이다. 이에 대한 문서는 https://grantorchard.com/dynamic-cloudinit-content-with-terraform-file-templates/를 참고한다.

12.4.5 참고 항목

- 테라폼 템플릿 파일 함수에 대한 문서는 https://developer.hashicorp.com/terraform/language/functions/templatefile을 참고한다.

- 로컬 프로바이더의 local_file 리소스에 대한 문서는 https://registry.terraform.io/providers/hashicorp/local/latest/docs/resources/file을 참고한다.

- Packt사에서 발간한 앤서블에 대한 책 목록은 https://subscription.packtpub.com/search?query=ansible을 참고한다.

- 다음 목록은 테라폼을 사용해서 앤서블 인벤토리를 생성하는 동일한 주제를 다른 솔루션을 통해서 어떻게 할 수 있는지를 다룬 문서들이다.

- https://hooks.technology/posts/ansible-terraform/

- http://web.archive.org/web/20210921222018

- https://www.linkbynet.com/produce-an-ansible-inventory-with-terraform

- https://gist.github.com/hectorcanto/71f732dc02541e265888e924047d47ed

- https://stackoverflow.com/questions/45489534/best-way-currently-to-create-an-ansible-inventory-from-terraform

12.5 테라폼으로 다운타임없이 배포하기

이전 예제에서 설명한 것처럼, 테라폼 구성에 정의된 리소스의 특정 속성을 변경하면 해당 리소스가 삭제되고 다시 생성될 수 있다. 리소스는 서로간 의존성 순서대로 삭제되고 재생성된다.(의존하는 경우) 리소스를 재생성할 때 기본 동작은 기존 리소스를 삭제한 다음 새 리소스를 생성하는 것이며, 운영 환경에서는 이런 동작 때문에 다운타임, 즉 서비스 중단이 발생할 수 있다. 이 다운타임은 삭제했다가 다시 만들어야 하는 리소스의 유형에 따라 더 길어지거나 짧아질 수 있다.

 예를 들어 애저에서는 가상 머신을 웹 앱 혹은 네트워크 보안 그룹 규칙보다 삭제 후 재생성에 더 많은 시간이 소요된다.

테라폼에는 리소스를 삭제할 때 발생할 수 있는 이런 서비스 중단을 방지하고 다운타임을 없애기 위한 방법이 있다.

이번 예제에서는 테라폼 구성에 정의된 리소스에 대해 다운타임을 없애는 방법에 대해서 배워보자.

12.5.1 준비 사항

이번 예제를 진행하기 위해 애저에서 다음 리소스들을 프로비저닝하는 테라폼 구성을 사용한다. 테라폼 구성은 https://github.com/PacktPublishing/Terraform-Cookbook-Second-Edition/tree/main/CHAP12/zerodowntime에서 확인할 수 있다.

- 애저 리소스 그룹

- 애저 서비스 플랜

- 애저 앱 서비스 (웹 앱) 인스턴스

- 애플리케이션 인사이트 인스턴스

또한 이 테라폼 구성을 미리 애저 클라우드에 적용한다.

이번 예제에서는 리소스 이름을 변경하기로 결정하고 새 이름으로 테라폼 구성을 수정해야 한다고 가정한다. 테라폼을 실행하면 terraform plan 명령의 결과로 다음 그림과 같은 화면을 얻을 수 있다.

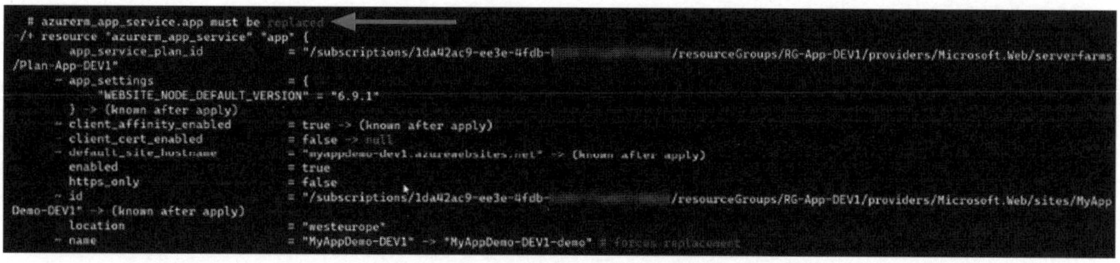

그림 12.7 테라폼이 리소스를 삭제하려는 화면

그림 12.7에서 볼 수 있듯이, 이름을 변경하려면 웹 애플리케이션을 호스팅하고 있는 애저 웹 앱을 삭제해야 한다. 이렇게 삭제하면 웹 앱이 다시 생성되는 동안 애플리케이션에 접근할 수 없게 된다. 이번 예제의 목적은 웹 앱이 삭제되더라도 웹 애플리케이션을 계속 사용할 수 있도록 테라폼 구성을 수정하는 것이다.

이번 예제의 소스 코드는 https://github.com/PacktPublishing/Terraform-Cookbook-Second-Edition/tree/main/CHAP12/zerodowntime에서 확인할 수 있다.

12.5.2 작동 방법

다음 단계를 수행한다.

1 테라폼 구성에 있는 azurerm_linux_web_app 리소스 내에 lifecycle 블록을 다음 코드와 같이 추가한다.

```
resource "azurerm_linux_web_app" "app" {
  name                    = "${var.app_name}-${var.environment}"
  ...
  lifecycle {
    create_before_destroy = true
  }
}
```

2 azurerm_linux_web_app 리소스의 이름을 다른 이름으로 변경한다.

3 테라폼 워크플로우를 실행한다. 그리고 terraform apply가 종료되면 다음 그림과 같이 결과가 표시된다.

그림 12.8 테라폼이 리소스를 삭제하기 전에 생성하는 화면

12.5.3 작동 원리

두 번째 단계에서는 lifecycle 블록을 azurerm_linux_web_app에 추가한다. 이 블록에 create_before_destroy 속성을 true로 추가한다. 이 속성은 테라폼에 리소스를 먼저 재생성한 다음 원래 리소스를 삭제하도록 지시하여, 생성이 완료된 후에만 리소스를 삭제하도록 동작하게 한다.

12.5.4 더 살펴볼 것들

지금까지 살펴본 것처럼, 이 속성을 사용하면 더 이상 서비스가 중단되지 않는다. 새 리소스가 생성되지 않는 한 이전 리소스는 삭제되지 않으며 애플리케이션은 계속 온라인 상태로 유지된다.

하지만 create_before_destroy 속성을 사용하기 전에 다음과 같이 몇 가지 고려해야 할 사항이 있다.

create_before_destroy 속성은 테라폼 구성 변경으로 인해 리소스를 삭제한 다음 다시 생성해야 하는 경우에만 작동한다. 이 속성은 terraform apply 명령을 실행할 때만 작동하며, terraform destroy 명령을 실행할 때는 작동하지 않는다.

재생성될 리소스의 이름과 나중에 삭제될 리소스의 이름이 다르게 설정되도록 주의해야 한다. 그렇지 않고 이름이 동일한 경우 리소스가 생성되지 않을 수 있다.

또한 이런 제로 다운타임 기술은 영향을 받을 리소스가 생성 후 정상적으로 작동하는 경우에만 실질적으로 효과가 있다. 예를 들어 가상 머신을 생각해 보자. 테라폼은 가상 머신을 빠르게 생성할 수 있지만, 생성된 후에도 미들웨어 설치와 애플리케이션 배포를 거쳐야만 정상적으로 작동한다. 이런 구성은 다운타임을 발생시킬 수 있으며, 이 경우에 효율성을 높이려면 패커 (https://www.packer.io/)와 같이 가상 머신의 이미지를 생성할 수 있는 도구를 사용하는 것이 좋다.

 패커와 테라폼을 통해 애저에서 제로 다운타임을 구현하려면 https://learn.microsoft.com/en-us/azure/developer/terraform/create-vm-scaleset-network-disks-using-packer-hcl을 읽어 보자.

마지막으로 이번 예제에서는 테라폼으로 제로 다운타임 배포를 구현하는 방법에 대해 살펴 봤지만, 사용하는 클라우드 환경에 따라 기본으로 제공되는 다른 방법이 있을 수 있다. 예를 들면, 로드 밸런서를 사용할 수도 있고, 애저의 앱 서비스 인스턴스의 경우 https://learn.microsoft.com/en-us/azure/app-service/deploy-staging-slots?tabs=portal에 설명된 대로 슬롯을 사용할 수도 있다.

12.5.5 참고 항목

- create_before_destroy에 대한 해시코프 블로그 글은 https://www.hashicorp.com/blog/zero-downtime-updates-with-terraform을 참고한다.
- 제로 다운타임에 대한 좋은 글인 https://dzone.com/articles/zero-downtime-deployment를 읽어보기 바란다.

12.6 테라그런트를 사용해서 테라폼 구성의 의존성 관리하기

이 책의 여러 예제에서 테라폼 구성이 포함된 파일의 구조에 대해서 살펴봤다. 특히 3장 테라폼으로 인프라 확장하기에 있는 여러 환경에서 인프라를 프로비저닝하기 예제에서 이를 보다 구체적으로 살펴봤다.

테라폼 구성의 구조와 관련된 모범 사례 중 하나는 테라폼 구성을 인프라와 애플리케이션 요소로 나누는 것이다. 테라폼 구성을 여러 구성으로 분할할 때의 문제점은 이런 구성 요소간의 의존성과 실행 순서를 유지관리해야 한다는 점이다.

테라폼을 중심으로 하는 모든 써드파티 도구들 중에서 Gruntwork에서 개발한 테라그런트라는 도구가 있다.(https://terragrunt.gruntwork.io/) 테라그런트는 오픈소스이며, 테라폼 구성의 실행 및 구조화를 위한 다양한 추가 기능을 제공한다.

이번 예제에서는 테라그런트를 사용해서 다양한 테라폼 워크스페이스 의존성을 관리하는 방법에 대해서 배워보자.

12.6.1 준비 사항

이번 예제를 진행하기 위해 테라그런트 바이너리를 워크스테이션에 미리 설치해 두어야 한다. 설치 방법은 https://terragrunt.gruntwork.io/docs/getting-started/install/#install-terragrunt을 참고한다.

테라그런트를 설치하기 전에 사용하고 있는 테라폼과의 버전 호환성을 체크해야 한다. 이에 대해서는 https://terragrunt.gruntwork.io/docs/getting-started/supported-versions를 참고한다.

이번 예제에서는 다음 요소들로 구성된 인프라를 구축한다.

- 애저 리소스 그룹
- 가상 네트워크와 서브넷으로 구성된 애저 네트워크
- 애저 가상 머신

이 테라폼 구성이 포함된 폴더 구조는 다음과 같다.

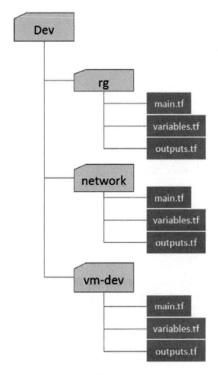

그림 12.9 테라폼 구성의 폴더 구조

이 구조의 문제점은 테라폼 구성간 의존성과 특정한 순서대로 실행이 되어야 한다는 점이다. 실제로 네트워크를 적용하려면 리소스 그룹을 먼저 적용해야 하고, 가상 머신의 경우도 마찬가지이다. 네트워크가 먼저 생성되어야 한다. 또한 여러 개의 변경 사항이 있는 경우 각각의 구성에 대해 올바른 순서대로 테라폼 워크플로우를 여러 번 실행해야 한다.

이번 예제의 목적은 테라그런트의 모든 기능에 대해 자세하게 설명하는 것이 아니다. 테라그런트의 기능 중 하나인 테라폼 구성이 여러 폴더로 분리되어 있을 때, 테라폼의 실행을 단순화하는 방법에 대해 배우는 것이다.

이번 예제의 소스 코드는 https://github.com/PacktPublishing/Terraform-Cookbook-Second-Edition/tree/main/CHAP12/demogrunt/에서 확인할 수 있다.

12.6.2 작동 방법

다음 단계를 수행한다.

1 network와 rg 구성간 의존성을 추가하기 위해 network 폴더 내에 terragrunt.hcl이라는 파일을 생성한 후 다음과 같이 작성한다.

```
dependencies {
  paths = ["../rg"]
}
```

2 vm-web 폴더 안에 terragrunt.hcl이라는 파일을 생성한 후 다음과 같이 작성한다.

```
dependencies {
  paths = ["../network"]
}
```

3 터미널에서 dev 폴더로 이동한 후 다음 테라그런트 명령을 실행해서 리소스 그룹과 가상 네트워크, 그리고 가상 머신을 생성한다.

```
terragrunt run-all init
terragrunt run-all apply --terragrunt-non-interactive
```

12.6.3 작동 원리

terragrunt.hcl 파일은 테라그런트에 대한 구성이 포함되어 있다.

첫 번째와 두 번째 단계에서 작성한 구성에는 네트워크 구성과 리소스 그룹 구성간의 의존성을 지정한다.(리소스 그룹은 네트워크 구성이 실행되기 전에 생성되어 있어야 하기 때문에) 그리고 가상 머신과 네트워크간 의존성도 지정한다.

세 번째 단계에서는 테라그런트 명령(terragrunt run-all init 그리고 terragrunt run-all apply)을 실행한다. 이 명령을 실행하면 앞서 작성한 구성에 의해 테라그런트가 terragrunt. hcl 파일에 정의되어 있는 의존성의 순서대로 작동하게 된다.

따라서 테라폼 구성이 적용되는 순서는 리소스 그룹부터 시작한 다음 자동으로 네트워크로 이동하고, 마지막으로 가상 머신을 처리하게 된다. 이렇게 하면 여러 테라폼 구성에 테라폼 워크 플로우를 올바른 순서대로 여러 번 적용할 필요가 없다.

12.6.4 더 살펴볼 것들

이번 예제에서 본 것처럼, terragrunt run-all plan 명령을 실행하지 않았는데, 그 이유는 테라폼 구성의 의존성 설정에서 생성되어야 하는 리소스를 참조하는 data 타입의 리소스를 사용했기 때문이다.(이는 현재 구성 전에 적용되어야 한다.) 그래서 terraform plan 명령은 테라폼 의존성 설정이 완료될 때까지 동작하지 않는다.

이번 예제에서는 테라그런트를 사용해서 테라폼 구성간 의존성을 개선하는 방법에 대해서 배웠다. 이 개선 사항에서 더 나아가 구성을 외부화할 수도 있다. 이에 대해서는 https:// terragrunt.gruntwork.io/docs/features/execute-terraform-commands-on- multiple-modules-at-once를 참고한다.

하지만 테라그런트는 로컬 컴퓨터에 설치된 테라폼 바이너리를 실행하기 때문에 설치된 테라폼 바이너리와 호환되는 버전의 테라그런트를 설치해야 한다.

다음 예제에서는 테라폼 CLI를 감싸는 래퍼로서 테라그런트를 사용하는 방법에 대해서 배워보자.

12.6.5 참고항목

- 테라그런트에 대한 상세한 문서는 다음을 참고한다. https://terragrunt.gruntwork.io/docs/

- 테라그런트의 소스 코드는 https://github.com/gruntwork-io/terragrunt를 참고한다.

- 테라폼 구성의 구조에 대한 좋은 글은 https://www.hashicorp.com/blog/structuring-hashicorp-terraform-configuration-for-production를 참고한다.

12.7 테라폼을 감싸는 래퍼로서 테라그런트 사용하기

테라폼과 함께 일하며 고객을 지원한 많은 시간 동안, 사용자들이 테라폼의 기능을 최대한 활용하는데 방해가 되는 반복적인 문제가 있었다. 이런 문제들은 테라폼 구성을 작성하고 HCL 언어와 관련된 문제는 아니었고, 워크플로우 내에 테라폼을 자동화하는 것에서 어려움을 겪는 문제들이었다.

로컬 스테이션에서 사용하든 CI/CD 파이프라인에서 사용하든, 테라폼 워크플로우의 자동화를 단순하게 구현하기 위해 테라그런트를 사용할 수 있다.

이번 예제에서는 테라그런트를 테라폼을 감싸는 래퍼로써 사용하는 방법에 대해서 배워보자.

12.7.1 준비 사항

이번 예제를 진행하기 위해 테라그런트 바이너리가 워크스테이션에 설치되어 있어야 한다. 설치 방법은 https://terragrunt.gruntwork.io/docs/getting-started/install/#install-terragrunt를 참고한다.

> 테라그런트를 설치하기 전에 사용하고 있는 테라폼과의 버전 호환성을 체크해야 한다. 이에 대해서는
> https://terragrunt.gruntwork.io/docs/getting-started/supported-versions를 참고한다.

이번 예제에서 사용된 테라폼 구성은 https://github.com/PacktPublishing/Terraform-Cookbook-Second-Edition/tree/main/CHAP12/demogrunt-wrapper에서 확인할 수 있다. 이 테라폼 구성은 애저 리소스를 생성한다. 또한 env-vars.tfvars 변수 파일을 사용하고 backend.tfvars 파일에 있는 azurerm 원격 백엔드 구성을 사용한다. 이 테라폼 구성으로 인프라를 프로비저닝하려면 다음 테라폼 명령을 실행한다.

```
terraform init -backend-config="backend.tfvars"
terraform plan -var-file env-vars.tfvars
terraform apply -var-file env-vars.tfvars
```

> 이 테라폼 구성은 애저에서 리소스를 생성하지만, 이번 예제에서 다룰 내용은 모든 테라폼 구성에 적용된다.

이번 예제의 목적은 테라그런트를 사용해서 테라폼 워크플로우를 자동화하는 방법에 대해 살펴보는 것이다.

12.7.2 작동 방법

다음 단계를 수행한다.

1 테라폼 구성이 포함된 폴더에서 terragrunt.hcl이라는 파일을 생성한다.

2 이 파일에 다음 코드를 추가해서 init 명령을 구성한다.

```
extra_arguments "custom_backend" {
  commands = [
    "init"
  ]

  arguments = [
    "-backend-config", "backend.tfvars"
  ]
}
```

3 다음 코드를 추가해서 plan과 apply 명령을 구성한다.

```
extra_arguments "custom_vars-file" {
  commands = [
    "apply",
    "plan",
    "destroy",
    "refresh"
  ]

  arguments = [
    "-var-file", "env-vars.tfvars"
  ]
}
```

4 터미널에서 테라폼 구성이 포함된 폴더로 이동한 후 다음 테라그런트 명령을 실행해서 테라폼 워크플로우를 초기화한다.

```
terragrunt init
```

5 마지막으로 다음 테라폼 명령을 실행해서 변경 사항을 적용한다.

```
terragrunt plan
terragrunt apply
```

12.7.3 작동 원리

첫 번째 단계에서는 테라폼 래퍼로 동작하도록 테라그런트 설정을 포함할 terragrunt.hcl 파일을 생성한다. 두 번째 단계에서는, 이 파일에 init 명령에 대한 테라폼 실행 구성을 추가한다. commands 속성에는 init 명령을 사용하는 것을 명시하고, arguments 속성에는 --backend-config 옵션과 backend.tfvars 값을 넣어준다. 그다음 세 번째 단계에서는 같은 구성을 plan과 apply 명령을 위해 추가한다. 이 구성에서는 commands 속성에 plan, apply, destroy를 명시하고, arguments 속성에는 -var-file 옵션과 env-vars.tfvars 값을 넣어준다.

이 구성 파일이 작성되고 나면, 테라그런트를 실행해서 테라폼 워크플로우를 실행할 수 있다. 네 번째 단계에서는 terragrunt init 명령을 실행한다. 이 명령은 앞서 작성한 테라그런트 설정에 따라 내부적으로는 다음 명령을 실행한다.

```
terraform init -backend-config="backend.tfvars"
```

마지막으로 변경 사항을 미리보기 위해 terragrunt plan 명령을 실행한다. 이 명령도 init과 마찬가지로 내부적으로는 다음 명령을 실행한다.

```
terraform plan -var-file env-vars.tfvars
```

만약 변경 사항들이 예상과 같다면 다음 테라그런트 명령을 실행해서 변경 사항들을 적용할 수 있다.

```
terragrunt apply
```

마지막으로 테라그런트에 의해 생성된 모든 리소스를 삭제하려면 terragrunt destroy 명령을 실행한다. 이 명령을 내부적으로는 terraform destroy -var-file env-vars.tfvars 명령을 실행한다.

12.7.4 참고 항목

- 자세한 CLI 구성 문서는 https://terragrunt.gruntwork.io/docs/features/keep-your-cli-flags-dry/를 참고한다.

12.8 테라폼을 사용해서 자체 서명 인증서 생성하기

이번 예제에서는 테라폼을 사용해서 SSL 인증서를 생성하는 방법에 대해서 배워보자.

그럼 시작해 보자.

12.8.1 준비 사항

이번 예제를 진행하기 위해 별도의 소프트웨어를 설치할 필요가 없다.

이번 예제의 목표는 테라폼 구성을 통해서 자체 서명된 SSL 인증서를 생성하는 방법을 배우는 것이다.

이번 예제의 소스 코드는 https://github.com/PacktPublishing/Terraform-Cookbook-Second-Edition/tree/main/CHAP12/cert에서 확인할 수 있다.

12.8.2 작동 방법

다음 단계를 수행한다.

1 새로운 main.tf 파일을 생성한 후 다음 테라폼 구성을 작성한다.

```
terraform {
  required_version = "~> 1.1"
  required_providers {
    tls = {
      source  = "hashicorp/tls"
      version = "4.0.4"
    }
  }
}

resource "tls_private_key" "private_key" {
  algorithm = "RSA"
}

resource "tls_self_signed_cert" "self_signed_cert" {
  private_key_pem = tls_private_key.private_key.private_key_pem

  validity_period_hours = 120

  subject {
    common_name = "test.com"
  }

  allowed_uses = [
    "digital_signature",
    "cert_signing",
    "crl_signing",
  ]
}
```

2 그런 다음 테라폼 워크플로우를 실행한다.

12.8.3 작동 원리

첫 번째 단계에서는, 자체 서명된 SSL 인증서를 생성하기 위한 테라폼 구성을 작성한다. 이 구성에서는 다음 요소들을 작성한다.

- 프로바이더 구성에서는 hashicorp/tls 프로바이더를 사용한다.
- tls_private_key 리소스를 사용해서 RSA 알고리즘을 기반의, 인증서를 위한 사설 키를 생성한다. 가능한 다른 알고리즘 목록은 https://registry.terraform.io/providers/hashicorp/tls/latest/docs/resources/private_key#algorithm을 참고한다.
- 마지막으로 tls_self_signed_cert 리소스를 사용한다. 앞에서 사용한 tls_private_key 리소스에서 생성한 사설 키를 통해서 인증서의 유효 기간을 120 시간으로 표시하고 인증서의 이름을 test.com으로 지정한다. 이 리소스에 대한 문서는 https://registry.terraform.io/providers/hashicorp/tls/latest/docs/resources/self_signed_cert를 참고한다.

terraform apply 명령을 실행하고 나면 모든 인증서 상세 정보가 테라폼 상태에 저장된다.

12.8.4 더 살펴볼 것들

이번 예제에서는 자체 서명 인증서를 생성하기 위한 기본 테라폼 구성에 대해서 배웠다. 다음 두 가지 사용 사례를 통해 더 자세히 살펴보자.

1 이번 예제에서는 인증서를 테라폼 상태 안에 생성했다. 만약 인증서를 위한 key와 pem 파일을 디스크에 생성하고 싶다면 main.tf 파일에 다음 테라폼 코드를 추가한다.

```
resource "local_file" "ca_key" {
  content  = tls_private_key.private_key.private_key_pem
  filename = "${path.module}/ca.key"
}

resource "local_file" "ca_cert" {
  content  = tls_self_signed_cert.self_signed_cert.cert_pem
```

```
    filename = "${path.module}/ca.pem"
}
```

앞의 테라폼 구성으로 terraform apply를 실행하면 ca.key 파일과 ca.pem 파일이 테라폼 구성이 있는 폴더 내에 생성된다.

2 이번 예제에서는 PEM 형식으로 인증서를 생성했다. 이것 외에도 PEM 형식 기반의 윈도우 인증서 형식인 PXF 형식으로도 생성할 수 있다. PXF 인증서를 생성하려면 main.tf에 다음 테라폼 구성을 추가한다.

먼저 terraform 블록을 pkcs_12 프로바이더로 교체한다.

```
terraform {
  required_version = "~> 1.1"
  required_providers {
    pkcs12 = {
      source  = "chilicat/pkcs12"
      version = "0.0.7"
    }
  }
}
```

그런 다음 테라폼 리소스를 추가한다.

```
resource "random_password" "self_signed_cert" {
  length  = 24
  special = true
}

resource "pkcs12_from_pem" "self_signed_cert_pkcs12" {
  cert_pem        = tls_self_signed_cert.self_signed_cert.cert_pem
  private_key_pem = tls_private_key.private_key.private_key_pem
  password        = random_password.self_signed_cert.result
}
```

```
resource "local_file" "result" {
  filename      = "${path.module}/ca.pxf"
  content_base64 = pkcs12_from_pem.self_signed_cert_pkcs12.result
}
```

앞의 테라폼 구성에서는 pkcs12_from_pem 리소스를 사용해서 PEM 기반의 PXF 인증서를 생성한다. 또한 random_password 리소스에 의해 PXF 인증서는 임의의 비밀번호를 사용해서 생성되며 local_file 리소스를 통해 PXF 인증서를 디스크에 저장한다.

앞의 테라폼 구성을 사용하면 terraform apply 명령을 실행한 후 ca.pxf 파일이 테라폼 구성이 있는 폴더 내에 생성된다.

12.8.5 참고항목

- tls 테라폼 프로바이더에 대한 문서는 https://registry.terraform.io/providers/ hashicorp/tls/latest/docs를 참고한다.

- pkcs12 테라폼 프로바이더에 대한 문서는 https://registry.terraform.io/providers/ chilicat/pkcs12/latest를 참고한다.

- 애저 상에서 PFX 인증서에 대한 문서는 https://blog.xmi.fr/posts/tls-terraform- azure-self-signed를 참고한다.

- 테라폼을 통한 인증서 사용에 대한 GCP 문서는 https://cloud.google.com/certificate- authority-service/docs/using-terraform를 참고한다.

- AWS에서 테라폼을 사용한 인증서 갱신에 대한 문서는 https://www.missioncloud.com/ blog/how-to-generate-and-renew-an-ssl-certificate-using-terraform-on- aws를 참고한다.

- 테라폼을 사용한 SSL 인증서에 대한 문서는 https://amod-kadam.medium.com/create -private-ca-and-certificates-using-terraform-4b0be8d1e86d를 참고한다.

12.9 깃 훅을 사용해서 테라폼 구성을 커밋하기 전에 확인하기

깃 훅은 코드 커밋과 같은 특정 깃 이벤트가 발생하기 전 혹은 후에 자동으로 실행되는 스크립트를 의미한다. 이 스크립트들은 작업을 자동화하거나 코드 품질을 보장하기 위해 사용할 수 있다.

이 책의 다른 장에서 테라폼 코드 분석을 수행하는 몇 가지 명령어와 도구를 배웠다.

앞서 배웠던 테라폼 명령과 도구는 다음과 같다.

- terraform fmt 명령은 테라폼 구성에 대한 코드 들여쓰기 형식을 맞춘다.
- terraform validate 명령은 테라폼 구성의 문법을 검증한다.
- tflint 도구는 테라폼 구성을 위한 린터[9]이다.
- tfsec은 보안 컴플라이언스를 확인한다.

이번 예제의 목표는 깃 저장소에 테라폼 구성을 커밋하기 전에 깃 훅을 사용하여 이런 명령과 도구를 통합하는 방법을 배우는 것이다.

그럼 시작해 보자.

......

9 역주. 린터(linter)는 프로그래밍 언어에서 코드를 분석해 문법 오류, 버그, 스타일 오류 등을 찾아 주는 도구를 말한다. 이를 통해 코드의 품질을 향상시키고, 일관된 코딩 스타일을 유지할 수 있다.

12.9.1 준비 사항

이번 예제를 진행하기 전에 깃 훅에 대한 문서인 https://www.atlassian.com/git/tutorials/git-hooks와 https://git-scm.com/book/en/v2/Customizing-Git-Git-Hooks를 읽어보길 추천한다.

또한 다음 도구들을 미리 설치해야 한다.

- pre-commit은 프리커밋(pre-commit) 깃 훅을 관리하기 위한 도구이다. 설치 방법은 https://pre-commit.com/#install을 참고한다.
- tflint – 설치 문서는 https://github.com/terraform-linters/tflint을 참고한다.
- tfsec – 설치 문서는 https://aquasecurity.github.io/tfsec/v1.28.1/guides/installation/를 참고한다. 또한 11장 테라폼 구성에 대한 테스트 및 보안 규정 준수 검사하기에 있는 **tfsec을 사용해서 테라폼 구성의 규정 준수 분석하기** 예제를 읽어보기 바란다.

이번 예제의 목표는 깃허브 저장소에 프리커밋 깃 훅을 통합하는 것이다. 이를 통해 커밋하기 전에 terraform validate 명령을 실행해서 테라폼 구성의 형식을 확인하고 tflint 명령과 tfsec 명령을 자동으로 실행하게 한다.

12.9.2 작동 방법

다음 단계를 수행한다.

1 테라폼 구성이 있는 저장소의 최상단 폴더에서 .pre-commit-config.yaml이라는 새로운 파일을 생성한다.

2 이 파일에 다음과 같은 코드를 작성한다.

```
repos:
  - repo: https://github.com/antonbabenko/pre-commit-terraform
    rev: "v1.78.0"
    hooks:
```

```
    - id: terraform_fmt
    - id: terraform_tflint
    - id: terraform_validate
    - id: terraform_tfsec
```

앞의 코드는 간단한 기본적인 코드이다. 깃허브 저장소의 최상단 폴더에 있는 실제 코드에는 일부 폴더를 제외하는 더 많은 옵션이 포함되어 있다.

3 그런 다음 터미널에서 다음 명령을 실행하면 위 YAML 구성을 기반으로 pre-commit을 수동으로 실행할 수 있다.

```
pre-commit run --all-files
```

4 마지막으로 프리커밋 깃 훅을 실제로 테스트 해보기 위해 precommit-demo 폴더 내에 새로운 main.tf 파일을 생성한다.

5 이 파일에 테라폼 구성을 작성한다. 테라폼 구성의 내용은 이번 예제와 큰 관련은 없다. 이 테라폼 구성의 내용은 https://github.com/PacktPublishing/Terraform-Cookbook-Second-Edition/tree/main/CHAP12/precommit-demo에서 확인할 수 있다.

6 다음 명령을 실행해서 깃에 코드를 커밋한다.

```
git add .
git commit -m "test pre-commit"
```

> pre-commit을 처음으로 실행할 때는 pre-commit 설정도 커밋해야 한다. 하지만 그 이후에는 위 명령을 사용해서 커밋을 진행하면 된다.

다음 그림은 위 명령의 실행 결과 화면의 일부이다.

그림 12.10 프리커밋 깃 훅을 통해서 테라폼 검사하기

git commit 명령이 프리커밋 깃 훅을 실행시켜서 terraform fmt와 terraform validate 명령을 수행하는 것을 볼 수 있다.

12.9.3 작동 원리

첫 번째와 두 번째 단계에서는 저장소의 최상단 폴더에서 .pre-commit-config.yaml 파일을 만든다. 이 파일에 깃 커밋 작업 전에 실행해야 하는 도구와 명령들에 대해 YAML 형식으로 정의한다.

이번 예제의 YAML 구성에서는 스크립트를 실행할 깃허브 저장소를 지정한다. 이 깃허브 저장소 https://github.com/antonbabenko/pre-commit-terraform는 프리커밋에 통합되는 다양한 테라폼 명령과 도구를 포함하고 있다.

이번 예제에서는 ID 별로 4개의 명령을 나열한다.(이 ID는 위에 언급되어 있는 깃허브 저장소에 명시되어 있다.) terraform_fmt, terraform_tflint, terraform_validate 그리고 terraform_tfsec 이렇게 4개의 명령이다.

> 포함된 모든 명령어와 도구를 보려면 깃허브 저장소 내에 있는 문서인 https://github.com/antonbabenko/
> pre-commit-terraform를 읽어보자. 만약 다른 도구를 통합하고 싶다면 https://pre-commit.com/ 문서를
> 참고해서 YAML 구성에 추가한다.

세 번째 단계에서는 설정이 잘 동작하는지 확인하고, 프리커밋 결과를 얻기 위해 pre-commit run --all-file 명령을 실행한다. 이 명령은 저장소 내에 모든 파일에 대해 프리커밋을 수행한다.

네 번째와 다섯 번째 단계에서는 새로운 테라폼 구성을 추가한 후 git commit 작업을 수행해서 프리커밋 혹의 동작을 확인한다. 명령의 출력 결과를 통해 프리커밋이 잘 수행되었다는 것을 볼 수 있다.

만약 프리커밋 혹의 실행에서 에러가 발생한다면 파일들은 커밋되지 않기 때문에, 프리커밋에 통합된 명령과 도구에 지정된 유효성 검사 및 컴플라이언스를 준수하는 파일만 커밋할 수 있다.

12.9.4 더 살펴볼 것들

만약 프리커밋 혹을 비활성화해야 하는 경우가 생긴다면, --no-verify 옵션을 git commit 명령에 추가하면 된다. 이에 대한 설명은 https://ma.ttias.be/git-commit-without-pre-commit-hook을 참고한다.

이번 예제를 통해 코드 커밋 전에 프리커밋 깃 혹을 사용하여 유효성 검사 명령을 실행하는 방법을 배웠다. 물론 이것이 테라폼 CI/CD 파이프라인에 유효성 검사 명령을 통합하는 것을 방해하진 않는다. 이에 대해서는 13장 CI/CD 파이프라인을 통해 테라폼 실행 자동화하기에서 자세히 살펴보자.

12.9.5 참고 항목

- pre-commit 에 대한 문서는 https://pre-commit.com을 참고한다.

- 테라폼 프리커밋에 대한 깃허브 저장소는 https://github.com/antonbabenko/pre-commit-terraform을 참고한다.

- 테라폼 프리커밋에 대한 블로그 글은 https://jamescook.dev/pre-commit-for-terraform을 참고한다.

12.10 로버(Rover)를 통해 테라폼 리소스 의존성 시각화하기

6장 기본적인 테라폼 워크플로우 적용하기에 있는 의존성 그래프 생성하기 예제에서 테라폼 명령을 사용해서 테라폼 의존성 그래프를 생성하는 방법에 대해서 배웠다.

이렇게 생성된 그래프는 모듈과 리소스의 의존성을 전체적으로 시각화하지만, 정적이며 그래프의 복잡성으로 인해 읽기 어렵다는 단점을 가지고 있다.

테라폼과 통합되는 오픈소스 도구들 중에는 프로비저닝된 테라폼 리소스의 의존성 그래프를 동적이고 인터랙티브하게 시각화할 수 있는 로버라는 도구가 있다.

이번 예제에서는 로버를 사용해서 의존성 그래프를 시각화하는 방법에 대해서 배워보자.

시작해보자.

12.10.1 준비 사항

이번 예제를 진행하기에 앞서 로버를 설치해야 한다.

로버를 설치 방법은 https://github.com/im2nguyen/rover를 참고한다. 로버는 로컬에 CLI를 설치하거나 도커를 통해 사용할 수도 있다.

이번 예제를 위해 별도의 테라폼 구성을 작성하진 않는다. 이번 예제에서 사용할 예제 테라폼 구성은 이전 예제에서 사용했던 https://github.com/PacktPublishing/Terraform-Cookbook-Second-Edition/tree/main/CHAP08/sample-app를 사용한다.

12.10.2 작동방법

다음 단계를 수행한다.

1 테라폼 구성이 있는 폴더로 이동한 후 terraform init 명령을 실행한다.

2 terraform plan –out="tfplan.out" 명령을 실행한다.

3 다음 명령을 실행해서 위에서 생성된 plan 결과 파일을 바탕으로 로버를 실행한다.

```
rover -tfPath "/home/mikael/.tfenv/bin/terraform" .
```

 위 명령에서는 tfPath 매개변수를 리눅스에 맞게 설정했다. 윈도우 사용자라면 –tfPath "terraform.exe"로 설정하거나 terraform.exe가 설치되어 있는 경로를 지정한다.

다음 그림은 위 명령의 실행 화면이다.

```
mikael@vmdev-linux:~/.../sample-app$ rover -tfPath "/home/mikael/.tfenv/bin/terraform" .
2023/05/07 10:19:54 Starting Rover...
2023/05/07 10:19:54 Initializing Terraform...
2023/05/07 10:19:57 Generating plan...
2023/05/07 10:20:22 Generating resource overview...
2023/05/07 10:20:22 No submodule configurations found...
2023/05/07 10:20:22 Generating resource map...
2023/05/07 10:20:22 Generating resource graph...
2023/05/07 10:20:22 Done generating assets.
2023/05/07 10:20:22 Rover is running on 0.0.0.0:9000
```

그림 12.11 로버 실행 화면

로버가 로컬 호스트에서 9000번 포트로 시작된 것을 볼 수 있다.

4 브라우저를 열고 URL에 http://localhost:9000을 입력해서 이동한다. 로버 웹사이트가 인터렉티브한 의존성 그래프를 표시해준다. 이 의존성 그래프에는 변수, 리소스, 출력 등등이 포함되어 있다.

다음 그림은 로버가 생성한 그래프 화면이다.

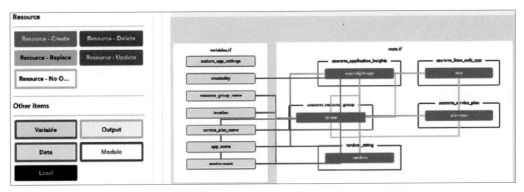

그림 12.12 로버가 생성한 의존성 그래프

변수와 함께 의존성 그래프가 표시되는 것을 볼 수 있고, 좌측 메뉴를 통해 몇 개의 옵션을 필터링해서 그래프 상에서 데이터를 볼 수 있다.

12.10.3 작동 원리

첫 번째와 두 번째 단계에서 terraform init 명령을 실행하고 terraform plan 명령을 실행해서 테라폼 구성의 실행 결과를 파일로 내보낸다.

그런 다음 rover -tfPath "/home/mikael/.tfenv/bin/terraform". 명령을 실행해서 사용자 친화적인 의존성 그래프를 생성한다.

위 명령에서 -tfPath 옵션을 추가해서 테라폼 바이너리의 경로를 지정한다. 그리고 생성된 plan의 결과 파일이 위치해 있는 경로를 점(.)으로 지정해서 현재 경로에 결과 파일이 있음을 알려준다.

로버 명령에 대한 모든 매개변수 정보는 rover --help 명령을 입력하면 볼 수 있다.

마지막으로 localhost:9000으로 웹페이지를 열어서 로버가 생성한 의존성 그래프를 확인한다.

12.10.4 참고 항목

- 로버에 대한 문서는 https://github.com/im2nguyen/rover를 참고한다.

- 로버 사용법에 대한 영상은 https://www.youtube.com/watch?v=2Y9yXgURxyE
  과 https://www.hashicorp.com/resources/terraform-plan-interactive-
  configuration-and-state-visualization-with-rover를 참고한다.

12.11 개발자용 테라폼 CDK 사용하기

지금까지 HCL을 사용해서 테라폼 구성을 작성하는 방법에 대해서 배웠다. HCL은 읽기 쉬운 언어라는 장점이 있지만, 애플리케이션 개발자의 입장에서는 새로운 언어를 배워야 한다는 단점이 있다.

이런 단점을 극복하기 위해 2022년 8월에 해시코프는 테라폼용 클라우드 개발 키트(Cloud Development Kit for Terraform, CDKTK)의 출시를 발표했다. 발표 블로그는 https://www.hashicorp.com/blog/cdk-for-terraform-now-generally-available를 읽어보기 바란다.

CDKTF는 코드형 인프라를 타입스크립트, 자바스크립트, 파이썬, 자바와 같은 프로그래밍 언어를 사용해서 작성할 있게 해주는 도구이다.

CDKTF를 사용하면 인프라를 정의하는 코드를 더 높은 수준의 언어로 작성할 수 있으며 테라폼에서 사용하는 HCL 언어에 비해 더 많은 추상화 계층을 사용할 수 있다. CDKTF는 작성한 코드를 바탕으로 내부적으로 동일한 테라폼 구성을 생성한다. 이를 통해 리소스를 프로비저닝하고 관리하는 테라폼의 유연함을 그대로 사용하면서도 익숙한 언어와 문법을 통해 인프라를 정의할 수 있다.

CDKTF를 사용하면 다음과 같은 장점들이 있다.

- **단순성**: CDKTF를 사용하면 고수준 객체 지향 구문을 사용해서 몇 줄의 코드만으로 인프라를 쉽게 생성하고 관리할 수 있다.
- **재사용성**: CDKTF를 사용하면 여러 프로젝트나 팀에서 공유 할 수 있는 재사용 가능한 리소스들을 쉽게 만들 수 있다.
- **타입 안전성**: CDKTF는 현대 프로그래밍 언어의 타입 검사 및 오류 보고 기능을 활용할 수 있게 해준

다. 이를 통해 컴파일 시간에 오류를 잡아내어 런타임 오류의 위험을 줄이고 개발 주기를 가속화할 수 있다.

- **통합의 용이성**: CDKTF는 표준 테라폼 코드를 생성하기 때문에 다른 테라폼 도구 및 워크플로우와 함께 사용할 수 있다.

- **빠른 개발**: 익숙한 언어를 바탕으로 CDKTF를 사용해서 개발하면 전통적인 테라폼 코드를 사용할 때보다 더 빠르게 인프라를 생성하고 수정할 수 있어서, 개발 주기가 빨라지고 인프라의 응답성이 더 빨라진다.

이번 예제에서는 타입스크립트에서 CDKTF를 사용하는 방법을 배우며, Go나 C# 같은 다른 언어를 사용하진 않는다.

그럼 시작해 보자.

12.11.1 준비 사항

이번 예제를 진행하기 위해 아래 항목들을 설치해야 한다.

- NodeJS와 npm: 설치 문서는 https://nodejs.org/en/download를 참고한다.
- 타입스크립트: 다운로드 및 설치 문서는 https://www.typescriptlang.org/download를 참고한다.

또한 타입스크립트와 NodeJS에 대한 개발 지식이 필요하다.

이번 예제에서는 CDKTF 도구를 사용해서 애저 리소스 그룹, 서비스 플랜 그리고 리눅스 앱 서비스로 구성된 애저 인프라를 프로비저닝한다.

이번 예제는 다음 두 개의 파트로 구성된다.

- 인프라 코드를 타입스크립트로 작성하기
- CDKTF CLI를 사용해서 인프라를 프로비저닝하기

이번 예제의 소스 코드는 https://github.com/PacktPublishing/Terraform-Cookbook-

Second-Edition/tree/main/CHAP12/cdktf-demo에서 확인할 수 있다.

12.11.2 작동 방법

다음 단계를 수행한다.

1 다음 명령을 실행해서 cdktf-cli 패키지(https://www.npmjs.com/package/cdktf-cli)를 설치한다.

```
npm install --global cdktf-cli@latest
```

그런 다음 cdktf --help 명령을 실행해서 패키지가 정상적으로 설치되었는지 확인한다.

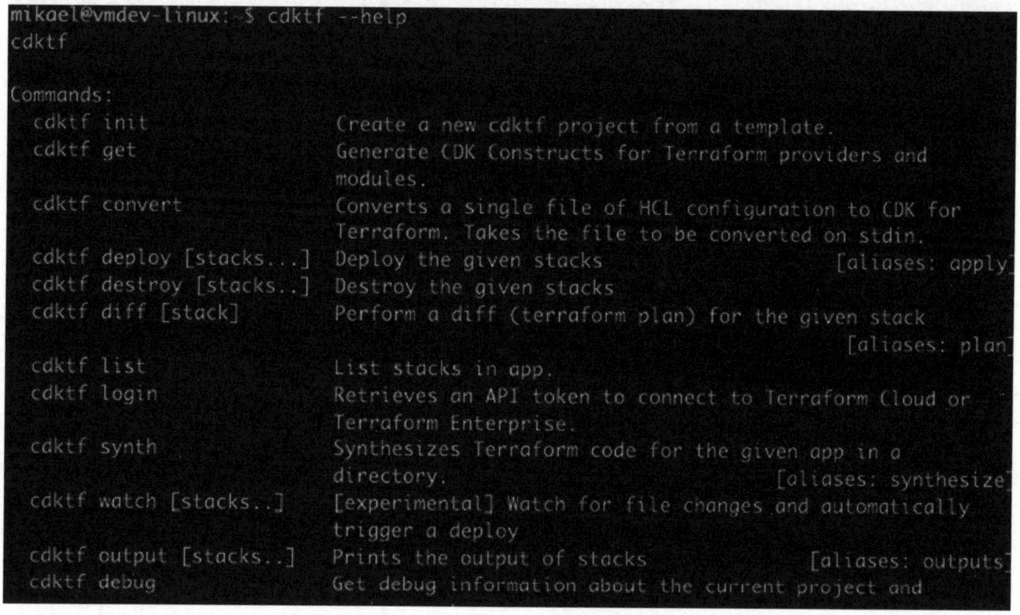

그림 12.13 cdktf —help 명령

CDKTF CLI의 가능한 모든 명령들이 표시되는 것을 볼 수 있다.

2 cdktf-demo라는 이름의 새로운 폴더를 생성한다.(이 이름은 예제이며, 필요에 따라 다른 이름을 사용해도 된다.)

3 터미널을 열고 cdktf-demo 폴더에서 다음 명령을 실행한다.

```
cdktf init --template=typescript
```

명령을 실행하면 CDKTF CLI가 최적의 시작 템플릿을 만들기 위해 다음 그림과 같이 몇 가지 질문을 한다.

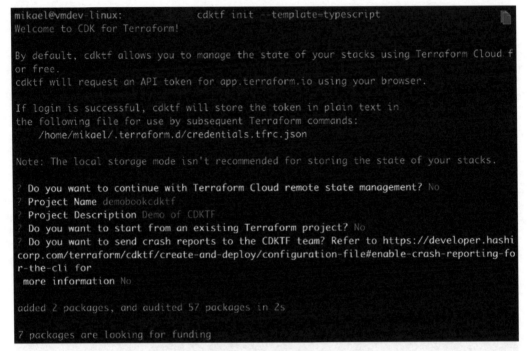

그림 12.14 cdktf init 명령

모든 질문에 답변하고 나면 cdktf-demo 폴더 내에 폴더와 템플릿 파일들을 볼 수 있다.

4 터미널에서 npm install @cdktf/provider-azurerm 명령을 실행한다.

5 cdktf-demo 폴더 내에 있는 main.ts 파일에 생성된 코드를 삭제하고 다음 코드로 다시 작성한다.(이에 대해서는 작동 원리 섹션에서 더 자세히 설명한다.)

```
import { Construct } from "constructs";
import { App, TerraformStack, TerraformOutput } from "cdktf";
import { AzurermProvider } from "@cdktf/provider-azurerm/lib/provider";
import { ResourceGroup } from "@cdktf/provider-azurerm/lib/resource-group";
```

```typescript
import { ServicePlan } from "@cdktf/provider-azurerm/lib/service-plan";
import { LinuxWebApp } from "@cdktf/provider-azurerm/lib/linux-web-app";

class CDKTFDemo extends TerraformStack {
  constructor(scope: Construct, name: string) {
    super(scope, name);

    let random = (Math.random() + 1).toString(36).substring(7);
    new AzurermProvider(this, "azureFeature", {
      features: {},
    });

    const rg = new ResourceGroup(this, "cdktf-rg", {
      name: "cdktf-demobook-",
      location: "westeurope",
    });

    const asp = new ServicePlan(this, "cdktf-asp", {
      osType: "Linux",
      skuName: "S1",
      resourceGroupName: rg.name,
      location: rg.location,
      name: "cdktf-demobook"+random
    });

    const app = new LinuxWebApp(this, "cdktf-app", {
      name: "cdktf-demobook"+random,
      location: rg.location,
      servicePlanId: asp.id,
      resourceGroupName: rg.name,
      clientAffinityEnabled: false,
      httpsOnly: true,
      siteConfig: {
      },
    });

    new TerraformOutput(this, "cdktf-app-url", {
      value: `https://${app.name}.azurewebsites.net/`,
    });
```

```
  }
}

const app = new App();
new CDKTFDemo(app, "azure-app-service");
app.synth();
```

6 마지막으로 인프라를 배포하기 위해 다음 cdktf 명령을 실행한다.

```
cdktf deploy
```

명령을 실행하면 CDKTF CLI가 진행 여부를 묻는다.

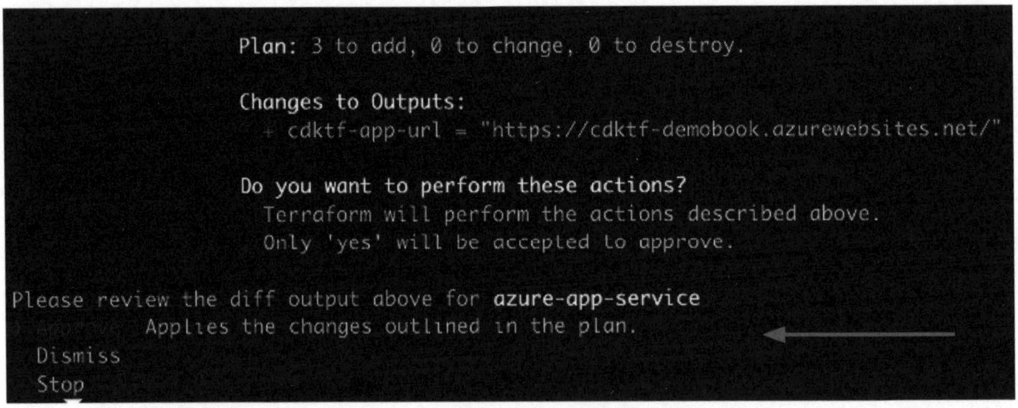

그림 12.15 cdktf가 진행 여부를 묻는 화면

Approve를 선택해서 진행을 승인하고 나면 인프라 프로비저닝이 시작된다.

7 프로비저닝이 끝나면 실행 결과로 출력이 다음과 같이 표시된다.

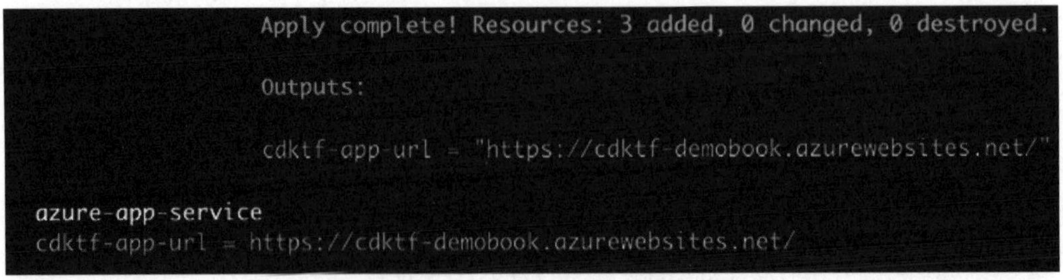

그림 12.16 cdktf 실행 후 출력이 표시되는 화면

모든 리소스가 프로비저닝되고 나면 터미널에는 출력값인 cdktf-app-service가 표시된다.

12.11.3 작동 원리

첫 번째 단계에서는 CDKTF npm 패키지를 설치한다.

두 번째 단계에서는 타입스크립트 코드를 저장할 새로운 폴더를 생성한다.

세 번째 단계에서는 cdktf init -template=Typescript 명령을 실행해서 타입스크립트용 CDKTF 코드 템플릿을 생성한다.

그런 다음 네 번째 단계에서는 npm install @cdktf/provider-azurerm 명령을 실행해서 CDKTF용 azurerm 프로바이더 패키지를 설치한다.

패키지는 다음 스크린샷에서 볼 수 있는 것처럼 node_modules 폴더에 다운로드된다.

그림 12.17 cdktf용 azurerm 프로바이더 패키지

provider-azurerm 패키지가 node_modules 폴더에 다운로드된 것을 볼 수 있다.

다섯 번째 단계에서는, 타입스크립트로 main.ts 파일에 인프라를 위한 코드를 작성한다. 일부 코드들을 자세히 살펴보자.

- azurerm npm 프로바이더 라이브러리를 임포팅하는 코드로 main.ts 파일의 작성을 시작한다.
- 그런 다음, 타입스크립트 코드로 각각의 애저 리소스를 프로비저닝하는 코드를 작성한다.

다음 코드는 애저 리소스 그룹을 프로비저닝한다.

```
const rg = new ResourceGroup(this, "cdktf-rg", {
  name: "cdktf-demobook-",
  location: "westeurope",
});
```

다음 코드는 애저 서비스 플랜을 프로비저닝한다.

```
const asp = new ServicePlan(this, "cdktf-asp", {
  osType: "Linux",
  skuName: "S1",
  resourceGroupName: rg.name,
  location: rg.location,
  name: "cdktf-demobook"+random
});
```

다음 코드는 리눅스 앱 서비스를 프로비저닝한다.

```
const app = new LinuxWebApp(this, "cdktf-app", {
  name: "cdktf-demobook"+random,
  location: rg.location,
  servicePlanId: asp.id,
  resourceGroupName: rg.name,
  clientAffinityEnabled: false,
  httpsOnly: true,
  siteConfig: {
  },
});
```

마지막으로 다음 코드는 애저 웹 앱의 URL을 출력으로 지정하는 코드이다.

```
new TerraformOutput(this, "cdktf-app-url", {
```

```
    value: `https://${app.name}.azurewebsites.net/`,
  });
```

코드의 마지막 줄은 클래스와 CDKTF 함수를 호출하는 메인 코드이다.

```
const app = new App();
new CDKTFDemo(app, "azure-app-service");
app.synth();
```

여섯 번째 단계에서는 cdktf deploy 명령을 실행한다. 이 명령은 다음 작업들을 수행한다.

- 위에서 만든 타입스크립트 코드를 기반으로 HCL 코드를 생성한다. 이 HCL 코드 (JSON 형식)는 하위 폴더인 cdktf.out에 저장되며 이 작업을 합성(synthesizing)이라고 부른다.
- 생성된 HCL 코드가 있는 폴더에서 terraform init 명령을 실행한다.
- 생성된 HCL 코드가 있는 폴더에서 terraform apply 명령을 실행한다.
- terraform apply 명령을 실행할 때와 마찬가지로 cdktf 명령도 변경 사항을 적용여부에 대한 승인을 필요로 한다.
- Approve를 선택해서 변경 사항을 적용하고 리소스를 프로비저닝한다.

일곱 번째 단계에서는 cdktf deploy 명령의 출력을 확인한다.

12.11.4 더 살펴볼 것들

이번 예제에서는 CDKTF를 사용하는 기본적인 단계에 대해서 배웠다. 그리고 리소스를 적용하기 위한 CDKTF 명령을 하나만 사용했는데, CDKTF CLI에는 이 외에도 유용한 명령들이 몇 가지 더 있다.

- cdktf diff 명령을 통해 변경 사항을 미리 볼 수 있다. 이 명령은 terraform plan 명령과 동일하다.
- cdktf destroy 명령을 통해 프로비저닝된 모든 리소스를 삭제할 수 있다. 이 명령은 terraform destroy 명령과 동일하다.

- cdktf deploy 명령을 실행할 때 –auto-approve 옵션을 추가하면 변경 사항 적용 여부를 묻지 않고 바로 변경 사항을 적용한다. 이 옵션은 자동화 모드에 유용하게 사용된다.

그리고 만약 작성된 테라폼 구성이 있고 이를 CDKTF 언어로(예를 들면 타입스크립트) 변경하고자 한다면 다음과 같이 cdktf convert 명령을 실행하면 된다.

```
cat main.tf | cdktf convert --provider hashicorp/azurerm > importedmain.ts
```

또한 CDKTF 타입스크립트 코드를 HCL 언어로 합성하는 작업만 하고자 한다면, cdktf synth 명령을 실행하면 된다. 이렇게 하면 HCL 언어로 된 테라폼 구성이 cdktf.out 폴더에 생성된다.

마지막으로 CDKTF에서 사용한 개발 언어로 통합 테스트도 작성하고 수행할 수 있다. 이번 예제와 같은 경우라면, 타입스크립트가 사용하는 Jest 테스크 프레임워크를 사용할 수 있다. CDKTF 테스트에 대한 자세한 정보는 https://developer.hashicorp.com/terraform/cdktf/test/unit-tests를 읽어보기 바란다.

12.11.5 참고 항목

- CDKTF에 대한 문서는 https://developer.hashicorp.com/terraform/cdktf를 참고한다.

- CDKTF의 설치 문서는 https://developer.hashicorp.com/terraform/tutorials/cdktf/cdktf-install을 참고한다.

- 애저에 대한 CDKTF 예제는 https://github.com/hashicorp/terraform-cdk/blob/main/examples/typescript/azure-app-service/main.ts를 참고한다.

- CDKTF에 대한 영상 자료는 https://www.youtube.com/watch?v=bssG1piyaKw를 참고한다.

13

CI/CD 파이프라인을 통해 테라폼 실행 자동화하기

이 책의 이전 장에서는 모든 테라폼 명령을 로컬 콘솔에서 수동으로 실행하며, 간혹 사용자가 테라폼에 의해 적용되는 변경 사항에 대해 확인하는 사용자 상호작용을 필요로 했다.

이 장에서는 테라폼을 자동으로 실행하는 방법에 대해서 배워보자.

하지만 그전에 먼저, 테라폼을 자동으로 실행한다는 것은 어떤 의미일까?

우리가 알고 있듯이, 기본 테라폼 워크플로우에는 변경 사항의 적용 여부를 사용자에게 확인하는 terraform apply와 destroy 명령이 있다.

하지만 데브옵스 및 자동화 관점에서는 테라폼 구성이 사용자 상호작용을 필요로 하지 않는 CI/CD 파이프라인에서 실행되어야 한다.

> 자동화에 대해 이야기하고 있지만, terraform plan을 확인하는 단계는 여전히 사용자의 확인을 필요로 한다. 자동화는 terraform apply 또는 destroy의 실행 중 발생하는 사용자의 확인에 관한 것을 의미한다.

참고로, 이미 10장 도커와 쿠버네티스 배포에 테라폼 사용하기에 있는 테라폼 동기화 루프로 쿠버네티스 컨트롤러 사용하기 예제에서 테라폼 구성의 실행을 자동화하는 여러 방법 중 하나에 대해서 배웠다. 이 예제에서는 테라폼 구성이 깃옵스 관점에서 실행되었다.

이번 장에서는 다음 두 개의 데브옵스 클라우드 서비스에서 CI/CD 파이프라인을 통해 테라폼 구성을 실행하는 방법에 대해서 배운다.

- 깃허브
- 애저 파이프라인

또한 이번 장에서는 자동화 관점에서 테라폼을 실행하는 방법과 terraform plan의 결과 요약을 표시하기 위해 명령이나 스크립트를 실행하는 방법에 대해서도 배울 것이다.

이번 장에서 배우는 내용들은 다른 CI/CD 시스템인 젠킨스, GitLab, 그리고 빗버킷 등에도 적용할 수 있다.

이번 장을 읽기 전에 수동 프로비저닝 작업에서 팀 기반의 코드형 인프라 작업으로 이전하는 모범 사례에 대한 https://developer.hashicorp.com/terraform/cloud-docs/recommended-practices/part3 문서를 읽어 보자.

이번 장에서 다룰 내용은 다음과 같다.

- 자동화 모드에서 테라폼 실행하기
- terraform plan의 실행 요약 표시하기
- 애저 파이프라인에서 테라폼 구성을 적용하기 위한 CI/CD 파이프라인 구축하기
- 깃허브 액션에서 테라폼 실행 자동화하기
- CI/CD에서 워크스페이스를 통해 작업하기
- 애저 파이프라인에서 테라폼 모듈을 위한 CI/CD 파이프라인 구성하기
- 깃허브 액션을 사용해서 테라폼 모듈을 게시하는 워크플로우 구축하기

13.1 자동화 모드에서 테라폼 실행하기

이번 장을 시작하기 위해 이번 예제에서는 세 가지 다른 솔루션을 사용해서 테라폼을 사용자와의 상호작용 없이 자동으로 실행하는 방법을 배워보자.

시작해 보자.

13.1.1 준비 사항

이번 예제를 진행하기 위해 특별한 기술적 요구사항이 필요하진 않다.

이 장의 다른 예제에서 살펴 보겠지만 테라폼 실행을 CI/CD 파이프라인에 통합하는 방법을 배우기 전에, 테라폼 CLI 옵션을 통해서 로컬에서 자동화 모드로 테라폼을 실행하는 방법을 이해하는 것이 중요하다.

이번 예제의 목표는 커맨드 라인에서와는 다른 옵션을 사용해서 테라폼을 자동으로 실행하게 하는 방법을 배우는 것이다.

13.1.2 작동 방법

테라폼을 자동화 모드로 실행하려면 여러 가지 방법이 있다. 각각의 방법에 대해 자세히 살펴보자.

자동화의 첫 번째 방법은 terraform plan 중 변수 값의 입력에 대한 것이다. 테라폼 구성이 terraform plan의 실행 중 변수 값의 입력을 필요로 한다면, −input=false 매개변수를 추가해서 수동으로 값을 입력하지 않게 할 수 있다. 또한 −var 혹은 −var−file 인수를 추가하는 것도 가능하다. 예를 들면 아래와 같이 입력할 수 있다.

```
terraform plan -var-file=dev.tfvars -input=false
```

−input 매개변수에 대한 더 자세한 설명은 https://developer.hashicorp.com/terraform/cli/commands/plan#input-false을 참고한다. 그리고 −var 와 −var−file 매개변수에 대한 더 자세한 설명은 2장 테라폼 구성 작성하기에 있는 변수 조작하기 예제를 참고한다.

두 번째 방법은 다음 명령을 사용해서 terraform plan의 결과를 파일로 내보내는 것이다.

```
terraform init
terraform plan -out=tfplan.out
terraform apply tfplan.out
```

위 명령에서는 terraform plan의 결과를 tfplan.out 파일로 내보내고 이 파일을 terraform apply 명령의 입력으로 사용한다. 이렇게 실행하면 terraform apply 명령은 사용자의 승인 없이 동작하게 된다. 또한 저장된 plan 파일을 기반으로 테라폼 구성을 적용하는 것이 가장 권장되는 방법 중 하나인데, 자동화의 관점을 포함해서 terraform plan의 결과가 정확하게 적용되는 것을 보장하기 때문이다. 따라서 만약 테라폼 구성이 terraform plan과 terraform apply를 실행하는 중간에 수정되었고(예를 들어 깃 저장소에 커밋 되었다면), terraform plan의 결과가 검증된 상태라면 검증된 결과로 생성된 plan 파일을 기반으로 테라폼이 적용되기 때문에 문제가 발생하지 않는다. 하지만 이렇게 동작하게 하려면 terraform plan과 terraform apply가 동일한 컴퓨터에서 실행되어야 하며, apply 명령이 terraform plan의 결과로 생성된 파일에 접근할 수 있어야 한다.

세 번째 방법은 terraform apply 명령을 실행할 때 −auto−approve 옵션을 추가하는 것이다. 이는 다음과 같이 실행할 수 있다.

```
terraform init
terraform plan
terraform apply -auto-approve
```

이 매개변수들을 추가하면 테라폼은 terraform apply 명령을 실행할 때 변경 사항 적용 여부를 사용자에게 물어보지 않는다. 하지만 이 방법은 권장하지 않는 방법인데, terraform plan과 terraform apply 명령을 수행하는 사이에 테라폼 구성에 변경 사항이 발생해서 의도하지 않은 변경 사항이 적용될 수도 있기 때문이다. 그렇기 때문에 -auto-approve 매개변수를 사용할 때는 plan 이후 코드가 변경되지 않았음을 확실히 하고 진행해야 한다.

13.1.3 작동 원리

이번 예제에서는 테라폼 CLI 옵션을 사용해서 테라폼 구성을 자동화하는 세 가지 방법에 대해서 배웠다.

- 첫 번째 방법은 plan과 apply 실행 중에 변수에 대한 입력을 건너뛰는 것이다. 이 방법은 -input=false 옵션 추가를 통해 진행할 수 있다.
- 두 번째 방법은 terraform plan 시 -out 옵션을 사용해서 결과를 파일로 내보낸 뒤 이 파일을 apply의 입력을 사용하는 것이다.
- 세 번째 방법은 -auto-approve 옵션을 사용해서 apply 명령 시 승인 과정을 자동화하는 것이다.

13.1.4 더 살펴볼 것들

terraform plan과 apply 명령을 서로 다른 컴퓨터에서 실행해야 한다면 (예를 들면 서로 다른 환경에서 CI/CD 파이프라인을 사용하는 경우), plan과 apply 사이에 테라폼 구성을 전달하는 방법에 대해서 https://developer.hashicorp.com/terraform/tutorials/automation/automate-terraform#plan-and-apply-on-different-machines 문서를 읽어보기 바란다.

13.1.5 참고 항목

- 테라폼을 자동화 모드에서 실행하는 방법에 대한 문서는 https://developer.hashicorp. com/terraform/tutorials/automation/automate-terraform을 참고한다.

13.2 terraform plan의 실행 요약 표시하기

이전 예제에서는 테라폼을 자동화 모드에서 실행하는 방법에 대해서 배웠다. 로컬상에서 동작하는 워크플로우와 CI/CD 파이프라인 같은 자동화 모드에서 동작하는 워크플로우 상의 가장 큰 차이점은 사용자 상호작용을 필요로 하지 않는다는 것이다.

하지만 어떤 경우라도 테라폼에 의해 적용될 내용을 요약해서 보여주는 것은 매우 중요한 주제이다.(심지어 필요하다고 말하고 싶다.)

이번 예제에서는 CI/CD 파이프라인 내에서 terraform plan의 결과를 요약해서 보여주는 방법에 대해서 배워보자.

그럼 시작해 보자.

13.2.1 준비 사항

이번 예제를 진행하기 위해 별도로 특별한 소프트웨어가 필요하진 않다.

13.2.2 작동 방법

빠르게 plan 요약 결과를 확인하는 첫 번째 방법은 terraform plan의 detailed-exit-code 인자를 사용해서 변경 사항이 있는지 혹은 없는지 등을 표시하는 것이다. 이는 다음과 같은 숫자도 코드로 표현할 수 있다.

```
terraform plan -out=tfplan -detailled-exit-code > /dev/null
OUT=$?
//Pseudo code to display information
If $OUT==0 THEN "No changes"
If $OUT==1 THEN "Terraform has failed"
If $OUT==2 THEN "There is changes"
```

-detailed-exit-code 인자에 대한 더 자세한 설명은 https://developer.hashicorp.com/
terraform/cli/commands/plan#detailed-exitcode를 참고한다.

두 번째 방법은 tf-summarize 도구를 사용하는 것이다. 이 도구는 https://github.com/
dineshba/tf-summarize를 참고한다.

tf-summarize는 terraform plan 결과를 사람이 읽기 쉽게 요약해서 표시해 주는 도구
이다.

> 이번 예제에서는 tf-summarize를 기존에 사용했던 테라폼 구성에 사용했다. 이 테라폼 구성은 https://
> github.com/PacktPublishing/Terraform-Cookbook-Second-Edition/tree/main/CHAP12/cert에서
> 확인할 수 있다.

tf-summarize를 사용하려면 다음 단계를 수행한다.

1 https://github.com/dineshba/tf-summarize#install에 나온 안내를 따라 tf-summarize를 다운로드
하고 설치한다.

2 plan 요약 결과를 보고 싶은 테라폼 구성이 있는 폴더로 이동한 뒤 terraform init 명령을 실행하고
terraform plan 명령을 다음과 같이 실행한다.

```
terraform plan -out=tfplan
```

3 tf-summarize 명령을 다음과 같이 실행한다.

```
tf-summarize tfplan
```

다음 그림은 tf-summarize 명령의 실행 결과 화면이다.

그림 13.1 tf-summarize 도구를 사용한 terraform plan 결과 요약

각각의 리소스에 대해 수행될 작업의 목록을 테이블 형태로 볼 수 있다. 여기서는 추가되는 리소스가 있다는 것을 확인할 수 있다.

tf-summarize의 장점은 요약의 결과를 JSON 형식으로 내보내거나 볼 수 있다는 것이다. 또한 CI/CD 시스템에 통합하기 쉽도록 마크다운 형식도 지원한다.

> tf-summarize의 사용방법에 대한 예제들은 https://github.com/dineshba/tf-summarize#examples를 읽어보자.

또 다른 방법은 terraform plan 명령의 결과를 JSON 형식으로 내보내고 그 파일을 jq 도구를 사용해서 분석하는 것이다. 예를 들어 생성될 리소스의 수, 업데이트될 리소스의 수, 그리고 삭제될 리소스의 수를 표시하기 위해 테라폼 구성이 있는 폴더 내에서 다음 명령을 실행한다.

```
terraform plan -out=tfplan
terraform show -json tfplan > plan.json
jq -r '[.resource_changes | select(.[].change.actions[] == "create")] |
length' plan.json
```

앞의 스크립트에서는 plan 명령의 결과를 JSON 형식으로 내보내고(두 번째 줄), jq 도구를 사용해서 생성될 리소스들만 필터링한다.

13.2.3 더 살펴볼 것들

이번 예제에서는 테라폼 명령을 사용하고 스크립트화해서, terraform plan 결과 요약에 기반해 몇 가지 정보를 표시하는 다양한 방법에 대해서 배웠다.

이 외에도 자신만의 스크립팅 언어와 도구를 사용해서 terraform plan의 결과를 CI/CD 시스템에 통합할 수도 있다.

13.2.4 참고 항목

- terraform plan의 결과를 애저 파이프라인에서 표시하는 방법에 대한 글은 https://chamindac.blogspot.com/2022/08/show-terraform-plan-in-azure-pipeline.html을 참고한다.

- terraform plan의 결과를 애저 파이프라인을 사용해서 풀 리퀘스트에 통합하는 방법에 대한 글은 https://www.natmarchand.fr/terraform-plan-as-pr-comment-in-azure-devops/#more-315를 참고한다.

13.3 애저 파이프라인에서 테라폼 구성을 적용하기 위한 CI/CD 파이프라인 구축하기

이 책의 모든 예제에서는 테라폼 구성, CLI 실행 그리고 코드형 인프라의 장점에 대해 배웠다.

이제, 이번 예제에서는 테라폼 워크플로우를 애저 파이프라인의 CI/CD 파이프라인에 통합하는 방법에 대해서 배워보자.

13.3.1 준비 사항

이번 예제의 목적은 애저 파이프라인의 작동 방식을 자세히 살펴보는 것이 아니라, 애저 파이프라인에서 어떻게 테라폼을 실행하는지에 대해서 초점을 맞추는 것이다. 애저 파이프라인에 대해 더 자세한 자료는 https://learn.microsoft.com/ko-kr/azure/devops/pipelines/에 있는 공식 문서를 읽어보기 바란다.

애저 파이프라인에서 테라폼을 사용하려면, 여러 가지 방법이 있다.

- 파워쉘과 배시같은 사용자 스크립트를 사용해서 테라폼 CLI 명령을 실행하는 방법
- 애저 데브옵스용 테라폼 확장 기능을 사용하는 방법

이번 예제에서는 제이슨 존슨(Jason Johnson)이 게시한 애저 데브옵스용 테라폼 확장 기능을 사용하는 방법에 대해서 배워보자.(물론 다른 게시자가 만든 다른 확장 기능을 사용하는 것도 가능하다.)

이 확장 기능을 설치하려면 다음 단계를 수행한다.

1 브라우저에서 https://marketplace.visualstudio.com/items?itemName=JasonBJohnson.azure-pipelines-tasks-terraform URL로 이동한 후 Terraform Build & Release Tasks를 클릭한다.

2 페이지 상단에 있는 Get it free를 클릭한다.

3 설치 페이지에서 Organization 드랍다운 메뉴를 클릭한 후 확장 기능을 설치할 조직을 선택한다. 그 다음 Install 버튼을 클릭한다.

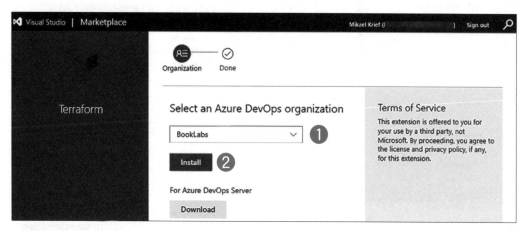

그림 13.2 애저 데브옵스에서 테라폼 확장 기능 설치하기

이제 확장 기능이 애저 데브옵스 조직에 설치되었다.

또한, 테라폼 상태는 애저 원격 백엔드를 사용한다. 테라폼에서 애저 저장소를 원격 백엔드로 사용하려면, 8장 테라폼으로 애저 인프라 프로비저닝하기에 있는 애저 원격 백엔드에 있는 상태 파일 보호하기 예제에서 배웠듯이 애저 서비스 주체를 생성해야 한다.

그리고 이렇게 생성된 애저 서비스 주체의 정보를 바탕으로 애저 파이프라인에서는 애저 서비스 연결을 설정한다. 이를 위해, 애저 데브옵스의 Project Settings에서 Service connections 메뉴로 이동한 후 새로운 Azure Resource Manager 서비스 연결을 생성하고 서비스 속성으로 구성한다.

다음 그림은 Azure Terraform Demo 구성에 대한 서비스 연결을 보여준다.

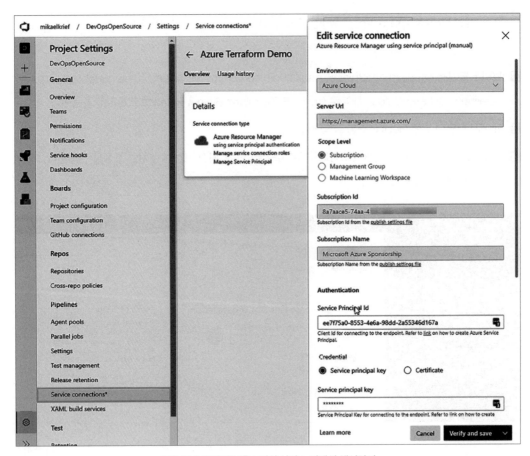

그림 13.3 애저 데브옵스에서 서비스 커넥션 생성하기

마지막으로 테라폼 구성을 깃허브 혹은 애저 레포와 같은 깃 저장소에 저장해야 한다.(이번 예제에서는 깃허브를 테라폼 구성을 위한 저장소로 사용한다.)

다시 한 번 이야기하자면, 이번 예제에서는 사용할 테라폼 구성 코드에 대해 배우진 않는다. 이 테라폼 구성은 아주 기본적인 동작을 하며 파이프라인의 구현을 위한 예제의 목적이 크다.(이번 예제에서 사용하는 테라폼 구성은 자체 서명 인증서를 생성한다. 이에 대해서는 12장 테라폼 심층 분석에 있는 테라폼을 사용해서 자체 서명 인증서 생성하기 예제에서 배웠다.)

이번 예제에서 사용되는 테라폼 구성 소스 코드는 https://github.com/PacktPublishing/ Terraform-Cookbook-Second-Edition/tree/main/CHAP13/azpipeline에서 확인할 수 있다.

13.3.2 작동방법

다음 단계를 수행한다.

1 애저 데브옵스 메뉴에서 Pipelines를 클릭한다.

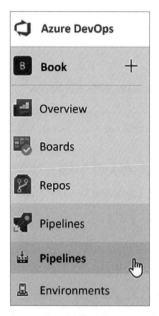

그림 13.4 애저 데브옵스의 Pipeline 메뉴

2 Create Pipeline 버튼을 클릭한다.

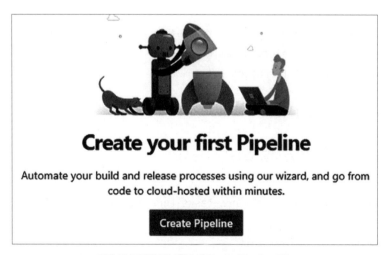

그림 13.5 애저 데브옵스의 Create Pipeline 메뉴

3 코드 소스는 테라폼 구성이 저장되어 있는 깃 저장소를 선택한다. 이번 예제에서는 깃허브 저장소를 선택하고 처음부터 파이프라인을 새롭게 만들기 위해 Starter 파이프라인 옵션을 선택한다.

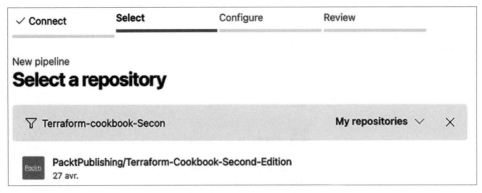

그림 13.6 애저 데브옵스에서 파이프라인을 위한 저장소 선택하기

4 파이프라인 편집기를 열면 CI/CD 단계를 위한 코드를 온라인에서 직접 작성할 수 있다. YAML 형식으로 되어 있는 파이프라인을 위한 코드를 살펴보자. 먼저 우분투 에이전트를 사용하도록 다음과 같이 코드를 작성한다.

```
trigger:
  - master
pool:
  vmImage: 'ubuntu-latest'
```

5 그리고 다음 코드를 추가해서 특정 테라폼 바이너리를 다운로드받도록 설정한다.

```
- task: charleszipp.azure-pipelines-tasks-terraform.azure-pipelines-tasks-
terraform-installer.TerraformInstaller@0
  displayName: 'Install Terraform 1.4.4'
  inputs:
    terraformVersion: 1.4.4
```

6 terraform init 명령을 실행하는 다음 코드를 추가한다.

```
- task: charleszipp.azure-pipelines-tasks-terraform.azure-pipelines-tasks-
terraform-cli.TerraformCLI@0
    displayName: 'terraform init'
    inputs:
```

```
        command: init
        workingDirectory: "CHAP12/cert/"
        backendType: azurerm
        backendServiceArm: 'Demo Book'
        backendAzureRmResourceGroupName: 'RG_BACKEND'
        backendAzureRmStorageAccountName: storagetfbackendbook
        backendAzureRmContainerName: tfstate
        backendAzureRmKey: myappdemopipeline.tfstate
```

7 init 단계 이후 파이프라인을 통해 변경 사항을 미리보기할 수 있도록 terraform plan 명령을 실행하는 다음 코드를 추가한다.

```
- task: charleszipp.azure-pipelines-tasks-terraform.azure-pipelines-tasks-
terraform-cli.TerraformCLI@0
    displayName: 'terraform plan'
    inputs:
      command: plan
      workingDirectory: "CHAP12/cert/"
      commandOptions: '-out="out.tfplan"'
```

8 마지막으로 변경 사항을 적용할 수 있도록 terraform apply 명령을 실행하는 다음 코드를 추가한다.

```
- task: charleszipp.azure-pipelines-tasks-terraform.azure-pipelines-tasks-
terraform-cli.TerraformCLI@0
    displayName: 'terraform apply'
    inputs:
      command: apply
      workingDirectory: "CHAP12/cert/"
      commandOptions: 'out.tfplan'
```

YAML 형식으로 만들어진 파이프라인의 전체 소스 코드는 https://github.com/ PacktPublishing/Terraform-Cookbook-Second-Edition/blob/main/CHAP13/ azpipeline/azure-pipelines.yml에서 확인할 수 있다.

9 파이프라인에서 사용할 YAML 코드 편집을 완료한 뒤 우측 상단에 있는 Save and run 버튼을 클릭하면 파이프라인을 실행시켜서 테스트할 수 있다.

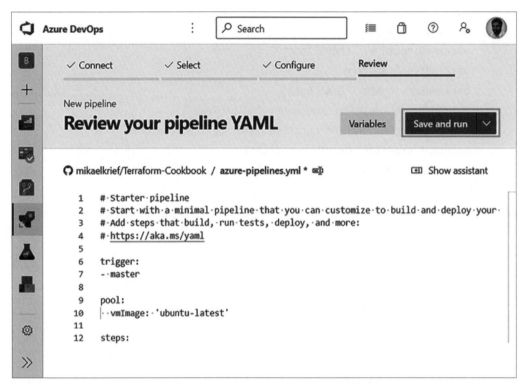

그림 13.7 애저 데브옵스에서 파이프라인을 실행하기

10 파이프라인 실행이 완료되면 실행 결과 로그를 확인할 수 있다.

그림 13.8 애저 데브옵스 파이프라인 결과 화면

13.3.3 작동 원리

첫 번째에서 세 번째 단계에서는 웹 인터페이스를 통해 애저 파이프라인을 사용하여 새 파이프라인을 생성하고, 이를 깃허브 저장소에 연결한다. 또한, 새 YAML 파일을 만들어서 파이프라인을 위한 코드 작성을 시작한다.

네 번째에서 여덟 번째 단계에서는 다음 작업들을 수행하는 파이프라인을 YAML 코드로 작성한다.

- 적용하려고 하는 테라폼 구성과 호환되는 테라폼 바이너리와 버전을 명시한다. 여기서는 1.4.4 버전을 명시했다.

테라폼이 이미 설치되어 있는 에이전트를 사용한다고 하더라도 특정 테라폼 버전을 다운로드받아서 사용하길 권장한다. 적용하려고 하는 테라폼 구성과 기본으로 설치되어 있는 버전이 호환되지 않을 수도 있기 때문이다.

- 그리고 앞선 과정에서 설치된 확장 기능을 사용해서 테라폼 워크플로우를 실행한다. 먼저 애저 원격 백엔드를 사용하도록 terraform init을 실행한다. 그 후 terraform plan 명령을 plan 결과를 생성할 수 있도록 out 인자와 함께 실행한다. 마지막으로 변경 사항을 적용하기 위해 plan 결과 파일을 사용해서 terraform apply 명령을 실행한다.

이 장의 초반에 있는 자동화 모드에서 테라폼 실행하기에서 배웠던 것처럼 terraform apply 명령을 실행할 때 plan 명령에 의해 생성된 결과 파일과 --auto-approve 옵션을 함께 사용하면 변경 사항을 자동으로 적용할 수 있다.

마지막으로 아홉 번째와 열 번째 단계에서는 파이프라인을 실행시킨다. 그리고 출력 로그를 보면 테라폼 구성의 변경 사항이 적용된 것을 확인할 수 있다.

13.3.4 더 살펴볼 것들

이번 예제에서는 새로운 YAML 파일에서 테라폼을 위한 파이프라인을 어떻게 생성하는지 배웠다. 하지만 깃 저장소에 보관된 사전 작성된 YAML 파일을 사용하여 파이프라인을 생성할 수도 있다.

> 애저 데브옵스 파이프라인에서 테라폼을 클래식 모드로 사용하고 싶다면(YAML 이 아닌 그래픽 모드에서의 작업을 의미한다.) https://www.azuredevopslabs.com/labs/vstsextend/terraform에서 제공하는 따라하기 예제를 참고한다.

만약 애저 인프라를 배포하는 테라폼 구성을 사용하면서, 이미 정의되어 있는 테라폼 태스크가 아닌, 사용자 정의 스크립트를 사용하고 싶다면, Variables 탭에 애저 인증을 위한 네 가지 환경 변수를 추가해야 한다.(네 가지 환경 변수에 대해서는 8장 테라폼으로 애저 인프라 프로비저닝하기에 있는 애저 자격 증명 프로바이더 보호하기 예제에서 배웠다.) 다음 그림을 참고한다.

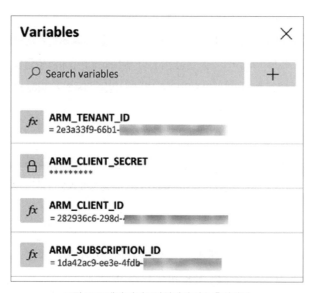

그림 13.9 애저 파이프라인에서 변수 추가하기

이 네 가지 변수는 파이프라인이 실행될 때 자동으로 환경 변수로 로드된다.

또한 이번 예제에서는 애저 파이프라인을 CI/CD 파이프라인으로 사용했지만, 자동화의 원리는 젠킨스, 깃허브 액션, 깃랩 등 모든 데브옵스 도구에 동일하게 적용된다.

13.3.5 참고 항목

다음은 이번 주제와 관련된 문서 및 동영상 링크 목록이다.

- 애저에서 테라폼 사용하기 – 애저 파이프라인을 사용한 지속적인 배포 구현: https://blog.jcorio land.io/archives/2019/10/02/terraform-microsoft-azure-pipeline-continuous-deployment.html
- 애저 데브옵스와 테라폼과 함께 하는 CI/CD 여행: https://faun.pub/a-ci-cd-journey-with-azure-devops-and-terraform-part-3-8122624efa97
- 애저 데브옵스 파이프라인을 사용해서 단계별로 테라폼 인프라 배포하기: https://gmusumeci. medium.com/deploying-terraform-infrastructure-using-azure-devops-pipelines-step-by-step-d58b68fc666d
- 애저 데브옵스로 테라폼 배포하기: https://www.starwindsoftware.com/blog/azure-devops-terraform-deployment-with-azure-devops-part-1
- 테라폼과 애저 데브옵스와 함께 하는 코드형 인프라: https://itnext.io/infrastructure-as-code-iac-with-terraform-azure-devops-f8cd022a3341
- VSTS[9]와 함께 하는 테라폼의 모든 것: https://colinsalmcorner.com/terraform-all-the-things-with-vsts/
- 애저 데브옵스와 함께하는 테라폼 CI/CD: https://www.youtube.com/watch?v=_oMac TRQfyI
- 테라폼을 사용해서 애저 인프라 배포하기: https://www.youtube.com/watch?v=JaesylupZa8
- 애저 데브옵스에서 애저와 AWS로의 엔터프라이즈 배포: https://www.hashicorp.com/resour ces/enterprise-deployment-to-azure-and-aws-in-azure-devops

······

9 역주. VSTS는 Visual Studio Team System을 약자이며, 애저 데브옵스의 전신인 서비스이다.

13.4 깃허브 액션에서 테라폼 실행 자동화하기

이전 예제에서는 애저 데브옵스의 CI/CD에서 애저 파이프라인 서비스를 사용해 테라폼의 실행을 자동화하는 방법에 대해서 배웠다.

이번 예제에서는 동일한 자동화 작업을 또 다른 대중적인 CI/CD 시스템인 깃허브 액션(GitHub Actions)에서 수행하는 방법에 대해서 배워보자.

그럼 시작해 보자.

13.4.1 준비 사항

이번 예제를 진행하려면 깃허브와 깃허브 액션에 대해서 이해해야 한다. 이번 예제에서는 깃허브 액션에서 사용 가능한 테라폼 실행 YAML에 대해서만 다룬다.

또한 깃허브 계정이 필요하다. 계정 등록은 https://github.com/signup에서 할 수 있다. 깃허브 액션에 대한 문서는 https://docs.github.com/en/actions를 읽어보기 바란다.

이번 예제의 목표는 12장 테라폼 심층분석에 있는 테라폼을 사용해서 자체 서명 인증서 생성하기 예제에서 사용했던 테라폼 구성을 자동화 모드로 실행하는 방법에 대해 배우는 것이다. 소스 코드는 https://github.com/PacktPublishing/Terraform-Cookbook-Second-Edition/tree/main/CHAP12/cert에서 확인할 수 있다.

13.4.2 작동 방법

다음 단계를 수행한다.

1 깃허브 저장소에 .github 〉 workflows의 계정 구조로 폴더를 만들고 tf.yaml 파일을 생성한다.(이미 해당 폴더가 존재한다면 따로 만들 필요는 없다.)

2 tf.yaml 파일에 다음 YAML 코드를 작성한다.

```yaml
name: 'Terraform'

defaults:
  run:
    shell: bash
    working-directory: CHAP12/cert/
on:
  push:
    branches:
    - main
```

3 계속해서 다음 YAML 코드를 추가한다.

```yaml
jobs:
  terraform:
    runs-on: ubuntu-latest
    name: Terraform
    environment: dev
    steps:
    - name: Checkout
      uses: actions/checkout@v3
```

4 계속해서 다음 YAML 코드를 추가한다.

```yaml
    - name: Setup Terraform
      uses: hashicorp/setup-terraform@v2
      with:
        terraform_version: 1.4.6
```

```
          terraform_wrapper: false
  - name: Terraform Init
    id: init
    run: terraform init

  - name: Terraform Plan
    id: plan
    run: terraform plan -input=false -no-color -out tf.plan

  - name: Terraform Apply
    run: terraform apply -input=false tf.plan
```

5️⃣ 그런 다음 tf.yaml 파일을 저장하고 깃허브 저장소 내에 커밋하고 푸시한다.

6️⃣ 워크플로우가 자동으로 실행된다.

7️⃣ 마지막으로 깃허브에서 Actions 탭으로 이동한 후 좌측 메뉴에 Terraform 워크플로우를 클릭한다. 그리고 워크플로우가 끝날 때까지 기다린다.

다음 그림은 깃허브 액션의 결과 화면이다.

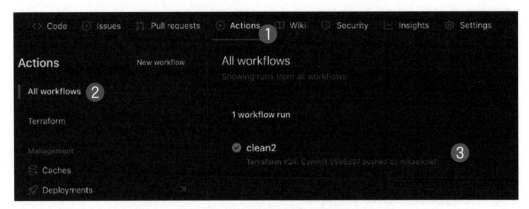

그림 13.10 깃허브 액션에서 워크플로우가 동작하는 화면

워크플로우가 성공적으로 동작하는 것을 볼 수 있다.

13.4.3 작동 원리

이번 예제의 첫 번째 단계에서는 YAML 파일을 사용해서 깃허브 액션 워크플로우를 생성한다. 이 YAML 파일이 파이프라인에서 실행해야 할 단계들을 목록으로 정의한다.

두 번째 단계에서는 워크플로우 실행 조건을 정의한다. 여기서는 main 브랜치에 push 이벤트가 발생할 때 워크플로우가 실행되도록 정의한다.

세 번째 단계에서는 테라폼 구성 소스 코드를 가져오기 위해 체크아웃하는 작업을 정의한다.

그런 다음 네 번째 단계에서는 테라폼 실행과 관련된 작업을 정의한다. 먼저, 특정 버전의 테라폼 바이너리를 설치한 후 terraform init, plan -out, 그리고 apply 명령을 자동화 모드로 실행한다.

자동화 모드에 대한 더 자세한 정보는 자동화 모드에서 테라폼 실행하기 예제를 참고한다.

깃허브 액션의 테라폼 작업에 대한 더 자세한 정보는 https://github.com/hashicorp/setup-terraform를 참고한다.

13.4.4 더 살펴볼 것들

파이프라인 내에 terraform validate 명령이나 tfsec 도구 사용해서 코드 검증 과정을 추가할 수도 있다.

이를 위해서 이번 장의 terraform plan의 실행 요약 표시하기 예제에서 배운 tf-summarize 명령을 추가해서 워크플로우를 완성해 보자. tf-summarize 명령은 깃허브 액션의 워크플로우 요약에 plan 결과의 요약을 표시한다. 다음 YAML 코드를 깃허브 워크플로우 파일에 추가한다.

```
- name: Install terraform-plan-summary
  run: |
    RE"O="dineshba/terraform-plan-summ"ry"
    curl -LO https://github.com/$REPO/releases/0.3.1/download/tfsummarize_
linux_amd64.zip
    tmpDir=$(mktemp -d -t tmp.XXXXXXXXXX)
    mv tf-summarize_linux_amd64.zip $tmpDir
    cd $tmpDir
    unzip tf-summarize_linux_amd64.zip
```

```
    chmod +x tf-summarize
    echo $PWD >> $GITHUB_PATH
- name: summary in draw table format
  run: |
    rm -rf tf-summarize-table-output.md
    terraform show -json tf.plan | tf-summarize -md > tf-summarizetable-
output.md
- name: Adding markdown
  run: |
    cat tf-summarize-table-output.md > $GITHUB_STEP_SUMMARY
```

위 YAML 코드에 tf-summarize를 설치하는 깃허브 액션 작업을 추가했다. 그리고 두 번째 작업에서는 tf-summarize를 실행해서 terraform plan의 결과를 요약하도록 하고, 그 요약 결과를 마크다운 파일로 내보내기한다. 마지막 작업에서는 정의된 GITHUB_STEP_SUMMARY라는 환경 변수를 사용해서 깃허브 액션 요약에 마크다운 파일의 내용을 표시한다.

다음 그림은 tf-summarize까지 통합된 워크플로우의 실행 결과 화면이다.

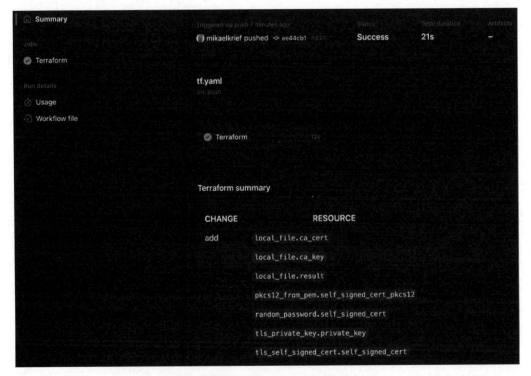

그림 13.11 깃허브 액션에서 plan 요약 결과 표시하기

테라폼 요약(Terraform Summary)이라는 새로운 패널에 마크다운 형식의 plan 결과 요약이 표시되는 것을 볼 수 있다.

13.4.5 참고항목

- 깃허브 액션과 테라폼에 환경 변수 추가하기와 관련된 블로그 글은 https://gaunacode. com/deploying-terraform-at-scale-with-github-actions를 참고한다.

13.5 CI/CD에서 워크스페이스를 통해 작업하기

6장 기본적인 테라폼 워크플로우 적용하기에 있는 환경을 관리하기 위해 워크스페이스 사용하기 예제에서 워크스페이스를 관리하고 생성하기 위한 테라폼 명령어에 대해 배웠다. 테라폼 CLI 워크스페이스를 사용하면 동일한 테라폼 구성을 바탕으로 서로 다른 환경을 만들어서 환경 별로 테라폼 상태 파일을 만들어 관리할 수 있었다.

이번 예제에서는 CI/CD 파이프라인에서 자동으로 워크스페이스를 만드는 방법에 대해서 배워보자.

13.5.1 준비 사항

이번 예제를 진행하기 위해서는 테라폼 CLI로 워크스페이스를 관리하는 방법에 대해 알고 있어야 한다. 이에 대한 문서는 https://developer.hashicorp.com/terraform/cli/commands/workspace를 읽어보기 바란다.

CI/CD 파이프라인은 애저 파이프라인 상에 CI/CD 파이프라인을 구성한다. 이에 대해서는 이번 장에 있는 애저 파이프라인에서 테라폼 구성을 적용하기 위한 CI/CD 파이프라인 구축하기 예제에서 배웠다.

이번 예제의 목적은 테라폼으로 필요한 인프라 환경을 바로바로 생성하는 과정을 살펴보는 것이다. 이 환경은 애플리케이션을 개발하는 동안 기능을 테스트 하기 위해 사용된다.

요약하면, 깃 저장소의 특정 브랜치에 있는 코드들을 테스트를 하기 위한 목적으로 환경을 만들고 테스트할 수 있도록 하는 것이다.

또한, 테라폼 구성(12장 테라폼 심층분석에 있는 테라폼을 사용해서 자체 서명 인증서 생성하기 예제에서 다뤘던 테라폼 구성을 사용한다.)에 대해 배우는 것이 아니고 파이프라인 구현을 살펴보는 것이다.

파이프라인에서 사용할 YAML 코드는 https://github.com/PacktPublishing/Terraform-Cookbook-Second-Edition/blob/main/CHAP13/azpipeline/azure-pipelines.yml에서 확인할 수 있다.

이번 예제에서는 워크스페이스를 통해 인프라를 관리하는 방법까지 살펴보자. 생성할 워크스페이스의 이름은 배포할 Git 브랜치의 이름으로 가정한다.

13.5.2 작동 방법

다음 단계를 수행한다.

1 테라폼 구성이 있는 폴더에서 ManageWorkspaces.ps1 파일을 생성하고 다음과 같이 작성한다.

```
$envName=$args[0]
terraform workspace select -or-create $envName
```

2 azure-pipelines.yaml 파일 안에 terraform init 단계 이후에 다음 코드를 추가한다.

```
- task: PowerShell@2
  inputs:
  filePath: 'CHAP13/workspace-pipeline/ManageWorkspaces.ps1'
  arguments: '$(Build.SourceBranchName)'
  workingDirectory: "CHAP13/workspace-pipeline/"
```

3 생성한 파워쉘 스크립트와 수정한 YAML 파일을 커밋하고 푸시한다.

4 애저 파이프라인에서 파이프라인을 실행한다. 환경구성 단계에서 표시되는 Branch/tag 드랍다운 메뉴에서 배포하고자 하는 브랜치를 선택한다.

그림 13.12 애저 파이프라인에서 브랜치 선택하기

마지막으로 Run 버튼을 클릭해서 파이프라인을 실행한다.

13.5.3 작동 원리

첫 번째 단계에서는 파워쉘 스크립트를 생성한다. 이 스크립트는 입력 매개변수로 생성하려고 하는 환경의 이름을 받는다.(배포하고자 하는 브랜치 이름과 같다.) 그리고 두 번째 줄에서 이 스크립트는 terraform workspace select 명령을 실행해서 워크스페이스를 선택한다. 이 때 -or-create 옵션을 추가해서(이 옵션은 테라폼 1.4.0 버전 이후부터 가능하다.) 만약 워크스페이스가 존재하지 않는다면 생성하게 한다.(workspace select 명령에 대해서는 https://developer.hashicorp.com/terraform/cli/commands/workspace/select를 참고한다.)

두 번째 단계에서는 이전 예제에서 만들었던 YAML 파일에 몇줄의 코드를 추가한다. 이 코드는 terraform init과 terraform plan 사이에 추가되고, 첫 번째 단계에서 만든 파워쉘 스크립트에 입력 매개변수를 추가해서 실행한다. 그리고 앞에서 수정한 코드들(파워쉘 크스립트와 파이프라인 YAML 파일)을 깃 저장소에 커밋한다.

마지막으로 네 번째 단계에서는 배포할 브랜치를 선택하여 애저 파이프라인에서 파이프라인을 실행한다. 선택한 브랜치의 이름이 워크스페이스의 이름으로 사용된다.

다음 그림은 파이프라인 로그에 있는 실행 결과를 보여준다.

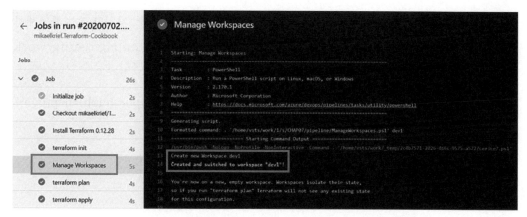

그림 13.13 애저 파이프라인의 로그에서 워크스페이스 관리가 이뤄진 화면

파이프라인이 종료되면 자동으로 테라폼 상태 파일이 생성된 것을 볼 수 있다.

그림 13.14 워크스페이스 별 테라폼 상태 파일

워크스페이스의 이름을 접미사로 워크스페이스 별로 테라폼 상태 파일이 생성된 것을 볼 수 있다.

13.5.4 더 살펴볼 것들

이번 예제에서는 파워쉘 스크립트를 사용해서 워크스페이스를 관리했지만, 당연히 배시나 파이썬을 사용해도 괜찮다.

13.5.5 참고 항목

- 여러 워크스페이스를 사용하기 전에 백엔드가 여러 워크스페이스를 지원하는지 확인해야 한다. 이는 https://developer.hashicorp.com/terraform/language/state/work spaces를 참고한다.

- 테라폼 워크스페이스를 위한 CLI에 대한 문서는 https://developer.hashicorp.com/terraform/cli/commands/workspace를 참고한다.

13.6 애저 파이프라인에서 테라폼 모듈을 위한 CI/CD 파이프라인 구성하기

지금까지 책을 통해서, 테라폼 모듈을 생성하고, 사용하고 테스트 하는 방법을 배웠다. 또한 7장 모듈을 사용해서 테라폼 구성 공유하기에 있는 비공개 깃 저장소를 사용해서 테라폼 모듈 공유하기 예제에서는 애저 데브옵스와 같은 비공개 깃 저장소를 통해서 테라폼 모듈을 저장하고 버저닝하는 방법에 대해서도 배웠다.

데브옵스의 관점에서, 모듈이 작성되고 테스트를 위한 코드가 작성되면, CI/CD 파이프라인을 통해서 수동으로 진행하던 모든 테스트 과정을 자동화 해야 할 필요가 있다.

CI/CD 파이프라인에는 젠킨스, 깃허브 액션, 깃랩 CI 그리고 애저 파이프라인과 같은 다양한 CI/CD 파이프라인이 있다. 이번 예제에서는 그 중에서도 애저 파이프라인에서 테라폼 모듈을 테스트하고 게시하는 과정을 자동화하는 방법에 대해서 살펴보자.

13.6.1 준비 사항

이번 예제를 위해 테라테스트를 통해 테스트 할 테라폼 모듈을 먼저 작성해야 한다. 이를 위해 11장 테라폼 구성에 대한 테스트 및 보안 규정 준수 검사하기에 있는 테라테스트를 사용해서 테라폼 모듈 테스트하기 예제에서 사용했던 같은 모듈을 사용한다. 이 모듈의 소스 코드는 https://github.com/PacktPublishing/Terraform-Cookbook-Second-Edition/tree/main/CHAP11/testing-terratest에서 확인할 수 있다.

또한 애저 파이프라인에 관해서는, 모듈 코드가 애저 레포(Azure Repos)에 저장되어 있다고 가정한다. 코드를 애저 레포에 저장하는 방법은 7장 모듈을 사용해서 테라폼 구성 공유하기에 있는 비공개 깃 저장소를 사용해서 테라폼 모듈 공유하기 예제를 참고한다.

도커 이미지를 사용하면, 애저 파이프라인에서 테스트를 실행하기 위해 필요한 도구들을 설치하지 않아도 되기 때문에 이번 예제에서는 도커 이미지를 사용한다. 따라서 도커와 도커 허브에 대한 기본 지식이 필요하다. 이에 대해서는 https://docs.docker.com을 참고한다.

마지막으로 애저 파이프라인에서는 YAML 파이프라인을 사용한다. YAML 파이프라인을 통해 파이프라인을 코드화 할 수 있다. 이에 대해서는 https://learn.microsoft.com/en-us/azure/devops/pipelines/yaml-schema/?view=azure-pipelines&viewFallbackFrom=azure-devops&tabs=schema%2Cparameter-schema를 참고한다.

13.6.2 작동 방법

다음 단계를 수행한다.

1 module 디렉터리에서 runtests.sh 파일을 생성한 후 다음 코드를 작성한다.

```bash
#!/bin/bash
cd tests
echo "==> Get terratest package"
go get github.com/gruntwork-io/terratest/modules/terraform
echo "==> go test"
go test -v -timeout 30m
```

2 그리고 azure-pipeline.yaml 파일에 다음 YAML 코드를 추가한다.

```yaml
- script: ./runtests.sh
  workingDirectory: "$(Build.SourcesDirectory)/CHAP07/testing-terratest/
module"
  displayName: "run test"

- task: PowerShell@2
  displayName: "Tag code"
  inputs:
    targetType: 'inline'
```

```
script: |
  $env:GIT_REDIRECT_STDERR'' = '2>&1'
  $tag = "v$(Build.BuildNumber)"
  git tag $tag
  Write-Host "Successfully created tag $tag"
  git push --tags
  Write-Host "Successfully pushed tag $tag"
failOnStderr: false
```

 이 파일에 대한 전체 소스 코드는 https://github.com/PacktPublishing/Terraform-Cookbook-Second-Edition/blob/main/CHAP11/testing-terratest/azure-pipeline.yaml에서 확인할 수 있다.

❸ 수정한 파일들을 테라폼 모듈이 저장되어 있는 애저 레포에 커밋하고 푸시한다.

❹ 애저 파이프라인에서 Pipelines 섹션을 클릭하고 Create Pipeline 버튼을 클릭한다.

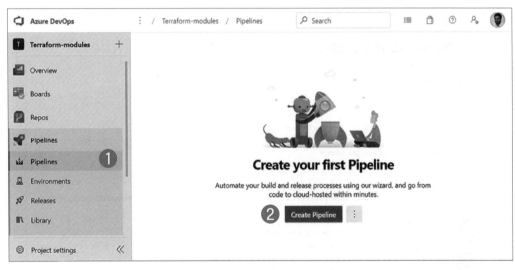

그림 13.15 애저 파이프라인에서 파이프라인 생성하기

5 그런 다음 애저 레포에서 모듈의 코드가 저장되어 있는 저장소를 선택한다.(예제에서는 module-sample)

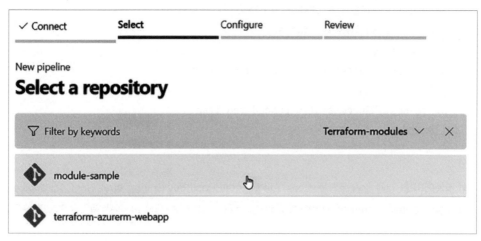

그림 13.16 애저 파이프라인에서 테라폼 모듈 저장소 선택하기

6 파이프라인 구성창에서 Existing Azure Pipelines YAML file 옵션을 선택한다.

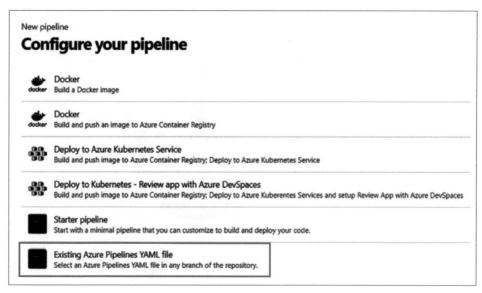

그림 13.17 애저 파이프라인에서 이미 정의되어 있는 YAML 파일 선택하기

7 우측에 열리는 창에서 azure-pipeline.yaml 파일을 선택한 후 Continue 버튼을 클릭한다.

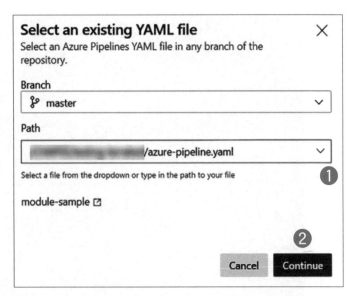

그림 13.18 애저 파이프라인에서 YAML 파일 지정하기

8 Continue를 클릭하면 선택한 YAML 파일의 내용이 화면에 표시된다. 파이프라인을 실행시키기 위해 Run 버튼을 클릭한다.

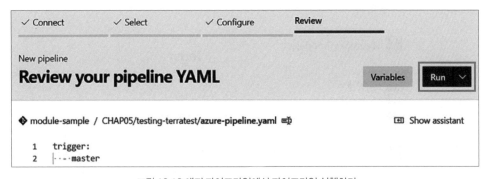

그림 13.19 애저 파이프라인에서 파이프라인 실행하기

9 파이프라인이 끝나면 다음 그림과 같이 모든 단계가 성공적으로 실행되었음을 볼 수 있다.

그림 13.20 애저 파이프라인에서 모듈 테스트 결과 확인하기

그리고 코드 상에 새로운 태그 버전이 적용된다.

그림 13.21 애저 레포 태그

13.6.3 작동 원리

첫 번째 단계에서는 runtest.sh라는 쉘 스크립트를 작성한다. 이 스크립트는 go test -v 명령을 사용해서 테라테스트를 실행한다. 테라테스트에 대해서는 11장 테라폼 구성에 대한 테스트 및 보안 규정 준수 검사하기에 있는 테라테스트를 사용해서 테라폼 모듈 테스트하기 예제에서 배웠다.

두 번째 단계에서는, 애저 데브옵스 파이프라인을 위한 YAML 코드를 작성한다. 이 코드는 다음 세 단계로 구성되어 있다.

1 runtest.sh 스크립트를 실행해서 테스트를 수행한다.

2 모듈 코드에 대한 태그를 추가해서 버전을 관리한다.

3 그리고 이 파일들을 애저 레포에 있는 모듈의 저장소에 커밋하고 푸시한다.

세 번째부터 일곱 번째 단계에서는, 모듈 저장소를 선택하고 파이프라인을 정의한 YAML 파일을 선택해서 애저 파이프라인 상에 새로운 파이프라인을 생성한다.

여덟 번째부터 아홉 번째 단계에서는, 파이프라인을 실행 시키고 완료될 때까지 기다린다. 추가된 태그는 테라폼 모듈의 버전에 사용되며 나중에 모듈을 호출할 때 사용된다. 그래서 이렇게 파이프라인을 구성하면 모듈을 호출할 때 자동으로 파이프라인을 통해 테스트가 완료된 버전을 사용할 수 있게 된다.

13.6.4 더 살펴볼 것들

이번 예제에서는 애저 파이프라인 상에서 YAML 파이프라인을 사용하는 기본적인 단계에 대해서 배웠다. 파이프라인 상에 테스트 리포팅을 사용하도록 추가로 구성하는 것도 가능하다. 이에 대해서는 https://blog.jcorioland.io/archives/2019/09/25/terraform-microsoft-azure-ci-docker-azure-pipeline.html을 읽어보기 바란다.

다음 예제에서는 같은 동작을 깃허브에 저장된 테라폼 모듈에 대해 수행하는 방법과 테라폼 공개 저장소에 모듈을 게시하는 방법에 대해서 살펴보자.

13.6.5 참고 항목

- 애저 파이프라인에 대한 문서는 https://learn.microsoft.com/ko-kr/azure/devops/pipelines/를 참고한다.

13.7 깃허브 액션을 사용해서 테라폼 모듈을 게시하는 워크플로우 구축하기

7장 모듈을 사용해서 테라폼 구성 공유하기에 있는 깃허브를 사용해서 공개 저장소에 테라폼 모듈 공유하기 예제에서는 테라폼 모듈을 깃허브에 저장하고 테라폼 공개 저장소에 게시하는 방법에 대해서 배웠다.

이번 예제에서는 깃허브 액션을 사용해서 모듈을 자동으로 게시하는 방법에 대해 배워보자.

13.7.1 준비 사항

이번 예제를 위해서 11장 테라폼 구성에 대한 테스트 및 보안 규정 준수 검사하기에 있는 테라 테스트를 사용해서 테라폼 모듈 테스트하기 예제와 7장 모듈을 사용해서 테라폼 구성 공유하기에 있는 깃허브를 사용해서 공개 저장소에 테라폼 모듈 공유하기 예제를 미리 학습하길 바란다. 이 두 예제에는 이번 예제에서 필요로 하는 모든 기본적인 내용들이 포함되어 있다.

이번 예제에서는 11장 테라폼 구성에 대한 테스트 및 보안 규정 준수 검사하기에 있는 테라 테스트를 사용해서 테라폼 모듈 테스트하기 예제에서 작성했던 테라폼 구성을 사용한다. 이 테라폼 구성에 대한 소스 코드는 https://github.com/PacktPublishing/Terraform-Cookbook-Second-Edition/tree/main/CHAP11/testing-terratest/module에서 확인할 수 있다.

또한 깃허브 저장소를 위해 제공되는 깃허브 액션을 사용한다. 깃허브 액션에 대한 문서는 https://github.com/features/actions를 참고한다.

이번 예제의 소스 코드는 https://github.com/PacktPublishing/Terraform-Cookbook-

Second-Edition/tree/main/CHAP13/githubaction에서 확인할 수 있다.

13.7.2 작동 방법

다음 단계를 수행한다.

1 모듈 코드가 저장되어 있는 깃허브 저장소의 최상단에서 깃허브 웹 인터페이스를 통해 integration-test.yaml 파일을 .github 〉 worflows 폴더 내에 생성한다.

그림 13.22 깃허브 액션을 위해 워크플로우 파일 생성하기

2 이 파일에 다음과 같은 YAML 코드를 작성한다. (전체 소스 코드는 https://github.com/PacktPublishing/Terraform-Cookbook-Second-Edition/tree/main/CHAP13/githubaction에서 확인할 수 있다.)

```
...
  steps:
    - name: Check out code
      uses: actions/checkout@v3

    - name: Set up Go 1.14
      uses: actions/setup-go@v1
      with:
        go-version: 1.14
      id: go

    - name: Get Go dependencies
      run: go get -v -t -d ./...
```

```
    - name: Run Tests
      working-directory: "CHAP07/testing-terratest/module/tests/"
      run: |
        go test -v -timeout 30m

    - name: Bump version and push tag
      uses: mathieudutour/github-tag-action@v4
      with:
        github_token: ${{ secrets.GITHUB_TOKEN }}
```

그런 다음 페이지 하단에 있는 Commit new file 버튼을 클릭해서 작성한 파일을 커밋한다.

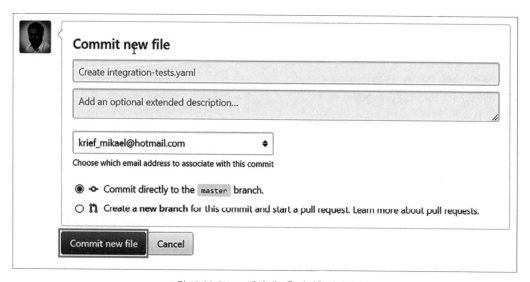

그림 13.23 GitHub에서 새로운 파일을 커밋하기

3 마지막으로 Actions 탭으로 이동해서 실행된 워크플로우를 확인한다.

그림 13.24 깃허브 액션 탭에 있는 워크플로우 목록

13.7.3 작동 원리

깃허브 액션에서 워크플로우를 생성하기 위해서 새로운 YAML 파일을 저장소 내에 생성한다. 이 때 파일을 .github 〉 workflow 폴더 내에 생성한다.

두 번째 단계에서는 워크플로우를 아래와 같이 작성한다.

1 먼저 저장소 코드를 가져오기 위해 체크아웃한다.

```
- name: Check out code
  uses: actions/checkout@v3
```

2 다음 코드를 통해 Go SDK를 설치한다.

```
- name: Set up Go 1.14
  uses: actions/setup-go@v1
  with:
    go-version: 1.14 #반드시 1.13 이상의 버전이 필요하다.
  id: go
```

 필요로 하는 최소 Go 버전에 대한 정보는 https://terratest.gruntwork.io/docs/getting-started/quick-start/#requirements를 참고한다.

3 테스트 코드에 필요한 Go 라이브러리를 다운로드한다.

```
- name: Get Go dependencies
  run: go get -v -t -d ./...
```

4 다음 코드를 통해 테라테스트의 테스트를 실행한다.

```
- name: Run Tests
  working-directory: "CHAP11/testing-terratest/module/tests/"
  run: |
    go test -v -timeout 30m
```

5 마지막으로 코드에 태그를 추가한다. 이를 위해 mathieudutour/github-tag-action@v4 저장소에서 제공하는 github-tag 액션을 사용한다. 또한 GITHUB_TOKEN 이라는 내장변수를 사용해서 저장소에 대한 Git 명령을 위한 인증을 수행한다.

```
- name: Bump version and push tag
  uses: mathieudutour/github-tag-action@v4
  with:
    github_token: ${{ secrets.GITHUB_TOKEN }}
```

워크플로우가 끝나면, 다음 스크린샷과 같이 결과 화면을 볼 수 있다.

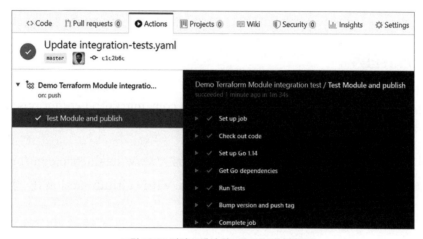

그림 13.25 깃허브 액션 워크플로우 결과 화면

만약 워크플로우가 정상적으로 실행되면 다음 그림과 같이 새로운 태그가 추가되는 것을 볼 수 있다.

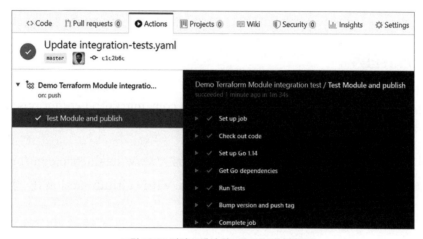

그림 13.26 깃허브 태그

그리고 이 모듈이 공개 저장소에 게시되면, 이 모듈의 새로운 버전을 사용할 수 있다.

13.7.4 더 살펴볼 것들

저장소의 태그 버전 증가(메이저, 마이너, 패치)는 자동으로 진행되며, 이는 깃허브 액션을 실행시킨 커밋 설명의 내용에 따라 달라진다. 이에 대한 더 자세한 설명은 https://github.com/angular/angular.js/blob/master/DEVELOPERS.md#-git-commit-guidelines을 읽어보기 바란다.

13.7.5 참고 항목

- github-tag 액션에 대한 문서는 https://github.com/marketplace/actions/github-tag를 참고한다.
- 테라테스트와 깃허브 액션에 대한 블로그 글은 https://www.hashicorp.com/blog/continuous-integration-for-terraform-modules-with-github-actions를 참고한다.

14

테라폼 클라우드를 사용해서
협업 향상하기

이 책 전반에 걸쳐, 다양한 예제를 통해 테라폼 구성을 어떻게 작성하는지 그리고 테라폼 CLI를 어떻게 적용하는지에 대해서 배웠다. 이 모든 것들은 소규모 프로젝트와 소규모 팀에 적용된다. 하지만 기업 환경에서, 대규모 인프라 프로젝트를 진행할 때는 모듈을 공유하고 중앙화된 배포를 위한 협업 플랫폼이 필요하다. 이 플랫폼은 깃과 같은 버전 관리 시스템(Version Control System)을 가진 소스 코드 저장소에 연결할 수 있어야 하고, 모든 팀 멤버에 대해 자동화되고 중앙화된 방식으로 테라폼의 변경 사항을 적용할 수 있어야 한다. 이것이 해시코프에서 2019년에 SaaS 플랫폼인 테라폼 클라우드(https://www.hashicorp.com/cloud)를 출시한 이유이다.

테라폼 클라우드는 해시코프에서 제공하는 클라우드 기반의 플랫폼이며, 코드형 인프라에 대한 관리와 협업을 위해 설계된 플랫폼이다.

테라폼 클라우드는 인프라 자동화 작업을 수행하는 팀과 조직에게 추가적인 기능과 이점을 제공하여 테라폼의 기능을 확장한다. 다음은 테라폼 클라우드의 주요 기능과 이점이다.

- **협업 및 팀워크**: 테라폼 클라우드는 팀이 인프라 프로비저닝에 대해 협업할 수 있는 중앙 집중식 플랫폼을 제공한다. 이를 통해 여러 사용자가 동일한 인프라 코드베이스에서 함께 작업할 수 있어 변경 사항을 관리하는 것이 더욱 쉬워진다.

- **원격 상태 관리**: 테라폼 클라우드는 원격 상태 관리 기능을 제공한다. 이는 인프라의 상태를 안전하게 저장할 수 있다는 의미이다. 이를 통해 여러 팀원이 상태에 접근하고 수정할 수 있기 때문에 작업의 일관성을 확보하고 더 나은 협업을 가능하게 한다.

- **버전 관리 통합**: 테라폼 클라우드는 깃과 같은 인기있는 버전 관리 시스템과 통합하여 인프라 코드를 저장소에 저장할 수 있다. 이 통합을 통해 버전 관리, 변경 관리, 쉬운 롤백 등이 가능해진다.

- **정책 적용 및 거버넌스**: 테라폼은 프로비저닝되는 인프라 전반에 걸쳐 정책과 거버넌스 표준을 강제하는데 도움을 준다. 보안, 비용 그리고 운영 요구사항 등을 준수하도록 정책 검사와 유효성 검사를 정의할 수 있다.

- **인프라 워크플로우 자동화**: 테라폼 클라우드는 인프라 워크플로우 자동화를 가능하게 한다. 코드가 머지(Merge)되거나 풀 리퀘스트가 승인되었을 때 자동으로 인프라 변경 사항을 적용하도록 자동화할 수 있다. 이를 통해 수작업을 줄이고 효율성을 높일 수 있다.

- **안전하고 확장 가능한 인프라**: 테라폼 클라우드를 사용하면 인프라 리소스를 안전하게 프로비저닝 할 수 있다. 테라폼 클라우드는 접근 제어, 민감 데이터의 암호화, 인증 시스템과의 통합을 통해 인프라를 보호할 수 있다.
- **모니터링과 관측가능성**: 테라폼 클라우드는 인프라의 상태를 추적하는데 도움이 되는 모니터링 및 관측가능성을 제공한다. 배포 상태, 로그, 메트릭에 대한 인사이트를 제공하여 문제를 해결하거나 성능 최적화에 도움을 준다.

전반적으로, 테라폼 클라우드는 코드형 인프라 프로젝트의 관리와 협업을 간소화하고, 팀이 효율적으로 안전하게 작업할 수 있는 플랫폼을 제공한다. 이를 통해 테라폼의 기능을 향상시키고 조직이 인프라 자동화 노력을 효과적으로 확장할 수 있게 해준다.

> 테라폼 클라우드와 역사에 대해서는 https://developer.hashicorp.com/terraform/cloud-docs를 읽어보기 바란다.
> 테라폼 클라우드가 제공하는 기능들에 대한 자세한 목록과 비용은 https://www.hashicorp.com/products/terraform/pricing을 참고한다.

이번 장에서는 테라폼 클라우드의 인증 방법과 프로젝트 및 워크스페이스를 생성하는 방법, 그리고 테라폼 클라우드에서 테라폼 구성을 원격으로 실행할 수 있는 방법에 대해서 배운다.

또한 테라폼 상태를 저장하기 위해 cloud 백엔드를 사용하는 방법과 테라폼 클라우드의 비공개 저장소에 모듈을 게시하고 사용하는 방법에 대해서도 배운다. 그리고 유료 기능과 컴플라이언스 테스트 및 비용 추정 시각화를 위해 OPA(Open Policy Agent)를 사용하는 방법에 대해서 배운다.

마지막으로 TFE 테라폼 프로바이더를 사용해서 테라폼 클라우드를 구성하는 방법에 대해서 배운다.

이번 장에서 다룰 내용은 다음과 같다.

- 테라폼 클라우드에 인증하기
- 테라폼 클라우드에서 워크스페이스 관리하기
- 테라폼 클라우드에서 원격 백엔드 사용하기
- 테라폼 클라우드로 테라폼 상태 이전하기
- 테라폼 클라우드를 비공개 모듈 저장소로 사용하기
- 테라폼 클라우드에서 테라폼 구성을 원격으로 실행하기
- 테라폼 클라우드에서 OPA를 사용해서 테라폼 구성의 컴플라이언스 확인하기
- 클라우드 리소스에 대한 통합 비용 추정 사용하기
- 테라폼 클라우드 실행 중 인프라코스트 실행 작업 통합하기
- TFE 프로바이더를 통해 테라폼 클라우드 구성하기

그럼 시작해 보자!

14.1 기술적 요구사항

이번 장을 진행하기 위해서는 테라폼 클라우드 플랫폼 계정을 필수로 가지고 있어야 한다. 계정을 생성하는 과정은 간단하며 무료 플랜도 가능하다. https://app.terraform.io/public/signup/account 통해 계정을 생성할 수 있다.

계정을 등록한 후에는 (만약 진행하지 않았다면)조직을 생성해야 한다.

> 계정 및 조직 생성을 위한 상세한 단계는 테라폼 학습 자료인 https://developer.hashicorp.com/terraform/tutorials/cloud-get-started/cloud-sign-up을 참고한다. 또한 조직에 대한 상세한 정보는 https://developer.hashicorp.com/terraform/cloud-docs/users-teams-organizations/organizations#creating-organizations을 참고한다.

또한 테라폼 클라우드를 깃 저장소와 통합할 수 있다. 이를 위해서는 깃허브를 사용해야 하며 https://github.com/에서 무료 깃허브 계정을 생성할 수 있다.

> 이번 장의 대부분 예제에서는 깃허브를 VCS로 사용하지만 빗버킷, 깃랩 혹은 애저 데브옵스와 같은 다른 VCS를 사용해도 된다.

이번 장의 예제들을 진행하기 위해 이 책의 깃허브 저장소를 사용하고 싶다면 https://github.com/PacktPublishing/Terraform-Cookbook-Second-Edition 저장소를 자신의 계정으로 포크해야 한다.

이번 장의 소스 코드는 https://github.com/PacktPublishing/Terraform-Cookbook-Second-Edition/tree/main/CHAP14에서 확인할 수 있다.

14.2 테라폼 클라우드에 인증하기

CLI와 테라폼 클라우드간 상호 작용을 위해서는 테라폼 클라우드에 인증을 수행해야 한다.

테라폼이 테라폼 클라우드에 인증되면, 다음 테라폼 클라우드 작업들을 CLI를 사용해서 수행할 수 있다.

- 인프라의 현재 상태를 확인하거나, 변경 사항 적용 혹은 리소스 삭제와 같은 작업을 할 수 있도록 원격 상태에 대한 접근 권한을 얻게 된다.
- 원격으로 테라폼을 실행할 수 있다.
- 로컬 테라폼 상태를 원격 테라폼 상태로 이전할 수 있다.

이번 예제에서는 테라폼 클라우드에 인증하는 방법에 대해 배워보자.

그럼 시작해 보자.

14.2.1 준비 사항

이번 예제를 진행하기 위해 테라폼 클라우드 계정이 있어야 한다.

14.2.2 작동방법

다음 단계를 수행한다.

1 터미널을 열고 다음 명령을 실행한다.

```
terraform login
```

2 위 명령을 실행하면 다음 그림과 같이 API 토큰을 .terraform.d/credentials.tfrc.json 파일에 평문으로
저장할 것인지를 묻는다.

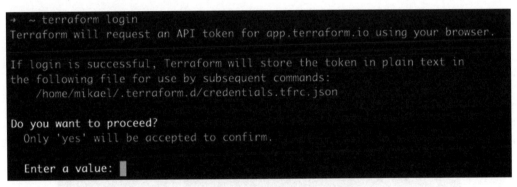

그림 14.1 terraform login 명령 실행

그림 14.1에서 yes를 입력해서 승인한다.

3 yes를 입력하면 새로운 브라우저가 열리고 테라폼 클라우드 내에서 새 토큰을 생성한다. 다음 그림은
토큰 생성창을 보여준다.

그림 14.2 새로운 테라폼 클라우드 사용자 토큰

Description 값을 원하는 값으로 변경한 후 Generate token 버튼을 클릭한다.

4 테라폼 클라우드가 생성된 토큰값을 표시하면, 이 값을 복사한다.

5 다음 그림은 토큰값을 보여준다.

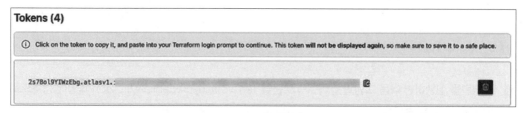

그림 14.3 테라폼 클라우드 토큰

6 이 값을 첫 번째 단계에서 열린 콘솔 상에 붙여넣기한다.(터미널 상에서 값은 보이지 않게 처리된다.)

7 마지막으로 terraform login 명령이 완료되면 인증이 성공했다는 메세지를 보여준다. 이렇게 되면 테라폼 클라우드를 위한 첫 번째 단계가 완료된다.

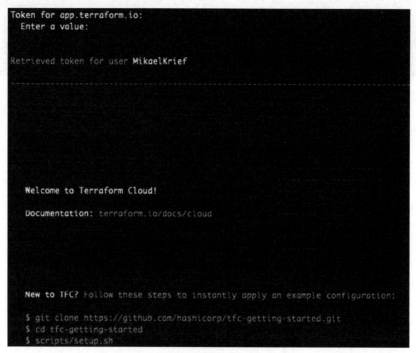

그림 14.4 테라폼 클라우드 인증 출력

이제 테라폼 CLI를 통해 테라폼 클라우드에 대한 인증이 완료되었다.

14.2.3 더 살펴볼 것들

이번 예제에서는 콘솔상에서 인터렉티브 모드를 사용해서 테라폼 클라우드에 대해 인증하는 방법에 대해서 배웠다. 이 방식은 처음으로 인증을 하기에 유용한 방법이다. 만약 토큰값만을 수정하고 싶다면(예를 들어 토큰이 만료된 후에) login 명령을 다시 실행한다.

또한 .terraform.d/credentials.tfrc.json 파일을 직접 수정해서 CLI없이 인증할 수도 있다.

```
→ ~ cat .terraform.d/credentials.tfrc.json
{
  "credentials": {
    "app.terraform.io": {
      "token": "Zs7Bol9YIWzEbg.atlasv1"
    }
  }
}
```

그림 14.5 테라폼 클라우드 인증 정보가 담긴 파일

token이라는 속성에 토큰값이 평문으로 저장된 것을 볼 수 있다.

 두 번째 방법은 수작업에 의해 에러를 일으킬 수 있기 때문에 추천하지 않는다.

또한 로그아웃하려면 terraform logout 명령을 실행하거나 .terraform.d/credentials.tfrc.json 파일을 삭제한다. 다음 그림은 테라폼 클라우드로부터 로그아웃하는 두 방법을 보여준다.

```
→ ~ terraform logout
Removing the stored credentials for app.terraform.io from the following file:
    /home/mikael/.terraform.d/credentials.tfrc.json
                                                                              ①
Success! Terraform has removed the stored API token for app.terraform.io.

→ ~
→ ~ cat .terraform.d/credentials.tfrc.json
{
  "credentials": {}                                                           ②
}
```

그림 14.6 테라폼 클라우드 로그아웃 명령

위 이미지에서 다음 두 가지를 볼 수 있다.

- 1번 항목에서는 terraform logout 명령의 출력을 볼 수 있다.
- 2번 항목에서는 로그아웃을 위한 .terraform.d/credentials.tfrc.json 파일 내용을 볼 수 있다.

또한 여러 호스트와 인증하기 위해 여러 개의 인증 정보를 사용하려는 경우(테라폼 클라우드의 호스트명은 app.terraform.io 지만, 모든 테라폼 엔터프라이즈는 다른 호스트 이름을 가질 수 있다.) terraform.rc 파일에 여러 인증 정보를 추가할 수 있다. 이에 대해서는 https://developer. hashicorp.com/terraform/cli/config/config-file#credentials-1를 참고한다.

그리고 TF_TOKEN_app_terraform_io 환경 변수를 사용해서 terraform.tc 파일에 저장된 자격 증명을 우회하거나 재정의할 수 있다.

테라폼 클라우드의 환경 변수에 대한 더 자세한 정보는 https://developer.hashicorp.com/ terraform/cli/config/config-file#environment-variable-credentials를 읽어보자.

또한 https://app.terraform.io/app/settings/tokens에서 생성된 모든 사용자 토큰을 관리하고 확인할 수 있다.

14.2.4 참고 항목

- terraform login 명령에 대한 문서는 https://developer.hashicorp.com/terraform/ cli/commands/login를 참고한다.

- terraform logout 명령에 대한 문서는 https://developer.hashicorp.com/terraform/ cli/commands/logout을 참고한다.

- terraform login 명령에 대한 예제는 https://developer.hashicorp.com/terraform/ tutorials/cloud-get-started/cloud-login를 참고한다.

14.3　테라폼 클라우드에서 워크스페이스 관리하기

테라폼 클라우드의 주요 기능 중 하나는 워크스페이스이다. 테라폼 클라우드 워크스페이스는 사용자가 인프라 구성 요소의 프로비저닝을 논리적 그룹 혹은 구성 요소 내에서 조직화할 수 있게 한다. 예를 들면 두 개의 테라폼 클라우드 워크스페이스를 만들어서 하나는 네트워크 프로비저닝을 하고, 다른 하나는 애저 가상 머신을 프로비저닝하도록 테라폼 구성 요소를 분리할 수 있다.

워크스페이스 외에도 여러 테라폼 클라우드 워크스페이스를 내부에 조직화하기 위해 테라폼 클라우드 프로젝트를 생성할 수도 있다.

 테라폼 CLI 워크스페이스와 이번 예제에서 다룰 테라폼 클라우드의 워크스페이스를 혼동하면 안된다. 두 용어의 차이점에 대해서는 https://developer.hashicorp.com/terraform/cloud-docs/ workspaces#terraform-%20cloud-vs-terraform-cli-workspaces를 읽어보기 바란다.

그럼 시작해 보자.

14.3.1 준비 사항

이번 예제를 진행하기 위해 테라폼 클라우드 조직을 미리 생성해야 한다.

또한 워크스페이스를 생성하기 전에 필요한 권한을 가지고 있는지 확인해야 한다. 이를 위해서는 https://developer.hashicorp.com/terraform/cloud-docs/workspaces/ creating#permissions를 참고한다.

이번 예제의 목표는 테라폼 클라우드 UI를 사용해서 한 프로젝트 내에 두 개의 워크스페이스를 생성하는 것이다.

14.3.2 작동 방법

다음 단계를 수행한다.

1 테라폼 클라우드 프로젝트를 생성하려면 좌측 메뉴에서 Projects & workspaces 메뉴를 클릭한 후 New 버튼을 클릭하고 이어서 Project 버튼을 클릭한다.

다음 그림은 프로젝트를 생성하는 단계를 보여준다.

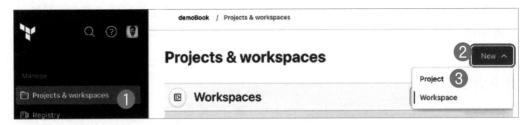

그림 14.7 테라폼 클라우드에서 프로젝트 생성하기

2 다음 그림과 같이 프로젝트 양식에서 이름을 DemoVM로 입력한 후 Create 버튼을 클릭한다.

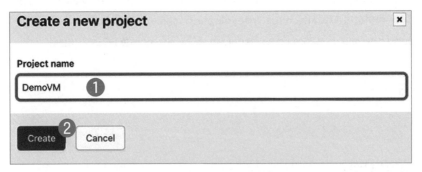

그림 14.8 테라폼 클라우드에서 프로젝트 이름 설정하기

③ 그런 다음 프로젝트 내에 첫 번째 워크스페이스를 생성하려면 다음 그림처럼 New 〉 Workspace 버튼을 클릭한다.

그림 14.9 테라폼 클라우드에서 워크스페이스 생성하기

④ 워크스페이스 생성 화면에서 다음 단계를 진행한다.

　a. 먼저 워크스페이스의 워크플로우를 선택한다. 버전 컨트롤 워크플로우를 사용하기 위해 첫번째 옵션을 선택한다.

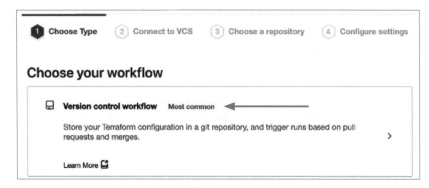

그림 14.10 테라폼 클라우드에서 버전 컨트롤 워크플로우 선택하기

　b. 그런 다음 깃허브를 소스 제어 시스템으로 선택한다.

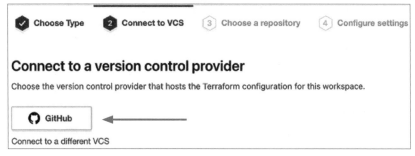

그림 14.11 테라폼 클라우드에서 워크스페이스를 깃허브와 연결하기

　c. 테라폼 구성이 저장된 깃허브 저장소를 선택한다.(여기서는 이 책의 저장소를 포크한 저장소를 선택한다.)

그림 14.12 깃허브 저장소 선택하기

마지막으로 워크스페이스의 설정을 채워 넣는다.

d. 워크스페이스의 이름을 입력한다. 워크스페이스 이름 규칙은 https://developer.hashicorp.com/
terraform/cloud-docs/workspaces/creating#workspace-naming을 참고한다. 그리고 이 워
크스페이스가 속할 프로젝트를 선택한다. 여기서는 앞 단계에서 생성한 DemoVM 프로젝트를 선택
한다.

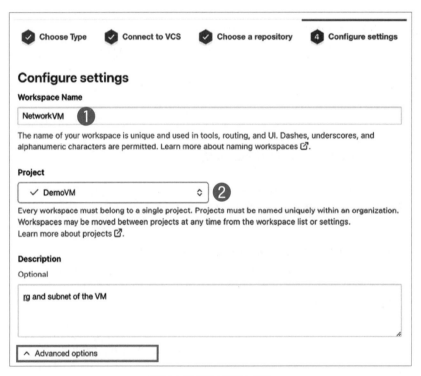

그림 14.13 워크스페이스 설정

e. 설정 입력란의 하단에 있는 Advanced options를 클릭한다.

f. 저장소 내에 테라폼 구성의 경로를 입력한다. 그리고 테라폼 구성을 적용하기 전에 변경 사항을 확인
  할 수 있도록 Manual apply를 선택한다.

Workspace Settings

Terraform Working Directory

CHAP14/vm/network

The directory that Terraform will execute within. This defaults to the root of your repository and is typically set to a subdirectory matching the environment when multiple environments exist within the same repository.

Terraform will change into the `CHAP14/vm/network` directory prior to executing any operation. Any modules utilized can be referenced outside of this directory.

Apply Method

○ **Auto apply**

Automatically apply changes when a Terraform plan is successful. Plans that have no changes will not be applied. If this workspace is linked to version control, a push to the default branch of the linked repository will trigger a plan and apply.

◉ **Manual apply**

Require an operator to confirm the result of the Terraform plan before applying. If this workspace is linked to version control, a push to the default branch of the linked repository will only trigger a plan and then wait for confirmation.

그림 14.14 워크스페이스에서 테라폼 구성 설정

g. 다른 설정들은 기본값으로 두고 Create workspace 버튼을 클릭한다.

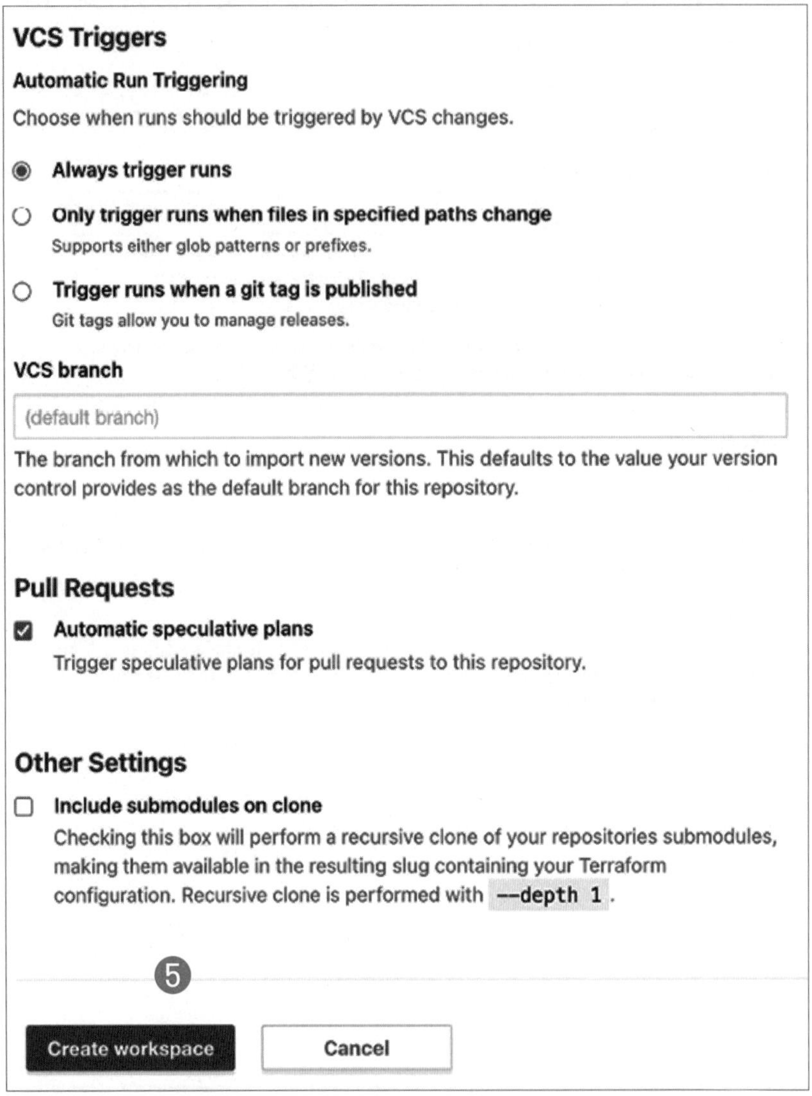

VCS Triggers

Automatic Run Triggering

Choose when runs should be triggered by VCS changes.

◉ **Always trigger runs**

○ **Only trigger runs when files in specified paths change**
Supports either glob patterns or prefixes.

○ **Trigger runs when a git tag is published**
Git tags allow you to manage releases.

VCS branch

(default branch)

The branch from which to import new versions. This defaults to the value your version control provides as the default branch for this repository.

Pull Requests

☑ **Automatic speculative plans**
Trigger speculative plans for pull requests to this repository.

Other Settings

☐ **Include submodules on clone**
Checking this box will perform a recursive clone of your repositories submodules, making them available in the resulting slug containing your Terraform configuration. Recursive clone is performed with `--depth 1`.

❺

Create workspace   Cancel

그림 14.15 워크스페이스 생성하기

이제 첫 번째 워크스페이스가 생성되었다.

5 두 번째 워크스페이스를 생성하기 위해 세 번째와 네 번째 단계를 똑같이 수행한다. 이번에는 워크스페이스의 이름을 VMLinux로 입력한다.

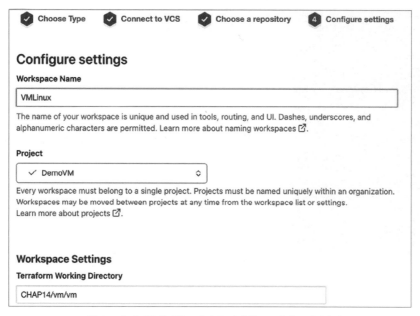

그림 14.16 테라폼 클라우드에서 두 번째 워크스페이스 생성하기

6 다음 그림처럼 생성된 프로젝트와 각 프로젝트에 연결된 워크스페이스의 상태 및 목록을 볼 수 있다.

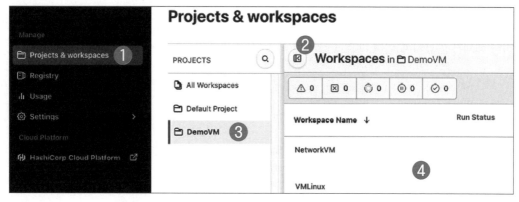

그림 14.17 테라폼 클라우드에서 프로젝트별 워크스페이스 목록

7 테라폼 클라우드 워크스페이스의 설정을 관리하기 위해서는 워크스페이스를 클릭하고 좌측 메뉴의
Settings 버튼을 클릭한다.

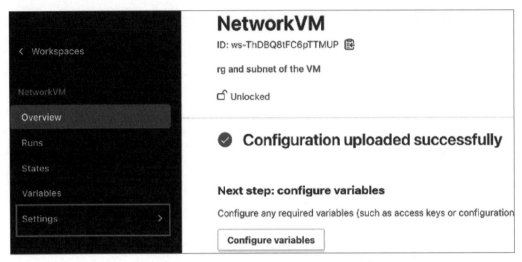

그림 14.18 테라폼 클라우드 워크스페이스의 설정 메뉴 옵션

이 설정 화면에서 모든 워크스페이스 설정들을 수정할 수 있고, 좌측에 있는 Destruction and
deletion 버튼을 클릭해서 워크스페이스를 삭제할 수도 있다.

14.3.3 작동 원리

이번 예제를 완료하게 되면 다음과 같은 프로젝트/워크스페이스 구조를 갖게 된다.

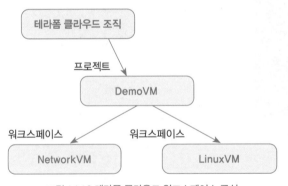

그림 14.19 테라폼 클라우드 워크스페이스 구성

다음 예제에서는 이렇게 생성된 워크스페이스를 사용하는 방법에 대해서 자세히 배워보자.

14.3.4 더 살펴볼 것들

이번 예제에서는 테라폼 클라우드 UI를 사용해서 테라폼 클라우드 워크스페이스를 생성하는 방법에 대해서 배웠다.

자동화의 관점에서 보면 테라폼 클라우드 워크스페이스 역시 테라폼 클라우드 API (이에 대한 자세한 설명은 API 문서인 https://developer.hashicorp.com/terraform/cloud-docs/api-docs/workspaces#create-a-workspace를 읽어보기 바란다.) 혹은 테라폼 엔터프라이즈/클라우드 프로바이더(tfe라 불린다.)를 사용한 테라폼 구성을 통해 만들 수 있다. 테라폼 구성을 통해 만드는 방법은 TFE 프로바이더를 통해 테라폼 클라우드 구성하기 예제에서 더 자세히 배운다.

해시데이즈 2023에서 발표된 이후, 테라폼 클라우드에는 조직 탐색기(이 책을 집필하는 동안에는 아직 베타 버전)도 포함되어 있다. 조직 탐색기는 조직의 각종 구성 요소들에 대한 통합된 시각화를 제공해 준다. 예를 들면 워크스페이스 대시보드나 각 테라폼 구성에서 사용되는 테라폼 버전등을 볼 수 있다.

워크스페이스 대시보드는 다음 그림과 같은 모습으로 제공된다.

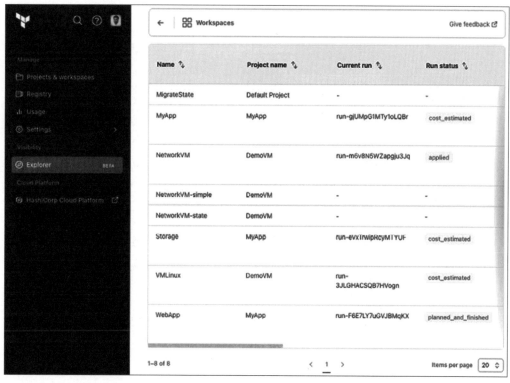

그림 14.20 테라폼 클라우드의 워크스페이스 대시보드

또한 다음 그림은 테라폼 프로바이더 대시보드 화면이다.

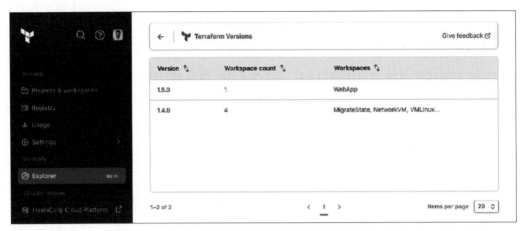

그림 14.21 테라폼 클라우드에서 볼 수 있는 테라폼 버전 목록

조직 탐색기 기능에 대한 더 자세한 정보는 https://developer.hashicorp.com/terraform/
cloud-docs/workspaces/explorer를 읽어보거나, https://www.hashicorp.com/blog/
new-terraform-cloud-capabilities-to-import-view-and-manage-infrastructure
를 읽어보기 바란다.

14.3.5 참고항목

• 테라폼 클라우드 프로젝트와 워크스페이스에 대한 문서는 https://developer.hashicorp.
  com/terraform/cloud-docs/workspaces과 https://developer.hashicorp.com/
  terraform/cloud-docs/workspaces/organize-workspaces-with-projects를 참고
  한다.

• 테라폼 클라우드 워크스페이스 생성에 대한 튜토리얼은 https://developer.hashicorp.
  com/terraform/cloud-docs/workspaces/creating을 참고한다.

• 네드 벨러번스(Ned Bellavance)가 만든 테라폼 클라우드 워크스페이스에 대한 영상은
  https://www.youtube.com/watch?v=tDexI54Cjs8를 참고한다.

14.4 테라폼 클라우드에서 원격 백엔드 사용하기

책 전반에 걸쳐 테라폼 상태를 저장하고 공유하는 것에 대해서 배웠다.

8장 테라폼으로 애저 인프라 프로비저닝하기에 있는 애저 원격 백엔드에 있는 상태 파일 보호하기 예제에서는, 애저 저장소를 백엔드로 사용할 때 어떻게 해야 하는지에 대해 배웠다. 하지만 이 예제는 애저 구독에서만 적용 가능한 경우였다. https://developer.hashicorp.com/terraform/language/settings/backends/configuration에 언급되어 있는 다른 종류의 백엔드를 사용한다면 플랫폼을 구매하거나 도구를 구매해야 하는 경우도 생길 수 있다. 이런 문제를 해소할 수 있는 테라폼 클라우드의 주요 기능 중 하나는 테라폼 상태를 원격으로 관리할 수 있게 해주는 기능이다.

이번 예제에서는 테라폼 클라우드를 위한 백엔드인 cloud 백엔드를 사용하는 방법에 대해서 배워보자.

14.4.1 준비 사항

이 장에 있는 다른 모든 예제들에도 적용되는 사항이지만, 이번 예제를 진행하기 위해서도 테라폼 클라우드 계정을 가지고 있어야 하고 로그인도 해야 한다. 또한 demoVM 이라는 프로젝트도 생성하고 프로젝트 내에 networkVMstate라는 워크스페이스도 생성해야 한다. 워크스페이스 생성은 테라폼 클라우드에서 워크스페이스 관리하기 예제를 참고해서 만들지만 중간에 워크스페이스 타입만 CLI-driven workflow로 선택해서 진행한다.

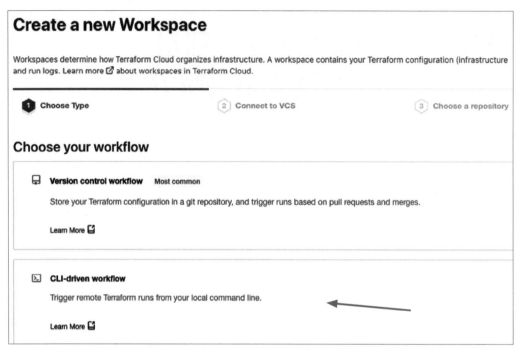

그림 14.22 테라폼 클라우드에서 워크스페이스를 CLI-driven으로 생성하기

이번 예제의 목표는 간단한 테라폼 구성(예를 들어 애저와 같은 클라우드 인프라 제공자에 의존하지 않는)에 대해 cloud 백엔드를 구성하고 사용하는 것이다. 또한, 이 구성의 실행은 테라폼 클라우드의 로컬 모드, 즉 테라폼 클라우드 외부에 있는 컴퓨터(로컬 워크스테이션 또는 CI/CD 파이프라인 에이전트)에서 수행된다.

이번 예제의 소스 코드는 https://github.com/PacktPublishing/Terraform-Cookbook-Second-Edition/tree/main/CHAP14/vm/network에서 확인할 수 있다.

14.4.2 작동방법

이번 예제는 다음과 같이 세 개의 파트로 나뉘어져 있다.

1 테라폼 클라우드에서 로컬 실행 모드 구성하기

2 새로운 사용자 API 토큰 생성하기

3 클라우드 백엔드 구성 및 사용하기

첫 번째 파트를 진행하기 위해 다음 단계를 수행한다.

1 networkVM이라는 새로운 테라폼 클라우드 워크스페이스에서 좌측 메뉴에 있는 Settings로 이동한 다음 General 탭에서 Execution Mode를 Local로 변경한다.

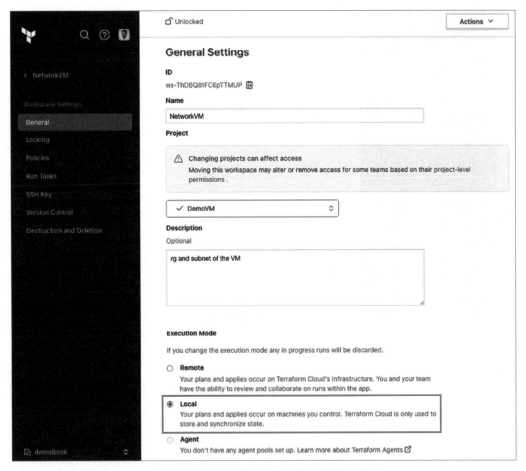

그림 14.23 테라폼 클라우드 워크스페이스의 로컬 실행 모드

2 Save settings 버튼을 클릭해서 변경 사항을 적용한다.

이제 두 번째 파트를 진행하기 위해 다음 단계를 수행한다.

1 demoBook 조직의 Settings 탭에서 API tokens 탭으로 이동한다.

2 페이지의 하단으로 스크롤을 내린 후 create a user API token 버튼을 클릭해서 새로운 사용자 API 토큰을 생성한다.

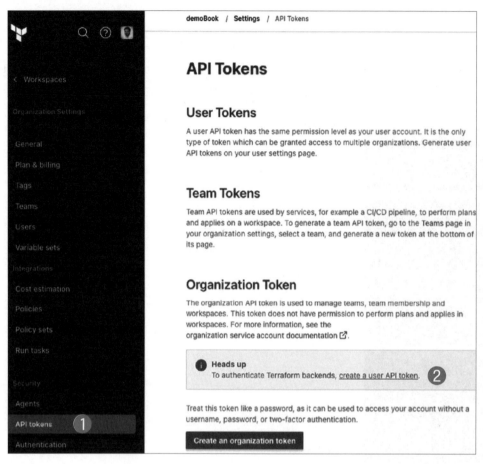

그림 14.24 테라폼 클라우드의 API 토큰 화면

3 Create an API token 버튼을 클릭한 후 열린 페이지에서 토큰의 이름과 토큰의 만료 시간을 선택한다. (기본은 30일이다.) 마지막으로 Generate token 버튼을 클릭한다.

그림 14.25 테라폼 클라우드에서 새로운 사용자 토큰 생성하기

4 Generate token 버튼을 클릭한 후 보이는 페이지에 새로운 토큰이 표시된다. 이 페이지가 닫히면 토큰 정보가 다시 표시되지 않기 때문에 토큰 정보를 기록해 둔다.

5 그런 다음 terraform login 명령을 실행하고 토큰의 정보를 입력한다.

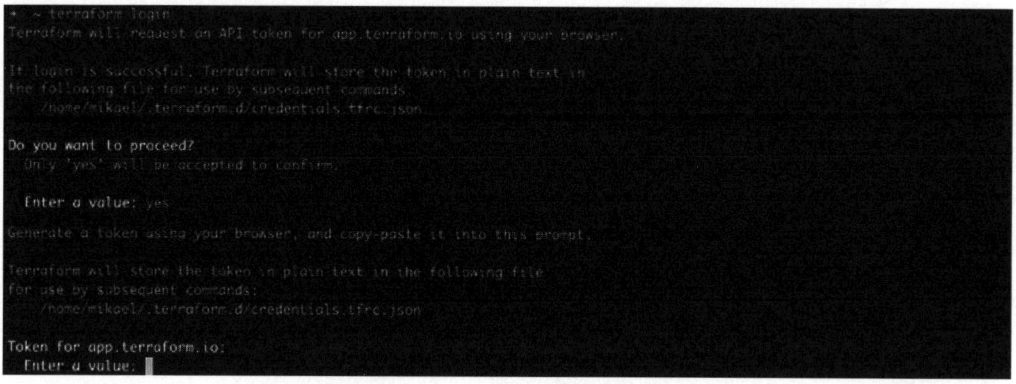

그림 14.26 terraform login 명령 입력 후 토큰을 물어보는 화면

마지막 세 번째 파트를 진행하기 위해 다음 단계를 수행한다.

1 테라폼 구성의 main.tf 파일에서 다음과 같이 cloud 블록을 추가한다.

```
terraform {
  cloud {
    hostname     = "app.terraform.io"
    organization = "demoBook"

    workspaces {
      name = "networkVM"
    }
  }
}
```

2 로컬 워크스테이션에서 terraform init, plan, apply를 실행해서 테라폼 워크플로우를 수행한다.

14.4.3 작동 원리

이번 예제의 첫 번째 파트에서는 테라폼 클라우드 워크스페이스의 실행 모드를 설정한다. 여기서는 local 모드를 선택했는데, local 모드는 테라폼 구성을 실행하는 환경을 외부에 있는 컴퓨터에서 실행하도록 설정하는 모드이다. (이 때의 외부에 있는 컴퓨터라면 로컬 개발 환경 혹은 CI/CD 파이프라인 에이전트를 의미한다.) 이렇게 설정하면 테라폼 클라우드 워크스페이스를 단순 테라폼 상태 저장 공간으로 사용하게 된다.

그리고 두 번째 파트에서는 테라폼 클라우드 워크스페이스 인증을 위해 CLI가 사용할 토큰을 생성한다.

마지막 파트에서는 테라폼 구성을 작성하는데, 테라폼 상태 파일을 테라폼 클라우드에 저장하도록 작성한다. 이 테라폼 구성에서는 cloud 블록을 사용하고 다음 매개변수들을 추가한다.

- **hostname**: 테라폼 클라우드의 도메인을 의미한다. 여기서는 app.terraform.io 로 설정한다.
- **organization**: 조직의 이름을 의미한다. 여기서는 demoBook으로 설정한다.
- **workspaces**: 워크스페이스의 이름을 의미한다. 여기서는 이전 예제에서 만든 NetworkVM으로 설정한다.

마지막으로 로컬 환경에서 테라폼 워크플로우를 수행한다.

테라폼 워크플로우를 수행하고 난 후 워크스페이스의 States 메뉴를 클릭하면 다음과 같이 상태 파일이 생성된 것을 볼 수 있다.

그림 14.27 테라폼 클라우드 워크스페이스에 저장된 테라폼 상태 파일

이 파일을 클릭하면 상태 파일의 내용을 보거나 다운로드 받을 수 있다.

14.4.4 더 살펴볼 것들

이번 예제에서는 테라폼 클라우드 UI를 통해 사용자 API 토큰을 생성하고 이를 CLI 구성 내에 terraform.rc 파일에 추가했다. 이 방식은 자동화 모드를 실행하기 위해 가장 권장되는 방식이다.

수동 모드에서는 terraform login 명령을 사용할 수 있다. 터미널에서 terraform login 명령을 실행하면 테라폼 클라우드에 인증하기 예제에서 배웠던 것처럼 생성된 토큰을 입력 받아 테라폼 워크스페이스에 대한 인증을 진행한다.

API 토큰의 사용에 대해 더 배우고 싶다면 https://developer.hashicorp.com/terraform/cloud-docs/users-teams-organizations/api-tokens를 참고한다.

다음 예제에서는 기존 상태 파일을 테라폼 클라우드로 이전하는 방법에 대해서 배워보자.

14.4.5 참고 항목

- 클라우드 블록에 대한 문서는 https://developer.hashicorp.com/terraform/cli/cloud/settings를 참고한다.

14.5 테라폼 클라우드로 테라폼 상태 이전하기

이전 예제에서는 테라폼 클라우드를 원격 백엔드로 사용하는 방법에 대해서 배웠다. 그리고 5장 테라폼 상태 관리하기에서는, 테라폼 상태를 관리하는 방법에 대해서 배웠다. 이제 앞에서 배웠던 이 기술들을 조합해 보자. 이번 예제에서는 로컬에서 사용 중인 테라폼 상태를 테라폼 클라우드로 이전하는 방법에 대해서 배워보자.

일반적으로 테라폼 상태를 한 백엔드에서 다른 백엔드로 이전할 때, 이전 절차를 제대로 따르지 않는다면, 테라폼은 이전이 아닌 새로운 백엔드로 인식한다. 그래서 기존 리소스를 삭제하고 새로운 백엔드로 다시 생성하려 하기 때문에, 이로 인한 서비스 중단이 발생할 수 있다.

이런 식의 리소스 재생성을 피하기 위해 테라폼 클라우드로 상태를 마이그레이션할 필요가 있다.

그럼 시작해 보자.

14.5.1 준비 사항

이번 예제를 진행하려면, 원본 테라폼 상태를 생성할 때 사용했던 테라폼 CLI 버전과 상태를 이전하기 위해 사용하려는 테라폼 CLI 버전을 동일한 버전을 사용해야 한다.

테라폼 상태를 이전하기 위해서 테라폼 CLI와 원격 백엔드를 사용하기 때문에 테라폼 버전이 동일하면서 1.1 버전 이상이어야 한다.

또 다른 준비 사항으로 새로운 테라폼 상태를 가져올 테라폼 클라우드 워크스페이스를 미리 만들어 두어야 한다. 이를 위해서 테라폼 클라우드에서 원격 백엔드 사용하기 예제를 읽어보기 바란다.

이번 예제에서는 https://github.com/PacktPublishing/Terraform-Cookbook-Second-Edition/tree/main/CHAP14/migratestate에 있는 테라폼 구성을 사용한다. 이 테라폼 구성을 통해 미리 terraform init, plan 그리고 apply 명령을 실행해서 리소스를 프로비저닝해 놓아야 한다.

 여기서 테라폼이 생성한 임의의 비밀번호는 상태 이전을 보여주기 위해 간단하게 생성한 것임을 유의하자.

apply 명령을 실행하고 나면 다음 그림처럼 테라폼 상태 파일이 로컬에 저장된 것을 볼 수 있다.

그림 14.28 로컬에 저장된 테라폼 상태 파일

이번 예제의 목표는 로컬에 저장된 이 테라폼 상태 파일을 인프라의 삭제나 재생성 없이 테라폼 클라우드로 이전하는 것이다.

14.5.2 작동 방법

다음 단계를 수행한다.

1 main.tf 파일 내에 다음과 같이 클라우드 백엔드 설정을 추가한다.

```
terraform {
  required_version = "~> 1.1"
  required_providers {
    random = {
      source  = "hashicorp/random"
      version = "3.5.1"
    }
```

```
  }

  cloud {
    hostname     = "app.terraform.io"
    organization = "demoBook"

    workspaces {
      name = "MigrateState"
    }
  }
}
```

2 이 테라폼 구성이 저장되어 있는 폴더 내에서 terraform init 명령을 실행한다. init 명령은 백엔드 구성이 변경되었음을 감지하고 테라폼 클라우드로 이전할 것인지를 확인한다.

3 yes를 입력해서 이전을 승인한다. 다음 그림은 terraform init 명령의 실행 화면이다.

```
→ migratestate git:(main) x terraform init
Initializing Terraform Cloud...
Do you wish to proceed?
   As part of migrating to Terraform Cloud, Terraform can optionally copy your
   current workspace state to the configured Terraform Cloud workspace.

   Answer "yes" to copy the latest state snapshot to the configured
   Terraform Cloud workspace.

   Answer "no" to ignore the existing state and just activate the configured
   Terraform Cloud workspace with its existing state, if any.

   Should Terraform migrate your existing state?

   Enter a value: yes   ←

Initializing provider plugins...
- Reusing previous version of hashicorp/random from the dependency lock file
- Using previously-installed hashicorp/random v3.5.1

Terraform Cloud has been successfully initialized!

You may now begin working with Terraform Cloud. Try running "terraform plan" to
see any changes that are required for your infrastructure.

If you ever set or change modules or Terraform Settings, run "terraform init"
again to reinitialize your working directory.
```

그림 14.29 terraform init으로 상태 이전하기

4 상태 이전이 완료되면 이제 로컬에 저장된 terraform.tfstate 파일을 지울 수 있다.

5 마지막으로 terraform plan 명령을 실행해서 이전이 완료되었는지 확인한다. 다음 그림은 terraform plan 명령의 실행 결과 화면이다.

```
→  migratestate git:(main) ✗ terraform plan
Running plan in Terraform Cloud. Output will stream here. Pressing Ctrl-C
will stop streaming the logs, but will not stop the plan running remotely.

Preparing the remote plan...

To view this run in a browser, visit:
https://app.terraform.io/app/demoBook/MigrateState/runs/run-qCry5ctzp1uMrhDR

Waiting for the plan to start...

Terraform v1.4.6
on linux_amd64
Initializing plugins and modules...
random_password.password: Refreshing state... [id=none]

No changes. Your infrastructure matches the configuration.
```

그림 14.30 상태 이전 후 terraform plan 명령의 결과 화면

변경 사항이 없음을 볼 수 있다. 이를 통해 상태 이전이 리소스의 삭제 및 재생성없이 완료되었음을 알 수 있다.

14.5.3 작동 원리

이번 예제에서는 terraform init 명령이 테라폼 구성 중 원격 백엔드에 변경 사항이 있음을 감지하고, 테라폼 클라우드 워크스페이스로 이전할 것인지에 대한 선택권을 제공해 주었다.

14.5.4 참고항목

• 상태 이전에 대한 문서는 https://developer.hashicorp.com/terraform/cloud-docs/migrate을 참고한다.

14.6 테라폼 클라우드를 비공개 모듈 저장소로 사용하기

테라폼 클라우드에서 원격 백엔드 사용하기 예제에서는 테라폼 클라우드를 원격 백엔드로 사용하는 방법에 대해서 배웠다. 이는 중앙 집중적이며, 안전하고, 또 무료로 사용할 수 있는 기능이다.

7장 모듈을 사용해서 테라폼 구성 공유하기에서는 테라폼 모듈을 생성하고, 사용하고, 공유하는 방법에 대해서 배웠다. 다시 떠올려 보자면, 모든 테라폼 사용자가 접근할 수 있는 테라폼 공개 저장소에 모듈을 게시하는 방법과 깃 저장소를 사용해서 비공개로 테라폼 모듈을 공유하는 방법에 대해서 배웠다.

비공개 저장소를 통한 모듈 공유의 관점에서 보자면, 깃 저장소 시스템은 효율적이지만 중앙화된 공유 관리가 어렵고 공개 저장소만큼의 문서화가 어렵다는 단점이 있다. 그래서 테라폼 모듈을 사내에서 비공개로 공유하고자 하는 기업들을 위해 해시코프에서는 테라폼 클라우드/엔터프라이즈에 비공개 모듈 공유 기능을 제공한다.

이번 예제에서는 테라폼 클라우드의 비공개 저장소를 통해 테라폼 모듈을 게시하고 사용하는 방법에 대해서 배워보자.

14.6.1 준비 사항

테라폼 저장소에 모듈을 게시하기 위해서는 테라폼 클라우드에서 제공하는 버전 관리 시스템(VCS)에 모듈 코드를 저장해야 한다. 지원 가능한 파일 형식 목록은 https://developer.hashicorp.com/terraform/cloud-docs/vcs을 참고하자.

이번 예제를 시작하기에 앞서, 테라폼 클라우드 조직의 Settings 메뉴에서 테라폼 구성을 저장할 VCS 프로바이더에 대한 연결 작업이 필요하다. 이 작업은 https://developer. hashicorp.com/terraform/cloud-docs/vcs를 참고한다.

이번 예제에서는 깃허브 VCS를 사용하고 테라폼 구성은 terraform-azurerm-webapp 저장소에 있는 테라폼 구성을 사용한다. 이 테라폼 구성은 애저상에 앱 서비스 플랜, 앱 서비스 인스턴스, 그리고 애플리케이션 인사이트를 생성한다. 이 저장소를 사용하기 위해 https:// github.com/mikaelkrief/terraform-azurerm-webapp 저장소를 포크하자.(이 테라폼 구성은 azurerm 프로바이더의 최신 버전으로 구성되어 있진 않다. 예제를 위해서만 사용하자.)

또한 7장 모듈을 사용해서 테라폼 구성 공유하기에 있는 깃허브를 사용해서 공개 저장소에 테라폼 모듈 공유하기 예제에서 배웠던 것처럼, 이 저장소에 모듈의 버전 정보를 포함한 깃 태그를 생성해야 한다. 이를 위해 v1.0.0 태그를 다음 그림과 같이 생성한다.

그림 14.31 테라폼 모듈에 GitHub 태그를 생성한 화면

테라폼 클라우드와 깃허브를 통합하기 위해 https://developer.hashicorp.com/terra form/cloud-docs/vcs/github-app에 설명되어 있는 과정을 수행한다. 통합이 완료되면 다음 그림과 같이 Settings 〉 VCS Providers에서 확인할 수 있다.

VCS Providers   Add a VCS provider

GitHub

Callback URL
https://app.terraform.io/auth/e   1/callback

HTTP URL
https://github.com

API URL
https://api.github.com

Created
Jun 20, 2023 16:27:36 pm

그림 14.32 테라폼 클라우드의 VCS 프로바이더 화면

테라폼 클라우드 조직이 깃허브 계정과 연결되어 테라폼 클라우드에 모듈을 게시할 수 있게 되었다.

14.6.2 작동방법

다음 단계를 수행한다.

1 테라폼 클라우드 조직메뉴에서 좌측에 있는 Registry를 클릭하고 Publish a module 링크를 클릭한다.

그림 14.33 테라폼 클라우드에 있는 Registry 메뉴 화면

2 모듈 게시의 첫 번째 단계에서 VCS 프로바이더로 깃허브를 선택한다.

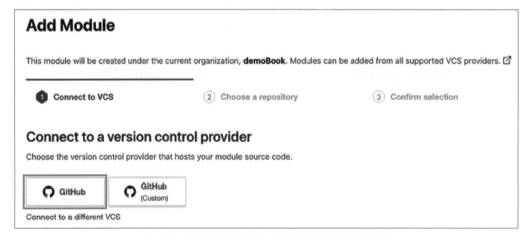

그림 14.34 테라폼 클라우드에서 깃허브로부터 모듈을 추가하기

3 두 번째 단계에서는 테라폼 모듈 코드가 포함되어 있는 저장소를 선택한다.

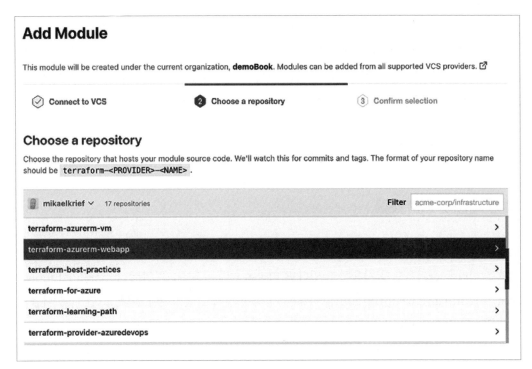

그림 14.35 테라폼 클라우드에서 모듈 코드가 포함되어 있는 저장소 선택 화면

4 마지막으로 Publish module 버튼을 클릭한다.

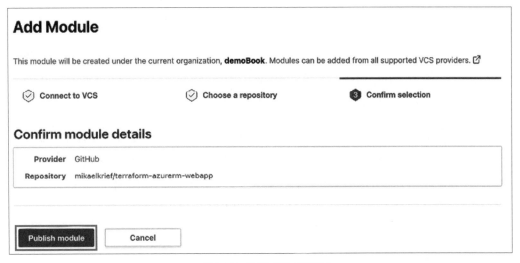

그림 14.36 테라폼 모듈 게시하기

이제 테라폼 클라우드 비공개 저장소에 테라폼 모듈이 게시되었다.

14.6.3 작동 원리

테라폼의 비공개 저장소에 모듈을 게시하려면 몇 가지 단계를 따라야 한다. 먼저 VCS 프로바이더를 선택하고, 테라폼 모듈 코드가 저장되어 있는 저장소를 선택한다. 이 단계까지 완료되면 테라폼 모듈을 게시할 수 있다. 이 과정을 진행하고 나면 공개 저장소와 같은 레이아웃으로 모듈에 대한 상세 정보가 표시된다. 페이지의 중앙에는 README.md 파일의 내용을 볼 수 있고, 우측에는 모듈을 사용하기 위한 기술적인 정보들을 볼 수 있다.

14.6.4 더 살펴볼 것들

모듈이 저장소에 게시되고 나면, 테라폼 구성에서 해당 모듈을 사용할 수 있다. 만약 로컬 실행 모드로 테라폼 클라우드를 사용하고 있다면 테라폼 CLI를 https://developer.hashicorp.com/terraform/cli/config/config-file에 설명된 것처럼 설정해야 한다. 그런 다음 다음과 같은 코드를 작성해서 테라폼 모듈을 사용할 수 있다.

```
module "webapp" {
  source = "app.terraform.io/<TFC organisation>/webapp/azurerm"
  version = "1.0.4"
...
}
```

또한 만약 비공개 저장소에 모듈이 게시되었다면 테라폼 클라우드의 디자인 구성 기능을 사용해서 모듈을 호출할 수 있다. 이에 대해서는 https://developer.hashicorp.com/terraform/cloud-docs/registry/design을 참고한다.

마지막으로 테라폼 클라우드 내에 여러 개의 조직을 사용하고 있는 상황에서 동일한 비공개 모듈을 모든 조직에서 사용하고 싶다면 각각의 조직에 이 모듈을을 게시해야 한다. 만약 이후 버전 업그레이드를 한다면 버전 업그레이드는 각 조직에서 자동으로 진행된다.

14.6.5 참고항목

- 테라폼 클라우드에서 비공개 저장소에 모듈을 등록하는 방법에 대해서는 https://developer.hashicorp.com/terraform/cloud-docs/registry를 참고한다.

14.7 테라폼 클라우드에서 테라폼 구성을 원격으로 실행하기

테라폼 클라우드에서 워크스페이스 관리하기 예제에서 워크스페이스를 생성하는 방법에 대해서 배웠다. 이 예제에서는 테라폼 클라우드 워크스페이스를 설정할 때, 테라폼 실행을 테라폼 클라우드 플랫폼 외부에 있는 컴퓨터에서 실행하도록 구성했다. 이 때의 외부 컴퓨터는 로컬 개발 환경 혹은 CI/CD 파이프라인 에이전트를 의미한다.

테라폼 클라우드의 가장 큰 장점 중 하나는 테라폼 구성을 테라폼 클라우드 내에서 직접 실행할 수 있다는 것이다. 이 기능은 원격 실행이라고 불리는데, 테라폼 구성을 실행하기 위한 가상 머신을 설치하거나 구성 및 관리할 필요없이 테라폼 구성을 자유롭게 실행할 수 있게 해준다. 또한 조직 내의 모든 구성원들이 테라폼 실행 인터페이스를 공유할 수 있게 해준다.

이번 예제에서는 테라폼 클라우드에서 테라폼 구성을 실행하는 UI 워크플로우 단계에 대해서 살펴보자.

14.7.1 준비 사항

이번 예제에서 사용할 테라폼 구성은 애저 리소스 그룹과 앱 서비스 인스턴스를 생성한다.

이 테라폼 구성이 애저 리소스를 생성하기 때문에 애저 구독 내에 필요한 권한을 가지고 있는 애저 서비스 주체를 생성해야 한다. 애저 서비스 주체와 이를 통한 테라폼에서의 애저 인증에 대해서는 8장 테라폼으로 애저 인프라 프로비저닝하기에 있는 애저 자격 증명 프로바이더 보호하기 예제를 읽어보기 바란다.

또한 이 테라폼 구성을 깃허브에 저장해야 하기 때문에 깃허브 VCS 프로바이더도 추가해야 한다. 이에 대해서는 https://developer.hashicorp.com/terraform/cloud-docs/vcs/github-app을 참고한다.

그리고 테라폼 클라우드 조직 내에 워크스페이스를 생성해야 한다.(여기서는 WebApp 이라는 워크스페이스를 생성한다.) 워크스페이스 생성 과정에 대해서는 테라폼 클라우드에서 워크스페이스 관리하기 예제를 읽어보기 바란다.

마지막으로 이번 예제의 모든 단계는 테라폼 클라우드의 웹 인터페이스를 통해 이뤄진다.

이번 예제에서 사용된 테라폼 구성은 https://github.com/PacktPublishing/Terraform-Cookbook-Second-Edition/tree/main/CHAP14/remoteexec에서 확인할 수 있다.

실습을 위해 이 저장소를 포크하고, 테라폼 클라우드 내에 VCS 프로바이더를 사용해서 포크한 저장소를 연결한다.

14.7.2 작동 방법

애저에 리소스를 배포해야 하기 때문에 먼저 네 개의 애저 인증을 위한 환경 변수를 워크스페이스에 추가한다. 이를 위해 다음 단계를 수행한다.

1 WebApp 워크스페이스의 Overview 페이지에서 Configure variables 버튼을 클릭한다.

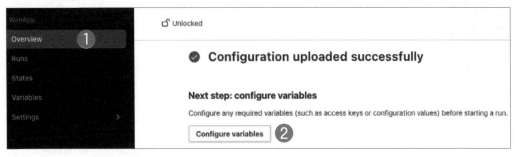

그림 14.37 테라폼 클라우드 워크스페이스에서 변수 설정하기

2 그런 다음 Workspace variables 섹션에서 azurerm 프로바이더의 인증을 위한 네 개의 환경 변수를 다음 그림처럼 추가한다.

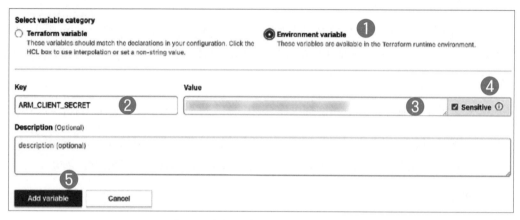

그림 14.38 테라폼 클라우드에 환경 변수 추가하기

각각의 변수에 대해 변수의 형태(여기서는 Environment variable), 변수 이름 그리고 변수의 값을 설정한다. 그리고 민감 정보에 대해서는 Sensitive 옵션을 선택하고 Add variable 버튼을 클릭한다.

3 네 개의 환경 변수 생성이 모두 끝나면 다음과 같이 변수 목록에서 볼 수 있다.

그림 14.39 테라폼 클라우드의 변수 목록

이제 워크스페이스 설정이 완료되었으니 테라폼 클라우드 내에서 테라폼 구성을 실행할 수 있다. 테라폼 클라우드에서 테라폼 구성에 대한 plan 실행을 위해 다음 단계를 수행한다.

1 다음 그림과 같이 Actions 버튼을 클릭하고 Start new run을 클릭한다.

그림 14.40 Start new run 버튼 클릭

2 새로운 창이 열리면 Choose run type을 Plan only로 선택한 후 Start run 버튼을 클릭한다.

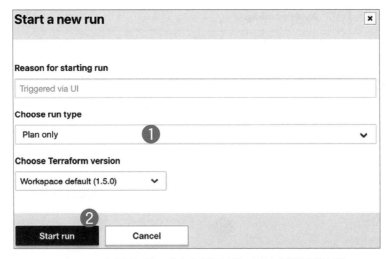

그림 14.41 테라폼 클라우드에서 테라폼 구성을 시작하기 위한 옵션 설정

3 테라폼 클라우드가 이 테라폼 구성에 대한 워크플로우 실행을 준비하기 시작한다. 내부적으로는 terraform plan 명령을 실행하게 되고 실행 로그를 다음 그림과 같이 볼 수 있다.

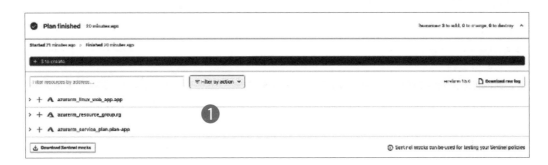

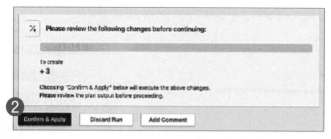

그림 14.42 테라폼 클라우드에서 테라폼 구성 실행 로그 화면

4 plan이 실행된 후 테라폼 클라우드는 변경 사항을 적용하기 전 사용자에게 적용 여부를 묻는다.

변경 사항을 적용 하려면 Confirm & Apply 버튼을 클릭한다.

그림 14.43 변경 사항 적용 여부를 묻는 화면

5 변경 사항에 대한 코멘트를 달고 Confirm Plan 버튼을 클릭한다.

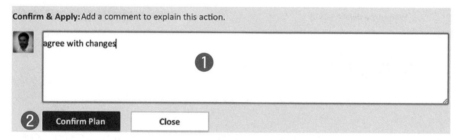

그림 14.44 변경 사항을 승인하는 화면

6 위 과정이 완료되면 결과가 화면에 표시된다.

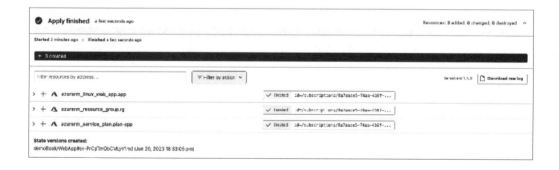

그림 14.45 변경 사항 적용 완료 화면

리소스 변경 사항에 대한 자세한 정보를 볼 수 있다. 여기서는 세 개의 애저 리소스가 생성되었음을 볼 수 있다. 이 과정이 완료되면 애저 리소스들이 프로비저닝된다.

14.7.3 작동 원리

이번 예제에서는, 애저 환경 변수를 추가하여 테라폼 클라우드에서 워크스페이스를 구성했다. 이 작업은 관리하려는 클라우드 프로바이더와 리소스에 따라 달라진다. 이 워크스페이스 변수 구성에서는 필요한 변수에 대한 값을 추가하거나 기본값을 재정의할 수도 있다. 예를 들어 테라폼 구성에 다음과 같은 location 변수가 있다고 생각해보자.

```
variable "location" {
  type = string
  description = "he location where resources will be deployed to."
}
```

이 location 변수는 워크스페이스의 변수 구성에서 값을 설정할 수도 있다. 다음 그림 14.46을 참고하자.

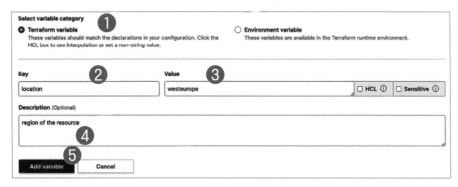

그림 14.46 테라폼 변수 추가하기

그런 다음 테라폼 구성을 테라폼 클라우드에서 원격으로 실행할 수 있다.

14.7.4 더 살펴볼 것들

이번 예제에서는 워크스페이스 설정에서 환경 변수를 구성하는 방법에 대해서 배웠다. 만약 여러 워크스페이스에 동일한 환경을 사용해야 한다면 https://developer.hashicorp.com/terraform/tutorials/cloud/cloud-multiple-variable-sets에 있는 예제를 참고하자.

또한 테라폼 클라우드의 웹 인터페이스를 사용해서 plan과 apply를 직접 실행하는 방법에 대해서도 배웠다. 워크스페이스 설정에서 plan을 수동으로 실행할지(여기서 말하는 수동이란 사용자의 승인을 의미한다.) 자동으로 실행할지의 여부도 정할 수 있다. 그리고 사용하고자 할 테라폼 바이너리의 버전도 정할 수 있다.(기본적으로는 워크스페이스를 생성할 당시의 가장 최신 안정 버전을 사용한다. 베타 버전은 고려되지 않는다.)

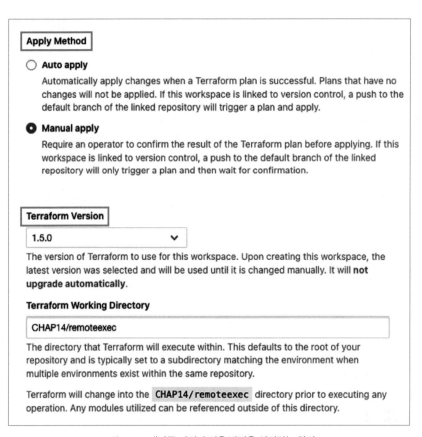

그림 14.47 테라폼 버전과 적용 방법을 설정하는 화면

테라폼 클라우드를 사용하면 Destruction and Deleteion 기능을 사용해서 프로비저닝된 모든 리소스를 삭제할 수도 있다. 이 기능은 워크스페이스의 Settings 〉 Destruction and Deleteion 메뉴에서 Queue destroy plan 버튼을 클릭해서 사용할 수 있다.

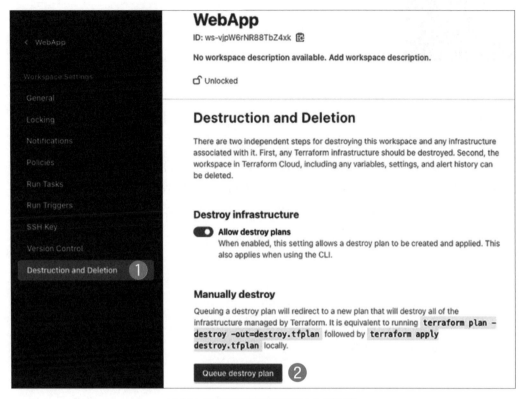

그림 14.48 테라폼 클라우드의 리소스 삭제 기능

이 작업은 내부적으로는 테라폼 구성에 대해 terraform destroy 명령을 실행한다.

또한 테라폼 구성을 테라폼 클라우드의 UI를 사용해서 실행하면 테라폼 클라우드에서 원격 백엔드 사용하기 예제에서 배웠던 것처럼 cloud 백엔드를 설정할 필요가 없다. 이번 예제에서는 테라폼 상태 파일의 설정이 테라폼 클라우드 내에 있는 워크스페이스에 통합되어 있다. 이 방식의 한가지 단점은 이 방식을 사용하는 사람이 아닌 경우 테라폼 상태가 정확히 어디에 위치해 있는지, 그리고 어떻게 적용해야 하는지를 명시적으로 알기 어렵다는 것이다. 그래서 테라폼 클라우드에서 실행한다고 해도 cloud 백엔드를 명시적으로 테라폼 구성 내에 포함시키면 다른 사람들도 훨씬 더 명확하게 상태 관리 방식을 알 수 있다.

States 메뉴를 클릭하면 테라폼 상태의 상태를 알 수 있다.

그림 14.49 테라폼 클라우드의 상태 관리

그리고 만약 아직 테라폼 구성을 개발하고 있는 단계이고, 작성한 테라폼 구성을 저장소에 커밋하기 전에 확인하고 싶을 때도, 여전히 테라폼 클라우드의 원격 실행 모드를 사용해서 terraform plan을 실행할 수 있다. 이는 로컬 테라폼 CLI를 사용해서 마치 테라폼 클라우드에서 실행되는 것처럼 동작하게 할 수 있다는 의미이다. 이렇게 하려면 테라폼 클라우드에서 원격 백엔드 사용하기 예제에서 배웠던 것처럼 cloud 백엔드를 추가하고 워크스페이스의 이름을 지정해 준다. 예를 들면 다음과 같은 코드가 추가될 수 있다.

```
terraform {
  backend "remote" {
    hostname = "app.terraform.io"
    organization = "demoBook"
    workspaces {
      name = "WebApp"
    }
  }
}
```

이렇게 구성한 후 로컬 개발 환경에서 terraform plan을 실행하면 다음 그림과 같은 화면을 볼 수 있다.

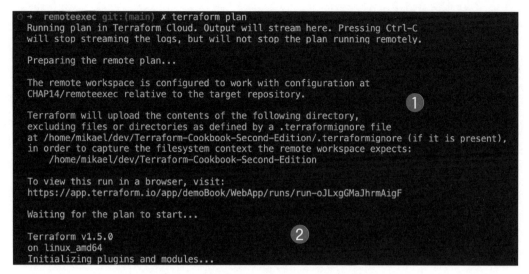

```
○ →  remoteexec git:(main) ✗ terraform plan
Running plan in Terraform Cloud. Output will stream here. Pressing Ctrl-C
will stop streaming the logs, but will not stop the plan running remotely.

Preparing the remote plan...

The remote workspace is configured to work with configuration at
CHAP14/remoteexec relative to the target repository.

Terraform will upload the contents of the following directory,
excluding files or directories as defined by a .terraformignore file
at /home/mikael/dev/Terraform-Cookbook-Second-Edition/.terraformignore (if it is present),
in order to capture the filesystem context the remote workspace expects:
    /home/mikael/dev/Terraform-Cookbook-Second-Edition

To view this run in a browser, visit:
https://app.terraform.io/app/demoBook/WebApp/runs/run-oJLxgGMaJhrmAigF

Waiting for the plan to start...

Terraform v1.5.0
on linux_amd64
Initializing plugins and modules...
```

그림 14.50 테라폼 CLI로 테라폼 클라우드 원격 실행하기

terraform plan 명령이 실행되면 테라폼 CLI는 로컬에서 작성 중인 테라폼 구성을 테라폼 클라우드 워크스페이스에 업로드한다. 그리고 테라폼 CLI는 테라폼 클라우드가 이렇게 업로드된 테라폼 구성을 대상으로 테라폼을 실행하게 하고, plan 명령의 결과를 터미널에도 표시한다. 이 경우에는 워크스페이스에 환경 변수가 설정되어 있기 때문에 로컬에서 환경 변수를 설정하지 않아도 된다는 것을 기억하자.

 변경 사항이 한 곳에서 적용되도록 하기 위해 VCS에 연결된 워크스페이스에서는 로컬에서 apply 명령을 실행할 수 없다. 하지만 워크스페이스가 VCS에 연결되어 있지 않다면, 로컬에서 apply 명령을 실행할 수 있다.

마지막으로 테라폼 구성 내에 local-exec 프로비저너를 포함하고 있다면(이에 대해서는 4장 외부 데이터를 활용해서 테라폼 사용하기에 있는 테라폼으로 로컬 프로그램 실행하기 예제에서 배웠다.), 그리고 써드 파티 도구를 사용하고 있다면 이 도구가 테라폼 클라우드 에이전트에 미리 설치되어 있도록 해야 한다. 이에 대해서는 https://developer.hashicorp.com/terraform/cloud-docs/run/install-software를 참고한다.

14.7.5 참고항목

- 테라폼 클라우드에서 원격 실행에 대한 문서는 https://developer.hashicorp.com/terraform/cloud-docs/run/remote-operations를 참고한다.

- CLI를 사용한 원격 실행에 대한 문서는 https://developer.hashicorp.com/terraform/cloud-docs/run/cli를 참고한다.

14.8 테라폼 클라우드에서 OPA를 사용해서 테라폼 구성의 컴플라이언스 확인하기

테라폼 구성 테스트에 대해서는 11장 테라폼 구성에 대한 테스트 및 보안 규정 준수 검사하기에서 배웠으며, OPA(Open Policy Agent)와 같은 도구 사용에 대해서는 OPA를 사용해서 테라폼 구성 확인하기 예제에서 다뤘다.

테라폼에서 컴플라이언스 테스트는 terraform plan 명령 실행 후에 이뤄지며, plan 명령의 결과가 테스트에 정의된 규칙과 일치하는지 확인한다. 그리고 이 테스트를 통과한 경우에만 terraform apply 명령을 실행할 수 있다.

컴플라이언스 테스트를 위한 다양한 도구와 프레임워크 중에서 테라폼 클라우드는 무료 및 유료 플랜에서 센티널(Sentinel) 또는 OPA를 사용하여 테스트할 수 있는 기능을 제공해 준다. 이 테스트는 plan과 apply 명령 사이에서 실행 된다.

이번 예제에서는 테라폼 클라우드에서 OPA를 사용한 컴플라이언스 테스트를 실행하는 방법에 대해서 배워보자.

14.8.1 준비 사항

이번 예제를 진행하기 위해서는 테라폼 클라우드 조직을 생성해 두어야 한다.

정책은 테라폼 클라우드가 테라폼 실행 시에 강제하는 규칙을 의미한다. 정책은 센티널이나 OPA 정책 코드 프레임워크를 사용해서 정의할 수 있다. 테라폼 클라우드 무료 버전은 최대 다섯 개의 정책으로 구성된 하나의 정책 세트를 포함하고 있다는 것을 유의하자. 정책 세트는 워크스페이스에 적용될 수 있는 정책들의 그룹을 의미한다.

만약 오래된 테라폼 클라우드 조직을 가지고 있다면 새로운 무료 버전으로 이전해야 한다. https://www.hashicorp.com/blog/terraform-cloud-updates-plans-with-an-enhanced-free-tier-and-more-flexibility을 참고하자.

무료 버전을 사용하고 있다면 조직당 하나의 정책 세트만 설정할 수 있으며, 생성된 정책 세트를 VCS 저장소와 연결할 수 없다.

테라폼 클라우드의 플랜, 비용, 기능들에 대한 문서는 https://developer.hashicorp.com/terraform/cloud-docs/overview를 참고한다.

이번 예제에서 사용할 테라폼 구성은 11장 테라폼 구성에 대한 테스트 및 보안 규정 준수 검사하기에 있는 OPA를 사용해서 테라폼 구성 확인하기 예제에서 사용한 구성이며, https://github.com/PacktPublishing/Terraform-Cookbook-Second-Edition/tree/main/CHAP11/opa에서 확인할 수 있다. 이 테라폼 구성은 애저 리소스 그룹과 저장소 계정을 생성한다.

이번 예제에서 작성한 코드를 다른 테라폼 클라우드 조직에 사용하고 싶다면, 이 책의 저장소인 https://github.com/PacktPublishing/Terraform-Cookbook-Second-Edition/tree/main를 포크해야 한다.

이번 예제의 목표는 정책 세트의 한 요소로 OPA 규칙을 통합해서 테스트를 진행하는 것이다. 이 테스트에서는 애저 저장소 계정이 HTTPS 접근만 가능한지 그리고 이름이 sademotestopa123 인지를 확인한다.

그리고 테라폼 클라우드의 실행 시에 이 정책 세트를 적용하는 방법에 대해서 배운다.

이번 예제의 목적은 작성하는 정책의 모든 요소에 대해 배우는 것이 아니다. 이를 위해서는 OPA 문서인 https://www.openpolicyagent.org/를 참고한다. 여기서는 테스트를 용이하게 하기 위해 간단한 코드를 작성한다.

마지막으로 storage 워크스페이스가 미리 생성되어 있어야 하고 VCS 프로바이더와 함께 테라폼 클라우드에 구성되어 있어야 한다. 이에 대해서는 테라폼 클라우드에서 워크스페이스 관리하기 예제를 참고한다.

이번 예제에서는 테라폼 클라우드의 무료 버전을 사용하기 때문에 정책을 VCS 프로바이더에 연결할 수 없다. 그래서 테라폼 클라우드 UI를 통해 정책을 직접 만들어야 한다.

이번 예제에서 사용한 테라폼 구성의 소스 코드는 https://github.com/PacktPublishing/
Terraform-Cookbook-Second-Edition/tree/main/CHAP11/opa에서 확인할 수 있다.

storage 워크스페이스는 다음 그림과 같은 설정으로 구성되어야 한다.

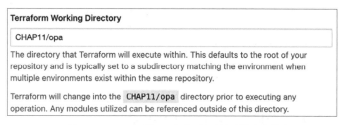

그림 14.51 storage 워크스페이스의 작업 디렉터리 설정

14.8.2 작동 방법

먼저 테라폼 클라우드 조직에서 정책 세트를 구성한다.

1 테라폼 클라우드의 조직 메뉴 좌측에 있는 Settings에서 Policy sets 메뉴를 클릭한 후 Connect a new policy set 버튼을 클릭한다.

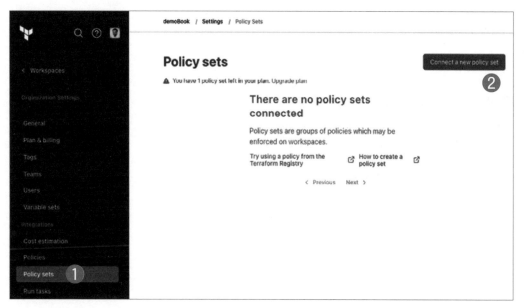

그림 14.52 정책 세트 생성하기

2 무료 버전을 사용하고 있기 때문에 정책 세트를 VCS 프로바이더에 연결할 수 없다. 그래서 다음 그림과 같이 create a policy set with individually managed policies 링크를 클릭한다.

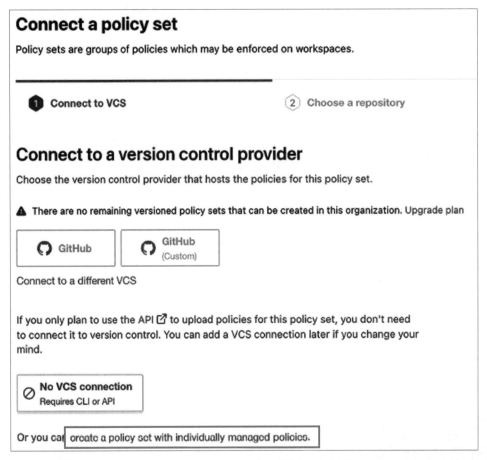

그림 14.53 테라폼 클라우드에서 정책 세트 연결하기

3 새롭게 열린 창에서 다음과 같이 정책을 설정한다.

a. 정책 프레임워크에서 Open Policy Agent를 선택한다.

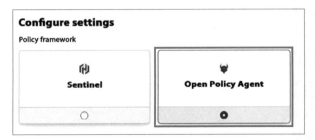

그림 14.54 OPA 프레임워크 선택하기

b. 정책의 이름을 checkStorage로 설정한다.

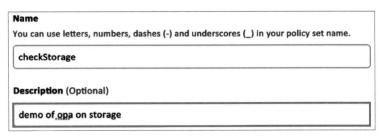

그림 14.55 정책 이름 설정하기

c. 정책의 범위를 selected workspaces로 선택하고 가용한 워크스페이스에서 Storage 워크스페이스를 선택한다.(정책 연결 부분은 비어둔다.)

그림 14.56 테라폼 클라우드에서 정책 설정하기 – 워크스페이스 선택하기

4 화면 하단에 있는 Connect policy set 버튼을 클릭해서 완료한다.

이제 OPA를 사용하는 정책을 만들어 보자.

1 테라폼 클라우드의 조직 메뉴 좌측에 있는 Settings에서 Policies 메뉴로 이동한 후 Create a new policy 버튼을 클릭한다.

2 다음과 같이 구성한다.

a. Open Policy Agent 정책 프레임워크를 선택한다.

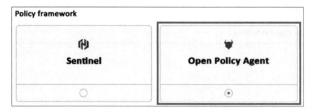

그림 14.57 OPA 프레임워크 선택하기

b. 정책의 이름을 입력한다.

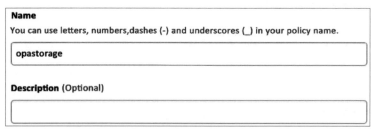

그림 14.58 정책의 이름 설정하기

c. Enforcement behavior를 Mandatory로 설정한다.

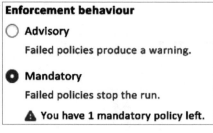

그림 14.59 정책 적용 설정하기

d. Policy code(Rego) 입력란에 다음과 같은 OPA 정책 레고(Rego) 코드를 작성한다.

```
import input.plan as tfplan

azurerm_storage[resources] {
```

```
    resources := tfplan.resource_changes[_]
    resources.type == "azurerm_storage_account"
    resources.mode == "managed"
}

deny[msg] {
  az_storage := azurerm_storage[_]
  r := az_storage.change.after
  not r.enable_https_traffic_only
  msg := sprintf("Storage Account %v must use HTTPS traffic only", [az_
storage.name])
}

deny[msg] {
  az_storage := azurerm_storage[_]
  r := az_storage.change.after
  r.name != "sademotestopa123"
  msg := sprintf("Storage Account %v must be named sademotestopa123", [az_
storage.name])
}
```

 위 코드에 대한 자세한 설명은 11장 테라폼 구성에 대한 테스트 및 보안 규정 준수 검사하기에 있는 OPA를
사용해서 테라폼 구성 확인하기 예제를 참고한다.

e. 이 정책을 연결할 정책 세트를 선택한다. 앞에서 만든 checkStorage 정책 세트를 선택한다.

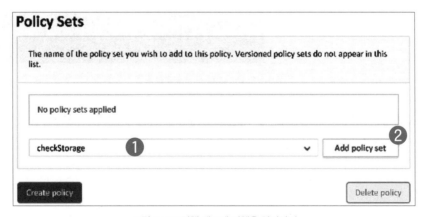

그림 14.60 정책 세트에 정책을 연결하기

f. Create policy 버튼을 클릭해서 정책을 만든다.

여기까지 Storage 워크스페이스에서 실행되는 정책이 포함된 정책 세트를 만들었다. 이제 마지막으로 Storage 워크스페이스의 파이프라인을 실행해보자.

■ Storage 워크스페이스에서 Actions 〉 Start new run 버튼을 클릭한다. (이에 대해서는 테라폼 클라우드에서 테라폼 구성을 원격으로 실행하기 예제에서 배웠다.)

그림 14.61 워크스페이스에서 새로운 워크플로우 실행하기

② 실행화면의 상세보기에 가면, plan 실행 직후에 OPA가 실행되었음을 볼 수 있다.

그림 14.62 OPA 테스트가 실패한 화면

그림 14.62를 보면 HTTPS 접근과 애저 저장소 계정의 이름에 대한 컴플라이언스 결과를 볼 수 있다.

3 이제 테라폼 구성에 있는 컴플라이언스 에러를 수정한다.(자세한 수정 방법은 11장 테라폼 구성에 대한 테스트 및 보안 규정 준수 검사하기에 있는 OPA를 사용해서 테라폼 구성 확인하기 예제를 참고한다.) 수정한 코드를 깃허브 저장소에 커밋하고 테라폼 클라우드에서 워크플로우를 다시 실행한다. 다음 그림은 결과 화면이다.

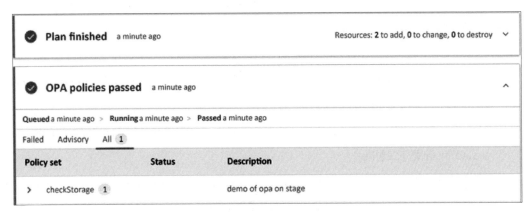

그림 14.63 OPA 테스트가 성공한 화면

OPA 컴플라이언스 테스트가 성공적으로 통과한 것을 볼 수 있다.

14.8.3 더 살펴볼 것들

이번 예제에서는 테라폼 클라우드에서 OPA 프레임워크를 사용해서 테라폼 컴플라이언스 테스트를 진행하는 방법에 대해 배웠다. 이 책의 첫 번째 판에서 다뤘던 것처럼 센티널 프레임워크를 사용할 수도 있다.(이번 판에서는 OPA에 초점을 맞췄다.) 더 자세한 정보는 다음 문서들을 읽어보기 바란다.

- 센티널 함수 코드에 대한 문서는 https://github.com/hashicorp/terraform-guides/tree/master/governance/third-generation를 참고한다.
- 센티널 CLI를 설치하는 방법에 대해서는 https://docs.hashicorp.com/sentinel/intro/getting-started/install를 참고한다.
- 정책을 작성하고 설치하는 방법에 대해서는 https://www.hashicorp.com/resources/writing-and-testing-sentinel-policies-for-terraform를 참고한다.
- 정책에 대한 학습 가이드는 https://developer.hashicorp.com/terraform/tutorials/cloud-get-started/policy-quickstart를 참고한다.
- 센티널 사용에 대한 더 자세한 정보는 https://medium.com/hashicorp-engineering/using-new-sentinel-features-in-terraform-cloud-c1ade728cbb를 참고한다.
- 센티널 사용 예제에 대한 영상은 https://www.hashicorp.com/resources/testing-terraform-sentinel-policies-using-mocks를 참고한다.

14.8.4 참고 항목

- 인프라 변화를 감지하고 OPA 정책을 적용하는 방법에 대한 예제는 https://developer.hashicorp.com/terraform/tutorials/policy/drift-and-opa를 참고한다.
- 정책 적용에 대한 문서는 https://developer.hashicorp.com/terraform/cloud-docs/policy-enforcement를 참고한다.

14.9 클라우드 리소스에 대한 통합 비용 추정 사용하기

클라우드에 리소스를 생성할 때면, 가끔 비용이 발생한다는 것을 잊을 때가 있다. 특히 이런 경향은 몇 가지 명령어를 사용해서 다양한 리소스를 생성할 수 있는 자동화나 코드형 인프라를 사용할 때 더욱 강해지곤 한다.

테라폼 클라우드의 흥미로운 기능 중 하나는 바로 비용 추정이다. 이 기능을 통해 테라폼 구성을 실행하는 동안 생성되는 리소스들의 비용을 시각화할 수 있다.

이번 예제에서는 테라폼 클라우드에서 비용 추정 기능을 사용하는 방법에 대해서 배워보자.

14.9.1 준비 사항

이번 예제를 시작하기 위해서는 테라폼 클라우드 조직과 깃허브 저장소에 연결된 VCS 설정까지 완료된 워크스페이스와 프로젝트가 필요하다. 또한 워크스페이스의 실행 모드는 원격 실행 모드로 설정되어 있어야 한다. 이번 예제에서 사용할 워크스페이스 이름은 MyApp이라고 가정한다.

테라폼 클라우드에는 비용 추정을 위해 두 가지 방법을 사용할 수 있다.

- 테라폼 클라우드에 통합된 비용 추정 기능 사용
- 인프라코스트 사용

인프라코스트 CLI를 사용하는 방법에 대해서는 8장 테라폼으로 애저 인프라 프로비저닝하기에 있는 인프라코스트(Infracost)를 사용해서 애저 인프라 비용 추정하기 예제를 읽어보자. 테라폼 클라우드에서 인프라코스트를 사용하는 방법에 대해서는 다음 예제인 테라폼 클라우드에서 인프라코스트 실행하기를 읽어보자.

> 테라폼 클라우드의 비용 추정 기능이 지원하는 클라우드 프로바이더와 리소스의 목록은 https://developer.hashicorp.com/terraform/cloud-docs/cost-estimation#supported-resources에서 확인할 수 있다.

이번 예제의 목적은 애저 가상 머신과 앱 서비스를 프로비저닝하고 테라폼 클라우드에서 비용 추정 기능을 사용해서 이 리소스들의 비용 추정을 시각화하는 것이다.

이번 예제에서 사용한 테라폼 구성의 소스 코드는 https://github.com/PacktPublishing/Terraform-Cookbook-Second-Edition/tree/main/CHAP14/costestimation에서 확인할 수 있다.

14.9.2 작동 방법

다음 단계를 수행한다.

1 테라폼 클라우드 조직의 Settings 섹션에서 Cost Estimation 탭으로 이동한 후 Enable Cost Estimatino for all Workspaces 체크박스를 체크한 후 Update settings 버튼을 클릭한다.

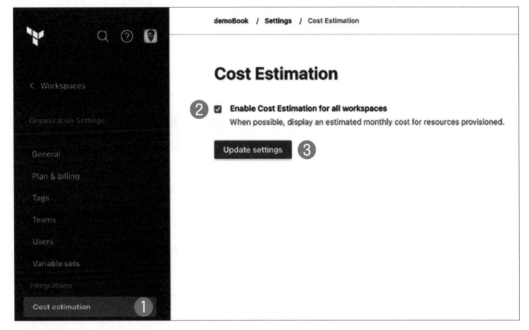

그림 14.64 통합 비용 추정 기능 활성화하기

2 테라폼 구성을 통해 애저 리소스를 프로비저닝할 MyApp 워크스페이스에서 Actions 버튼을 클릭하고 Start new run을 클릭한다.

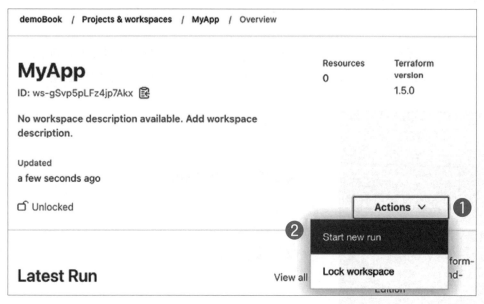

그림 14.65 새로운 워크플로우 실행하기

3 프로바이더에 대한 인증을 위해 Azure 인증을 위한 네 개의 환경 변수를 설정한다. 이에 대해서는 테라폼 클라우드에서 테라폼 구성을 원격으로 실행하기 예제를 참고한다.

4 새로 열린 윈도우에서 run type을 Plan only로 선택한 후 Start run 버튼을 클릭한다.

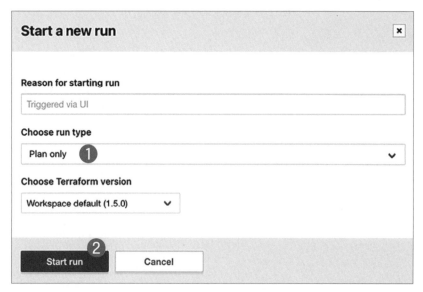

그림 14.66 Start run 버튼 클릭

5 plan이 실행되고 난 후 See details 버튼을 클릭하면 다음과 같이 리소스들의 비용 추정 결과를 볼 수 있다.

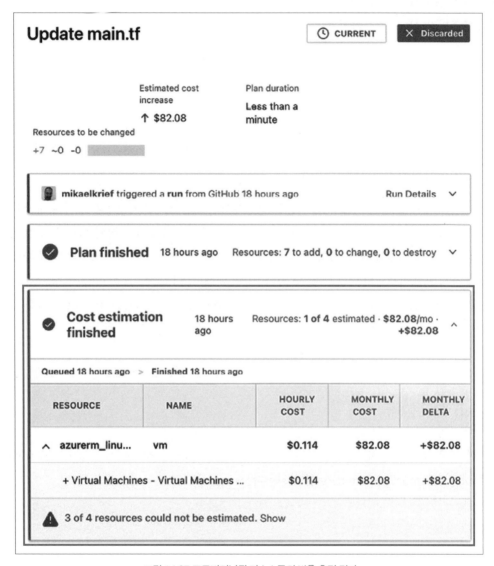

그림 14.67 프로비저닝될 리소스들의 비용 추정 결과

그림 14.67처럼 비용 추정에 대한 상세한 내용을 볼 수 있다.

14.9.3 작동 원리

비용 추정 옵션이 활성화 되면, 테라폼 클라우드는 적합한 클라우드 프로바이더의 API를 사용해서 프로비저닝될 리소스들의 비용을 표시해 준다.

14.9.4 더 살펴볼 것들

이 기능은 비용을 추정하는 추정치일 뿐이며 클라우드 업체들의 다양한 가격 문서를 참조해야 한다는 것을 유의해야 한다.

또 하나 주의해야 할 점은 비용 추정 기능을 활성화하면 모든 워크스페이스와 조직에 대한 비용을 추정한다는 것이다. 또한 이전 예제에서 배운 센티널을 사용해서 추정된 비용에 대한 컴플라이언스 규칙을 작성할 수도 있다. 이를 통해 특정 비용이 넘어가면 컴플라이언스 규칙에 위배되게 해서 프로비저닝되지 않게 할 수 있다. 이에 대해서는 https://developer.hashicorp.com/terraform/cloud-docs/cost-estimation#verifying-costs-in-policies를 참고한다.

14.9.5 참고 항목

- 통합 비용 추정 기능에 대한 문서는 https://developer.hashicorp.com/terraform/cloud-docs/cost-estimation를 참고한다.

14.10 테라폼 클라우드 실행 중 인프라코스트 실행 작업 통합하기

이전 예제에서는 테라폼 클라우드에 통합된 비용 추정 기능을 사용하여 인프라 비용을 추정하는 방법에 대해 배웠다.

이번 예제에서는 파이프라인 도중 실행 작업을 수행하는 방법을 배우고, 인프라코스트 실행 작업을 예제로 실행해 보자.

테라폼 클라우드 실행 작업은 테라폼 워크플로우 도중 일부 사용자 정의 작업을 수행할 수 있게 해주는 서드파티 도구와 서비스이다. 테라폼 클라우드 저장소에 통합된 모든 실행 작업의 목록은 https://registry.terraform.io/browse/run-tasks?product_intent=terraform에서 볼 수 있다.

 이 책에서는 실행 작업의 구성에 대한 세세한 것들을 다루진 않는다. 이에 대해서는 https://developer.hashicorp.com/terraform/cloud-docs/workspaces/settings/run-tasks를 참고한다. 이번 예제에서는 Infracost 실행 작업의 사용 방법에 대해서 다룬다.

14.10.1 준비 사항

이번 예제를 시작하기 위해서는 테라폼 클라우드 조직과 깃허브 저장소에 연결된 VCS 설정까지 완료된 워크스페이스와 프로젝트가 필요하다. 또한 워크스페이스의 실행 모드는 원격 실행 모드로 설정되어 있어야 한다. 이번 예제에서 사용할 워크스페이스 이름은 MyApp이라고 가정한다.

이번 예제에서는 인프라코스트 실행 작업에 대해 배운다. (인프라코스트 CLI를 사용하는 방법에 대해서는 8장 테라폼으로 애저 인프라 프로비저닝하기에 있는 인프라코스트를 사용해서 애저 인프라 비용 추정하기 예제를 참고한다.)

인프라코스트 실행 작업을 사용하기 전에(https://registry.terraform.io/browse/run-tasks?category=cost-management에서 확인할 수 있다.) 인프라코스트에 계정을 생성해야 한다. 계정 생성은 https://dashboard.infracost.io에서 생성한다. 또한 지원하는 클라우드 프로바이더 목록은 https://www.infracost.io/docs/supported_resources/overview에서 확인할 수 있다.

그리고 테라폼 클라우드에서 인프라코스트를 사용하려면 인프라코스트의 엔드포인트 URL과 HMAC 키가 필요하다. 이를 위해서 인프라코스트에 로그인한 후 Org settings 〉 Integrations를 클릭한 후 Terraform Run Task 링크를 클릭한다. 다음 그림을 참고한다.

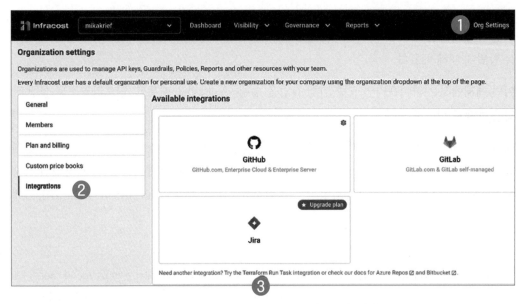

그림 14.68 인프라코스트에서 테라폼 클라우드 연동하기

그런 다음 엔드포인트 URL과 HMAC키 값을 확인한다.

▼ Terraform Run Tasks integration		
Endpoint URL	https://dashboard.api.infracost.io/hooks/f3898568-944e-42f6-9b55-29da8c5	🗐 Copy
HMAC key	Click to show	🗐 Copy
	↻ Regenerate HMAC key	

그림 14.69 인프라코스트의 엔드포인트 URL과 HMAC 키 확인

마지막으로 테라폼 클라우드 조직으로 이동한 후 Settings 〉 Run Tasks 〉 Create run tasks 메뉴를 클릭한다. 그리고 실행 작업 이름, 엔드포인트 URL, 그리고 HMAC 키 값을 다음 그림과 같이 채워 넣는다.

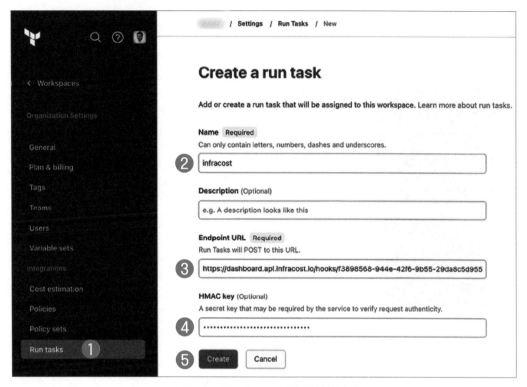

그림 14.70 인프라코스트 실행 작업 생성하기

이제 인프라코스트 실행 작업 구성이 완료되었다. 이번 예제의 목적은 애저 가상 머신과 웹 앱을 프로비저닝하고 인프라코스트를 사용해서 테라폼 클라우드 상에서 이 리소스들에 대한 비용 추정을 확인하는 것이다.

이번 예제에서 실행할 테라폼 구성의 소스 코드는 https://github.com/PacktPublishing/Terraform-Cookbook-Second-Edition/trec/main/CHAP14/costestimation에서 확인할 수 있다.

14.10.2 작동 방법

다음 단계를 수행한다.

1 테라폼 클라우드 워크스페이스인 MyApp의 Settings로 이동한 후 Run Tasks 설정에서 앞에서 생성한 인프라코스트 실행 작업을 선택한다.

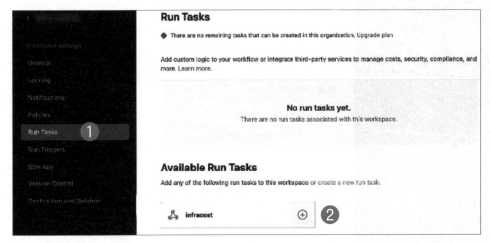

그림 14.71 인프라코스트 실행 작업

2 다음 화면에서 Run stage 값을 Post-plan으로 설정하고 Enforcement level은 Advisory로 설정한다. 나머지 값을 기본값으로 둔다.

그림 14.72 인프라코스트 실행 작업 설정

3 MyApp 워크스페이스에서 Actions 버튼을 클릭한 후 Start new run을 클릭한다. 다음 그림을 참고한다.

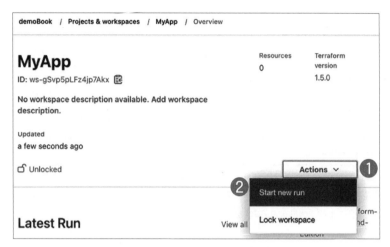

그림 14.73 새로운 워크플로우 실행하기

4 열린 창에서 run type을 Plan only로 선택한 후 Start run 버튼을 클릭한다.

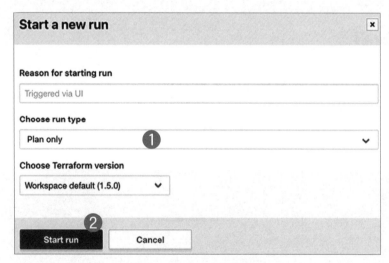

그림 14.74 워크플로우 실행 설정

5 실행 세부 정보를 보면, post-plan 실행 부분에서 인프라코스트 실행 작업이 수행되었고 비용 추정 요약을 다음 그림과 같이 확인할 수 있다.

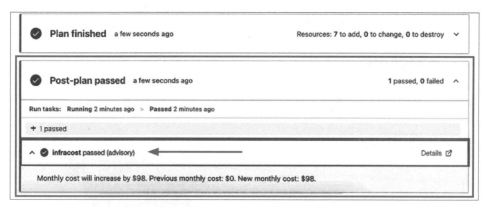

그림 14.75 테라폼 클라우드의 실행 세부 정보에서 인프라코스트가 실행된 화면

6 비용 추정에 대한 세부 정보 확인을 위해 Details 링크(인프라코스트와 같은 줄에 있는)를 클릭하면, 다음 그림과 같이 인프라코스트 대시보드가 열리면서 비용 추정 세부 정보를 볼 수 있다.

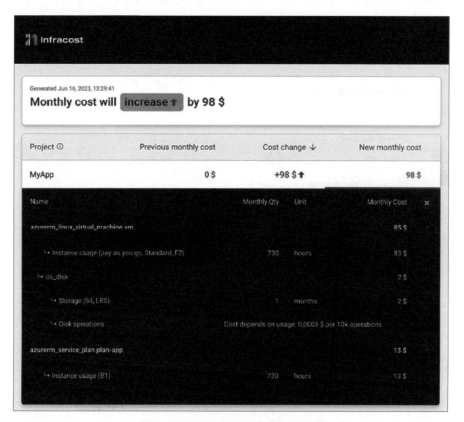

그림 14.76 인프라코스트의 비용 추정 상세 정보

인프라코스트에 의해 계산된 상세한 비용 추정 정보를 볼 수 있다.

14.10.3 작동 원리

인프라코스트 실행 작업이 한 번 활성화되면, 각 클라우드 프로바이더의 API를 사용해서 프로비저닝할 리소스들의 비용을 계산하고 화면에 표시한다.

14.10.4 더 살펴볼 것들

이 기능은 비용을 추정하는 추정치일 뿐이며 클라우드 업체들의 다양한 가격 문서를 참조해야 한다는 것을 유의해야 한다.

14.10.5 참고 항목

- 인프라코스트 문서는 https://www.infracost.io/를 참고한다.
- 테라폼 클라우드와 인프라코스트 통합에 대한 문서는 https://www.infracost.io/docs/integrations/terraform_cloud_enterprise/를 참고한다.

14.11 TFE 프로바이더를 통해 테라폼 클라우드 구성하기

이전 예제들을 통해 테라폼 클라우드의 웹 인터페이스를 사용해서 프로젝트, 워크스페이스 그리고 실행 작업을 사용하는 방법에 대해서 배웠다. 큰 규모의 인프라를 가지고 있고 다수의 테라폼 클라우드 조직과 워크스페이스를 사용하는 기업의 관점에서, 이런 수동 작업은 관리하기 어렵기 때문에 자동화를 필요로 한다.

이런 문제를 해결하기 위해 TFE 프로바이더를 사용해서 테라폼 클라우드 구성을 자동화할 수 있다.

TFE 프로바이더는 테라폼 클라우드의 리소스를 구성하고 관리하기 위한 프로바이더이다.(테라폼 엔터프라이즈에도 적용된다.)

테라폼 클라우드를 구성하기 위해 TFE 프로바이더를 사용하는 몇 가지 이유는 다음과 같다.

- **테라폼 클라우드 통합**: TFE 프로바이더를 사용하면 테라폼 구성 파일을 통해 테라폼 클라우드 리소스들을 직접 관리하고 구성할 수 있다. TFE 프로바이더는 워크스페이스, 상태 관리, 실행 작업 등 테라폼 클라우드의 다양한 요소와 기능들을 사용할 수 있는 기능을 제공해 준다.

- **자동화 및 코드형 인프라**: TFE 프로바이더를 사용하면 테라폼 클라우드 리소스의 구성을 자동화하여 일관되고 재현 가능하게 테라폼 클라우드를 구성할 수 있다. 이를 통해 테라폼 클라우드 인프라를 코드로 정의하고 관리하게 되어, 인프라 구성에 대한 버전 관리, 공유, 협업이 더욱 쉬워진다.

- **협업과 팀워크**: 테라폼 클라우드는 팀 관리, 접근 제어, 협업 도구와 같은 기능을 제공하여 여러 팀원이 인프라 프로비저닝을 함께 수행할 수 있게 해준다. 또한 TFE 프로바이더를 사용하면 테라폼 클라우드 내에서 팀 설정 및 관리, 사용자 접근 권한, 그 외 협업 관련 사항들을 자동화하여 팀워크 과정을 간소화할 수 있다.

- **향상된 상태 관리**: 테라폼 클라우드는 중앙화된 상태 저장 기능을 제공하여 여러 팀원이 동시에 동일한 인프라 코드베이스를 작업할 수 있게 한다. TFE 프로바이더를 사용하면 원격 백엔드와 상태 잠금을 포함한 상태 저장 설정을 구성하고 관리할 수 있어, 조직 전체에서 안전하고 효율적인 상태 관리를 보장한다.
- **감사와 거버넌스**: 테라폼 클라우드는 감사 로깅 및 거버넌스 기능을 제공하여 변경 사항을 추적하고, 로그를 검토하고, 정책 체크를 강제할 수 있다. TFE 프로바이더를 사용하면 이러한 감사 및 거버넌스 설정을 구성할 수 있어, 조직 요구 사항에 대한 컴플라이언스 준수를 보장하고 인프라 변경에 대한 가시성을 제공한다

무엇보다 TFE 프로바이더를 사용하면 테라폼 클라우드 리소스의 구성 및 관리가 단순화되고, 워크플로우가 자동화되며, 협업 및 거버넌스 기능이 향상되므로, 테라폼 클라우드에서 인프라를 제공하고 관리하는데 효과적인 선택이 될 수 있다.

이번 예제에서는 TFE 프로바이더를 사용해서 테라폼 클라우드를 구성하는 테라폼 구성 예제를 살펴보자.

그럼 시작해 보자.

14.11.1 준비 사항

이번 예제를 진행하려면 테라폼 클라우드 조직을 미리 가지고 있어야 한다. 이 조직이 메인 조직이 된다. (여기서는 demo-tfe라고 이름 지었다.) 그리고 이번 예제에서 실행할 테라폼 구성의 상태를 저장할 manage-tfe라는 워크스페이스를 미리 만들어 둔다.

다른 조직을 생성할 수 있는 권한을 얻기 위한 한 가지 방법은 터미널에서 테라폼 명령을 실행해서 테라폼 클라우드에 대해 인증 하는 것이다. 이를 위해서는 terraform login 명령을 사용하거나 테라폼 클라우드에서 새로운 사용자 토큰을 만든다. 이에 대해서는 테라폼 클라우드에 인증하기 예제에서 배웠다.

TFE 인증에 대한 더 자세한 정보는 https://registry.terraform.io/providers/hashicorp/tfe/latest/docs#authentication를 참고한다.

manage-tfe 워크스페이스의 Variables 설정에서 다음 그림과 같이 사용자 토큰 값을 포함한 환경 변수를 추가한다.

그림 14.77 테라폼 클라우드 인증을 위한 TFE_TOKEN 환경 변수 설정

이번 예제의 목표는 테라폼 구성과 TFE 프로바이더를 사용해서 새로운 테라폼 클라우드 조직, 프로젝트를 생성하고 이 프로젝트 안에 두 개의 워크스페이스를 생성하는 것이다.

14.11.2 작동 방법

다음 단계를 수행한다.

1 main.tf 파일을 만들고 다음 구성을 추가한다.

```
terraform {
  required_version = "~> 1.0"
  required_providers {
    tfe = {
      source  = "hashicorp/tfe"
      version = "0.45.0"
    }
  }
  cloud {
    hostname     = "app.terraform.io"
    organization = "demo-tfe"

    workspaces {
      name = "manage-tfe"
    }
  }
```

```
}
```

이 구성에서는 TFE 프로바이더를 추가하고 테라폼 클라우드의 manage-tfe 워크스페이스에
원격 백엔드를 구성한다.

2 그리고 다음 테라폼 구성을 추가한다.

```
provider "tfe" {
}

resource "tfe_organization" "test-organization" {
  name  = "demo-tfe-book-${random_string.random.result}"
  email = "admin@company.com"
}

resource "tfe_project" "project" {
  organization = tfe_organization.test-organization.name
  name         = "appproject"
}

resource "tfe_workspace" "network" {
  name         = "network"
  organization = tfe_organization.test-organization.name
}

resource "tfe_workspace" "vm" {
  name         = "vm"
  organization = tfe_organization.test-organization.name
}
```

이 테라폼 구성은 demo-tfe-book 조직과 appproject라는 프로젝트, 그리고 network와
vm이라는 두 개의 워크스페이스를 생성한다.

3 마지막으로 터미널에서 terraform init, plan, apply로 순서로 테라폼 워크플로우를 실행한다.

4 테라폼 클라우드에서 리소스들이 생성된 것을 확인한다.

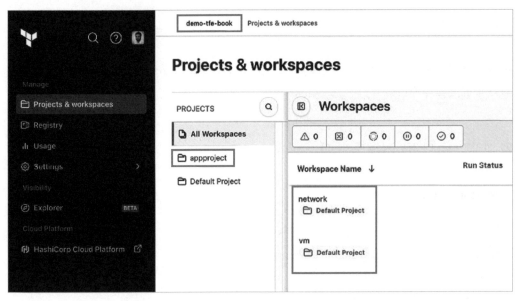

그림 14.78 TFE 프로바이더를 통해 테라폼 클라우드 프로젝트와 워크스페이스가 생성된 화면

TFE가 demo-tfe-book 조직과 appproject 프로젝트 그리고 network와 vm 두 개의 워크
스페이스를 생성한 것을 볼 수 있다.

14.11.3 더 살펴볼 것들

세 번째 단계에서는 터미널에서 테라폼 워크플로우를 실행한다. 하지만 이 테라폼 구성을 포함
하는 VCS와 manage-tfe 워크스페이스를 연결해서 테라폼 클라우드에서 파이프라인을 직접
실행할 수도 있다. 이는 이번 장의 테라폼 클라우드에서 테라폼 구성을 원격으로 실행하기 예제
에서 자세히 배웠다

하지만 워크스페이스에서 VCS를 연결하고 나면 다음 그림과 같이 테라폼 명령을 터미널에서
는 실행하지 못하게 된다.

```
→ tfe-sample git:(main) terraform destroy --auto-approve
Error:    Apply not allowed for workspaces with a VCS connection
A workspace that is connected to a VCS requires the VCS-driven workflow to ensure that the VCS remains the single source of truth.
```

그림 14.79 테라폼 클라우드 통합 후 테라폼 명령 실행 시 발생하는 에러

destroy 명령을 실행할 때 테라폼 명령을 터미널에서 실행할 수 없다는 에러가 발생하는 것을
볼 수 있다.

14.11.4 참고 항목

- TFE 문서는 https://registry.terraform.io/providers/hashicorp/tfe/latest/docs를 참고한다.

- TFE 사용에 대한 에제들은 https://www.hashicorp.com/resources/managing-workspaces-with-the-tfe-provider-at-scale-factory를 참고한다.

- TFE 사용에 대한 문서는 https://nedinthecloud.com/2022/02/03/managing-terraform-cloud-with-the-tfe-provider를 참고한다.

- TFE에 대한 해시코프에서 만든 사용 예제 코드는 https://github.com/hashicorp/learn-terraform-tfe-provider-run-triggers를 참고한다.

NOTE

15

테라폼
에러 트러블슈팅

이제 이 책의 마지막 장이다. 이 책을 통해 테라폼을 사용해서 인프라 리소스를 프로비저닝하는 방법에 대해서 배웠다. 앞으로 테라폼을 더 많이 알아감에 따라, 테라폼 구성 에러를 겪게되고 트러블슈팅이 필요한 상황이 늘어나게 될 것이다.

이번 장에서는 테라폼 사용 중에 발생하는 일반적인 오류들을 디버깅하고 해결하는 방법에 대해서 살펴보자. 이와 관련된 문서는 https://developer.hashicorp.com/terraform/tutorials/configuration-language/troubleshooting-workflow을 참고한다.

테라폼 내에서 사용되는 보간, 의존성 순환 참조, for_each 반복문, 그리고 출력 에러들을 수정하는 방법을 살펴본다. 각 예제에서는 테라폼 구성의 오류, 오류 재현 방법, 그리고 에러를 수정하는 방법에 대해서 살펴본다.

이번 장에서는 테라폼에서 발생하는 모든 유형의 에러를 다루지는 않는다. 예를 들면 다음과 같이 이미 이 책에서 배웠던 다른 종류의 에러들도 있다.

- 테라폼 상태 잠금 혹은 손상과 관련된 에러는 https://www.pluralsight.com/resources/blog/cloud/how-to-troubleshoot-5-common-terraform-errors#h-5-terraform-state-errors를 참고한다.
- 리소스가 이미 존재 한다는 에러 메세지는 **5장 테라폼 상태 관리하기**에 있는 **기존 리소스 가져오기** 예제를 참고한다.

이번 장에서 다룰 내용은 다음과 같다.

- 보간 에러 수정하기
- 의존성 순환 에러 수정하기
- for_each 에러 수정하기
- 출력 에러 수정하기

15.1 보간 에러 수정하기

테라폼 보간은 문자열이나 구성 블록 내에 표현식을 삽입할 수 있게 해주는 테라폼의 기능이다. 이 표현식들은 테라폼이 실행되는 동안에 처리되며, 변수, 데이터 소스, 리소스, 함수 그리고 다른 테라폼 리소스에 대한 참조를 포함할 수 있다. 보간을 통해 테라폼 구성 내에서 동적으로 값을 생성하거나, 값을 참조하거나, 다양한 변환을 수행할 수 있다.

테라폼 내에서 보간 문법은 ${...}으로 표현된다. 이 보간 문법 내에 변수 참조, 리소스 속성, 함수 호출, 그리고 수학식 등 다양한 표현식을 사용할 수 있다.

테라폼 구성에서 가장 많이 발생하는 에러 중 하나가 바로 이 보간을 잘못 사용하는 경우이다. 이번 예제에서는 보간 에러가 발생할 만한 예제를 살펴보고 어떻게 수정하는지 살펴보자.

그럼 시작해 보자.

15.1.1 준비 사항

이번 예제에서는 다음과 같은 구성을 포함한 애저 리소스 그룹을 프로비저닝하는 테라폼 구성에서 시작한다.

```
variable "resource_group_name" {
  default = "rg-demo-error"
}


resource "azurerm_resource_group" "rg-app" {
```

```
    name = ${var.resource_group_name}
    location = "westeurope"
}
```

이 구성에는 애저 리소스 그룹의 이름을 resource_group_name이라는 변수에 지정한다.

이번 예제에서는 이 구성이 보간 에러를 가지고 있다는 것을 확인하고, 이를 어떻게 수정하는지 알아보자.

이번 예제의 소스 코드는 https://github.com/PacktPublishing/Terraform-Cookbook-Second-Edition/tree/main/CHAP15/interpolation에서 확인할 수 있다.

15.1.2 작동방법

다음 단계를 수행한다.

1 테라폼 구성이 있는 폴더에서 terraform init를 실행한다.

2 그리고 terraform validate를 실행한다.

3 다음 그림은 terraform validate 명령의 출력 화면이다.

```
→ interpolation git:(main) ✗ terraform validate

Error: Invalid character

  on main.tf line 17, in resource "azurerm_resource_group" "rg-app":
  17:    name     = ${var.resource_group_name}

This character is not used within the language.


Error: Invalid expression

  on main.tf line 17, in resource "azurerm_resource_group" "rg-app":
  17:    name     = ${var.resource_group_name}

Expected the start of an expression, but found an invalid expression token.
```

그림 15.1 테라폼 보간 에러

테라폼 구성 내에 있는 리소스 그룹의 name 속성에 대해 두 개의 에러가 있음을 볼 수 있다.

4 이 에러를 수정하기 위해 리소스 그룹의 name 속성을 다음과 같이 수정한다.

```
resource "azurerm_resource_group" "rg-app" {
  name = "${var.resource_group_name}"
  location = "westeurope"
}
```

5 terraform validate 명령을 재실행하면 다음 그림과 같은 화면을 볼 수 있다.

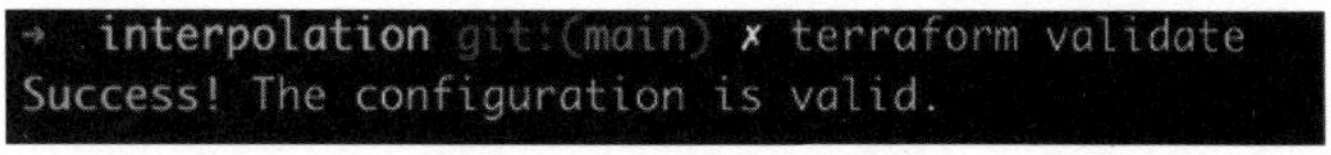

그림 15.2 테라폼 보간 에러 수정

15.1.3 작동 원리

세 번째 단계에서 name 속성의 값에 "${⟨변수⟩}⟨문자열⟩" 형식으로 따옴표를 추가해서 보간 에러를 수정한다.

테라폼 구성의 문법 유효성을 검증하기 위해 terraform validate 명령을 실행한다. 이에 대해 서는 6장 기본적인 테라폼 워크플로우 적용하기에 있는 코드 문법 검증하기 예제에서 배웠다.

보간 에러 트러블슈팅에 대해 더 많은 정보를 보고 싶다면 https://developer.hashicorp. com/terraform/tutorials/configuration-language/troubleshooting- workflow#correct-a-variable-interpolation-error를 읽어보기 바란다.

15.1.4 참고 항목

• 문자열 타입과 템플릿화에 대한 문서는 https://developer.hashicorp.com/terraform/ language/expressions/strings를 참고한다.

15.2 의존성 순환 에러 수정하기

2장 테라폼 구성 작성하기에 있는 테라폼 리소스간 의존성 관리하기 예제에서 암시적 및 명시적 테라폼 의존성을 사용하는 방법에 대해서 배웠다.

리소스간 많은 의존성을 포함하고 있는 경우에, 테라폼 리소스간 의존성 순환 에러를 겪게 되는 경우가 생길 수 있다. (예를 들어 의존성 체인 내에서 리소스가 자신에게 의존하는 경우 등)

테라폼 의존성에 대한 개념과 의존성 순환 에러에 대해 이해하기 위해 https://serverfault.com/questions/1005761/what-does-error-cycle-means-in-terraform/1005791#1005791 문서를 읽어보기 바란다.

그럼 시작해 보자.

15.2.1 준비 사항

이번 예제에서는 다음과 같은 테라폼 구성을 가지고 있는 main.tf 파일에서 시작한다. (다음 코드는 main.tf 전체 코드 중 일부이다.)

```
resource "azurerm_linux_virtual_machine" "vm" {
  name = "myvmdemo-${random_string.str.result}"
  network_interface_ids = [azurerm_network_interface.nic.id]
  resource_group_name = azurerm_resource_group.rg.name
  location = azurerm_resource_group.rg.location
  ….
```

```
  }

resource "azurerm_network_interface" "nic" {
  name = "${azurerm_linux_virtual_machine.vm.name}-nic"
  resource_group_name = azurerm_resource_group.rg.name
  location = azurerm_resource_group.rg.location
  ....
  }
```

이 테라폼 구성의 전체 소스 코드는 https://github.com/PacktPublishing/Terraform-Cookbook-Second-Edition/tree/main/CHAP15/cycle에서 확인할 수 있다.

위 테라폼 구성은 애저 가상 머신과 이에 연결되는 애저 네트워크 인터페이스(NIC)를 프로비저 닝한다. 그리고 위 구성에서 볼 수 있듯이 가상 머신은 network_interface_ids = [azurerm_ network_interface.nic.id]이라는 코드에 의해 NIC에 대한 암시적인 의존성을 가지게 되고, NIC는 name = "${azurerm_linux_virtual_machine.vm.name}-nic"라는 코드에 의해 가 상 머신에 대해 암시적인 의존성을 가지게 된다.

그래서 가상 머신은 NIC에, NIC는 가상 머신에 각각 의존하게 된다.

이번 예제에서는 이 이슈를 해결하는 과정에 대해 살펴보자.

15.2.2 작동 방법

다음 단계를 수행한다.

1 테라폼 구성이 있는 폴더에서 다음 명령을 실행한다.

```
terraform init
terraform validate
```

다음 그림은 위 명령의 실행 결과 화면이다.

```
→ cycle git:(main) ✗ terraform validate

  Error: Cycle: azurerm_linux_virtual_machine.vm, azurerm_network_interface.nic
```

그림 15.3 테라폼 의존성 순환 에러

가상 머신과 NIC 리소스간 의존성 순환 에러가 발생한 것을 볼 수 있다.

2 이 에러를 수정하기 위해 locals 표현식을 사용해서 가상 머신의 이름을 만들어 준다. 이를 위해 다음과 같은 코드를 main.tf 파일 내에 추가한다.

```
locals {
  vmname = "vmdemo-${random_string.str.result}"
}
```

그리고 NIC의 이름을 다음과 같은 테라폼 구성으로 수정한다.

```
resource "azurerm_network_interface" "nic" {
  name                = "${local.vmname}-nic"
  resource_group_name = azurerm_resource_group.rg.name
…
```

3 마지막으로 terraform validate 명령을 다시 실행한다.

15.2.3 작동 원리

첫 번째 단계에서는 terraform validate 명령을 실행해서 테라폼 구성의 문법 유효성을 검증한다. validate 명령을 의존성 순환 에러를 반환하게 된다. 그리고 두 번째 단계에서는, locals 표현식을 사용해서 가상 머신과 NIC 사이의 의존성 순환을 제거한다.

15.2.4 더 살펴볼 것들

이번 예제에서는 의존성 순환 에러를 수정하기 위해 locals 표현식을 사용했다. 하지만 이 방법만 있는 건 아니기 때문에, 적절한 방법을 찾기 위해서는 테라폼 구성을 분석하고 어디서 의존성 순환 문제가 발생하는지를 찾아야 한다.

테라폼 구성에 있는 리소스간 모든 의존성을 시각화 하기 위해서 terraform graph 명령을 실행한다. 이에 대한 더 자세한 정보는 6장 기본적인 테라폼 워크플로우 적용하기에 있는 의존성 그래프 생성하기 예제와 12장 테라폼 심층 분석에 있는 로버를 통해 테라폼 리소스 의존성 시각화하기 예제를 읽어보자.

의존성 순환 문제 해결에 대한 더 자세한 정보는 https://developer.hashicorp.com/terraform/tutorials/configuration-language/troubleshooting-workflow#correct-a-cycle-error를 읽어보자.

15.3 for_each 에러 수정하기

3장 테라폼으로 인프라 확장하기에 있는 객체로 구성된 맵 순환하기 예제에서 for_each 표현식을 사용해서 객체로 구성된 맵을 순환하는 방법에 대해서 배웠다.

for_each 표현식을 사용할 때 발생할 수 있을 에러는 다음과 같다.

- **입력 데이터 구조에 키 누락**: 만약 for_each를 사용하는 데이터 구조가 비어 있거나 예상한 키 혹은 요소를 포함하지 않으면, 테라폼은 에러를 발생시킨다. 예를 들어, 비어 있는 맵이나 세트에 for_each를 사용하려고 하면, 테라폼은 인스턴스를 생성하지 못하고 결과적으로 에러가 발생하게 된다.
- **입력 데이터에 중복된 키 포함**: for_each는 서로 다른 리소스 인스턴스를 생성하기 위해 입력 데이터에 고유한 키가 있기를 기대하고 동작한다. 하지만 중복된 키가 있다면 테라폼은 리소스가 고유한 식별자를 가질 수 없기 때문에 에러를 발생시킨다.
- **데이터 형식 불일치**: for_each를 사용하는 데이터 구조는 리소스 또는 모듈 블록과 호환되어야 한다. 만약 데이터 형식이 일치하지 않는다면(예를 들어 맵 대신 리스트를 사용하는 경우) 테라폼은 에러를 발생시킨다.
- **존재하지 않는 항목 참조**: 만약 맵, 세트 또는 다른 데이터 구조를 기반으로 인스턴스를 생성하기 위해 for_each를 사용하는 상황에서 리소스 구성에 존재하지 않는 키나 요소를 참조한다면, 테라폼은 에러를 발생시킨다.

이번 예제에서는 for_each 표현식을 사용할 때 발생할 수 있는 데이터 형식 불일치 에러를 해결하는 방법에 대해서 배워보자.

그럼 시작해 보자.

15.3.1 준비 사항

이번 예제는 다음과 같은 테라폼 구성에서 시작한다.

```
locals {
  webapplist = ["webappdemobook1", "webappdemobook2"]
}


resource "azurerm_linux_web_app" "app" {
  for_each = local.webapplist.*.key
  name                = "${each.value}-${random_string.str.result}"
  location            = "westeurope"
  resource_group_name = azurerm_resource_group.rg-app.name
  service_plan_id     = azurerm_service_plan.plan-app.id
  site_config {}
}
```

이 테라폼 구성은 이름은 서로 다르지만 나머지 구성은 동일한 여러 개의 애저 웹앱을 생성한다. 이를 위해 webapplist라는 로컬 변수에 for_each 표현식을 사용해서 테라폼 구성을 작성한다.

먼저 terraform init 명령을 실행한다. 그런 다음 terraform validate 명령을 실행하면 다음과 같은 에러가 발생한다.

```
→ foreach git:(main) ✗ terraform validate

Error: Unsupported attribute

  on main.tf line 42, in resource "azurerm_linux_web_app" "app":
  42:   for_each            = local.webapplist.*.key

Can't access attributes on a primitive-typed value (string).


Error: Unsupported attribute

  on main.tf line 42, in resource "azurerm_linux_web_app" "app":
  42:   for_each            = local.webapplist.*.key

Can't access attributes on a primitive-typed value (string).
```

그림 15.4 테라폼의 for_each 속성 에러

locals 변수에 key 속성을 확인할 수 없다는 에러임을 알 수 있다. 올바른 for_each 표현식은 다음과 같이 작성할 수 있다.

```
resource "azurerm_linux_web_app" "app" {
  for_each              = local.webapplist
  name                  = "${each.value}-${random_string.str.result}"
  location              = "westeurope"
  resource_group_name   = azurerm_resource_group.rg-app.name
  service_plan_id        = azurerm_service_plan.plan-app.id
  site_config {}
}
```

하지만 위 테라폼 구성에 대한 terraform validate 명령도 에러를 발생 시킨다.

그림 15.5 테라폼의 for_each 객체 에러

이번에는 for_each 표현식이 맵 변수 혹은 set 함수와 함께 사용되어야 함을 알 수 있다. 여기서는 튜플 변수에 for_each 표현식을 적용해서 에러가 발생 했다.

이제 이 두 에러를 어떻게 수정할 수 있을지 살펴보자.

이번 예제의 소스 코드는 https://github.com/PacktPublishing/Terraform-Cookbook-Second-Edition/tree/main/CHAP15/foreach에서 확인할 수 있다.

15.3.2 작동 방법

다음 단계를 수행한다.

1 테라폼 구성을 다음과 같은 코드로 수정한다.

```
resource "azurerm_linux_web_app" "app" {
  for_each                = toset(local.webapplist)
  name                    = "${each.value}-${random_string.str.result}"
  location                = "westeurope"
  resource_group_name     = azurerm_resource_group.rg-app.name
  service_plan_id         = azurerm_service_plan.plan-app.id
  site_config {}
}
```

위 테라폼 구성에서는, toset 내장 함수를 사용해서 webapplist를 문자열 세트 형태로 만든 후 for_each 반복문을 적용한다.

2 그런 다음 terraform validate를 다시 실행하면 다음 그림과 같은 출력 결과를 볼 수 있다.

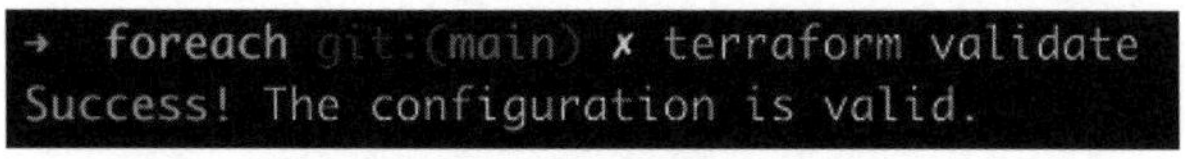

```
→  foreach git:(main) x terraform validate
Success! The configuration is valid.
```

그림 15.6 for_each 에러를 수정한 화면

이제 테라폼 구성의 에러가 없어지고 테라폼 워크플로우를 실행할 수 있게 되었다.

15.3.3 더 살펴볼 것들

이번 예제의 도입부에 언급된 잠재적인 에러들을 처리하기 위해서는 사용 하려는 데이터 구조가 for_each에 적합한 형식을 가지고 있는 데이터 구조인지를 확인해야 한다. 테라폼 작업 중 발생하는 for_each 에러를 방지하기 위해서는 입력 데이터 구조를 검증하는 것이 중요하다.

for_each 에러 트러블슈팅에 대한 더 많은 자료는 https://developer.hashicorp.com/terraform/tutorials/configuration-language/troubleshooting-workflow#correct-a-for_each-error를 읽어보기 바란다.

15.4 출력 에러 수정하기

이전 예제에서는 for_each 에러를 수정하고 트러블슈팅하는 방법에 대해서 배웠다.

이번에는 같은 테라폼 구성을 사용해서 생성된 애저 웹앱의 호스트 명을 가져오는 시나리오를 살펴보자. 이를 통해 웹앱의 가용성을 테스트 할 수 있다. 웹앱의 가용성을 테스트하기 위해 단순하게 출력값을 사용한다는 것만 기억해 두자.

 이번 예제에서는 웹앱의 가용성을 테스트 하는 것에 대해서 다루진 않는다. 단순히 출력을 활용하는 방법에 대해서만 다룬다.

그럼 시작해 보자.

15.4.1 준비 사항

출력을 추가하기 위해 다음과 같은 테라폼 구성을 추가한다.

```
output "webapps_hostnames" {
  value = azurerm_linux_web_app.app.default_hostname
}
```

이번 예제의 소스 코드는 https://github.com/PacktPublishing/Terraform-Cookbook-Second-Edition/tree/main/CHAP15/outputs에서 확인할 수 있다.

이 테라폼 구성을 바탕으로 terraform init 먼저 실행 후 terraform validate 명령을 실행한다.

그러면 다음 그림과 같은 결과를 볼 수 있다.

```
→ outputs git:(main) ✗ terraform validate

Error: Missing resource instance key

  on main.tf line 51, in output "webapps_hostnames":
  51:    value = azurerm_linux_web_app.app.default_hostname

Because azurerm_linux_web_app.app has "for_each" set, its attributes must be accessed on
specific instances.

For example, to correlate with indices of a referring resource, use:
    azurerm_linux_web_app.app[each.key]
```

그림 15.7 테라폼 출력 에러

출력값이 for_each 표현식으로 프로비저닝될 리소스에 유효하지 않게 설정되었다는 에러를 볼 수 있다.

15.4.2 작동방법

다음 단계를 수행한다.

1 테라폼 구성을 다음과 같이 수정한다.

```
output "webapps_hostnames" {
  value = [for app in azurerm_linux_web_app.app : app.default_hostname]
}
```

출력 에러를 수정하기 위해 출력 값에 for 표현식을 사용한다.

> for 표현식을 사용한 반복문은 3장 테라폼으로 인프라 확장하기에 있는 객체로 구성된 맵 순환하기 예제에서 배웠다.

2 그런 다음 terraform init, plan, 그리고 apply 순서대로 테라폼 워크플로우를 수행한다.

3 마지막으로 terraform output 명령을 입력하면 다음 그림 15.8과 같은 결과 화면을 볼 수 있다.

```
→  outputs git:(main) x terraform output
webapps_hostnames = [
  "webappdemobook1-sxy0.azurewebsites.net",
  "webappdemobook2-sxy0.azurewebsites.net",
]
```

그림 15.8 출력 에러 수정

애저 웹 앱의 호스트명 목록이 webapps_hostnames라는 출력값에 포함된 것을 볼 수 있다.

15.4.3 작동 원리

첫 번째 단계에서는 auzrerm_linux_web_app.app.default_hostname으로 되어 있는 출력 값을 for 표현식을 사용해서 azurerm_linux_web_app 인스턴스를 반복하도록 테라폼 구성을 수정한다. 그런 다음 두 번째 단계에서는 테라폼 워크플로우를 수행한다. 마지막으로 세번째 단계에서는 terraform output 명령을 실행해서 webapps_hostnames 출력값을 표시한다.

15.4.4 더 살펴볼 것들

출력 에러 트러블슈팅 문서에 대한 더 많은 자료는 https://developer.hashicorp.com/terraform/tutorials/configuration-language/troubleshooting-workflow#correct-your-outputs-to-return-all-values를 읽어보기 바란다.

NOTE

부록

A 테라폼 치트 시트

이 치트 시트는 일반적인 테라폼 작업들에 대한 빠른 답변과 가이드를 제공하기 위해 만들어졌다. 각각의 섹션은 개념, 명령, 그리고 예시를 제공하고, 필요한 정보를 쉽게 찾을 수 있는 정보를 제공한다. 클라우드 리소스를 생성하든, 인프라 변경을 관리하든, 혹은 고급 기술을 분석하든 이 치트 시트가 테라폼을 이용하여 효율적이고 확장 가능한 인프라를 관리할 수 있게 도와줄 것이다.

이 치트 시트가 광범위한 주제를 다루지만, 테라폼은 동적이며 진화하는 도구라는 것을 기억하자. 항상 공식 문서와 커뮤니티를 참조하여 최신 업데이트와 모범 사례에 대한 통찰을 얻기 바란다.

 이 테라폼 치트 시트는 완전하지 않으며, 정확하고 최신의 정보를 얻기 위해서는 공식 테라폼 문서와 함께 사용되어야 한다.

테라폼 CLI 문서는 https://developer.hashicorp.com/terraform/cli를 참고한다.

기본 명령어

명령	역할	문서 링크
terraform –help	모든 CLI 명령을 표시한다.	https://developer.hashicorp.com/terraform/cli/commands#basic–cli–features
terraform –version	CLI 버전을 표시한다.	https://developer.hashicorp.com/terraform/cli/commands/version
terraform 〈command〉 –chdir	테라폼 명령을 지정한 폴더에서 실행한다.	https://developer.hashicorp.com/terraform/cli/commands#switching–working–directory–with–chdir

테라폼 구성 포맷팅

명령	역할	문서 링크
terraform fmt	테라폼 구성 포맷팅	https://developer.hashicorp.com/terraform/cli/commands/fmt
terraform fmt —recursive	테라폼 구성 포맷팅을 하위 폴더까지 진행한다.	https://developer.hashicorp.com/terraform/cli/commands/fmt#recursive

테라폼 프로바이더 관리

명령	역할	문서 링크
terraform providers	현재 구성에서 사용 중인 테라폼 프로바이더 정보 반환	https://developer.hashicorp.com/terraform/cli/commands/providers
terraform get –update=true	테라폼 프로바이더 다운로드	https://developer.hashicorp.com/terraform/cli/commands/get

테라폼 의존성 파일

명령	역할	문서 링크
terraform init —upgrade	테라폼 의존성 파일 업그레이드	https://developer.hashicorp.com/terraform/cli/commands/init#upgrade
terraform provider lock –platform=windows_ amd64 –platform= linux_ amd64	지정된 운영체제에 맞는 의존성 파일 생성	https://developer.hashicorp.com/terraform/cli/commands/providers/lock

기본 워크플로우 명령

명령	역할	문서 링크
terraform init	테라폼 워크플로우 초기화	https://developer.hashicorp.com/terraform/cli/commands/init
terraform plan	테라폼 구성에 의해 발생하는 변경 사항 시각화	https://developer.hashicorp.com/terraform/cli/commands/plan
terraform apply	변경 사항 적용	https://developer.hashicorp.com/terraform/cli/commands/apply
terraform plan –out=out.tfplan terraform apply out.tfplan	파일을 사용한 변경 사항 시각화 및 적용	https://developer.hashicorp.com/terraform/cli/commands/plan#out-filename
terraform apply –auto-approve	변경 사항 자동 승인	https://developer.hashicorp.com/terraform/cli/commands/apply#auto-approve
terraform destroy	모든 리소스 삭제	https://developer.hashicorp.com/terraform/cli/commands/destroy
terraform destroy –target 〈리소스 ID〉	지정한 리소스 삭제	https://developer.hashicorp.com/terraform/cli/commands/plan#target-address
terraform plan –out=tfplan terraform show –json tfplan 〉 plan.json	변경 사항을 JSON 형식으로 내보내기	

백엔드 설정

명령	역할	문서 링크
terraform init –backend-config=backend.hcl	백엔드 설정 파일을 사용해서 워크플로우 초기화	https://developer.hashicorp.com/terraform/language/settings/backends/configuration#partial-configura
terraform init –migrate-state	상태 파일을 지정한 백엔드로 이전	https://developer.hashicorp.com/terraform/cli/commands/init#backend-initialization

테라폼 구성 검증

명령	역할	문서 링크
terraform validate	테라폼 구성 검증	https://developer.hashicorp.com/terraform/cli/commands/validate

출력 가져오기

명령	역할	문서 링크
terraform output	테라폼 출력 표시	https://developer.hashicorp.com/terraform/cli/commands/output
terraform output –json	테라폼 출력을 JSON 형식으로 표시	https://developer.hashicorp.com/terraform/cli/commands/output#json%20

리소스 가져오기

명령	역할	문서 링크
terraform import 〈테라폼 리소스 ID〉 〈실제 리소스 ID〉	이미 존재하는 리소스를 테라폼 상태로 가져오기	https://developer.hashicorp.com/terraform/cli/commands/import

테라폼 워크스페이스

명령	역할	문서 링크
terraform workspace select 〈이름〉	이미 존재하는 워크스페이스 선택	https://developer.hashicorp.com/terraform/cli/commands/workspace/select
terraform workspace select 〈이름〉 –or–create	이미 존재하는 워크스페이스를 선택하거나 존재하지 않는다면 생성	https://developer.hashicorp.com/terraform/cli/commands/workspace/select#or–create
terraform workspace new 〈이름〉	새로운 워크스페이스 생성	https://developer.hashicorp.com/terraform/cli/commands/workspace/new
terraform workspace delete 〈이름〉	워크스페이스 삭제	https://developer.hashicorp.com/terraform/cli/commands/workspace/delete
terraform workspace list	모든 워크스페이스 목록 나열	https://developer.hashicorp.com/terraform/cli/commands/workspace/list
terraform workspace show	현재 워크스페이스 표시	https://developer.hashicorp.com/terraform/cli/commands/workspace/show

테라폼 디버그

명령	역할	문서 링크
terraform console	테라폼 표현식을 검증하기 위해 콘솔 모드로 동작	https://developer.hashicorp.com/terraform/cli/commands/console

상태 관리

명령	역할	문서 링크
terraform show	상태 파일 표시	https://developer.hashicorp.com/terraform/cli/commands/show
terraform state list	상태 내에 있는 리소스 목록 나열	https://developer.hashicorp.com/terraform/cli/commands/state/list
terraform state list 〈리소스 ID〉	상태 내에 있는 지정한 리소스 표시	https://developer.hashicorp.com/terraform/cli/commands/state/list
terraform state rm	상태 내에서 리소스 삭제	https://developer.hashicorp.com/terraform/cli/commands/state/rm
terraform state mv	상태 내에 있는 리소스의 참조 이름을 다른 이름으로 변경(동일한 상태 파일 내에서의 작업, 상태 이전이 아니다.)	https://developer.hashicorp.com/terraform/cli/commands/state/mv
terraform state pull 〉〈terraform.tfstate〉	상태 다운로드	https://developer.hashicorp.com/terraform/cli/commands/state/pull
terraform state push	로컬에 있는 상태를 지정한 백엔드에 업로드	https://developer.hashicorp.com/terraform/cli/commands/state/push
terraform state show	상태 내에 있는 리소스 보여주기	https://developer.hashicorp.com/terraform/cli/commands/state/show
terraform refresh (더이상 사용하지 않음)	상태 리프레시	https://developer.hashicorp.com/terraform/cli/commands/refresh
terraform plan –refresh–only	상태 내에 있는 리소스들의 변경 사항 리프레시	https://developer.hashicorp.com/terraform/cli/commands/refresh
terraform apply –refresh–only	상태 내에 있는 리소스들의 변경 사항 적용	https://developer.hashicorp.com/terraform/cli/commands/refresh
terraform state replace–provider 〈원본 프로바이더〉 〈대상 프로바이더〉	상태 내에 있는 프로바이더 교체	https://developer.hashicorp.com/terraform/cli/commands/state/replace–provider

테라폼 의존성 그래프 표시

명령	역할	문서 링크
terraform graph | dot −Tpng 〉 graph.png	테라폼 의존성 그래프를 PNG 파일로 생성	https://developer.hashicorp.com/terraform/cli/commands/graph

리소스 테인팅/테인팅 해제

명령	역할	문서 링크
terraform taint 〈리소스 ID〉	리소스 테인팅	https://developer.hashicorp.com/terraform/cli/commands/taint
terraform untaint 〈리소스 ID〉	리소스 테인팅 해제	https://developer.hashicorp.com/terraform/cli/commands/untaint

테라폼 클라우드/엔터프라이즈

명령	역할	문서 링크
terraform login	테라폼 클라우드/엔터프라이즈 로그인	https://developer.hashicorp.com/terraform/cli/commands/login
terraform logout	테라폼 클라우드/엔터프라이즈 로그아웃	https://developer.hashicorp.com/terraform/cli/commands/logout

B 테라폼 리소스

이 부록에는 해시코프에서 제공하는 공식 테라폼 리소스와 커뮤니티에서 제공하는 비공식 리소스에 대한 목록이 포함되어 있다.

테라폼 공식 리소스

문서

- 테라폼 CLI 문서: https://developer.hashicorp.com/terraform/cli
- 테라폼 언어에 대한 문서: https://developer.hashicorp.com/terraform/language
- 테라폼 클라우드: https://developer.hashicorp.com/terraform/cloud-docs
- 테라폼 엔터프라이즈: https://developer.hashicorp.com/terraform/enterprise
- 테라폼용 클라우드 개발 도구 (Cloud Development Kit, CDK): https://developer.hashicorp.com/terraform/cdktf

저장소

- 테라폼 저장소: https://registry.terraform.io/?product_intent=terraform
- 테라폼 저장소에 게시하기: https://developer.hashicorp.com/terraform/registry

프로바이더 개발

- 플러그인 개발: https://developer.hashicorp.com/terraform/plugin
- 사용자 프레임워크 프로바이더를 통한 API 호출: https://developer.hashicorp.com/terraform/tutorials/providers-plugin-framework
- 테라폼 통합 프로그램: https://developer.hashicorp.com/terraform/docs/partnerships
- 테라폼 용어집: https://developer.hashicorp.com/terraform/docs/glossary
- 테라폼 도구들: https://developer.hashicorp.com/terraform/docs/terraform-tools
- 테라폼 예제 라이브러리 : https://developer.hashicorp.com/tutorials/library?product=terraform
- 테라폼 커뮤니티 포럼: https://discuss.hashicorp.com/c/terraform-core/27
- 테라폼 지원: https://www.hashicorp.com/customer-success?product_intent=terraform
- 테라폼 소스 코드: https://github.com/hashicorp/terraform
- 테라폼 릴리즈: https://github.com/hashicorp/terraform/releases
- 해시코프 유튜브 채널: https://www.youtube.com/@hashicorp

테라폼 커뮤니티 리소스

- 네드 벨라번스의 유튜브 채널: https://www.youtube.com/@NedintheCloud
- 훌륭한 테라폼 리소스들: https://github.com/shuaibiyy/awesome-terraform
- 애저에서 제공하는 테라폼 문서: https://learn.microsoft.com/en-us/azure/developer/terraform/
- GCP에서 제공하는 테라 폼 문서: https://cloud.google.com/docs/terraform?hl=ko
- 미디엄에서 볼 수 있는 테라폼 관련 글: https://medium.com/search?q=terraform
- 유데미에서 제공하는 테라폼 학습 자료: https://www.udemy.com/topic/terraform/

테라폼 뉴스 피드

- 위클리 테라폼: https://www.weekly.tf/

테라폼 자격증 및 자격증 준비

테라폼 자격증 프로그램

- https://developer.hashicorp.com/certifications/infrastructure-automation
- https://developer.hashicorp.com/terraform/tutorials/certification-003

테라폼 자격증 준비 과정

- https://www.pluralsight.com/paths/hashicorp-certified-terraform-associate
- https://www.udemy.com/course/terraform-hands-on-labs/
- https://www.udemy.com/course/terraform-associate-practice-exam/
- https://www.pluralsight.com/cloud-guru/courses/hashicorp-certified-terraform-associate

찾아보기

기호

테라폼
쿡북

1판 1쇄 발행 2024년 7월 29일

저   자 | 미카엘 크리프
역   자 | 강진우
발 행 인 | 김길수
발 행 처 | (주) 영진닷컴
주   소 | (우)08507 서울특별시 금천구 가산디지털 1로 128
            STX-V 타워 4층 401호
등   록 | 2007. 4. 27. 제 16-4189호

©2024. (주)영진닷컴

ISBN | 978-89-314-7587-6

YoungJin.com Y.
영진닷컴